貨幣、銀行體系與全球經濟的未來

金融煉金術

The End of Alchemy

Money, Banking and the Future of the Global Economy

的終結

劍橋大學榮譽學者、前英國中央銀行總裁

MERVYN KING

莫文・金恩——著

陳儀——譯

企劃叢書 FP2273

金融煉金術的終結：

貨幣、銀行體系與全球經濟的未來

The End Of Alchemy: Money, Banking and the Future of the Global Economy

作　　者 莫文・金恩（Mervyn King）
譯　　者 陳　儀
責任編輯 謝至平
協力編輯 林詠心
行銷企劃 陳彩玉、朱紹瑄
封面設計 黃聖文
編輯總監 劉麗真
總 經 理 陳逸瑛
發 行 人 涂玉雲
出　　版 臉譜出版
城邦文化事業股份有限公司
臺北市中山區民生東路二段141號5樓
電話：886-2-25007696 傳真：886-2-25001952
發　　行 英屬蓋曼群島商家庭傳媒股份有限公司城邦分公司
臺北市中山區民生東路二段141號11樓
客服專線：02-25007718；25007719
24小時傳真專線：02-25001990；25001991
服務時間：週一至週五上午09:30-12:00；下午13:30-17:00
劃撥帳號：19863813 戶名：書虫股份有限公司
讀者服務信箱：service@readingclub.com.tw
城邦網址：http://www.cite.com.tw
香港發行所 城邦（香港）出版集團有限公司
香港灣仔駱克道193號東超商業中心1樓
電話：852-25086231或25086217 傳真：852-25789337
電子信箱：hkcite@biznetvigator.com
新馬發行所 城邦（新、馬）出版集團
Cite（M）Sdn. Bhd.（458372U）
41, Jalan Radin Anum, Bandar Baru Sri Petaling,
57000 Kuala Lumpur, MalaysFia.
電話：603-90578822 傳真：603-90576622
電子信箱：cite@cite.com.my
一版一刷 2017年10月
城邦讀書花園
www.cite.com.tw
ISBN 978-986-235-624-1
定價 NT$ 520

國家圖書館出版品預行編目資料

金融煉金術的終結：貨幣、銀行體系與全球經濟的未來／莫文・金恩（Mervyn King）著；陳儀譯. -- 一版. 臺北市：臉譜，城邦文化出版；家庭傳媒城邦分公司發行, 2017.10
面；　公分.（企劃叢書；FP2273）
譯自：The End of Alchemy : Money, Banking, and the Future of the Global Economy
ISBN 978-986-235-624-1（平裝）
1.國際經濟　2.國際金融　3.金融危機
552.1　　106015255

獻給奧圖、亞歷山德、莉維亞與蘇菲

概念與行動的無窮循環，
無窮的發明，無窮的實驗，
帶來動的知識，而非靜止的知識；
帶來言語的知識，而非沉默的知識；
何處找回我們在知識中迷失的智慧？
何處找回我們在資訊中迷失的知識？

——艾略特（T.S. Eliot），《岩石》（*The Rock*），一九三四年

謝詞

我在英格蘭銀行任職二十二年，我要向那段期間的合作團隊致上最大的謝意。一九九一年，我到英格蘭銀行擔任首席經濟學家後，沒多久就察覺到自己有多麼幸運，我的周遭盡是極其聰慧又有團隊精神的年輕經濟學家。多年來，英格蘭銀行總是能禮聘到氣味十分相投且才華洋溢的職員。

如果沒有那一群勤於任事的幕僚，我過去二十年的任何一項成就都不可能實現。在這二十年間，英格蘭銀行從一個在幕後運作的神祕機構，轉化為在幕前施展巨大力量的獨立中央銀行。從我在一九九一年三月一日到職後，我就完全陷入了一片混亂中，但最終那顯然也是段對於大英國協的經濟政策來說頗具建設性的時期。這段時間，我全心全意投注在相關的事務上。回顧這段職涯，我的多數時間是在針線街（Threadneedle Street）那莊嚴華麗的赫伯特貝克大樓（Herbert Baker building）裡度過，不過，也有非常多週末時光是消耗在巴塞爾（Basel）、紐約（New York）、法蘭克福（Frankfurt）與華盛頓（Washington）等地召開的國際會議裡，那些會議經常在不見天日的會議廳召開。在我二〇一三年六月三十日離職當天，正好是英格蘭銀行的年度「總裁日」聚會，央行職員與他們的家人齊聚羅漢普頓運動場。直到那一天，我才終於察覺到自己即將離開一個大家庭，回歸我自己的家庭。無論如何，那一場溫馨的歡送會令我感懷迄今。

我要感謝多年來所有曾與我共事的人，在他們的協助下，我才能更得心應手地履行應盡職務，沒有他們，這個過程不會那麼平順。這些同事包括英格蘭銀行的所有職員，以及一九九七年至二〇一三年間的貨幣政策委員會成員、二〇一一年至二〇一三年的金融政策委員會成員，和二〇一三年的審慎監理局成員。由於整個英格蘭銀行就像一個大團隊，所以，特別具名點出哪些人值得感謝，有可能會引來反感，不過，有一個小組例外。誠如我在引言中解釋的，這不是一份回憶錄。事實上，在眾人對這場危機的回憶中，最有意思且最重要的回憶並不是各首長的回憶，而是首長私人秘書的回憶。透過他們與國內、外政府及民間部門類似職等人員的意見交換，以及他們和各自所屬機構的各級人員之間的對話，在在令人感到他們的回憶錄比起長官的回憶錄更具啟迪效果，我甚至敢說他們的回憶更客觀。我將永遠感謝我在英格蘭銀行任職期間的私人秘書與經濟助理：Alex Brazier、Alex Bowen、Mark Cornelius、Spencer Dale、Phil Evans、Neal Hatch、Andrew Hauser、James Proudman、Chris Salmon、Tim Taylor、Roland Wales、Jan de Vlieghe以及Iain de Weymarn。看著他們在自己各自的職涯發展上更上一層樓，我真心深感與有榮焉。

直到如今還是不時有人問我，在這場危機爆發後，我怎麼應對英格蘭銀行相關工作的壓力。無論是當時或現在，我都會回答——當你失業且必須負起撫養家庭的責任時，那才叫壓力，而當你有一份工作，又有一群積極奉獻且長年忠誠支持你的團隊，你不會感覺有壓力。我要感謝當時的那一群辦公室團隊，包括Aishah Aslam、Nikki Bennett、Iian Buggins、Carol Elliott、Alexandra Ellis、Sue Hartnett、Michelle Hersom、Lucy Letts、Michelle Major、Jo Merritt、Nicole Morey、Verina Oxley、

Frances Pearce、Vicky Purkiss、Lisa Samwell與Jane Webster。此外，我離開英格蘭銀行後的個人助理——英國的Rachel Lawrence與紐約的Gail Thomas——接替了當時的那一組團隊，為我提供很多協助，我也要謝謝他們二位。

我非常感激史登商學院與紐約大學法學院允許我加入它們的教職員與學生社群，同時讓我得以親身參與世上最非凡城市的廣泛知識圈。那是幫助我重新融入「平民」生活的最佳調整途徑。Robert S. Pirie給了我很多鼓勵，並讓我更平順度過在紐約的日子。他是非常棒的朋友，遺憾的是，他已在二〇一五年年初過世，很多人都非常懷念他。我也要感謝倫敦政治經濟學院讓我得以回到那個充滿快樂回憶與鼓勵知識氛圍的地方。

多年來，我透過和無數學術界與政策圈同儕（其中很多人橫跨這兩個領域）的對話而獲益匪淺，其中最常和我對話的人包括英國財政部長亞倫．巴德（Alan Budd），當時他也是貨幣政策委員會的委員之一；我的哈佛大學恩師馬汀．菲爾德斯坦（Martin Feldstein），他和他太太凱特與我是超過四十年交情的老朋友；以色列央行總裁史丹利．費雪（Stanley Fischer），他是一個值得託付且真心願意和我交換意見的多年老友；與我同任LSE金融市場集團董事多年的查爾斯．古德哈特（Charles Goodhart），他對中央銀行業務的知識與判斷已蔚為傳奇；明智領導歐洲央行創立初期關鍵之年的歐特馬．伊辛（Otmar Issing）；勞倫斯．桑默斯（Lawrence Summers），他在政策分析方面的傑出智識與想像力可謂無與倫比；以及接替我擔任英格蘭銀行首席經濟學家的約翰．維克斯（John Vickers），在他擔任獨立運作的銀行業務委員會主席期間，該會編製了一份最有效的英國銀行業改革報告。當然，還有很多其他人值得感謝，但很抱歉無法一一列舉他們的名字。不過，多年來和以下人士的對話，讓我獲益良多，包括伯納．康諾利（Bernard Connolly），他是近年來最有見地的全球經濟作家之一；尼克．史特恩（Nick Stern）是我個人與知識領域的良師益友，多年來給我莫大的支持；阿達爾．透納（Adair Turner）在這場危機爆發後的期間擔任英國金融服務局局長，和我共同合作因應變局，他總是有辦法在極短的時間內提出一些透徹且創新的報告與書籍，經常令我嘖嘖稱奇；以及馬汀．沃夫（Martin Wolf），他的著作和《金融時報》專欄文章堪稱這個世界上最重要的評論之一。

亞倫．巴德、馬爾文．古德法瑞恩德（Marvin Goodfriend）、歐特馬．伊辛、畢桑尼．麥克林（Bethany McLean）、吉歐弗瑞．米勒（Geoffrey Miller）、艾德．史密斯（Ed Smith）以及史登商學院與紐約大學法學院的研究生，為本書的初期手稿提出很多詳細的評論與建議，非常謝謝他們。另外芝加哥大學、普林斯頓大學、史丹佛大學參訪活動及和倫敦經濟學院學生之間的研討會，也讓我受益匪淺。還有，我要感謝David Low、Diego Daruich與Daniel Katz提供的寶貴研究協助。

我也要謝謝出版代理人Andrew Wylie，他的鼓勵與支持是這件工作得以完成的關鍵。另外，我的合作出版商不斷耐心地協助我審慎思考本書的概念，幸虧有他們，讓我更謹慎思考要如何解釋這些概念。感謝英國Little, Brown公司的Tim Whiting、Iain Hunt與Emily Burns，以及美國Norton公司的Drake McFeely、Jeff Shreve與Rachel Salzman。

最後，我要把這本書獻給我的四名孫子女，因為若想防杜另一場全球金融危機，新總體經濟學思考方式的發展，以及人類貨幣與銀行體系的重新設計，都有賴他們那個世代來完成。此外，如果沒有內人芭芭拉，這本書不會開始，也不會有完成的一天。芭芭拉精通多國語言，而且似乎總是能用適當的各國文字來表達她的意思。在這場危機爆發前後的那段期間（尤其是危機時期），她始終是對我最嚴厲的批評者，但也是最不遺餘力支持我的人。

二〇一七年平裝版序言

《金融煉金術的終結》是為一般讀者而寫——我假設這些讀者未受過經濟學訓練；不過，我當然也希望經濟學家也能從這本書發現一些有趣的概念。可喜的是，從本書初版在二〇一六年春天發行迄今，這兩個族群的反應都讓我倍感欣喜。這場金融危機是在近十年前發生，但各項事件共同作用所產生的影響，使本書提及的幾個概念變得日益重要，這些事件包括世界經濟低度成長、許多重要中央銀行採行負利率、歐元區內部的緊張關係有增無減，以及銀行體系體質再度引起憂慮等。目前世界經濟體系很多懸而未決的問題和貫穿本書的四個概念直接相關，這四個概念是：失衡、極端不確定性、囚犯兩難，以及信任。極端不確定性（無法預知的未知事件）的存在，代表世人將不可避免會做出事後看來似乎錯誤的決策。那種錯誤有可能非常巨大，而一旦犯下巨大的錯誤——一如二〇〇七年至二〇〇九年金融危機爆發前所犯下的錯誤——就會導致經濟體系陷入嚴重失衡狀態，一旦陷入那樣的狀態，企業、家計單位、銀行或甚至政府，都不可能靠著一己之力找出擺脫失衡的方法——這就是囚犯兩難。唯有心照不宣地與其他參與者合作，才能回歸繁榮的道路；不過若參與者之間無法彼此信任，就很難找到那條道路。總之，金融危機過後迄今的非常多狀況都印證了上述觀點。

經濟與金融市場參與者總傾向於誇大自己預見未來的能力，舉個例子，回顧一九九三年——也就是為期十五年的所謂「大穩定」（大穩健）期剛展開時，德國與美國的十年期政府債券殖利率還介於6％至7％，英國更是接近8％，這代表當時的市場預期二〇一六年的短期利率大約將會是上述水準，但現在我們終於知道，那樣的見解簡直是錯得離譜！目前多數工業化國家的官方短期利率都接近零，甚至是負數——我在寫這篇序言時，德國的十年期債券殖利率接近零，英國大約是1％，而美國也只有1¾％左右。回顧當年的期望，再對照當今現實狀況的落差，那堪稱史上最誤謬的利率預測之一。這個預測錯誤和兩個將局面變得面目全非且完全無法預測的事件直接相關：第一個事件是——世界上很多國家堅守穩定的承諾，各國不僅藉由「央行獨立」的訴求，暗中捍衛這個承諾，更公開透過通貨膨脹目標來宣示這個承諾；第二個事件是——二〇〇七年至二〇〇九年金融危機種種戲劇化事件及其後果。

過往期望與事後實際狀況之間的落差，反映的並非人類的愚蠢，它只是反映出我們無法事先確知世界經濟體系將發生的各項變化的規模和本質，也不知道應以什麼政策方法（無論對錯）來回應這些變化。當物價未能促使支出決策與儲蓄決策趨於協同，經濟體系就會發生榮景和衰退等現象。極端不確定性的存在，說明了這是市場經濟體系不變的永久特質。當我們無法想像未來可能發生什麼事，就無法在當下針對一些還未具體成形的未來商品與勞務創造市場。有時候，企業會投資未來沒有需求的商品，有時候則未能投資未來有需求的商品。這些情境裡的市場都未能發揮「引導供需平衡」的有用功能，但與其說這是市場的失敗，不如說這是極端不確定性的合理後果——企業和家計單位為因應了未知的未來而投資與儲蓄，但能夠協同企業與家庭的個別決策的市場根本就不存在。很多人意圖將繁榮與衰退解釋為市場摩擦（市場摩擦能防止價格快速調整）的副作用，但他們都沒有察覺到經濟活動經常大幅擺盪的那個本質。人類終其一生都必須應對極端不確定性，換言之，極端不確定性是人間條件（human condition）。

經濟學家總是自認能以類似科學家的方法來應對這個主題——先觀察世界的真實狀況，再據以做出結論，並將這些結論壓縮為各種理論。不過，這場金融危機的慘痛經驗，應該足以促使我們質疑很多先前被視為理所當然的理論。我主張未來這個世界需要用新概念來引導人類前進，在一九三〇年代大蕭條過後，這樣的主張也廣受認同；當年那個毀滅性的經驗引爆了一波知識動盪（intellectual turmoil），包括經濟與政治層面。戰後的經濟政策就是以這場知識動盪所衍生的新概念為基礎。然而，最近這一場金融危機並未引爆顯著的知識分子或政治革命。現在的經濟學家和政治人物似乎滿足於目前這種溫和的變革，而且繼續採用危機爆發前獲得偏愛的模型。除了政府與學術界的封閉政策小圈子裡的少數人，其他多數人已用某種程度的懷疑來看待這樣的回應方式。只有經濟學家相信負利率是恢復經濟成長的解決方案，而且唯有銀行業人員相信我們的貨幣與銀行體系基本上仍屬健全。

愈來愈多人錯信了約定成俗的見解，但他們情有可原。誠如本書主張的，危機是一整個系統以及代表這個系統的概念的失敗。所以，此刻我們應該自信且勇敢地質疑現有的各項概念。

放眼世界各民主工業國家，人民對政府的信任都已降到相當低潮的狀態，其中，英國二〇一六年的脫歐公投與川普的當選美國總統，堪稱最貼切的實例。這兩個事件都讓當政階級大感意外且措手不及。這些意外的發展導因於菁英階級未能理解一般勞動階級人民的疑慮和恐懼（這種情況在英國與美國明顯可見，歐盟其他國家亦然），而菁英階級與一般人之間的脫節，局部導因於前者未能體認到被專業人士與政治階級視為約定成俗見解的經濟概念，已證明無法有效為多數人創造愈來愈高的生活水準，也未能促使經濟在金融危機過後恢復健康。尤其值得一提的是，各國央行原本堅信只要再多一點點的貨幣提振方案就能成功達到恢復經濟成長的目標，但這樣的信念已開始動搖，因為維持永續復甦的目標已證明是個空想，儲蓄者和大眾對於持續性貨幣寬鬆策略的期望也已幻滅。

從《金融煉金術的終結》初版發行迄今，有三項發展讓本書的主要論述更具有說服力。第一個發展是：多數工業國家的經濟復甦腳步蹣跚，很多國家的中央銀行被迫採行愈來愈孤注一擲的對策，例如負利率。雖然多數人的景況看起來非常糟糕，經濟學專業人士卻仍像局外人般在場邊喝采，甚至努力尋找能實施更低的負利率的方法。第二個發展是：金融危機過後，儘管各國實施了非常大量的管制措施，外界還是對銀行體系的安全性懷抱高度疑慮。事實上，二〇〇八年至二〇〇九年間接受紓困並進行資本結構調整的金融體系，迄今仍非常脆弱，尤其是歐陸與中國的銀行體系。金融市場每隔一段時間還是會展現出它對銀行體質的憂慮。即使是在美國和英國，銀行還是很容易受其他銀行的衝擊事件感染。第三個發展是：二〇一六年英國退出歐盟會員國的公投結果顯示，一般大眾開始輕蔑所謂經濟學專家的見解。民眾以行動來否定經濟與政治菁英眼中的約定成俗之見。對於這樣的現象，在責難大眾以前，先重新檢討這些約定成俗之見可能會比較好一點。

貨幣政策的極限

大約八年來，世界各地的中央銀行一直努力試圖促進經濟復甦。儘管各國央行投注非常多心力，仍舊無法實現「永續復甦」的願景。此刻，我們該勇敢地承認貨幣政策確實有其極限。各國央行不能繼續對經濟體系提供支援，因為再多的貨幣提振措施也無法促使支出型態出現必要的永久性變化。如今，未來與中央銀行獨立性所面臨的最大威脅的是「承諾過頭」的危險。

這一切的一切和二〇〇八年十月那個令人陶醉的美好時刻落差甚大。當時七大工業國的中央銀行官員與財政部長齊聚在華盛頓特區，承諾「重建金融體系的信心」。當時與會的每一個人都沒有想到，經過了八年，當初為提振經濟而實施的非常規貨幣與財政對策不僅到現在還繼續在實施，世界上很多國家的利率更是降到負數，各地對貨幣支援的需求甚至比危機最嚴重之際還大。

實質上來說，中央銀行的角色極端單純——無論時機好壞，中央銀行都必須維持適當的貨幣創造數量。在時機良好階段，這個功能被視為貨幣政策，而在時機惡劣階段，它則被視為財政政策——當外界對金融體系失去信心時，積極向銀行提供流動性。那麼，為何各國央行迄今仍難以達成它們的目標？問題多半出在事實證明目前被用來作為貨幣與財政政策的基礎的概念，幾乎與當前的問題風馬牛不相及。

歷經一九七〇與一九八〇年代起伏不定的高通貨膨脹經驗，很多國家的政府將設定利率的權責交託給獨立的中央銀行，這些中央銀行也以物價穩定的目標為重。經過幾乎二十年，事實證明這個通貨膨脹目標政策的成效卓著。不過，這個成就卻也導致世人誤將「穩定」當成「永續」。長期實質利率的持續降低理當是一個明顯的警訊。各主要經濟體內部與各經濟體之間的支出與儲蓄失衡，意味貨幣政策回應雖是二〇〇八年銀行危機來襲後的必要作為，它卻不足以確保永續的經濟復甦。二〇〇八年的信心崩潰導致支出出現為時短暫但極大幅度的衰退，在那當下，擴張性的貨幣與財政政策的確是因應衝擊的合理作為，但那個衝擊早在二〇〇九年年底就已消除。遺憾的是，支出計畫永久且進一步下修的根本問題並沒有解決，而貨幣提振方案並非解決這些問題的適當方案。

各國中央銀行使用的概念基礎架構一向隱含某些缺陷，而且這些缺陷迄今仍存在。以經濟「模型」來因應實質面問題的不當作法，已造成非常大的損害。想像一個情境：你請一個水電工來處理廚房的問題。你當然期望來者是一個帶著工具箱的專業水管工人，懂得診斷問題何在，並知道該選擇哪個適當的工具來解決這個問題。然而，假定來的水電工只帶一種工具，還自信滿滿地說任何問題都能用這一項工具解決，那你作何感想？目前的情況正是如此，太多經濟學家頑固地認定只要一個模型就足以作為所有政策的指南。

如今的問題癥結是：貨幣經濟學家誤診了經濟體系的病症。直到今天，他們還是相信經濟長期緩慢成長（儘管利率已降到零）對需求的負面衝擊（即所謂「逆風」）雖嚴重，但只是暫時的現象。根據那樣的假設，足夠低的利率——如果必要的話可以降到負數——應該能說服人民將未來的消費支出轉移到今天，直到經濟復甦為止；低利率將維持到逆風漸漸平息，到那時，就可以停止提振措施，經濟也會回歸到穩定成長的軌道。問題是，以目前的情況來說，回到那一條軌道的唯一障礙，就是各國中央銀行根本沒有能力進一步將利率降到足以適度提振需求的更低負利率。也因如此，才會有那麼多經濟學家誤以為目前經濟復甦的最大障礙就是利率沒有再降的空間。而為了能夠落實負利率，某些經濟學家甚至提議廢除現金或對銀行存款課稅。

不過，除非百分之百正確診斷出問題所在，否則建議採行那種激進的對策是很危險的。誠如我在第八章說明的，當今經濟體系面臨的不僅僅是一股暫時性的逆風，當前的真正問題在於支出「永久」降低，而這一切皆因家計單位與企業體認到危機前的支出模式不可能永久維持，並因此永久性降低它們的支出。唯有新的需求來源——如出口——能填補這個支出缺口。試圖藉由降低利率，鼓勵企業與家計單位將未來的支出轉移到當下，或許能暫時填補這個缺口，但相同地，這麼做照樣會導致未來的支出降低，而這又會進一步促使投資誘因降低；在這種情況下，隨著時間流逝，利率勢必得一而再、再而三地降低才足以維持支出，換言之，唯有持續降低的利率軌道，才能讓經濟體系維持接近充分就業的狀態。當然，下降的利率軌道不可能永遠延續下去，所以，目前這個作法已接近窮途末路。

傳統經濟分析也沒有處理以下潛在問題：若實施顯著的低利率，可能導致家計單位對未來更沒有把握，且對各國政府與中央銀行未來將採用的經濟政策設定方法更沒有信心。一般家庭會想：如果政府連現金都能廢除，接下來還有什麼做不出來的？那樣的不確定性可能導致家計單位更積極儲蓄，而非花費更多支出。二〇一六年一月的一個例子貼切闡述了這個可能性——日本央行宣布負利率政策，結果消費者和金融市場對這個政策的反應是……負面的。

值此時刻，財政政策看起來或許是取代更多貨幣提振措施的誘人方案。而且無疑地，即使是在正常的利率水準，我們都有相當扎實的論述可作為推動公共部門基礎建設專案的依據。不過，財政政策也非萬靈丹，因為財政政策也等於是把未來的支出轉移到當下，如果因實施這些財政政策而增加的債務必須以增稅的方式來填補，勢必也會導致未來的需求降低。為回應支出的暫時降低，財政政策是適當的回應方式，例如二〇〇八年的狀況，但如果要處理支出型態再平衡（rebalancing）那類長期挑戰，財政政策就不是一個適當的選項。而多數先進經濟體目前的整體需求並非只是陷入暫時性的疲弱狀態，而是處於嚴重失衡的狀態。

我擔心各國央行已陷入它們自掘的陷阱。持續降低的利率已使得資產價格上漲到無以為繼的狀態，這一切全仰賴「利率進一步降低」或「實施其他型式的貨幣政策提振措施」等期望來維繫，在這種情況下，一旦利率開始上升，可能會導致經濟衰退、資產價格重挫。問題是，繼續降息或沿用目前的利率水準，一樣可能導致資產價格在未來的某個時刻出現更大的挫跌幅度。各國央行繼續承諾將支持經濟復甦（但經濟復甦卻總是只差臨門一腳）的事實，以及它們願意採納很多人眼中的極端政策（這些政策有可能衍生危險的副作用）的態度，正一點一滴地破壞外界對中央銀行的信心，並開始懷疑各央行實現「經濟復甦」承諾的能力。事實上，貨幣政策真的是有極限的。

改革銀行體系

貨幣與銀行煉金術目前仍與我們常在。經過接近十年的改革與新監理行動，各國中央銀行官員和監理人員皆斷言目前的金融體系已比危機爆發前安全很多。問題是，不久前義大利銀行體系再度面臨嚴格檢視，且顯然需要重新調整資本結構，另外，二〇一六年歐洲銀行業股價下跌，使得德意志銀行看起來搖搖欲墜，而諸如美國前財政部長桑默斯等聲譽卓著的經濟學家也表示，金融市場顯然認定當今的銀行部門並不比金融危機爆發前安全。

我在本書第七章建議中央銀行應扮演「四季當鋪老闆」，很榮幸，這個概念受到很多人的贊同。若採行這個建議，民眾對銀行擠兌潮的憂慮（從二〇〇八年的例子便可見這種憂慮心態的破壞力強大）就有可能消除。多年來各國央行總是認為，每次危機爆發，中央銀行就應該出面扮演白芝浩所謂的「最後放款人」（這是白芝浩在十九世紀對英格蘭銀行所做的經典研究報告《倫巴德街》裡提出的說法）。不過，二〇〇八年的銀行體系早已和白芝浩時期的銀行體系全然不同，在他那個時代，即使沒有事先做好準備，央行也能適當因應危機，因為當時銀行業者的帳面上有非常足額的高變現性政府證券，所以英格蘭銀行能迅速在危機爆發時，拿它印製的鈔票來交換這些證券，換言之，它能拿這些證券當擔保品，並提供足額約當價值的現金給銀行業者應急。但到二〇〇八年，銀行業者能提供給中央銀行的擔保品，多半是一些低變現性的放款產品，換言之，若各國央行要防止銀行體系崩潰，就不得不接受這些低變現性的擔保品；而為了保護納稅人的利益，各國央行只好對這些擔保品的價值七折八扣，最後貸放給銀行業者的資金，僅約當這些低變現性擔保品的價值的某個比例。實質上來說，中央銀行等於扮演起當鋪老闆的角色。

我相信未來應該規定銀行業者必須在危機爆發前，先把擔保品交給中央銀行，以便在危機時刻及時向央行取得現金信用額度。根據規定，銀行存入的擔保品的價值應該高於它們將來有權動用的信用額度（也就是說，擔保品將會被「折價」）。擔保品被折價的部分就像是在時機良好階段事先繳納的保費，而繳這些保費的目的是為了讓銀行在時機惡劣階段能取得救命的現金額度。如果這些信用額度足以支應銀行所有可能的存款擠兌需求，那麼這個概念——由中央銀行出面扮演四季當鋪老闆——就能消除所有和銀行擠兌有關的疑慮。一如駕駛人必須投保第三方強制險來保障其他用路人，銀行也應該在正常時期投保某種金額的流動性保險，這樣才能在危機時刻向中央銀行取得它們急迫需要的流動性。

要在實務上執行四季當鋪老闆概念，還有很多工作要做，我也相信其他人也能為這個計畫貢獻心力，讓它更臻完善。舉個例子，查爾斯·古德哈特（倫敦政治經濟學院）教授建議，以透支額度和已承諾的短期信用額度形式存在的銀行資產，對銀行業務來說太過攸關重大，絲毫不能大意。這類資產代表銀行的放款規模有時候取決於顧客，並非銀行可直接掌控（在總承諾工具的限制內）。古德哈特建議，由於那種工具的啟動與否取決於顧客端，所以應該給銀行足夠的時間來達到四季當鋪老闆的規定。我相信一定還有人能提出讓這個計畫更完善的見解。不過，重點是：一定要堅守強制性事前保險的原則，要求銀行業者在事前存入擔保品（這些擔保品是用來滿足急於收回債權的債權人的權利）。

四季當鋪老闆規定不是白日夢，某些中央銀行早已朝那個方向前進。舉個例子，英格蘭銀行早先就鼓勵銀行事前存入擔保品。到二〇一六年二月底為止，銀行業者事前存入了超過兩百四十個放款組合，這些放款的總名目價值高達四千一百億英鎊。套用英格蘭銀行的評價與折價規定後，可動用的總價值大約是兩千八百八十億英鎊。加計英格蘭銀行大約四千億英鎊的準備金，銀行體系的有效流動資產已約達七千億英鎊，大約是有效流動負債的三分之一。到七月底時，美國銀行業者事先存入聯邦準備理事會的擔保品，也足以創造近一兆美元的可放款總值。所以，就「解決流動性擠兌」來說，的確有一條道路能引導我們從今天的「非常」對策，逐漸邁向一個永久性解決方案。

四季當鋪老闆的要點是，若能事先擬定一個事前保險計畫，就算折價幅度的判定不容易處理，情況還是會比現在好，因為現在一碰上危機，我們只能用砸錢的方式來解決問題。而一旦採用四季當鋪老闆的架構，所謂的銀行「紓困」所使用的資金，將來自銀行在平日定期繳納的保費，這麼一來，因二〇〇八年各項拯救方案而衍生的那類民怨（這種怨恨是可以理解的）就可望消除，因為屆時的注資行動不會被視為解救問題機構的危機干預行動，而是一種保險理賠。在危機爆發後，想盡辦法解決問題固然很好，但在危機平息後與下一場危機爆發前的這段期間，一定要仔細深思銀行的誘因，這一點非常重要。

英國公投帶給我們的教誨

英國在二〇一六年六月針對是否繼續留在歐盟而舉辦的公投，充分顯露出擁抱自滿的約定成俗見解的危險。《金融煉金術的終結》並沒有討論脫歐的問題。而無論是在公投期間或公投結束後，我個人都未針對這個議題表達任何公開立場，我的態度和接替我擔任英格蘭銀行總裁的那位繼任者截然不同。他面臨的是一件極端棘手的任務，除了得想盡辦法不去碰觸政治爭議，還必須坦白表述經濟可能因此而產生什麼演變。我很慶幸自己無須迎接那樣的挑戰。這場公投的結果顯示，英國人透過這次大選決定離開歐盟，這個結果公布後，排山倒海般的憤怒評論指稱，這個駭人的結果導因於人民被謊言與成見愚弄。諸如此類的評論讓我非常訝異。但無論如何，很多人因為太過意外而不斷問「這怎麼可能發生？」之類的話，二〇一六年十一月川普當選總統時，一般人的反應也大致如此。

這兩個出人意表的結果的部分導因是：經濟與政治菁英圈人士和代表多數人的一般勞工之間的鴻溝愈來愈大。這條鴻溝變得愈來愈大的原因包括全球化導致財富的分配愈來愈不均，以及大眾愈來愈不信任各項公開的論述，認為這些論述並不誠實。尤其令人憂心的是「經濟專家」在公投競選活動中扮演的角色。經濟學家形塑辯論論述的影響力有可能非常強大。根據我個人的經驗，我相信英國大眾非常需要參考經濟學家的意見。但取而代之地，這一次，一般大眾卻完全受宣傳戰擺布，從有記憶以來，英國不曾出現這麼烏煙瘴氣的宣傳戰，反對與贊成的陣營互相指責對方是騙子，更糟的是，雙方的指責似乎都有點道理。媒體也好不了多少。即使是向來自視權威且自認比其他小報更有智慧的報紙，都放任——甚至鼓勵——編輯群以其立場污染選戰相關的報導。無疑地，這當中一定有商業利益的考量。而在選戰期間，經濟學家的角色嚴重扭曲，他們針對脫歐的成本與利益提出一些以假亂真的量化證據。說真的，沒有人知道實際的成本和利益究竟會是多少。不過，政府卻宣稱一旦脫歐，家庭將會損失四千三百英鎊，這種說法並非客觀的事實陳述，而且很多人認定這是散布謠言。另一方的論述也出現類似的扭曲，不過這一次可信度受創較深的是政府。

當時的政府主張，一旦支持脫歐的陣營勝出，不僅會導致英國經濟陷入嚴重衰退，政府也將不得不推行一項搭配增稅與縮減公共支出等計畫的緊急預算，不過，多數人民認為這樣的主張完全不可信，事實也證明人民的想法沒有錯。更奇怪的是，多年來，儘管英國經濟維持成長，某些反對陣營的成員還是不斷嚴厲批判財政部增稅與縮減公共支出的作法，但如今眼看著經濟可能陷入衰退，這些人卻反過頭來支持撙節。我不想暗示這些人是經濟文盲，相對地，這樣的論點反映出他們面臨選舉結果可能傾向於「脫歐」時的恐慌，於是他們決定以宣傳戰來避免那樣的結果發生。這場選戰的本質令人不由得想到艾德蒙·伯克（Edmund Burke）的名言，他是在法國大革命恐怖統治（Terror of the French Revolution）達到最高峰後說出了這一席話：「騎士精神的時代已離我們遠去。隨之而來的是詭辯家、經濟學家與精於算計者的時代；歐洲的榮光已永遠消失。」原本這場選戰迫切需要一個能在選戰開打之初，出面開幾張「紅牌」以便讓所有人稍稍冷靜的仲裁者。但結果，他們卻直到選戰結束後才姍姍來遲。

另外，這場選戰還有一個奇怪的現象：沒有人關注歐洲的未來。目前的歐洲面臨兩個存在（existential）挑戰：第一個挑戰是，它未能為它的單一貨幣——歐元——創造一個永續的經濟基礎。第二，大規模的移民——不管是難民或經濟移民——跨越邊界進入歐盟。第一個挑戰很可能會傷害這個貨幣同盟的根基，而第二個則會傷害當局允許歐洲人民在歐洲自由移動的承諾，這在過去是一個值得贊賞的目標，但隨著數以百萬計人口試圖進入歐洲，這個承諾似乎不可能堅持下去。

這兩個挑戰都和英國脫歐沒有很大的關聯性。不管脫歐決策對英國本身來說有何寓意，英國的歐盟成員資格並非攸關歐洲存在的重大議題。英國的目標應該是要讓我們的歐洲鄰邦更有自信、敦促鄰邦們抱持務實的態度，以幫助它們了解——一個勉強結合的政治同盟，反而會導致歐陸變得較不穩定。德國相信只要透過一個貨幣同盟把德國和歐洲綁在一起，就能消除外界怕它變成一個過度強大的德國的疑慮，而這個信念促使德國犧牲了它在戰後這個民主新社會所創造的最重大成就——德國馬克。可惜最後的結果和德國的期望相反，如今無論是在經濟或政治上，當前的德國都比一九九九年貨幣同盟剛展開時的德國更強大，而諸如希臘與義大利等國家內部的反德國勢力，更是達到二次世界大戰結束後最大。

如果能讓三個不同的實體——歐洲、歐盟和歐元區——各自擁有其特色，或許對情況有一點幫助。沒有任何公投能改變英國目前與未來都是歐洲的一員的事實。即使是有能力改寫歷史的政治人物，都不能改變地理。低廉的旅遊成本意味原本只有少數人享有的大旅遊（Grand Tour）特權，現在已是人人皆可享受，英國人也因此得以體驗到歐洲許多國家旅遊及探索的愉悅和特權，並享受那些國家的差異——如文化與飲食，語言和景色等。住在歐洲其實很幸運，因為只要花短暫的旅遊時間，就能獲得非常多元的體驗。有史以來，從未有那麼多英國人到歐洲旅遊、居住或求學。英國人熱愛歐洲，所以這次公投的目的並不是要決定英國是否應該留在歐洲，英國永遠都是歐洲的一員，而且我們英國人也以此為傲。但相同的，當今的英國人當中，認為英國應該在目前或近期的未來加入歐洲貨幣同盟的人比較少，反對者比較多。歐元區正面臨一個實實在在的經濟大麻煩，誠如我在第六章解釋的，這個大麻煩並沒有輕鬆的解決方案，而且它的問題已影響到鄰近的經濟體，包括英國，甚至全世界。在這三個實體——歐洲、歐盟和歐元區——當中，我們英國人熱愛第一個，不喜歡最後一個，對於中間那一個選項則是模稜兩可。

那麼，在面臨上述存在挑戰的歐洲，英國又扮演什麼角色？誠如亨利・季辛吉（Henry Kissinger）在六十五年前寫過的：「對一個大陸（land-mass）來說，島嶼政權的一貫任務，就是避免被那個採用單一規則的大陸併吞。」問題是，接連幾任的英國政府——為了追求平靜的生活——竟默許某個文官菁英團體的想法，意欲將歐洲的控制權合併到某個單一行政架構之下，這個團體以「更緊密結盟」的目標來合理化這種作為。但如今，我們英國人已經選擇要自成一國，不要參與那樣一個合併流程，何況很少英國人民會認為那麼做對英國有利。所以，若誤以為英國能在解決歐洲目前兩大存在挑戰的問題上扮演領導者的角色，就有過度天真之嫌。事實上，由我們這麼一個選擇不加入歐元區也不加入申根（Schengen）地區的國家來告訴我們的歐洲夥伴該怎麼做，實在是有點不恰當。

或許歐元區的成員將試著施壓，促成財政與政治同盟的成立，以強化申根地區（彼此不設邊界限制的幾個歐盟國家）的團結一致。但對照現狀，治理歐盟的那一群政治菁英的希望——成立政治聯盟——幾乎不可能實現，那一天可說是遙遙無期，因為各國的民主意識不容許那樣的發展。有些人基於這些發展而強力撻伐民族主義，但這些人應該要體認到，菁英份子意圖強迫心不甘情不願的選民接受政治聯盟的作法，正是導致當今各國極端民族主義情緒高漲的主要驅動力量。不管我們的後代子孫會如何決定歐洲的未來，終究都必須經過民主立法的程序，才能避免戰後歐洲的締造者亟欲避免的那種分裂狀態再次發生。

在那種情境下，歐盟的內核（inner core）將是一個和英國沒有太多共通點的族群，為什麼要成為那樣一個團體的成員？沒有人知道這個問題的答案。如果你不打網球，甚至很討厭這項運動，你有什麼理由加入一個網球俱樂部？難道只為了一個月能和他們打一次橋牌？難怪英國人會質疑英國在歐盟到底扮演什麼角色。與其說英國脫離歐洲，不如說是歐盟先脫離了英國——歐盟的本質早在「邁向貨幣同盟」的那個決定拍板後，就徹底改變。

不僅是英國，在世界各大工業國，政治階層和幻想破滅與心懷不平的眾多選民之間的分歧都愈來愈大，而這樣的巨大分歧已傷害到彼此之間的信任。有時似乎是執政階層對人民失去信心，有時則似乎是人民對政府失去信心。雙方好像都沒有能力理解另一方。各工業國家爆發的金融危機以及事後的未能制訂更激進改革方案等，已在這些國家造成顯著的因果報應，一如美國目前明顯可見的情況。二〇一六年與二〇一七年間，世界上很多大國的領導權已然改變——如英國和美國——或即將改變，如歐陸。要縮小領導人和選民之間的鴻溝，需要發揮一點政治想像力、要了解約定成俗之見的失敗，同時必須願意擁抱新概念。我希望讀者能從《金融煉金術的終結》一書找到一些新概念，並從中找到有助於促進公共辯論的靈感。

莫文・金恩於二〇一六年十二月

引言

那是最美好的時代，也是最糟糕的時代；那是智慧的年代，也是愚蠢的年代；那是信任的紀元，也是懷疑的紀元。

查爾斯．狄更斯（Charles Dickens），《雙城記》（*A Tale of Two Cities*）

過去二十年的現代世界正是最好的時代，也是最糟糕的時代。這二十年的故事是一段述說兩個不同紀元的故事——第一個是成長與穩定的紀元，緊接而來的第二個紀元則和工業世界有史以來最糟糕的銀行危機有關。短短一年多（即二〇〇七年八月至二〇〇八年十月），原本眾人眼中的智慧年代竟瞬間變成了愚蠢的年代，信任也變成了懷疑。先進國家各主要金融中心的最大型銀行相繼倒閉，導致世界各地信心崩潰，並引發一九三〇年代以來最深沉的經濟衰退。

這一切怎麼會發生？這是個人、制度還是觀念的失敗？二〇〇七年至二〇〇八年的一連串事件，催生了許許多多和這場危機有關的文章和書籍，甚至還有以此為主題的戲劇和電影。如果這場危機過後的經濟成長率能比得上以危機為主題之書籍的出版速度，那我們應該早就回到充分就業的狀態。但那類報導性的內容——例如當時的媒體報導和公開辯論——多數聚焦在症狀，而非根本導因。十八世紀工業革命後，當今的貨幣及銀行體系便成為現代資本主義的基石，但從那時開始，世界上也陸續爆發一系列的金融危機；所以，儘管二〇〇八年金融危機的諸多事件迄今仍生動地烙印在市場參與者及投機者的腦海裡，那些事件也不過是構成最近這一場危機的要素而已。換言之，債務的成長、銀行的破產以及接踵而至的經濟衰退，都只是金融與經濟體系諸多沉痾的表面訊號罷了。除非我們回頭追溯根本導因，否則永遠也無法了解究竟危機是怎麼形成的，不僅未來無法防範問題的重複發生，也無力幫助經濟體系真正的復原。本書審視人類的貨幣與銀行體系，探討它為何會週期性地爆發令人沮喪的危機。為什麼危機會發生？為什麼這些危機令我們的就業與生產活動付出那麼大的代價？要如何防範危機的發生？而為了解答這些疑問，我們也將檢視一些有助於提出答覆的新概念。

二〇一一年春天，我到北京和一位資深的中國央行官員見面。在釣魚台國賓館設宴的晚餐開始前，我們先在那裡打了一場網球友誼賽，過程中，我們談到整個世界可從過去的歷史吸收到哪些教誨，並用以因應眼前的挑戰——其中最重要的一項挑戰是：如何在二〇〇八年西方銀行體系崩潰後，再次振興世界經濟。談著談著，我突然想到，據說有一次某人請教中國前總理周恩來對於法國大革命的看法，並且詢問他這場革命的重大意義（他回答：「現在下結論為時尚早。」），於是我便問那個中國同儕，此刻的他認為十八世紀下半葉的英國工業革命有何重要的意義。他沉吟了一會兒後，慎重地回答我：「我們中國人從西方人身上學到很多，你們讓我們了解到競爭和市場經濟是支持工業化發展的力量，並且能夠創造更高的生活水準。那是我們想要仿效的。」但接著他話鋒一轉，說：「但我不認為你們已經真的學會要怎麼搞好貨幣與銀行業務。」[1]這本書的發想就是來自他的這一番評論。

自從這場危機爆發後，很多人都試圖找出那個災難結果的罪魁禍首。然而，歸咎個人不僅無濟於事，還會造成反效果，因為試圖歸咎某些人的作法，只會讓你誤以為只要少數人（其實是很多人）接受懲罰，這個世界就會從此長治久安，不再發生危機。真希望事情有這麼簡單。由於銀行業的工作極為挑戰智慧，也隨之創造了優渥的報酬，當時整整一個世代最聰明且最優秀的人才都前仆後繼地投入這個行業，尤其是交易（trading）活動中。可惜的是，這些人才都被嚴重的誤導了。雖然某些個別政策制定者或銀行家顯然不適任或過於貪婪，但引爆這場危機的並非個人的失敗，而是整個體系以及支撐著這個體系的基礎理念的失敗。一切後果皆導因於世人對於世界經濟運作模式的普遍誤解。由於目前銀行部門的規模與政治影響力極為強大，現在才開始著手限制與壓抑，會不會為時過晚？答案是——不會，只要有心對症下藥，永遠也不嫌晚，而我將試著透過本書，尋找正確的問題與解答。

如果不歸咎演員，那是不是該怪罪編劇？很多人將經濟學家打造為惡棍之類的反派角色。經濟學是一門抽象且愈來愈數學化的學科，很多人認為，由於經濟學家未能預測到這場危機，故經濟學已然失靈。這樣的想法就好像把偶發的天然災難歸咎給科學家一樣。不過，如果錯誤的科學理論真的導致災難發生的可能性上升，或製造出「災難永遠不會發生」的認知時，我們確實會怪罪科學家，而本書的論點之一是，經濟學所激發的許多思考方法已導致危機發生的機率提高。經濟學家假裝自己具備預測的能力，等於是自找麻煩。沒有人能輕易預測不可知的未來，經濟學家當然也不例外。然而，儘管外界批判不斷，現代經濟學終究提供了一種獨特且有用的思考方法，讓我們得以思考這個世界的一切。只是，沒有任何一個學科是一成不變的，面對這場危機的慘痛經驗，經濟學必須隨之改變，而且可能是激烈的改變。我們必須為自己著想，以史為鑑，以得出一套適用於今日的理論，而非屈服於歷史巨輪之下。

以全球幾個先進的經濟體來說，有能力把人類送上月球，還能生產與提供複雜且創新的產品及勞務，目前卻似乎因金錢與銀行業務等較世俗的挑戰而陷入困獸之鬥。危機爆發的頻率與嚴重程度一次比一次更驚人。二〇〇八年十月，危機正熾之際，眼見全球銀行體系所存在的債務問題，許多主權政府出面承擔責任。從資產負債表的角度來說，當時的銀行體系在實質上已被國有化，問題是，國家卻未因此取得對銀行業營運的集體控制權。我們不能輕易遺忘當時的政府拯救行動，因為當情勢急轉直下，歌頌市場紀律不遺餘力的銀行部門，竟是靠著納稅人的支持才得以苟延殘喘。到後來，連國家的信用度都岌岌可危，某些國家如冰島和愛爾蘭甚至信用盡失。上帝或許創造了宇宙，但我們這些凡人卻製造了紙製貨幣和高風險的銀行。銀行是人類一手打造的機構，是創新、繁榮與物質進步的重要泉源，但也是貪婪、腐敗和危機的主要禍端。無論如何，銀行對人類福祉的影響至為重大。

綜觀現代史，貨幣和銀行業務多半被視為將人類從停滯的封建制度中解放出來的神奇要素，這兩項要素使得活力十足的市場得以興起，而市場的興起則讓支持經濟成長的必要元素——長期投資——得以進行。十八世紀的工業革命使得「紙鈔能取代具內含價值的黃金與貴金屬」、「銀行能收受安全的短期存款，並將之轉化為長期的高風險投資」等概念獲得認同，甚而取得主導地位。這是一個極具誘惑力的革命性概念。事實上，這就是金融煉金術——一股藐視事實與常識的非凡金融力量就此誕生。從那時迄今，人類將貨幣視作靈丹妙藥的追求，便引爆了一系列經濟災難——包括超級通貨膨脹與銀行崩潰事件等。為何貨幣與銀行業務——也就是市場經濟的煉金術——會變成市場經濟體系的致命弱點呢？

本書的目的就是要解答這個問題。一開始，我們將解釋為何現代資本主義經濟體系失靈的罪魁禍首是貨幣與銀行業務，說明這些失靈對於整體經濟體系造成的後果，並且闡述要如何終結這項煉金術。我們對於貨幣與銀行業務的概念大致就類似於我們目前引導政治與想像過去的方法，二者皆為我們這個世代特有的產物。二十世紀經濟蕭條、超級通貨膨脹與戰爭等經驗，改變了這個世界和經濟學家對於貨幣與銀行業務的想法。在一九三〇年代初期的大蕭條來臨以前，各國中央銀行和政府一向認為它們的責任是穩定金融體系和平衡預算。

然而在大蕭條過後，官方焦點轉向以維持充分就業為目標的政策。戰爭結束後，原本世人信心滿滿地認定凱因斯學派的各項概念（利用公共支出來擴大經濟體系的整體需求）將防止我們重蹈覆轍，但事實證明那樣的信念太過天真。一九六〇年代各地採行的擴張性政策（而越戰又雪上加霜）引爆了一九七〇年代的超級通貨膨脹，與此同時，經濟成長趨緩，失業率更是高漲——也就是所謂的「停滯性通貨膨脹」（stagflation）的惡性組合。這一切所引發的直接後果是，各國中央銀行再次重生，成為以物價穩定為職志的獨立機構。由於中央銀行成功達成這項任務，以致一九九〇年代的通貨膨脹率不僅降到一個世代以來未曾見過的低水準，各國央行及其官員也因開創了一個低通膨經濟成長的世代——即所謂的大穩定期（Great Stability）或大穩健期（Great Moderation）——而獲得世人的崇敬。政治人物紛紛站上金融祭壇參拜，並以寬鬆的監理規定來換取金融業的支持或甚是政治獻金。接著，那一片榮景驟然崩潰：二〇〇七年，初步的警訊浮現——先是某些銀行開始難以在市場上取得短期借款，接著，工業化世界的銀行體系在二〇〇八年崩潰，大衰退（Great Recession）隨之而來，政策制定者急如星火，企圖用各種方法來趨使經濟復甦。然而直至今日，世界經濟依舊處於消沉狀態。以政策刺激經濟的作法再次蔚為流行，風水就這麼輪流轉了。

這一次的經濟衰退傷及許多無辜者。由於他們並不是當前經濟窘境的始作俑者，當然會因無辜受傷而憤怒不已。我們有必要將那一股憤怒轉化為力量，謹慎分析問題的導因，同時痛下決心，誓言導正一切亂象。目前整個經濟體系的運作模式並不符合我們的預期，而若想防範大衰退再次發生，並且恢復經濟繁榮，我們就需要新的概念。

市面上已有很多關於這場危機的文獻和記錄。這些出版品的標題非常多元，但我們大致上都能從中揣摩到一個相同的隱形副標題：「我如何拯救了這個世界。」所以，雖然基於透明度的考量，我必須先聲明我是這場大戲裡的一角——我在二〇〇三年至二〇一三年間擔任英格蘭銀行（Bank of England）總裁，換言之，從大穩定時期、銀行危機爆發，到接下來的大衰退期，而後經濟開始復甦的那段期間，我都扮演著重要的角色——但別誤會，本書絕對不是一份揭露私人對話內容與幕後衝突的危機實錄。當然，一如各行各業的狀況，很多人出版那樣的書籍。我不會揭露誰在什麼時刻對誰說了什麼，我想把那一切留給沒有偏見且公平的史學家去詳查與評斷；相信隨著時間逐漸流轉，等到他們取得必要證據和所有相關的官方與非官方報告後，自然能就手邊可用的證據做出公平的評斷。政治人物與官員的即時回憶錄通常有流於偏頗與自肥之嫌。不管我怎麼解釋，一般人橫豎都會覺得我是在自圓其說，所以我認為此刻不太有必要澄清是非曲直。等到二十年的保密規定解除，歷史學家就能取得我個人的事件記錄和附帶的英格蘭銀行研究報告，相信到時候歷史自有論斷。

本書的主軸是討論經濟概念。我在英格蘭銀行服務的經驗告訴我，概念——無論好壞——確實會影響政府與公共政策。一九九〇年代初期採納的通貨膨脹目標制和一九九七年允許英格蘭銀行獨立等政策就是顯例。經濟學家為經濟政策——尤其是中央銀行業務——貢獻了謹慎、透徹、理性邏輯、清晰證據、有效科學方法與數理化流程的論述，但我在英格蘭銀行的經驗也讓我體會到，經濟學家用來解釋（不論是言語描述或數學等式）總體支出與生產變化的「經濟模型」有缺陷。其中特別值得一提的是，那類模型完全未能說明貨幣與銀行的重要性，也未闡述金融市場防護罩的重要性，但這些卻是經常占滿報紙與電視螢幕篇幅的重要議題。難道支撐著當代思想的理性經濟框架存在某種根本的缺陷嗎？

其中某些基本議題無須專業層次的解說也能探索出答案，何況我也不打算提出一堆專業層次的解說。當然，經濟學家總是以數學和統計方法來了解這個複雜的世界，而且，如果他們不這麼做，也有失職之嫌，畢竟經濟學是一門理智的學科，不僅需要表面上說得通的論述，還必須嚴謹遵守邏輯證明原則。然而本書並不會討論任何數學學問，[2]本書是以白話文表達（希望如此），引用的也都是現實生活中的實例。雖然我非常希望各地的同儕經濟學家能一起閱讀這本書，並進一步將我在本書提出的某些概念發揚光大，但我主要鎖定的還是沒有受過正式經濟學訓練，但是對相關議題感興趣的讀者。

我將透過本書解釋這場危機的導因以及世界經濟體系如何失去原來的平衡；貨幣如何在早期社會

中誕生，以及它在今日所扮演的角色；為何「銀行是貨幣創造的主要來源」此一事實直接導致了我們金融體系的脆弱；為何中央銀行需要調整因應危機的方式；為何政治與貨幣息息相關；為何各國必須落實不同以往的政策，否則這個世界有可能面臨另一場危機？以及最重要的，我們要怎樣才能終結當前貨幣與銀行體系的煉金術？

我所謂的「煉金術」指的是一種信念，一種相信只要提出要求，便可將紙鈔轉化為具內含價值的原物料商品（如黃金）的信念，以及存款人隨時可提領自己存在銀行之貨幣的信念。實際上，不管是什麼形式的貨幣，其存廢都取決於使用者對貨幣發行者的信任，而世人對於紙鈔的信心，當然取決於政府能不能且會不會濫用它的貨幣印製權。銀行存款是以長期的高風險貸款作為擔保，問題是，這種貸款無法快速轉換為貨幣。這種煉金術是幾個世紀以來人類貨幣與銀行體系的基礎。[3]誠如本書將說明的，貨幣與銀行對資本經濟體系確實貢獻良多，但我們能在不損失這種巨大利益的情況下終結這項煉金術。

本書將大量使用四個概念：失衡（disequilibrium）、極端不確定性（radical uncertainty）、囚犯兩難（prisoner's dilemma）以及信任（trust）。很多人很熟悉這些概念，但不見得熟悉我使用這些概念的脈絡。隨著我逐漸提出相關闡述，這些概念的重要性將愈來愈清晰。不過，我認為最好還是先簡單定義並解釋這四個概念，會比較有幫助。

失衡是指影響一個體系的各種力量未能達到平衡狀態。運用到經濟學時，失衡是指一種無法永續維繫的狀態，意思就是，在經濟體系朝某個新均衡移動的過程中，到了某個時點，支出與生產型態勢將發生極大變化。「失衡」一詞精確描述了世界經濟自柏林圍牆倒塌（我將在第一章討論這個事件）後的發展。

極端不確定性是指巨大到不可能代表未來狀況的不確定性——我們有能力推估詳盡的可知結果的機率，卻無法推估所謂極端不確定性的發生機率。經濟學家便宜行事地假設「理性」的人類有能力建構那種機率。問題是，企業投資並非擲骰子，一個骰子只有固定的六個面，所以擲骰子的結果是已知且有限的，但企業投資活動的結果卻非如此；企業在從事投資活動時，面對的是無限多難以想像的可能性。幾乎所有決定現代生活特色的事物，以及所有被現代人視為理所當然的事物，如汽車、飛機、電腦和抗生素等，都曾是完全無法想像的。生活在資本主義經濟體系的每個人都必須面對一個根本的挑戰：沒有人有能力想像未來將會是什麼樣貌。因此，未能將極端不確定性融入經濟理論，是導致世人做出種種錯誤判斷進而引爆這場危機的原因之一。

囚犯兩難可定義為面臨合作障礙時達成最佳成果的困難。讓我們想像有兩個罪犯被逮捕，並被隔離囚禁。當局對這兩個人開出一個相同的條件：如果某人同意檢舉另一個人，他本人將獲得從輕發落，但他如果拒絕這麼做，而另一個囚犯又檢舉他，他將被從重量刑；如果這兩個罪犯都不檢舉另一個人，那麼，兩個人都會獲判無罪。[4]顯然，最好的結果就是兩個人都保持緘默。但如果他們無法合作，選擇的難度就會高很多。在這種情況下，若不想被從重量刑，唯一包準可行的方法就是檢舉另一個人。而如果兩個罪犯都這麼做，結果就是兩個人都獲得從輕發落。這個不合作的結果終究還是比合作的結果差。所以，兩人在彼此合作上的困難，就製造了所謂的囚犯兩難。這類問題就是了解經濟體系整體行為（即所謂的總體經濟學〔macroeconomics〕領域）模式的重要關鍵，也是滲透我們何以陷入這場危機，以及從今而後要如何邁向持續復甦等的核心問題。接下來的內容將提出許多囚犯兩難的實例。欲了解與改善人類未來的命運，關鍵在於找出解決資本主義經濟體系中囚犯兩難的方案。

信任是讓市場經濟得以運轉的根本要素。如果我們不信任別人，要怎麼開車、飲食或甚是做買賣？如果沒有信任，日常生活就無法運轉，例如，我們把信用卡的詳細資料提供給陌生人，並到我們從未去過的餐廳吃飯，如果沒有了信任，這些都行不通。當然，信任必須靠法規來補強——詐騙被視為一種犯罪行為，而餐廳廚房條件也受到某些規範控管——無論如何，一個有信任的經濟體系一定會比沒有信任的經濟體系更有效率。信任是解決囚犯兩難的答案之一。它攸關貨幣與銀行業的影響力，也左右了管理人類經濟體系的制度。很久很久以前，孔子就強調了人民對權威者的信任有多麼重要：「為政者需要三樣不可或缺的事物：武器、食物和信任。如果無法同時保有這三者，應該先放棄武器，其次放棄食物。就算到最後一刻，都應該捍衛信任，因為沒有信任，便無立足之地。」[5]（譯注：論語的原文為：「子貢問政。子曰：『足食，足兵，民信之矣。』子貢曰：『必不得已而去，於斯三者何先？』曰：『去兵。』子貢曰：『必不得已而去，於斯二者何先？』曰：『去食。自古皆有死，民無信不立。』」）

這四個概念貫穿本書，幫助我們了解貨幣與銀行煉金術的根源，以及如何減少使用或甚至消滅那個煉金術。

我在二〇一三年離開英格蘭銀行時，便決心探討貨幣與銀行業務在理論與實務上的缺陷，以及這些缺陷和總體經濟體系之間的關係。在探索的過程中，我一步步陷入與經濟學有關的根本疑問中。我漸漸相信，我們必須從根本改變對總體經濟學的想法，同時修正各國中央銀行管理本國經濟體系的方法。市場經濟的關鍵功能是要連結目前和未來，以及協同支出與生產的相關決策，包括今天、明天與幾年後的決策。如果利率高到足以吸引家戶部門克服今天（而非等到明天）馬上把錢花掉的急躁感，家戶就會儲蓄。如果企業相信潛在的投資報酬超過取得融資的成本，就會把資金投入生產性資本（productive capital）。唯有透過儲蓄和投資來提高生產性資本存量，才能拉抬經濟體系的未來潛在產出，經濟也才能成長。在一個健康成長的經濟體系，儲蓄利率、投資報酬率和經濟成長率等「三率」都會遠高於零。然而，如今我們被困在極端低的利率環境裡，低利率導致家戶部門打消了儲蓄（儲蓄是未來需求的來源）的念頭，而若這樣的情況恆久不變，勢必會壓低投資報酬率，導致資源被分散到一些沒有獲利能力的專案上，最後，這兩個影響將拖累未來的經濟成長率。如今這個世界已或多或少朝那條道路前進。看起來當今的市場經濟體系似乎未能有效連結現在和未來。

我相信當今的市場經濟未能連結現在與未來的原因有兩個。首先，要連結「已知的現在」和「不可知的未來」本來就相當困難，因為極端不確定性的存在讓市場經濟體系不得不解決一個難以突破的挑戰——要如何創造我們目前還無法想像的商品與勞務市場？貨幣與銀行業務就是市場經濟體系回應那個挑戰的方法之一。第二個原因是，關於政府與中央銀行應該如何穩定經濟體系，經濟學家早有一套約定成俗的見解，問題是，這些見解低估了極端不確定性引發偶發性大型失衡的那種重大影響力。危機不會憑空發生，一般人在努力應對不可知未來的過程中，難免會犯下各種錯誤，而這些錯誤累積到最後，就會引爆危機。這兩個原因都隱含深遠的寓意，後續章節將會更深入討論。

不可避免地，我的見解當然反映了我經由過去兩段經歷所累積的心得。第一段是屬於學術上的經歷——英國劍橋大學的學生、在另一個劍橋擔任哈佛大學甘迺迪學者（Kennedy scholar at Harvard），以及接下來同時在大西洋兩端從事教職等。透過這段經歷，我親身體驗了總體經濟學從文學論述逐漸轉化為數學紀律的歷程發展：以前者而言，很多論述看似表面上說得通，但卻沒有徹底的說服力，但以後者來說，相關論述雖在邏輯上具說服力，但表面上看卻不怎麼有理。直到二〇〇七至〇九年危機爆發那段期間，我才開始回顧過往，並終於領悟凱因斯（John Maynard Keynes）的殘存信徒和同一時期匯集到這個學科的眾多數學家與科學家（大量數學家與科學家匯集到這門學科，促使各大學經濟系快速擴張）之間總那麼劍拔弩張的根本原因。我所謂的凱因斯信徒主要是指我一九六〇年代的恩師理查．卡恩（Richard Kahn）與約翰．羅賓森（Joan Robinson）。外界誤以為舊「凱因斯學派」認定某個偉大人物（譯注：指凱因斯）的著作涵蓋了所有經濟學相關的智慧，這是個誤解，但這個誤解最後導致舊「凱因斯學派」的影響力逐漸式微。新一代的經濟學家將數學紀律導入這個向來以嚴謹自豪的科目，但經濟體系的失衡、極端不確定性和解決囚犯兩難的信任等非正規分析，卻因此消失在篤信「理性個人將領導經濟體系走向效率均衡」的狂熱裡。是該更嚴肅看待這些概念的時候了。

談到我的第二段經歷，其中二十二年（一九九一年至二〇一三年）是在英格蘭銀行服務，它是世界上最早開始連續運作的中央銀行。在這段期間，我分別擔任首席經濟學家、副總裁和總裁。那段經歷當然讓我有機會探討貨幣的可行管理方式。我學會（而且也公開表述）若想善加管理貨幣，最好不要過於仰賴個人，不要以為擁有天賦異秉的人就擁有什麼了不起的魔力，而是應該設計並建立一些能由稱職且具備專業能力的人來管理的制度。當然，人很重要，而且不同人創造出來的成果也會很不一樣，尤其是在危機爆發時。不過，無論任何一個人、任何一個中央銀行官員或政治人物對自己的能力多麼有自信，都不見得有能力應付市場，因為市場代表著世界各地難以計數的投資人。誠如柯林頓總統的某個顧問曾說的：「我以前認為，如果真有來生，我想要以總統、教宗或打擊率0.400的棒球強打者身分回到這個世界。但現在我希望我的來生是債券市場，因為這樣我就擁有恫嚇每一個人的力量。」[6]從他在二十年前說這些話迄今，沒有任何事能改變這段評論的說服力。

我是繼蒙塔古．諾曼（Montagu Norman）之後，首度在和平時期透過收音機廣播發表演說的英格蘭銀行總裁。我是在二〇一二年透過廣播發表我的演說，而諾曼則是在一九三九年三月發表他的演說，他演說完短短幾個月後，第二次世界大戰便爆發。當年諾曼結束演說並步出廣播大樓時，被一群帶著旗幟與標語牌的英國社會信用黨（British Social Credits Party）示威人士團團圍住，標語牌上寫著「先徵召銀行家！」。反觀二〇一二年，群眾的反感也持續升溫。二〇〇七年至二〇〇九年各項事件的後果正持續浮現，而那些後果對一般人造成的切身影響，依舊讓人民感到憤恨不平。那一場災難並非一朝一夕形成，當然，也非一朝一夕就可解決。不過，如果我們遲遲未能善加管理貨幣與銀行業務，未能設法防範危機發生，這個世界將付出極高的產出和就業折損代價，所以，我們不能等到下一場危機爆發，才開始設法保護未來的世代子孫，而是必須即刻採取行動，防患於未然。

查爾斯．狄更斯的《雙城記》不僅有一句著名的開場白，它的結尾句也同樣有名。當席尼．卡爾頓（Sydney Carton）犧牲自己的性命，代替另一個人上斷頭臺時，他反省道：「這是公平的，我現在做的事遠比我以前做的所有事良善……」如果我們能找到一個方法來終結我們從先人傳承而來的貨幣與銀行體系煉金術，那至少就經濟領域而言，這會遠比我們以前做過的所有事良善。

第1章　三項經濟實驗的結果：好、壞與醜惡

「我相信，明智管理的資本主義比起其他任何現有的替代體制，很可能更有效率地達成各種經濟目的。」

凱因斯，《自由放任的終結》（*The End of Laissez-faire*，一九二六年）

「鑄下災難性大錯的經驗是有益的，所有經濟學家都應該親身體驗一下，事實上也很少有人能倖免於難。」

約翰．肯尼斯．高伯瑞（**John Kenneth Galbraith**），《我們這個時代的生活》（*A Life in Our Times*，一九八二年）

歷史是指在你出生之前發生的事，也正因如此，我們才會那麼難以從歷史中吸取教訓：那些是前一代犯下的錯呀！一九六〇年代，我透過學校的學習，了解到為何一九三〇年代是那麼糟糕的時代——當時的政府與中央銀行根據陳腐過時的經濟概念來制定決策，從當代照片上重要人士的穿著打扮——留著落腮鬍、戴著禮帽——便可見他們個個是不懂現代經濟學的老古板。相較之下，一九六〇年代學術界和政府機關裡接受過現代經濟學養成訓練的年輕世代，應可確保一九三〇年代的大蕭條永不

重演。

在一九六〇年代，一切看似可能。舊概念和傳統遭到揚棄，全新的世界頻頻向世人招手。以經濟學領域來說，大量的數學家、工程師和物理學家投入其中，為十九世紀哲學家兼作家湯瑪斯・卡萊爾（Thomas Carlyle）所謂之這門「憂鬱的科學」（dismal science）[1]導入了一種全新的科學方法。這個新方法不僅保證要讓世人更了解我們的經濟體系，甚至保證將改善經濟表現。

然而，在後續的五十年之間，各地的經濟情況也只能說是好壞參半——雖然先進國家的國民所得增加超過一倍，所謂的開發中國家也有數億人民脫離了極端貧窮的狀態，但在同一段時間也發生了一九七〇年代失控的通貨膨脹，以及二〇〇七年至二〇〇九年的世界史上最大金融危機。要如何解釋這一切？我們在戰後這段期間的經濟表現究竟算成功還是失敗？

經濟成長的根源

資本主義的歷史也是經濟成長與生活水準提升的歷史，不過，這個成長歷程不時的被金融危機打斷，而且，危機多半肇因於貨幣與銀行業務管理的失當——前文提到的那名中國央行官員，的確道出了一個重要且寓意深遠的事實。二〇〇七至〇九年的金融危機（以下稱「這場危機」）並非特定個人或經濟政策的錯，而是某種人類集體失誤的最新外顯症狀，這個集體失誤指的就是：我們未能善加管理金融（即貨幣與銀行業務的結構）和資本主義體系之間的關係。很多和這場危機有關的報導性文獻未能體會這一點，因此，那些文獻多半只著眼於問題的症狀，而非問題的根本導因。儘管我們迄今尚未找出解決問題的方法，並不代表資本主義經濟體注定不穩定或注定會失敗，而是我們需要更努力思考如何讓這個經濟體有效運轉。

多年來的事實證明，資本主義經濟體系是擺脫貧窮與實現繁榮的最有效途徑。在此所謂的資本主義是指一種經濟體制，在這個體制下，民間資本的所有權人僱用工資所得者到他們創立的企業工作，同時藉由向銀行及金融市場融資，取得投資活動所需的資金。[2]西方國家已建立了許多以支持資本主義體系為目的的制度，包括強制執行私有合約與保護財產權的規定、創新與發表新概念的知識自由、促進競爭與打破壟斷的反托拉斯規範，以及由公共資金支應的服務和網絡，如教育、水利、電力和電信等服務，這些服務和網絡為蓬勃發展的市場經濟提供了基礎架構。那些制度在自由和箝制之間、自由競爭與監理控管之間創造了一個平衡，這是經過漫長時間才演變而成的一個微妙平衡；[3]不僅如此，這個平衡也改造了我們的生活水準。二次世界大戰後，北美和歐洲創造了平均每年近2.5%的經濟成長率，實質國民所得在一個世紀之間提高了十二倍，這絕對堪稱真正革命性的成果。

過去兩個世紀以來的發展促使我們逐漸認定經濟理所當然會成長。蘇格蘭哲學家暨政治經濟學家亞當．斯密（Adam Smith）在那個非凡經濟變化期（十八世紀中葉）的著作，確認了經濟體系從相對停滯狀態向上突破的根本原因：專業化分工（specialisation）。在經濟停滯期，生產力（每人產出）大致上固定不變，就算有任何提升，也是導因於新大陸或其他天然資源的發現；而分工讓經濟體系進入一個生產力長期連續成長的時期，原因是，分工讓一般人得以專注於擅長的特定工作，而且透過與資本設備的密切配合，生產力遂比不分工的狀態下高出好幾倍。斯密以目前非常著名的大頭針工廠案例來闡述他的論點：

> 一個工人……就算極盡刻苦耐勞之能事，一天也不見得能製造一個大頭針，當然，絕對不可能製造二十個大頭針。但以這項事業目前的營運方式來看，這整件工作不僅成為一個獨門行業，還被劃分為許多的部門，一個人負責抽銅線，另一個負責理直銅線，第三個人負責裁切，第四個人負責削尖，第五個負責磨光頂部，以便和圓頭接合……為了製造大頭針而必須進行的重要業務，就這樣被區分為十八個類別的作業，在某些製造工廠，這些作業更分別由不同的人手完成。[4]

斯密所描述的工廠只僱用十個人，一天就能製造超過四萬八千個大頭針。

隨著我們將專業技能應用到愈來愈多的工作上，分工的程度和生產力也跟著提升。分工和人類對貨幣與銀行業日益增加的需求息息相關；因為貨幣是我們用來交換另一位勞工的勞動成果的工具，我們利用它來換取其他專家生產的各式各樣商品；資本設備讓分工得以實現，而銀行則是採購資本設備的融資管道之一。隨著勞動市場裡的每個人都變得愈來愈專業，社會就需要愈來愈多的設備與資本投資來支持這些分工者，於是，貨幣與銀行的影響力遂進一步上升。十八世紀中葉前那一千年間，每人產出幾乎恆久不變，然而從十八世紀中葉起，生產力開始緩慢但明確地上升。[5]實質上來說，製造商品的是資本主義。未來歷史學家勢必將繼續辯論為何工業革命會發生在英國——最近的研究報告提到了人口成長、充沛的煤炭與鐵礦供給，支持工業的制度、宗教信仰等因素。不過，貨幣與銀行業務的發展，才是真正促使這場革命起飛的必要條件。

接下來，過了幾乎一個世紀後，對工業化的體驗以及大量勞工從農田轉向都會區工廠工作的現象，促使社會主義作家的觀點逐漸轉變。在卡爾．馬克思（Karl Marx）與弗里德里希．恩格爾（Friedrich Engels）眼中，未來的路很清楚——他們認為資本主義只是從封建主義邁向社會主義的一個暫時中途站。他們在一八四八年的《共產黨宣言》（*Communist Manifesto*）中提出「科學社會主義」（scientific socialism）的概念，這個概念斬釘截鐵地認定資本主義最終將崩潰，被社會主義或共產主義取代。後來，馬克思又在《資本論》（*Das Kapital*，一八六七年）第一版，（以極大篇幅）詳盡闡述這個論點，同時預測，過度的資本累積（capital accumulation）將導致利潤率降低，壓抑投資誘因，並使得勞動階級深陷在悲慘的境地，同時資本所有權人將變得愈來愈富裕。一如狄更斯在他的小說中生動刻畫出的景象，十九世紀的英國勞動階級確實因悲慘的勞動條件而受苦。不過，馬克思那一部知名的著作才完成不久，英國經濟就進入了漫長的實質工資（real wages，調整生活成本後的貨幣工資）成長期。即使經過兩次世界大戰與一九三〇年代大蕭條的干擾，生產力與實質工資上升的趨勢都未見中止，利潤率也大致維持穩定。經濟成長與持續改善的生活標準就此成為一種常態。

然而，就算資本主義沒有因其內部矛盾而崩潰，實際上也未能帶來安穩的經濟保障。在二十世紀期間，超級通貨膨脹與幾次經濟蕭條等極端狀況，導致很多資本主義經濟體的人民體驗到生活水準和原有財富雙雙遭到侵蝕的命運，尤其是一九三〇年代大蕭條期間；當時的大規模失業令世人再度對共產主義與中央計畫式經濟體系的可能性產生興趣，尤其是歐洲人。英國經濟學家凱因斯之所以會提倡藉由政府干預來振興經濟體系整體支出等概念，正因為他認為這麼做就能在無須訴諸全面性社會主義的情況下，促使經濟回歸充分就業狀態。第二次世界大戰過後，許多人相信政府計畫是打贏這場戰爭的功臣，並因此認定政府計畫也有助於爭取和平。在英國，一直到一九六四年，剛取得政權的工黨政府還宣布要實施一個「國有計畫」，這個計畫發想自凱因斯的概念，不過，工黨的版本相對天真，它著眼於振興商品與勞務需求的政策，較不重視經濟體系的產能（生產商品與勞務的能力）。於是，隨著需求漸漸超過產能，通貨膨脹遂開始上升。而在大西洋另一端的美國，一九六〇年代末期尾大不掉的越戰成本，也導致通貨膨脹漸漸失控。

上升的通貨膨脹對先前根據一九四四年布列敦森林協議（Bretton Woods Agreement，本協議的名稱是以那年七月在新罕布夏州〔New Hampshire〕召開會議的小鎮命名）而建立的國際貿易框架造成很大的壓力。這項協議的設計是為了讓飽受戰火摧殘的歐洲能緩步重建經濟，進而重新融入世界貿易體系；據之創建的國際貨幣系統，允許各國自主設定本國利率，但是國與國之間需採用固定匯率。然而，欲使之成為實際可行的系統，就必須嚴格限制各國之間的資本流動——否則資本很快就會流向利率最高的國家，到時候，利率差異或固定匯率都無法維持。於是，外匯管制無所不在，各國也針對以外幣進行的投資活動設下許多限制。當時我還是個學生，我記得一九六〇年代時，英國規定到海外旅行的英國人一年可帶到海外花用的錢不得超過五十英鎊。[6]

當時新設的國際機構——國際貨幣基金（International Monetary Fund，以下簡稱ＩＭＦ）與世界銀行（World Bank）——利用其成員國提供的資金來支應暫時性的外幣短缺，並為重建二次世界大戰期間遭破壞的工廠及基礎建設等投資活動提供資金。這個框架隱含一個根本信念：每個國家都將維持類似的低通貨膨脹率。換言之，這個信念假設，就算一個國家因通貨膨脹高於其貿易夥伴而喪失競爭力，那也只是暫時的現象，並不會永遠居於劣勢，因為它勢必會採取通貨緊縮政策來重振競爭力，並同時向IMF取得支應短期貿易逆差的資金。不過，從一九六〇年代末期，各國的實際通貨膨脹水準卻相當分歧——尤其美國和德國之間的落差更是懸殊——的情況看來，那樣的差異似乎並非暫時現象，而這樣的差異最後也導致布列敦森林體系在一九七〇年至一九七一年間瓦解。到了一九七〇年代初期，各主要經濟體已紛紛改採「浮動匯率」機制，在這個機制下，貨幣的價值則改由民間外匯市場的需求與供給決定。

不可避免地，實施浮動匯率制度初期，各國追求低通貨膨脹的紀律開始變得鬆散。一九七〇年代的兩次石油危機重創了西方國家——一九七三年，阿拉伯國家實施禁運，導致原油價格大漲三倍；一九七九年時，油價又因伊朗革命所引發的供給中斷而上漲一倍，結果通貨膨脹大幅上升，其中美國的年度通貨膨脹率達到13%，英國更高達27%。[7]

經濟實驗

於是，從一九七〇年代末期起，西方國家為了善加管理貨幣、匯率與銀行體系，遂展開了我們目前看來相當莽撞的三次實驗。第一個實驗是賦予中央銀行非常大的獨立超然地位，以期壓低並穩定通貨膨脹，這個目標後來被祕藏在通貨膨脹目標制政策裡——也就是全國物價穩定目標。第二個實驗是允許資本自由在各國之間流動，並鼓勵各國朝固定匯率制度靠攏，包括歐洲內部——這最後促成了歐洲貨幣聯盟的建立——以及世界經濟體系中成長最快速的較大區塊——尤其是中國。中國為了追求匯率穩定目標，採用了固定的人民幣兌美元匯率。第三個實驗是解除銀行與金融體系諸多活動的監理限制，除了促進競爭，也讓銀行得以將營運多角化發展到新產品與地區，以達擴展營運規模及穩定銀行體系的遠大目標，因為在過去，銀行業常受地理位置或業務線過於集中的風險威脅，而這項實驗的目標之一就是要實現金融穩定。

這三個同步進行的實驗產生了三種後果，分別是好、壞與醜惡的後果。好的影響是，大約在一九九〇年至二〇〇七年間，產出和通貨膨脹確實呈現前所未見的穩定狀態——也就是所謂的「大穩定」。世界各地的貨幣政策走向大幅轉變，有超過三十個國家陸續採納通貨膨脹目標制，並接受中央銀行獨立運作的概念。此外，通貨膨脹的動態也顯著改變，平均來說，通貨膨脹明顯降低、起伏較小，且就算上升也較不持久。[8]

壞的後果是債務水準上升。歐洲與新興市場匯率彈性的消除，導致貿易順差與逆差擴大。某些國家的儲蓄因貿易順差而顯著增加，但某些國家卻必須仰賴借款來支應其外貿赤字，而且，由於前者的儲蓄意願高於後者的支出意願，於是，早已合而為一的世界資本市場的長期利率遂開始降低。資產——包括住宅、企業股份或各種期貨的請求權[1]——價格代表未來期望報酬（如租金是基於住在自宅而使用的住宅服務價值，以及股利）的今日價值。要計算那個價格，必須以某個利率將未來的價值換算成現在的價值（譯注：即折現）。所以，利率走低的立即性影響就是各式各樣資產的現值上漲。總之，隨著世界各地的長期利率降低，資產——尤其是住宅——的價值遂水漲船高。而隨著資產價值上升，想要購買這些資產的人必須借的錢也增加。在一九八六年至二〇〇六年間，美國的家庭債務從低於總家庭所得的70%，上升到接近120%，英國則是從90%上升至140%。[9]

醜惡的後果則是：銀行體系體質惡化，最後變得極端脆弱。以美國來說，聯邦銀行監理機關對一九三三年實施的《銀行法案》（Banking Act，通常稱為《格拉斯–史提格爾〔Glass-Steagall〕法案》，來自主導這項法案通過的兩名參議員的姓氏。這項法案的目的是要在商業銀行與投資銀行業務之間設下一道防火牆）條文的解讀日益鬆散，最後更促成了一九九九年的《葛蘭姆–李奇–比利雷法案》（Gramm-Leach-Bliley Act）的通過，這項法案清除了所有剩餘的銀行業務限制。在英國，所謂的一九八六年大爆炸（Big Bang）剛開始是一項鼓勵股票交易所競爭的對策，最後導致小型股票經紀商紛紛被收購，商業銀行與證券公司之間也陸續合併。[10] 解除管制以後，銀行業務開始多角化並快速擴張。而在歐洲大陸，所謂的萬能銀行早已是常態。二〇〇八年之前五年間，大型國際性銀行業者的資產增加一倍。銀行間彼此交易著極端複雜的新興金融商品，意謂著銀行間的交叉關聯性也變得愈來愈密切，一旦有一家銀行出問題，就會快速牽連其他銀行，不僅使得風險擴散，還持續放大。[11] 銀行業者從事放款活動時使用的自有資源愈來愈少，愈來愈依賴以借款作為放款的財源。[12] 銀行的權益資本（equity capital）——即銀行股東提供的資金（譯注：俗稱自有資本）——約當其整體集資金額的比重

❶編按：請求權是指一人基於法律向對方請求為一定作為或不作為的權利，例如票據的利益償還請求權。

大幅降低，槓桿——也就是銀行總資產（或負債）相對權益資本的倍數——則上升到異常高的水準。在危機爆發前夕，很多銀行的槓桿比率達到三十倍以上，有些投資銀行甚至高達四十至五十倍。[13]少數銀行的槓桿比率甚至更高。以二十五倍的槓桿比率來說，只要銀行的資產平均價值降低4％，股東權益就會被徹底抹除，銀行也將因此無力履行債務義務。

到了二〇〇八年，醜惡的後果與壞的影響開始超過好的影響。與這場危機（有些人可能將它視為大災難）有關的事件從二〇〇七年起接連發生，令人難以置信的是，這三個實驗全部以失敗收場。較穩定的產出與通貨膨脹固然受用，卻掩蓋了支出組成結構的一項重大失衡：某些國家的儲蓄過少，借貸過高，以致無法繼續在未來維持原有的支出模式；另一方面，某些國家的儲蓄與放款過多，以致消費被壓抑到偏低且無以為繼。而就整體而言，世界的總儲蓄過高，導致扣除通貨膨脹後的利率下降到難以維持一個能夠創造利潤與成長的市場經濟體系。利率長期走低導致資產價值上漲，而為取得這些增值資產而必須舉借的債務也明顯增加。此外，固定匯率制度導致債務負擔加重，而一九九九年歐洲貨幣聯盟的成立，也使得很多歐洲經濟體的競爭力降低，優勢遭到剝奪。不僅如此，事實證明高槓桿大型銀行的體質非常不穩定，脆弱到禁不起即便只是些微的信心流失。結果這些受創的銀行很快就感染到其他銀行，進而導致整個銀行體系在二〇〇八年崩潰。

一開始，沒有人看出這三個實驗注定失敗。相反地，一九九〇年代期間，由於通貨膨脹降低且不再起伏不定（一九七〇年代變化無常的高通貨膨脹傷害了很多市場經濟體），整個世界進入總體經濟穩定期，世人還因此感到欣喜。從很多方面來說，「大穩定」（The Great Stability）——即美國人所謂的「大穩健」（Great Moderation）——被視為各國貨幣政策的成就之一。不過，那樣的好光景未能長久延續。政治制定者對前兩個實驗的固有問題心知肚明，但似乎也完全對這些問題使不上力。雖然政策制定者曾多次在諸如ＩＭＦ等國際集會中，就「全球失衡」交換心得並表達憂慮，卻沒有一個國家有誘因解決這個問題，因為任何試圖獨力對抗利率走低潮流的國家，都得先經歷經濟成長趨緩與失業率上升的窘境，而且個別國家的努力也不可能對全球經濟或銀行體系產生任何有意義的影響。所以，早在當年，囚犯兩難已開始露出它醜惡的嘴臉。

當時也沒有人有能力清楚預見世界經濟體系這種難以永續維繫的狀態最終將如何收場。記得我在二〇一二年到ＩＭＦ參加一場經濟學家及政策制定者研討會，當時在場人士的共識是，美元的匯價終將大幅貶值，並促使支出模式轉變。然而，還沒能等到那個結果發生，第三個實驗就以二〇〇八年九月至十月間爆發之金融危機收場。這場衝擊導致北美與歐洲某些最大且最成功的商業銀行倒閉或嚴重失去戰鬥力，更引發信心崩潰，最後使得世界貿易出現一九三〇年代以來最嚴重的衰退。想必這當中一定出了什麼錯，而且是非常嚴重的錯誤。

關於危機發生的導因，各方意見莫衷一是。有些人認為這是一場金融恐慌——由於外界對銀行業者信用度的信心突然轉變，加上專業投資人停止放款給銀行業者，導致原本基本面良好的金融機構面臨現金突然短缺的窘境；有些人則認為這場危機是銀行不良放款決策的必然後果，換言之，他們認為這是一場償債能力危機。由於銀行資產的實際價值降低到幾乎使權益資本全數遭到抹除的地步，意謂著銀行業者有可能無力償還它們的債務。[14]不過，幾乎所有和這場危機有關的報導性文獻都只是談論症狀——住宅市場的興起與墜落、銀行體系債務與不節制行為的失控——鮮少討論到二〇〇八年壓垮各工業化經濟體的根本導因。[15]有些人甚至還想像這場危機只是美國金融部門的事。除非從全球經濟脈絡來觀察二〇〇八年的種種事件，否則絕對難以理解事實的真相，以及存在於世界經濟體系更深層的毛病。

這整個事件的發展說來話長，接下來我將說明所有你需要知道但又不敢問的危機導因。且容我娓娓道來。

危機的內情

二十一世紀剛展開時，經濟繁榮與民主似乎息息相關且相輔相成。現代資本主義以持續成長的貿易、自由市場與競爭以及全球銀行等為基礎，促進了繁榮的成長景象。但是到了二〇〇八年，這個系統卻崩潰了。欲了解這場危機為何如此巨大、來得如此令人意外，應該先從關鍵轉捩點開始談起，也就是一九八九年柏林圍牆的倒塌。當時一般人普遍認為這個事件代表共產主義的結束，確實，那代表著社會主義與中央計畫式經濟不再受到青睞。雖然在某些人眼中，那代表著歷史的結束，[16]但在多數人眼中，那代表著自由市場經濟體系的勝利。馬克思對資本主義的預言不僅沒有應驗，資本主義更取代了共產主義。但有誰相信這座圍牆的倒塌不僅代表著共產主義的末路，也代表大蕭條以來資本主義最大危機的開端呢？

過去二十五年間究竟發生了什麼事，才會導致資本經濟體系的命運發生如此驚人的變化？中國、前蘇聯成員國與印度等國揚棄計畫經濟體系的社會主義模型後，紛紛展開雙臂擁抱國際貿易。這些國家遍布世界各地，每年投入數以百萬甚至千萬計的工人，產出可貿易的商品——尤其是製造品。進入二十一世紀後，光是中國就創造了超過七千萬個製造業工作機會，遠遠超過美國及歐洲在二〇一二年合計的四千二百萬個製造業工作機會。[17]整個世界貿易體系的勞動力供給人數增加超過兩倍，先進經濟體系因此享受了大量廉價消費品流入的利益，但是它們的本國製造部門就業人口也同時在過程中付出代價。

新興經濟體系的目標是要追隨日本與韓國的腳步，追求外銷導向的成長策略。而為了刺激出口，這些經濟體將本國貨幣兌美元匯率固定在一個偏低的水平。這個策略果然奏效，中國的情況尤其明顯——中國出口占世界出口的比重從一九九〇年的2％大幅上升到二〇一三年的12％。[18]中國與其他亞洲經濟體因此累積了非常高的貿易順差。換言之，這些經濟體生產的商品及勞務比它們購買的商品及勞務多，而且它們的儲蓄比國內投資活動的金額高。這些經濟體的人民儲蓄慾望非常強烈——由於缺乏社會安全網，中國家庭選擇將非常高比重的所得存起來，作為因應失業或生病等不時之需的自我保險，以及支應退休後的消費。中國的高儲蓄率因一九八〇年起的一胎化政策而更形惡化，因為這個生育政策限制多數家庭只能生育一個孩子，導致父母親不太敢指望退休後靠子女奉養，進而強化了人民的儲蓄傾向。[19]亞洲經濟體儲蓄率大致上較高的另一個原因是，它們藉由累積高額的美元部位來作為一種保險，以免在本國銀行體系外幣短缺時陷入經濟窘境，一九九〇年代亞洲金融危機爆發後的韓國和其他一些國家都曾經歷外幣短缺的痛苦經驗。

在此同時，多數西方先進經濟體的支出慾望卻占上風，從儲蓄率的日益降低便可見一斑。拿破崙（Napoleon）或許（也或許不）曾形容英格蘭為一個滿是商店老闆的國家（nation of shopkeepers），但是將英國形容為一個不斷購物（keeps on shopping）的國家可能還更精確一點。

然而，西方國家消費者雖渴望消費，其消費胃口並沒有大到足以抵銷新興國家更加強烈的儲蓄慾望。到最後，整個世界經濟體系變成一個過度儲蓄的經濟體系，二〇〇六年至二〇一四年擔任聯邦準備理事會（Federal Reserve，以下簡稱聯準會）主席的班・伯南奇（Ben Bernanke）曾經生動地說，這是擴大後的新全球資本市場的「儲蓄過剩」（savings glut）現象。[20]

這些過剩儲蓄導致世界各地的長期利率走低。我們總認為利率是由聯準會、英格蘭銀行、歐洲央行（European Central Bank，以下簡稱ＥＣＢ）及各國的中央銀行決定，沒錯，短期利率——即適用一個月以內的貸款利率——的確如此，期間稍微長一點的市場利率，多半也會受外界對於中央銀行可能行動的期望影響；不過，若是關乎更長的期間，如十年以上的利率，就取決於全球整體支出與儲蓄之間的平衡，而中央銀行在制定短期官方利率時，也會回應這些長期的發展。政府平常會透過出售各種不同期限（從一個月到三十年不等）的證券或債券來向市場借錢，這類借款在不同期限之下的利率差異，就是所謂的殖利率曲線（yield curve）。

關於利率，另一個重要差別在於「名目」利率與「實質」利率。名目利率就是我們常說的利率——如果你放款一百美元，隔年收回一百零五美元，那你的名目利率是5％。如果在那一年期間，你想要購買的物品的價格預期將上漲5％，那麼，你賺到的「實質」利率就是名目利率減去預估通貨膨脹率（以這個例子來說，實質利率為零）。近幾年來，短期實質利率實際上已降到負值，因為官方利率一直都低於通貨膨脹率；另一方面，儲蓄過剩也導致長期實質利率降到空前低的水準。[21]在十九世紀與二十世紀多數時間，實質利率都是正數，而且介於3%至5%。根據我個人的估算，從柏林圍牆倒塌前後，全球的十年期平均實質利率，穩定地從4%降到這場危機爆發時的1.5%，而且從危機爆發以後，這項利率更進一步降到零左右。[22]隨著亞洲經濟體不斷成長，亞洲儲蓄者——包括中國政府——存入全球資本市場的儲蓄量就不斷上升。所以說，這些國家不僅投入數千萬名勞力來製造可銷售到世界各地的商品，從而導致其他國家的實質工資遭到壓抑，還讓世界上的總儲蓄增加了數千億美元，而由於這些儲蓄四處尋找出口，最後壓抑了全球資本市場的實質利率。

實質利率的降低與資產市場價格的上漲，使投資活動變得更活絡。從一九九〇年代初期以降，隨著實質利率不斷走低，投資在一些實質報酬率逐漸下滑的計畫依舊顯得有利可圖。以我造訪英國不同城鎮的體驗為例，各地新建購物中心之類的投資活動熱絡到令人不得不訝異，因為低利率和消費支出成長率的高度預期（儘管似乎無法持續）讓這類投資顯得合情合理。

柏林圍牆倒塌後十年多，貿易順差的擴大與熱絡的資本投資還看不到一絲惡性的影響。新興市場快速成長，其人民所得水準也開始趨近先進經濟體。而在先進經濟體方面，消費者最初也受惠於進口自新興經濟體的低廉消費品。而面對進口成長導致貿易逆差長期無法改善的困境，美國、英國和某些其他歐洲國家遂仰賴中央銀行來實現穩定的成長和低通貨膨脹率。[23]為達到「穩定成長」與「低通膨」這兩個目標，這些國家的央行降低短期利率來提振貨幣、信用與國內需求的成長，期望能抵銷貿易逆差對總需求的拖累。於是，短期與長期利率一路降到歷史新低。既然所有期限的利率都降到那麼低，消費活動當然大受鼓舞，以致最終有很多（甚至是大多數）經濟體也漸漸走向後繼無力的路途。[24]由於亞洲儲蓄水準維持高檔，西方國家的債務持續上升，很多大型國家乃至整個世界經濟體系的儲蓄與投資狀況愈來愈偏離理想水準，總體經濟狀況嚴重失衡。原本只屬於國與國之間的失衡，後來更逐漸演變成各經濟體內部的失衡。

當世界經濟運作良好，資本通常會從成熟經濟體流向開發中經濟體，因為後者存在大量可獲利的機會，十九世紀末歐洲投資拉丁美洲便是一個經典的實例。但儲蓄過剩的怪異特質之一在於，由於新興經濟體的儲蓄高於其國內投資，這些新興經濟體其實是在出口資本到投資機會較少的先進經濟體。換言之，先進經濟體是在向這些較低度開發的國家舉借鉅額的貸款。結局：自然的資本流動方向遭到逆轉，原本應該往「低處」流的資本被迫往「高處」流動。[25]

新興市場的多數剩餘資本流入西方銀行體系，促成了這場危機爆發前的第二個關鍵發展——銀行資產負債表大幅擴張，這就是國際清算銀行（Bank for International Settlements）首席經濟學家申賢承（Hyun Song Shin）所謂的「銀行過剩」（banking glut）。[26]銀行的資產負債表上會條列一家銀行的所有資產與所有負債。前者是銀行對顧客承作之貸款價值，外加其他投資的價值。後者則是存戶存款與銀行借來支應業務的其他借款價值。資產與負債之間的差異，就是銀行的淨值（net worth），也就是銀行的所有權人——即股東——持有的價值。隨著西方銀行積極放款給家庭和企業——尤其是房地產相關放款——它們的資產負債表（包括資產與負債）也快速擴張。

銀行資產負債表爆炸的原因有二。首先，低實質利率代表世界各地的資產價格上漲。資產價格上漲誘使債務水準隨之理性上升。住宅是用來說明此一事態的好例子。住宅存量一向會緩步從老一代轉移到年輕世代手中。老一代賣掉房子後，將出售的價金投資到其他金融資產，而年輕一代為了買這些房子，必須去貸款。當房價隨著實質利率降低而大幅上漲，年輕一代為了買房子而必須舉借的貸款將比父母當年需要借的錢多出許多。最後，年輕一代的債務增加，而老一代則持有更多的金融資產。但若整體來看，家戶部門的債務和資產相對所得的比率是同步上升的。在「大穩定」期，隨著住宅漸漸從老一代轉手給年輕一代，年輕一代需要的更多貸款多半來自銀行業者，因此銀行業的資產負債表也快速膨脹。

只要相信實質利率將維持全新低水準的信念本身是理性的，那麼這當中的所有行為並沒有任何不理性之處。顯然當時的市場真的認定那是一個理性的信念，且直到如今這個想法都沒有改變——二〇一五年年中，工業國家的十年期實質利率還是接近零。

然而，促使銀行資產負債表大幅擴張的第二個原因就不是這麼理性了。由於利率極端低，愈來愈渴望追求更高報酬的金融機構和投資人遂開始承擔愈來愈高的風險，但在這個過程中，他們預期的風險補償（risk compensation）並不適當。畢竟在一個低利率與低通膨的世界，金融資產的報酬率想當然爾也會處於歷史新低水準，問題是，投資人太晚適應這個事實，而且打從心底不願意接受這個事實。另外，貪婪和狂妄的心態也促使投資人要求獲得更高的報酬——那種行為就成為後來所謂「追尋收益率」（'search for yield'）的行為。各國中央銀行雖一方面苦口婆心地就低利率的後果提出警告，另一方面卻允許經濟體系的貨幣數量快速擴張，未積極防堵這種追尋收益與提高風險承擔的行為。[27]此外，由於實質利率明顯降低，諸如退休基金與保險公司等金融機構也不斷地想方設法，將它們的儲蓄型產品包裝得更吸引人，並盡可能降低退休準備金的成本。

銀行業者也努力設法滿足投資人追尋收益率的需求。它們創造由各種愈來愈複雜的金融工具構成的「超級組合」來吸引投資人買單；那些金融工具是從各種基本的合約如不動產抵押貸款及其他型態的債務組成衍生而來，所以這些工具也被稱為「衍生性金融商品」（derivatives）。為了提高收益率，銀行業者創造許多這類由高風險且通常不透明的結構所組成的工具，並以諸如「擔保債務憑證」（collateralised debt obligations）等令人難以理解的名字來稱呼這些工具。風險資產的平均報酬率本來就比安全資產（如美國或英國政府債券）高，那是為了補償投資人所承擔的額外風險——所以，這額外的報酬就稱為風險溢酬（risk premium）。雖然當時金融機構向投資人提供的某些條件幾近欺詐，但投資人本身追求較高報酬的慾望，讓市場上絲毫不缺乏心甘情願買單的買方。只有盲目的樂觀主義者才會相信當時市場上的風險溢酬足以補償當中所牽涉到的風險。這一切發展幾乎與煉金術無異。

金融資產的複雜度與規模雙雙較過去大幅上升。長期以來，美國銀行業的總資產一向大約占年度國內生產毛額（gross domestic product，以下簡稱GDP，即經濟體系所產出的商品及勞務總值）的四分之一，但是到了危機爆發之際，銀行業資產約當GDP的比率已接近100%。至於作為歐洲主要金融中心的英國，銀行業資產更超過GDP的500%，而愛爾蘭、瑞士和冰島的這個比率甚至更高。銀行業槓桿上升到天文數字——某些案例甚至達到50：1的水準，換言之，那些銀行對外舉借的資金約當銀行股東投入資本的五十倍。於是，整個銀行體系變得極端脆弱。問題是，監理機關誤認為銀行部門這樣的擴張屬良性發展，因為實質利率持續降低使資產價格大幅上漲，讓投資人——包括銀行——獲得了可觀的利潤。無獨有偶地，政治氛圍也支持高槓桿大型全球性銀行的發展——在政治壓力下，監理機關被迫不能妨礙這個部門的擴張。

「儲蓄過剩」與「銀行過剩」結合在一起，製造出了一種有毒的組合，一邊是嚴重失衡的世界經濟體系，另一邊是爆增的銀行資產負債表。這兩者的交互作用使這場危機變得極端嚴重。表面上，先前的好光景看起來似乎可能永續維繫下去，畢竟貿易順差約當GDP的比重一直都維持在相當穩定的水準，問題是，借款規模的持續成長卻意味債務存量——包括外部與內部債務——相對所得與GDP持續上升。貿易赤字國的國內支出被蓄意刺激到無法長期延續的水準，而低利率更形同鼓勵家庭寅吃卯糧。當然，沒有人能一直不斷地把未來的支出挪移到當下，事實顯然是如此。那種行為遲早都必須調整，拖延愈久，調整幅度就愈大。

那麼，究竟哪一個會先崩潰？是投資人對銀行健全程度的信心？還是無以為繼的支出成長會先戛然而止？多數政策制定者相信，無以為繼的支出／儲蓄型態以及與之相互呼應的外部順差／逆差型態，將在美元崩潰的那一天走到終點——隨著債務人開始懷疑美國、英國和其他貸款人的還款能力，美元就有崩潰之虞。但問題是，新興經濟體的政治人物極端強烈地信仰外銷導向的成長策略。而作為世界準備貨幣（reserve currency）的美元，又是中國及其他新興市場極為樂意投資的貨幣，何況中國的人民幣並無法轉換為其他貨幣。中國累積美元的意願似乎看不到極限，慾望也絲毫未見減退——到二〇一四年年底，中國的外匯存底（foreign exchange reserves）已超過四兆美元。[28]因此，美元得以繼續維持強勢，直到最後，先崩潰的是與銀行資產負債表相關的弱點。

在光鮮亮麗的表象背後，銀行業借項與貸項的存量沿著一條無法永續維繫的道路持續增加，這就好像堆磚塊。當我們把磚塊一個接一個往上堆，原本你以為那些磚塊很快就會崩落，但其實不然，總是要推疊到令人意外的磚塊數量後，磚堆才會倒塌。這個事實體現了所有金融危機的第一定律：一個無法永續維繫的狀態有可能延續非常久的時間，久到超乎你的想像，[29]「大穩定」期即是如此。二〇〇八年所發生的一切，則印證了金融危機的第二個定律：當一個無法永續維繫的狀態終於結束，它結束的速度也絕對超乎你的想像。

加速促使磚塊堆崩潰的那個「小」事件是發生在二〇〇七年七月九日——法國巴黎銀行（BNP Paribas）宣布將暫時停止客戶進一步贖回它旗下的三檔基金（換言之，投資人暫時不能要求向該銀行取回資金），這些基金是投資到所謂的資產擔保證券（asset-backed securities，這種金融工具是針對標的債務如不動產抵押貸款的付款請求權）。巴黎銀行說明，這個決定導因於「美國某些證券化市場區隔的流動性徹底蒸發」[30]。不久後，更廣泛的金融工具市場的流動性也乾涸。當時一般人聚焦在美國高風險、不可靠（甚至不合法）的不動產抵押貸款放款行為。不過，最根本的金融問題其實出在當時的銀行體系太容易受美國次級房貸（對低所得且極可能違約的家庭所承作的貸款）傷害。

九月初時，世界各地的中央銀行總裁為了兩個月一次的例行會議而齊聚巴塞爾。雖然很多年輕通訊社採訪記者聚集在會場外徘徊，妄想有哪個輕率或愛出風頭的央行總裁私下透露他的想法，但這些會議的把關向來非常嚴密。世界各地有愈來愈多銀行監理機關首長會在每年九月和中央銀行官員會面。直到二〇〇七年，當銀行監理機關被問及美國次級房貸市場是否已大到足以拖垮大型銀行，那些機關的一致回答還是非常肯定的「不」。因為這種次級不動產抵押貸款的存量大約只有一兆美元，它的潛在虧損並未大到足以在整體銀行體系製造出什麼大問題。相較之下，二〇〇〇年代初期爆發的網路股崩盤所造成的財富損失金額要比上述金額整整大了八倍。

然而，情況並沒那麼單純，因為這一次，銀行業以衍生性金融商品合約的形式，押注了巨額資金在次貸市場，換言之，潛在的虧損金額不僅限於次貸市場的總規模。雖然對於整個銀行體系來說，不同銀行之間的賭注會互相抵銷，但某些銀行賺錢，另一些則是虧損。這就是問題所在，投資人壓根兒分辨不出哪些銀行賺錢，哪些又在虧本（以某些案例來說，連銀行業者自己都分辨不出贏家和輸家）。於是在外界眼中，所有銀行都有虧本的嫌疑。相較於短短幾個星期以前的資金寬鬆狀態，此時銀行已難以（甚至無法）募集到資金，於是銀行業者開始停止對同業放款。倫敦銀行間隔夜拆款利率（LIBOR）的報價理當是採銀行同業間彼此拆借的利率，但後來這項利率成為銀行業者「不肯」彼此拆借的利率。

危機一爆發，各國中央銀行就明快地提供緊急貸款，但這些貸款的金額對整個銀行體系來說猶如杯水車薪，簡直就像企圖拿一張紙來為裸體的國王（以這個例子而言是銀行體系）遮羞。況且，這種緊急貸款也未能解決根本的問題——銀行需要的不是貸款，它們需要的是股東挹注的資本，唯有股東挹注權益資本，才能降低銀行業異常高的槓桿水準，並吸收因高風險投資而產生的虧損。從二〇〇八年年初起，我們英格蘭銀行的官員就開始主張，銀行真正需要的是額外的資本，而且是非常大量的額外資本——可能需要一千億英鎊以上。不過，這個訊息並不中聽；銀行圈極端不願意承認它們的槓桿水準已高到無以為繼，並因此需要重新調整資本結構或巨幅降低放款金額。對於整體經濟體系而言，重新調整銀行資本結構顯然比降低銀行放款的作法有利。

就這樣，這個體系在風雨飄搖之中僥倖地度過了一年。市場對銀行的信心時起時落。但九月十五日當天，歷史悠久的投資銀行雷曼兄弟（Lehman Brothers）破產，因為它在房地產放款方面的鉅額虧損和極高的槓桿，導致原本為它提供現金管道的金融機構信心崩潰。雖然在此之前的十二個月間，外界對這整個體系的脆弱已愈來愈心知肚明，故這個發展可說不算意外，但雷曼兄弟的破產最終還是對市場信心造成重創，並以迅雷不及掩耳的速度，釀成美國銀行體系的擠兌風潮。不過，這一次去擠兌的並不是一般存款人，而是諸如貨幣市場基金等大型金融機構。這股擠兌風潮迅速蔓延到其他先進經濟體，接著「大恐慌」（Great Panic）來襲。原本已極度寒冷的金融海水頓時凍結成冰。由於沒有人知道哪一家銀行是安全的，哪一家又有問題，世界各地的銀行業者接連陷入無法取得融資的窘境，進而演變成歷史上最大規模的全球金融危機。

當時，就算有銀行還能僥倖借到錢，也必須支付遠高於官方牌告利率的貸款利率。向來以短天期貸款利率向美國大型金融機構舉借大量資金的某些歐洲銀行因而陸續踢到大鐵板：原本它們能輕易借到三個月期的資金，但此時只能借到一個月期的資金，而隨著危機持續發展，借款期限也進而縮減到一個星期，甚至一天。銀行的業務本就取決於存款人及其他放款人借錢給它們的信心，而此時這些

「金主」已對銀行信心全失。二〇〇八年十月初，兩家英國銀行——蘇格蘭皇家銀行（Royal Bank of Scotland，以下簡稱RBS）與蘇格蘭哈里法克斯銀行（Halifax Bank of Scotland，以下簡稱HBoS）已到了一天都撐不下去的窘境。為了防止銀行體系崩潰，英格蘭銀行毅然決定借六百億美元給這兩家銀行。[31]我到今天都彷彿能聽見蘇格蘭皇家銀行執行長弗瑞德．古德溫（Fred Goodwin）在二〇〇八年十月初向我解釋該銀行處境時，那種難以置信的語氣。當然，古德溫不是唯一被嚇壞的人，其他國家的銀行也一樣，而那些國家的央行也對它們的本國銀行採取類似的行動。

從雷曼兄弟破產後到各銀行宣布重新調整資本結構，前後短短不到一個月，而整個世界在那二十八天內受到極大的驚嚇。二〇〇八年十月，七大工業國（G7，美國、英國、日本、加拿大、法國、德國與義大利）的財政部長與中央銀行官員，在雷曼兄弟破產後的混沌與恐懼氛圍中齊聚華盛頓特區。我在那場會議裡建議當時的美國財政部長漢克．鮑爾森（Hank Paulson）以一份簡短且清晰的團結合作聲明，取代標準模式（非常冗長）的公報（由G7的副財長徹夜草擬）。[32]鮑爾森接納了我的意見，而那一份聲明就成了處理這場危機的轉捩點之一——各國政府（以及某些銀行）終於達成共識，認同這場危機不僅是流動性短缺的問題，它暴露了更深層的資本不足問題。

在西方銀行體系搖搖欲墜之際，唯有激烈的干預——包括局部國有化——才能使這個體系免於真正的墜落。而為了避免因銀行業崩潰而導致的大災難，銀行體系終於展開重新調整資本結構的行動，必要時也接受公共資金；其中尤以英國的回應最為明快，接著是美國與其他歐陸國家。不過，那次行動雖成功終結了銀行擠兌風潮，也等於是由各國政府出面向銀行的所有民間債權人提供擔保，此舉導致未來納稅人的負擔上升到未知的規模。

從二〇〇八年秋天到隔年夏天，世界各地信心崩潰，產出急速下降。世界貿易活動嚴重滑落到比一九三〇年代大蕭條時更為險惡的狀態。美國和歐洲大約折損了一千萬個工作機會，約當危機爆發前美國製造業的總雇員數。這段時期就是後來所謂的「大衰退」期。隨著衰退而導致的經濟後果並不只有深陷銀行危機的國家承擔，諸如巴西與印度央行總裁都曾經跟我談到該國汽車和鋼鐵需求急速崩落的謎團。有幾乎一整年，全球各地都處於信心崩潰的狀態。看起來世人所害怕的多半似乎只是恐懼本身，一如一九三〇年代的狀況。由於普遍存在一股害怕他人不再持續消費的氛圍，世界各地的支出遂同步降低。這個悲慘的情況促使世人強力要求當局採取凱因斯式的政策回應，於是，各國中央銀行和政府紛紛以貨幣與財政振興方案來支持經濟，這種策略也在二〇〇九年五月倫敦舉行的二十大工業國（G20，包括工業化與新興市場經濟體）高峰會上獲得背書。

當美國財政部與聯準會在二〇〇九年五月七日當天宣布官方對美國銀行業者的壓力測試結果，銀行危機本身可說已經結束，因為這個計畫的目的是要測試這些銀行業者是否有能力承擔因各種負面情境而產生的虧損，同時能順利在市場上募集或取得美國政府核發之總額七百五十億美元的必要資本。到二〇〇九年夏天，新興市場經濟體紛紛開始復原。然而，銀行危機是結束了，全球經濟的問題還是沒有解決。二〇〇八年各項事件的衝擊以及後續的經濟大幅衰退，導致西方國家的家戶與企業部門支出意願降低，銀行也不願意放款。處處都瀰漫著不確定性。即使到了二〇一五年，經濟成長和信心水準都未能回到「大穩定」時期的水準。

我相信，以上描述已詳實道出了二〇〇七年至〇九年危機爆發前夕與危機期間——從「大穩定」演變為「大恐慌」，再演變為「大衰退」但尚未進入「大復甦」——等種種事態的精髓。我的解說內容多半曾出現在先前的某些危機紀實文獻中，雖然各項文獻解說相關議題的詳細度不一，我的見解與約定成俗之見並沒有太大差異。然而，儘管以上的解釋已相當詳實，還是沒有解開某些重大的疑問。

三個疑問

首先，當情況在一條注定釀成嚴重經濟問題且終將使世界經濟陷入重大調整的道路上加速惡化時，為何所有參與者——政府、中央銀行、商業銀行、企業、貸款人和放款人——都沒有採取行動，設法改弦易轍？早在當時，西方國家在危機爆發前展開的那三項實驗就已開始顯露敗象，這三項實驗的結果——好、壞與醜惡——也證據確鑿。當然，重創金融市場的大型衝擊如股價重挫或某銀行破產等，總是在意料之外的情況下發生，畢竟某些事件確實無法預測，至少發生的時機無法預測。然而，當時世界經濟已經走在一條顯然無法永續維繫的道路上，為何這場危機爆發前依舊呈現如此慣性？為何監理機關與政策制定者未針對總體經濟局勢難以持久的擔憂做出具體行動？

第二，面對那些可以視作危機爆發之因的根本要素，為何我們幾乎不曾提出因應之措？當前貨幣與銀行體系的煉金術仍持續運作著。奇怪的是，歷經堪稱史上最大的這場金融危機後，不管是銀行業的基本結構，或是各國仰賴中央銀行重建總體經濟繁榮等既有傾向都未見改變，實質利率甚至進一步降低，資本也繼續反常地往「高處」流。工業化經濟體迄今還在為了經濟復甦而痛苦掙扎，即使產出恢復緩慢成長，卻還是遠低於危機爆發前的水平。此外，實質薪資也持續停滯，而支配著一般商業界與商業活動的力量，依舊掌握在同一批銀行業者手中。

各國的確有致力於修訂銀行監理法規。其中，美國在二〇一〇年通過了《達德－法蘭克華爾街暨消費者保護法》（Dodd-Frank Wall Street reform and Consumer Protection Act of 2010），英國則通過了《二〇〇九年銀行法案》（Banking Act of 2009）與《二〇一三年銀行改革法案》（Banking Reform Act of 2013）。在歐洲，歐盟內部朝向共同監理體制邁進了一大步，國際上也透過調整銀行的法定集資方式來進行改革。[33]這些作法促使銀行業者的槓桿降低，同時約束銀行業不得再將高風險資產視同家戶部門存款而並列在資產負債表上，種種努力確實讓整個體系變得更有彈性，較能挺過危機。然而，銀行業的基本結構並沒有被改變。

一九三一年爆發的銀行業與金融危機，以及隨之而起的大蕭條，在在對於當時的政治與經濟造成劇烈的後續影響。從很多方面來說，那一場危機形塑了戰後時期的知識分子氛圍。相較之下，人們對於最近這場危機的回應遠比當年冷淡許多。當然，政策制定者的回應——即挹注大量資金到經濟體系裡，以恢復需求和產出——減輕了許多人承受的立即性衝擊。不過，隨著那類政策的影響力逐漸枯竭，根本問題還是沒有解決，於是民怨開始高漲。在很多先進經濟體的人民眼中，最近這場金融危機簡直是晴天霹靂，因為在危機來襲之前，整整一個世代的人接納勞動市場改革，並逐漸適應了市場經濟的紀律；以歐洲來說，由於民營化鼓吹者承諾生產力將上升並將促使經濟趨向繁榮，使得僵化的國營事業也一一逐漸民營化；產品無法吸引顧客的生產企業則接受了不該坐等政府支持的事實，紛紛順應潮流調整營運模式，或者乾脆結束營業；作為員工的人也接受了工資或許會隨著自家公司的情況急速惡化而必須調降的現實——因為一旦陷入那種情境，所有員工必須在接受減薪或就業機會減少之間作選擇。就這樣，市場經濟體系看似引導我們找到實現了穩定經濟成長與低通貨膨脹的聖杯。然而，這一切卻在隨後瞬間崩潰，納稅人被迫出面紓困最大力倡議市場紀律的那些機構——銀行業者們。既然事已至此，為什麼和一九三〇年代完全相反的是，我們這一次並未積極訴求經濟體系與制度的激烈改革？

第三個疑問是，為何疲弱的需求會成為一個根深柢固且無法解決的問題？而且就算是更進一步的貨幣振興措施，都無法對這個問題造成任何影響？這一場危機不太像典型的金融大地震（典型的金融大地震會瞬間釋出先前累積的壓力，將需求和產出趨勢壓抑到遠低於不久前看似正常的模式，但為時並不長久），最近這場地震有永遠壓低需求和產出的可能。第二次世界大戰至二〇〇八年間，美國與英國的人均ＧＤＰ一直落在大約每年2％的成長軌道上，即使過程中經常會偏離那個軌道，也都只是暫時性的偏離。然而，自從這場危機爆發後，產出便大幅偏離先前的趨勢，以致目前的產出大約還比幾年前輕易可實現的水準低了大約15％。那個缺口約當美國八千五百美元的每人產出，以及英國四千英鎊的每人產出，可說是非常龐大且持續性的產出損失。[34]為何後代子孫的經濟前景會在剎那間惡化至此？我們何時才能見到「大復甦」的來臨？要採取哪些行動才能實現那個願景？

欲回答上述三個疑問，必須洞悉危機內情，深入探究幕後真相。我們必須更密切審視自古以來的貨幣與銀行業務結構，並檢討當今世界經濟體系諸多失衡的本質。我期待能在本書結尾提出幾個有意義的建議。

資本主義經濟體系天生就是一種貨幣經濟體系，而且，貨幣經濟體系的運作方式和教科書裡所描述的市場經濟體系差異甚大：在一個市場經濟體系裡，家戶和企業部門皆從事生產活動並互相貿易。造成現實中貨幣經濟體系的特性與教科書裡的經濟模型差異甚大的原因十分深遠，它們源於極端不確定性對於經濟交易所造成的限制。實務上來說，買方和賣方絕對不可能簽訂足以涵蓋所有偶發事件的合約，而貨幣與銀行的發展，就是試圖應對極端不確定性的方法之一。由於人類無法預見到所有可能的偶發事件，所以我們——家戶、企業、銀行、中央銀行和政府——難免會做出一些最終證明是「錯誤」的判斷，而那些錯誤正是構成所有金融危機的核心要素。

世界經濟體系的失衡

世界上沒有一個國家能輕鬆擺脫二〇〇八年西方國家銀行體系崩潰所帶來的磨難。從二〇〇〇年至二〇〇七年，先進經濟體系平均年經濟成長率為2.7％。而到了二〇一〇年至二〇一四年，這些經濟體理當從〇七年年底至〇九年間產出急速萎縮的狀態中反彈，創造快速的成長，但那幾年的平均GDP成長率還是只有1.8％。[35]世界經濟體系究竟要如何跳脫從二〇〇八年秋天開始的這種相對停滯狀態？從那時候起，儘管油價大幅下跌，各國央行也介入阻止銀行體系全面崩潰，各國經濟依舊難以擺脫疲弱的泥淖。

在二〇〇九年五月銀行危機結束後，外界對美國銀行體系的信心逐漸恢復。新興經濟體的產出也開始復原，而憑藉事後諸葛之便，我們可以察覺到很多先進經濟體的產出不再下滑。換言之，某種復甦就此展開。然而，過了六年——即二〇一五年年中——儘管利率持續降低，各國央行也史無前例地大量發行電子貨幣，我們卻還在苦苦尋覓可延續這一波經濟復甦的方法。的確，產出已經開始成長，但那都是由於人們預期異常低的利率將長期維持低檔所致。美國和英國的經濟復甦狀況時好時壞，日本還在衰退邊緣掙扎，而以歐元區來說，若非匯率貶值所帶來的刺激效果，經濟也難以維持成長。另一方面，中國的成長已連年趨緩，且該國金融體系的狀況更是頗為令人憂心。各國央行雖為了本國經濟體系使出渾身解數，但截止目前為止，結果還是令人失望。通常當經濟急速衰退，接下來就會快速復甦——衰退幅度愈大，復甦的反彈力道也愈強，但這一次並非如此。經過史上最大規模的貨幣振興活動，為何在銀行危機結束的六年後，整個世界的復甦腳步還是如此緩慢？

有些經濟學家相信這個世界正經歷著他們所謂的「長期增長停滯」（secular stagnation），這個用語是美國經濟學家亞爾文．漢斯（Alvin Hanse）在他一九三八年出版的《完全的復甦或停滯？》（*Full Recovery or Stagnation?*）[36]一書中率先提出。當今的美國經濟學家如班．伯南奇、保羅．克魯曼（Paul Krugman）、肯尼斯．羅格夫（Kenneth Rogoff）與桑默斯等人，皆在部落格文章中針對這個議題辯論不休。不過，沒有人真正了解他們所謂「長期增長停滯」的明確定義是什麼。它代表供給的停滯還是需求的停滯？抑或兩者皆是？若非遠低於正常值的利率（目前長期實質利率接近零），如今的經濟成長似乎難以實現。所謂的「自然」實質利率，意即該利率之下的總產出水平方能確保充分就業，而每當經濟學家被問到需求疲弱的原因，他們通常會回答那是因為自然實質利率為負值——換言之，唯有實質利率為負，一般人才會花錢。而當人們問到為何自然實質利率會降到負值，他們就回答那是因為需求不足以維持充分就業所致。這樣循環的推論不過是換一種說詞來重新陳述長期增長停滯的現象，並假裝這樣就足以解釋一切罷了，根本稱不上是一種理論。「長期增長停滯」只是對於目前正折磨著世界經濟體系的種種問題的一個重要描述，但我們真正需要的是一套能夠解釋為何全球需求如此疲弱、實質利率如此低落的全新理論，或是敘事（narrative）。

經濟學家與中央銀行所採用的傳統分析是以下列假設為基礎：經濟會順著一個穩定的路徑成長，雖然偶爾會因供給面或需求面遭遇暫時性衝擊而偏離軌道，但大致上還是會回歸原來的路徑。如果衝擊為負面，就稱為「逆風」；若為正面，就稱為「順風」。一旦暫時性衝擊平息，產出也會回歸充分就業狀態下的水準。而貨幣政策（利率與貨幣供給）及財政政策（政府支出與稅收）的目的，就是要幫助經濟加速回歸到根本的穩定成長軌道。若是套用到目前的情境裡，一般約定成俗的觀點認為，美國與英國等大型經濟體系正受到「逆風」的牽制，在這種情況下，凱因斯學派所建議的整體支出提振方案將是解決當前逆風的正確方法，而且提振整體支出的政策必須延續到這一股逆風逐漸平息以後。聯準會近年來的聲明就貼切反映了這個觀點。

在「大穩定」期，這個框架看似足以解決政策制定者面臨的所有挑戰。但隨著支出型態無以為繼的證據愈發明顯（至少某些人觀察到），這個模型的不足遂一覽無遺，只是政策制定者依舊視而不見。真正重要的不僅是整體支出，更在於支出被分配到各類需求的情況。導致目前需求停滯的因素不僅是一些會自行消失的暫時性現象，需求停滯更是支出與儲蓄之間的失衡緩慢惡化所造成的結果——

包括各國內部或國與國之間的失衡，而不管是國與國之間或一國內部的支出與儲蓄失衡，都必須加以修正，否則這個世界永遠也無法回歸強勁且永續的復甦途徑。各國因儲蓄率高低有別而引發的失衡，已漸漸演變成各經濟體內部更攸關重大的儲蓄與支出失衡。由於期望支出過低，不足以吸收各經濟體內部商品與勞務生產的產能，最後造成弱勢成長與高失業率（歐元區）、生產力成長降低（美國與英國），以及充分就業狀態國家的潛在鉅額貿易順差（德國、日本與中國）。在這種情況下，政策要處理的問題不僅是應付暫時導致需求減少的那些短期衝擊，還要解決更大的挑戰——政策必須能將經濟體系導向一個全新的均衡。

從一九九〇年代初期起，長期實質利率便大幅降低，而誠如以上所述，這個現象對於每一個經濟體的寓意都非常重大。諸如美國、英國和其他某些歐洲國家面臨了結構性的貿易逆差問題，而且逆差金額——進口多於出口——持續上升，最後導致需求長期遭到拖累。而為了確保整體需求——國內需求減貿易逆差——能和經濟體系本身的產能相稱，逆差國的中央銀行遂降低官方利率，以期提振國內需求。如此導致那些國家內部的不平衡——支出水準遠高於當期與未來可預見的所得。而享有貿易順差的德國與中國等國，其支出相對未來的可能所得又過低。就這樣，各國之間的不平衡——鉅額貿易順差與逆差——遂遲遲未能改善。

這一切的一切都強化了各國央行維持異常低利率的決心。然而，透過低利率實現的貨幣振興措施多半只能創造一種「將未來支出轉為當前支出」的誘因，這種誘因只能產生短期影響，因為明天總會變成今天，到那時候，我們又得重複這項作業，不斷將未來的需求轉移到新的當下。隨著時間消逝，我們挖的洞會愈來愈大，未來的需求也會每況愈下，最終結果就是導致經濟體系步上一條自我強化（self-reinforcing）的弱勢成長路徑。原本的國際儲蓄過剩已演變成世界經濟體系的重大失衡，這對貨幣政策形成一個巨大的挑戰。實質上來說，各國中央銀行就好像一群企圖騎上一段日益陡峭斜坡的自行車手——為了維持相同的整體支出成長率，央行不得不端出更多的貨幣振興措施。其實早在這場危機爆發前，這個問題就已累積一段時日，甚至早在一九九〇年代就非常明顯，並造成了不均衡的需求成長。而不管每個人的觀點如何，各國央行確實採納了寧可要「失衡成長」而不要「不成長」的觀點。

在這場危機爆發前，很多人認為「大穩定」期永遠也不會結束，絲毫未能體認到那根本是不可能的事。一般人會做如是想，其實是可以理解的，畢竟當時全球的整體GDP以穩定的步伐持續前進，成長率依舊與歷史平均數值相仿，通貨膨脹率低且穩定。問題在於，當時支出與儲蓄模式的不平衡早已達到無以為繼的狀態，更導致債務存量鉅額累積。此外，低實質利率也促使不良的投資活動盛行。這場危機暴露出很多不良導向的投資活動——美國、愛爾蘭和西班牙的住宅不動產，英國的商用不動產——都毫無獲利能力可言，並使得借款人和放款人雙雙發生損失。這場危機的衝擊終於讓債務人與債權人——家庭、企業與政府部門——體察到自己先前的支出模式是以不切實際的未來長期所得期望值為基礎。這個體認雖令人感到痛苦，但終於促使各個部門開始減少支出。而隨著上述三個部門降低支出，各國央行也不得不再次調降利率，以期誘使人們繼續將未來的支出轉移到今日，並藉由大量購買民間資產的方式來創造更多貨幣——這就是所謂的非常規貨幣政策，即量化寬鬆（quantitative easing，以下簡稱QE）。事實上，那樣的作業一點也稱不上非常規作業，誠如我將在第五章所解釋的，所謂的QE老早就被視為一項標準的貨幣政策工具，只不過這一次它的規模大到前所未見罷了。即便如此，這個政策已愈來愈難說服家戶與企業部門繼續將日益慘澹的未來支出轉移到當下。到了某個時點之後，貨幣政策的效果勢必將日益下降，而且我們已經達到那個時點。

目前對各主要經濟體構成阻礙的「逆風」是整體需求降低所造成，但是造成整體需求下滑的主要原因並非暫時性的負面衝擊，而是世人更早之前寅吃卯糧的行為所衍生的根本弱點。目前的經濟停滯導因於一般人終於體悟到這場危機爆發前的國內支出過高。因此，聚焦在短期振興措施的作法，反而製造了一種「政策矛盾」（paradox of policy）。[37] 二〇〇八年至〇九年間，為鼓勵消費支出與貸款，凱因斯式的貨幣與財政振興政策確實有其必要，因為那時需要我們迫切解決二〇〇八年秋天的嚴重信心崩潰問題。在那個節骨眼上，為了避免下滑的需求與產出陷入衰退的惡性循環，挹注大量額外資金到經濟體系內是必要之舉，而且這個作法也確實收到成效，因為大蕭條並未重演，貨幣供給也不像一九三〇年代的美國那樣大幅崩落。問題是，那些對策和我們真正該做的事背道而馳。我們真正該做的是鼓勵儲蓄和出口——唯有如此才能修正根本的失衡。近幾年經濟復甦的力道遠比期望疲弱（儘管我們採行了那麼非常規的貨幣振興措施）的事實顯示，我們確實做錯了一些事。真正必須處理的是根本上的失衡問題。寬鬆貨幣政策有其必要，但不足以創造持久的復甦。如今的利率高到無法在短期內創造快速的需求成長，但又低到無法促使支出與儲蓄回歸長期的最適均衡。

各大經濟體內部的支出與儲蓄失衡，正好和各國之間的外部失衡相互呼應。這些外部失衡迄今也尚未解決。二〇〇八年至〇九年間，世界各地的需求與產出急速降低，確實使得實際的外部順差與逆差縮小。但如果各國回歸充分就業狀態，順差與逆差勢必會再度發生，例如，目前中國的順差與美國的逆差正再次逐漸擴大。當然，最嚴重的是歐元區內部的狀況。目前德國的貿易順差已接近GDP的8%，荷蘭更高。這兩國的順差與周邊國家的逆差（歐元區南部的高失業率國家）是歐洲貨幣聯盟所造成的後果。

內部與外部失衡的修正，需要一段漫長的歷程才能完成，這個歷程就是所謂的「大解除」（Great Unwinding），在這個過程中，我們必須推動很多政策改革才能達到目標。未能承認多數主要經濟體必須進行一次實質調整，還繼續將貨幣政策視為唯一手段，造成了理論與實務上的一個失誤，也是導致今日經濟成長疲弱不堪的根本導因。今日的根本問題在於，過去的錯誤——某些國家過度消費，某些國家消費不足、多數國家投資方向錯誤——已促使家戶部門降低預期消費支出水準，而企業部門對經濟體系的重新平衡也還不夠有信心，因此不敢斷言此時從事大量新投資活動是否正確。低利率無法修正這種需求的失衡局面，因為經濟復甦緩慢並不是經濟體系面臨暫時性的逆風所致，而是導因於某個更根深柢固的問題。

雖然我們無法預見未來，卻能以過去為鑑。最近幾年的事件依舊深深烙印在市場參與者及投資人的腦海裡，但那場危機終究只是資本主義歷史上的眾多危機之一。引爆早前危機的所有事件都是試驗新概念的寶貴溫床，我將會在後續章節提到其中幾個概念。「未來不可預知」代表資本主義經濟體系將來還是難免有起有落，問題在於我們是否有辦法避免全面性的危機？這些危機是不是我們創造經濟成長的過程中所衍生的副產品？這些問題都沒有簡單明瞭的答案，所以這都非常值得探究。前文提到的那位中國央行的友人曾說道，西方國家已搞懂如何透過市場經濟體系的自由競爭和貿易來提高生產力和生活水準。這個說法一點也沒錯，但他提到西方國家在銀行與貨幣管理方面的失敗的那一番說法，卻也無可辯駁。我們對貨幣太過迷戀，對貨幣專業人士過於推崇，以致未能見到這個體系的某些弱點。如果我們自滿於本身的學識，未能透徹分析這場危機與先前所有危機所留下的教誨、區分出症狀與導因，並重新設計相關的制度來防範未來世代再次承受如今許多人所承受的苦痛，那我們就太不負責任了。

本書將闡述的核心概念是，貨幣與銀行的歷史悠久，是早在現代資本主義問世以前就已經發展出來的特殊制度，其問世要大大歸功於早期的技術。有了貨幣與銀行體系，市場經濟與金融煉金術才得以發展。但是到頭來，金融煉金術反而成為導致貨幣與銀行體系崩潰的元凶。事實證明，貨幣與銀行業務並非一種煉金術，而是資本主義的致命弱點。這個弱點有可能引爆某種促使資本主義經濟體系走向滅亡的大浩劫。不論如何，既然貨幣與銀行是人造的制度，我們自然有能力再造這套制度。為此，我們勢必要先分析當今貨幣與銀行業務的運作模式。

第2章　美好與醜惡：我們相信貨幣

「愛錢之心乃萬惡的根源。」——提摩太，6:10（欽定本聖經〔King James Bible〕）

「邪惡是所有金錢的根源。」——清瀧（Kiyotaki）與摩爾（Moore），二〇〇二年

多年前，我曾以甘迺迪獎學金得主的身分在美國哈佛大學修習學業。[1]多年後，我成為挑選這個獎學金新得主的面試委員會成員之一。有一次，一名正在牛津大學研習神學的年輕人走進面談室，坐在一整排大人物面前的他顯然有點緊張。在場的委員會主席是一名傑出的哲學家，他劈頭就問：「告訴我，近來上帝在神學領域是否還占有重要的一席之地？」那個年輕人一臉驚愕，直到面談結束都沒有回魂。這件事讓我想到一個應該問問經濟學家的問題：「近來貨幣在經濟學領域是否還占有重要的一席之地？」

貨幣遭到誤解的原因在於世人對它太過熟悉，但是我們也可能不像自己以為的那麼理解它。事實上，貨幣在資本主義經濟體系的功能非常複雜，很多經濟學家為了理解它而傷透腦筋。更糟的是，由於「金錢」（money）這個字眼也用來代表很多不同的事物——包括我們皮夾裡的紙鈔和硬幣、我們的總財產價值，甚至有時還用來指稱財富賦予的力量，如「金錢的力量大於一切」等——所以，我們

很難定義它。不論金錢究竟是什麼，我們似乎都被它奴役。聖保羅（St Paul）在致提摩太使徒書中，就直率地對它提出本章開頭所引用的評論。

不管是在富裕的國家或貧窮的國家，貨幣管理一向令人憂鬱。各國政府和中央銀行可能經常談論物價穩定，但鮮少達成這個目標。在一九七〇年代期間，美國的物價在十年內上漲一倍，英國更在五年內上漲一倍。一九二三年十一月，德國的物價在不到四天之內就上漲一倍，那一年，它的GDP衰退超過15％。[2]那次的通貨膨脹經驗是導致威瑪共和國（Weimar Republic）垮台與納粹集權主義興起的原因之一。[3]以一九三〇年代的柏林為背景的《酒店》（*Cabaret*）一劇中，基卡俱樂部（Kit Kat Klub）主持人表演了一首名為〈金錢〉的歌曲，其中一段歌詞是這麼說的：

> 馬克、日圓、美元或英鎊，是這個世界得以運轉的元素。

然而近年來，儘管各國中央銀行以前所未見的積極手段大量印製貨幣（雖然是以電子貨幣形式，而不是真的印出鈔票），世界經濟復甦之路卻依舊令人摸不著頭緒，因此難免有人認為貨幣並**無法**讓這個世界運轉。到底貨幣有何功能？為何我們需要貨幣？貨幣到頭來是否會消失？

身為英格蘭銀行的總裁，我不時會到各級學校參訪，向學生解釋貨幣的意義，尤其是對小學生。這些小朋友對於國家付薪水給我「和一群朋友聚聚」一事感到很困惑（他們問我「什麼是會議？」，而「和一群朋友聚聚」是我能想到的最佳解答），不過，他們倒是對於「金錢」的價值非常有概念。

我常會拿出一張五英鎊紙鈔，問他們知不知道那是什麼。他們會大喊：「Money（錢）！」而我則會回答「這其實只是一張紙，」接著作勢要把那張鈔票撕成兩半。這時學生們會倒抽一口氣，大喊：「不，不能撕」，於是，我便會停下手邊的動作，問他們：「紙和我手上的紙鈔到底有什麼差異？」這時他們就會大聲解釋：「因為你可以用它來買東西。」接下來，我們就會繼續討論確保這張紙鈔在明年買到的物品數量不要明顯比今年少的重要性。他們全都懂得穩定的低通膨是好事，也知道不管貨幣是以什麼形式存在，都必須滿足兩個條件：第一個條件是貨幣必須被任何販賣「東西」的人接受（也就是「可接受性」〔acceptability〕條件）；第二個條件是貨幣在一項未來交易裡的價值，必須具備合理的可預測性（也就是「穩定性」〔stability〕條件）。

如今，我們多半不是用紙鈔和硬幣來買「東西」，而是透過支票、簽帳卡與信用卡，或是利用孳息性的銀行存款進行電子轉帳等方式。長期以來，經濟學家不斷辯論要如何衡量經濟體系的貨幣數量。不過，由於技術與經濟環境的變化，每個時期公認的貨幣也有所差異，因此，要求精確定義何謂貨幣，確實沒什麼道理可言。有些人偏好狹義的貨幣，意即只包含中央銀行或政府發行的鈔券或相關的存款；另一些人則偏好廣義的貨幣定義，包括民間銀行發行的存款，以及能被各項買賣交易接受的貨幣。然而，有些人還會將可讓貸款人隨心所欲使用的銀行透支額度中未動用的部分納入貨幣的計算。[4]在正常的環境下，廣義的貨幣最能代表可支應各種交易所需之資金的貨幣數量，只不過，誠如我們所見，在爆發銀行危機時，還是採用狹義的貨幣會比較恰當。

滿足可接受性與穩定性兩項條件的貨幣便可作為衡量支出、生產與財富價值的標竿。諾曼人

（Normans）在西元一〇六六年征服英國後，為了評估這片新領地的可徵稅能量而計算了當地的財富存量總額——包括住宅、牲畜和農地。這份調查就是所謂的「末日審判書」（Domesday Book，目前網路上可查到），它以盎格魯薩克遜的貨幣單位——英鎊、先令和便士——來衡量財富。這些貨幣單位直到英國通貨在一九七一年改為十進位制後才廢除，所以我年少時也使用過這些貨幣。[5]

貨幣史對於貨幣的傳統基本解讀是：貨幣的主要功能是作為一種公認的交易媒介——一種買東西的方式。分工促使人與人之間產生交易彼此產出的需要。根據亞當．斯密的看法，分工不是到大頭釘工廠時代才開始出現，他認為人類早在山林生活時代就開始分工，如獵人與農夫之間的早期分工。此外，從早期文明以來各種令人眼花撩亂的工藝與技術發展中，也多可見到分工的影子。斯密描述，「在一個狩獵國家，如果某人擁有比鄰居更優異的弓箭製作能力，他起初會免費為鄰居製作弓箭，以換取對方免費送給他的獵物。」[6]一個整天製作箭來交換肉的人，等於是放棄親自去打獵的可能性，而選擇得以分享到更多獵獲的機會。這個轉行當弓箭工匠的獵人必須先確定他的交易合夥人願意將肉免費當成「禮物」交付給他，他才會心甘情願地分工。

斯密解釋，「在剛開始分工的階段，這股交易力量的運轉一定經常很不平順，相關的作業也常會有糾紛」。[7]他的意思是，一開始，這當中會缺乏經濟學家所謂「慾望的雙重巧合（即互為需要）」（double coincidence of wants）：獵人想要箭，而弓箭工匠則想要肉；如果缺乏這種「慾望的雙重巧合」，交易就不可能透過以物易物的方式發生。如果弓箭工匠想要玉米，而耕種玉米的農夫想要肉，那唯有透過一系列連續的雙邊交易，才可能滿足所有人的需求。由於這些交易是在不同時間發生，甚至在不同空間發生，某種交易媒介——貨幣——遂應運而生，這種媒介讓人類得以便利地從事他們想要的買賣交易。

從這個觀點來看，貨幣的歷史就是人類如何演化為社交動物並彼此貿易的故事。起初人類是以原物料商品作為貨幣——早在西元前九〇〇〇年，埃及與美索不達米亞地區就以穀物與牲畜作為貨幣。其他很多原物料商品——包括亞洲的瑪瑙貝與非洲的鹽，也都被用作貨幣。當然，持有大量具實用價值之原物料商品的存貨成本很高，畢竟為了作為貨幣用途而儲存的鹽就不能用來保存肉。然而，直到相對近代，原物料商品依舊保有貨幣的功能。亞當·斯密就曾以文字描述過諸如「紐芬蘭的鱈魚乾、維吉尼亞的菸草、西印度群島某些殖民地的糖」等原物料商品作為貨幣的情況，也描述了「蘇格蘭某個村莊常見到……一個工人帶著釘子去烘焙坊或啤酒屋，而不是帶著貨幣。」[8]在低信任度的社會（包括人與人之間的信任，或者對於貨幣標記物等社會慣例的信賴），只要是擁有內含價值（intrinsic value）的原物料商品，就會被作為貨幣使用。例如，在新南威爾斯流放地早期（由英國海軍管理），蘭姆酒常被用作貨幣，而在第二次世界大戰期間，香菸也被戰爭集中營的囚犯當作貨幣來使用。

使用上述原物料商品來作為貨幣的成本與不便，促使貴金屬崛起為最主要的貨幣形式。最早利用金屬來從事買賣交易的是古代的美索不達米亞和埃及，但中國和中東則是最早出現金屬硬幣的地區，而且早在西元前四世紀以前就開始使用。到了西元前二五〇〇年，以黃金、白銀和青銅鑄造而成的標準化硬幣，已在地中海地區通行。

政府在硬幣大小與重量的監理作業上扮演重要角色。硬幣是由主管機關負責鑄造，上面印有表彰官方認可的標誌，到目前為止還是最便利的貨幣形式。官方鑄造的硬幣理當能克服仿造的問題，而且，使用這種硬幣來從事買賣交易時，買賣雙方也無須再費事量秤這些作為貨幣用途的貴金屬重量。要讓一項貨幣具備「接受性」的根本條件，就必須嚴密保護保證這項貨幣價值的實體。舉個例子，亞當・斯密的密友化學家傑瑟夫・布雷克（Joseph Black）在愛丁堡大學（University of Edinburgh）教學（學校規定學生必須事前付錢給教授）時曾說，「每當有陌生的學生來，我就不得不量秤（硬幣）重量，因為有很多人會繳交成色不足的畿尼（guineas），所以如果我不對這一班學生採取自保行動，每年都會被騙好幾英鎊。」[9] 仿造硬幣的情況到今日都沒有消失——事實上，硬幣遭仿造的情況比銀行鈔票來得嚴重。

標準化鑄幣制度的使用是人類的一大進步。然而，技術還是持續翻新。誠如英格蘭經濟學家大衛・李嘉圖（David Ricardo）在一八一六年所寫道：

> 事實上，將貴金屬導入貨幣用途，可視為邁向商業進步的最重要手段之一，那也是文明化生活的藝術。但儘管在較不開化的時期，使用貴金屬貨幣的利益顯而易見，隨著知識與科學的進展，我們發現再度停止使用貴金屬貨幣也是另一種進步。[10]

至少從十六世紀開始，以貴金屬來作為貨幣的缺點便顯而易見，當時第一批歐洲航海隊橫跨大西洋，在美洲發現了金礦和銀礦，銀礦的數量尤其龐大。這兩項金屬被進口到歐洲後，其價格劇烈下跌

——大約下跌三分之二。所以，若從黃金與白銀的角度而言，那代表原物料商品與一般商品的價格大幅上漲。這是歐洲第一場真正的大通膨。於是，在整個十六世紀期間，物價一共上漲了五倍左右。那次經驗生動地闡述了一個事實：不管是什麼型式的貨幣，只要貨幣的供給量突然改變，就會傷害到這項貨幣本身的價值穩定性。

當然，紙鈔的使用比硬幣更便利。早在很久以前，紙鈔就擁有左右人類貨幣體系的力量。最早的紙鈔出現在十七世紀的中國。後來，中國的明朝以桑樹樹皮製作紙鈔——那種紙鈔到現在摸起來還是跟剛製成時一樣柔軟。[11]仿造紙鈔被列為死罪之一——鈔票上也註明了這樣的罰則。[12]如果沒有黃金或其他原物料商品做擔保，紙鈔就會變成所謂的純「法定通貨」（fiat currency，簡稱法幣），沒有內含價值，更重要的是，它不能用來交換央行的黃金或其他任何有價值的原物料商品。在這種情況下，唯有當商品與勞務的交易對象認同這種通貨的票面價值，它才有實用性，而且這種通貨的價值取決於人民對它的信任。西方最早展開紙鈔實驗的國家是美國——不是革命後不久成立的那個新國家，而是革命前的殖民地，而且只在東岸一帶實施。在美國獨立以前，製造貨幣的特權隸屬英國政府。殖民地人民不能鑄造自己的硬幣，因此，他們常抱怨缺乏貨幣以支持當地的商業活動，當然，這樣的抱怨絕非無的放矢。[13]當時殖民地的黃金和白銀（遺憾的是，當地並沒有金礦或銀礦可支應新供給）快速流出，用以支應對英格蘭的經常性入超（即進口超過出口），而殖民地對英國長期維持的入超現象導因於祖國的多項貿易限制。結果，以物易物系統與原物料商品貨幣如菸草等，遂成為這個殖民經濟體內部的主要交易方法。當時，哈佛學院（Harvard College）的學生是以「農產品、家畜與醃肉」等來支付學費。[14]也因如此，那時的美國人確實有創造新型態貨幣的強大誘因。到一六九〇年，麻薩諸塞州開始發行紙鈔，其他殖民地政府也隨之跟進。透過這種方式製造出來的紙鈔，有一部分是以「未來特定日期將以黃金或白銀贖回」的明確承諾作擔保，但其他部分則屬於純法定通貨。[15]這是一場大規模的貨幣實驗，誠如偉人班傑明．富蘭克林在一七六七年寫道：

> 只要以這種方式發行的（紙幣）總金額是溫和增加，未超過殖民地貿易所需之必要比例需求，那種紙幣將能維持相對於白銀更固定的價值，許多年都不會貶值……儘管這種紙幣是法定貨幣，但某些殖民地的發行量過大，導致這些紙幣明顯貶值……只要將紙製通貨的數量控制在適當範圍內，就可避免這種不公不義的情況發生。[16]

整體而言，事實證明這種殖民地紙製貨幣的發行並未引發通貨膨脹。[17]大致上來說，殖民地人民都理解富蘭克林那一番忠告的意義，紙製貨幣只製造能滿足商業發展需求、又不致引發高度通貨膨脹的數量。

到目前為止，我描述了傳統的貨幣史觀。這些歷史說明了原物料商品貨幣（commodity money）為何會出現，以及貴金屬作為標準化硬幣的影響力。不過，原物料商品貨幣被紙鈔取代的部分則比較難解釋。當然，如果以買東西而言，紙鈔絕對比較便利，但貨幣的矛盾在於，當世人持有紙幣，就等於選擇持有某種沒有內含價值且不生利息的東西。久而久之，世人會選擇持有愈來愈少的紙幣；正因如此，今日的貨幣多半是由銀行存款組成，而非紙鈔與硬幣。銀行的負債（譯注：即存款）怎麼會被當成貨幣使用？要解釋箇中原因，我們需要了解另一段貨幣史，也就是聚焦在貨幣扮演保值品角色的歷史。

早在羅馬時期，雖然硬幣已相當風行，貨幣與信用還是以貸款合約的形式存在。有錢人藉由放款來扮演銀行的角色，而銀行的老闆經常利用對顧客個人狀況的了解來行剝削之實，而且也經常會以他們對貸款人的請求權來作為一種付款工具，因為接收這些請求權的人也能轉而用這些權利來買東西。[18]換言之，那種請求權符合「可接受性」條件。在中世紀時代的歐洲，本票（promissory notes，所謂本票是把金條寄存在金飾商與其他商人之處而換回的紙本收據）慢慢演變成銀行鈔票（banknote）。以這種方式製造出來的紙鈔，是以金飾商持有的金條作擔保，而持有這些紙本請求權（譯注：即銀行鈔票）的人也知道隨時可拿這些收據去換回黃金。漸漸地，金飾商發現多數本票持有人並不會立即將手上的本票轉換為金條，那些本票會繼續流通，被用來支應各種買賣交易所需，換言之，這些本票還是會以付款工具的姿態繼續在市面上流通。於是，商人開始發行以非黃金資產（例如商人對顧客承作的放款）作擔保的本票。只要這些紙製本票的的持有人甘心繼續讓這些本票流通，那麼用來擔保這些本票的資產也可以是變現性不好的非流動資產，換言之，即便是不適合快速且可靠地轉換為貨幣的資產，一樣可用來作為這些本票的擔保品。後來，這項作業便漸漸成為我們如今見到的銀行體系——以高變現性的流動存款或銀行鈔票來支應非流動資產的系統。

由民間銀行製造貨幣的問題顯而易見。以民間銀行鈔票及存款形式存在的貨幣，是一種對非流動資產的請求權，而那些資產的價值是不確定的。在這種情況下，這種貨幣的接受性與穩定性難免偶爾會受威脅。從美國的「自由銀行」（free banking）經驗，便可清楚體察這個問題的本質：在當時的美國，銀行鈔票是由民間銀行而非中央政府（聯準會直到一九一四年才開始運作）發行。所謂的「自由銀行」世代是從一八三六年展開，當時的美國總統安德魯・傑克遜（Andrew Jackson）否決第二銀行（Second Bank）的聯邦特許狀展期申請，直到一八六三年南北戰爭的爆發促使《國民銀行法案》（National Bank Acts）通過，針對新發行的銀行鈔票課稅，情況才改變。一八三六年至一八六三年間，多數州允許自由介入銀行業務。對銀行來說，放款是資產，而銀行鈔票與存款是負債；對銀行的顧客而言則恰好相反。當時數百家民間銀行藉由收受存款與印製銀行鈔票，取得承作貸款和支持自家營運所需的資金。銀行的資產是庫存黃金與對外放款的總值，而負債則是銀行鈔票與存款，其中，銀行鈔票占負債的比例通常比存款大。[19]

基本上，民間銀行鈔票的持有人可隨時到發行銀行的總部辦公室，以約當鈔票面額的價值換回黃金，而且這種鈔票受黃金（或白銀）與銀行放款資產價值混合組成的擔保品所保障。不過，如果某一銀行發行的銀行鈔票是在距離其總部非常遙遠的地方被用來作為交易媒介，那麼它在次級市場（secondary market）的兌換價值，通常只會約當面額的特定折價。[20]這個現象使得大量的銀行鈔票報導公司應運而生，它們發行一種專門刊登各家銀行鈔票最新價格的報紙，報導一般人不熟悉的鈔票價值資訊。各種鈔票的折價幅度不僅因距離銀行總部的遠近而有所差異，折價幅度也因銀行而異，長期下來，更會因外界對特定銀行當下的信用度與承受提領壓力的耐受度等心理因素而有所差異。

一八三九年時，一名事業心旺盛的費城商人凡・柯爾特先生（Van Court）開始出版後來所謂《凡・柯爾特的假鈔偵測器與銀行鈔票清單》（*Van Court's Counterfeit Detector and Bank Note List*）。他在這份清單上評估美國各地數百家銀行發行的銀行鈔票在費城（當時費城是僅次於紐約的金融中心）的折價。阿拉巴馬州銀行業者的銀行鈔票在費城的平均折價，介於一八五三年的1.8％和一八四二年的25％，而該州單一銀行鈔票在費城的最大折價則是50％。康乃迪克州的銀行家數比阿拉巴馬州多，該州某幾家銀行的折價超過50％，不過，平均來說，康乃迪克州的銀行鈔票折價鮮少超過1％。相反地，伊利諾州的銀行經常出現平均折價超過50％的情況。[21]「自由銀行」世代有很多銀行破產，所以也經常爆發金融危機。

自由銀行制度有一個有趣的特質，它凸顯出以銀行負債來作為貨幣的固有緊張關係（這代表銀行鈔票或存款絕對必須以面額交易）以及銀行資產高風險的本質。如果十九世紀的銀行鈔票是以面額交易，當中就存在一個重大的風險：標的資產的價值隨時有可能不足以支持那樣的評價。另外銀行老闆有可能會發行太多鈔票，並且將藉此取得的資金轉投資到高風險資產，而且一旦有必要，他們很可能索性關掉銀行，從人間蒸發。由於消費者對於那類風險憂心忡忡，所以一般人多半只願意以約當面額的特定折價接受銀行鈔票。但因為折價水準常隨著時間而起伏不定，所以銀行鈔票作為一種付款工具的價值也就此消失。

銀行鈔票是一種（不確定的）保值品。如果銀行鈔票的價格總是能正確反映發行銀行資產的價值，那麼，鈔票的持有人就不可能因銀行老闆過量發行紙鈔的狀況而被詐騙。不過，實質上來說，銀行鈔票持有人的處境和股東相當，換言之，鈔票持有人雖掌握了對銀行標的資產的請求權，但這些資產的價值會隨著時間而改變。於是，銀行鈔票作為貨幣——必須同時符合可接受性與穩定性等要求——的價值也就快速降低。

因民間銀行負債被用來作為貨幣而衍生出的固有緊張狀態，促使當局在「自由銀行制度」的種種經驗後，對銀行業者展開鐵面無私的監理——美國建立聯準會體系來扮演中央銀行的角色。大蕭條後，存款保險的導入（一九三三年成立聯邦存款保險公司〔Federal Deposit Insurance Corporation〕，以下簡稱FDIC），更大幅消弭了一般存款人的風險。存款保險藉由將風險轉嫁給納稅人，降低了存款人到銀行擠兌的可能性，也促使銀行作為貨幣主要製造者（透過銀行存款的形式）的地位變得更加鞏固。只不過，從此銀行鈔票完全改由政府發行。

這個另類貨幣史觀的優點在於，它能解釋為何銀行存款占了貨幣供給的大宗。銀行存款有內含價值，並提供正向（但微小）的報酬率（以利率來明確表示，或以支票存款帳戶的補貼性資金轉移服務等未言明的形式來表示）。到最後，銀行存款總值遂遠遠超過流通鈔券和硬幣的總值。過去一個世紀，美國經濟體系的貨幣數量（廣義而言）約當GDP的比率，大致上都維持在三分之二的穩定水準，銀行存款約當整體貨幣的百分比也大約持穩在90%左右。大約一百年前，黃金和白銀約占貨幣總量的10%，重要性和紙鈔與硬幣不相上下，但如今黃金與白銀已不再被視為貨幣。在其他主要國家，銀行存款占貨幣總量的百分比甚至更高，歐元區為91%，日本為93%，英國甚至高達97%以上。[22]這些數字最引人注目的寓意在於：貨幣創造已成為民間部門的事業。從此，經濟體系的貨幣數量不再那麼取決於「買東西」的需要，而是更取決於民間銀行為因應貸款人需求而創造的信用供給。在正常時期，信用供給量的變化取決於銀行貸款顧客的需求（銀行會回應顧客的需要）變化，而中央銀行官方利率則會對銀行顧客的貸款需求造成影響。所以，銀行成為貨幣的主要製造者此一事實，並無礙中央銀行作為經濟體系貨幣數量之主要影響者的地位。由此可見，信用熱潮比較不是銀行恣意放款的結果，而是貸款人的樂觀心態所致，而貸款人的樂觀心態則是出於低利率與各銀行為滿足顧客需要所從事的競爭行為。[23]然而在危機時期，信用供給的變化可能反映的是銀行放款意願的改變，或是市場為銀行提供融資的意願變化，因為此時外界對銀行體質的觀感開始轉差。所以，在危機環境下，中央銀行就比較難藉由刺激貸款需求的方式，來抵銷貨幣數量的萎縮，一如二〇〇八年種種事件所示。

作為一種可接受的交易媒介，貨幣不僅必須存在，還是一種社會財（social good）。誠如羅馬歷史學家愛德華．吉朋（Edward Gibbon）曾表述的：「貨幣的價值在於我們共同同意以它來表達我們的需要與財產，一如我們為表達個人想法而發明的字母；這兩種慣例都讓人性的力量與熱誠獲得更積極的能量，最後得以實現遠比原始設計更多重的目標。」[24]但民間銀行體系創造的貨幣數量或許不見得和社會上想要的貨幣數量一致。事實上，一旦前者超過後者，就有衍生金融不節制（financial exces）與通貨膨脹的風險，而如果前者少於後者，就有發生金融危機的風險。貨幣應該由民間還是由官方創造？答案取決於最後的選擇對可接受性與穩定性等雙重條件的影響。

無論時機好壞的可接受性

傳統的貨幣史觀強調貨幣在買賣「東西」——購買商品與勞務——時可接受性的重要性。然而，在現代經濟體系，貨幣在金融交易上的可接受性遠比前者重要，所謂金融交易包括承作或償還貸款，或是買進與賣出金融資產。在不確定性極端高的情境下，某些型態的貨幣有可能不再被公認為一種付款手段。舉個例子，如果外界對開立支票的銀行的償付能力有疑問，它的支票就可能被拒收。[25]二〇〇八年十月，英格蘭銀行察覺到，由於民眾對銀行業的信心下滑，五十英鎊紙鈔的需求大幅上升——無獨有偶地，家用保險箱的銷售量也上升！[26]此外，在不確定性極高的時期，民眾願意持有的貨幣（此時被視為高變現性的保值品）數量可能會大幅上升。為了能發揮既定的功能，貨幣在時機良好與惡劣時都必須能為人所接受，而且可取得數量也必須充足。也因如此，貨幣和流動性（liquidity，譯注：也稱變現性）息息相關，流動性是指能在不付出太大代價的情況下，快速將非貨幣資產轉換為貨幣的特質。有些資產的流動性比較高，例如股票和大型企業的股份，但住宅的流動性就比較低。

在最近這場危機爆發前，金融專家相信多數金融資產的交易市場「深且流動」，換言之，他們認為那些市場隨時都有充足的流動性可取用。不過，那個錯覺被二〇〇七年與二〇〇八年的種種事件摧毀，當時某些「深且流動」的市場完全停擺（例如第四章將討論的不動產抵押擔保證券市場），多年後才再次開啟。有些市場就算沒有停擺，流動性也變得非常差——內盤報價（買方願意買的價格）與外盤報價（賣方願意賣的價格）的差異變得非常大，像是非金融業公司發行的商業本票（實質上就是一種承諾在幾個月後的具體日期還款的借據）。情況清楚顯示，當時真正高流動性的資產只剩現金與銀行存款。而隨著銀行開始停止放款活動，銀行存款遂日益萎縮，於是，英格蘭銀行與聯準會只好介入提高銀行體系的總存款，而它們是藉由製造「緊急貨幣」，向非銀行民間部門購買大量紙上資產（主要是政府證券）的方式來達到這個目的。

當中央銀行購買或出售資產，就等於是增加或減少貨幣供給。當某人（通常是拍賣場上的金融機構）出售一百萬美元政府公債給聯準會，他會收到一張由聯準會開立的支票。當那一張支票被存進這個人名下的銀行帳戶，帳戶中便會增加一百萬美元，而銀行會向聯準會出示這張支票，接著，聯準會就在它的中央銀行準備金帳戶中貸記（credit）這家銀行一百萬美元。這麼做的立即性影響是：貨幣供給與中央銀行準備金同步增加一百萬美元。而當中央銀行想要降低貨幣供給，就會採取相反的作法。利用電子交易模式來改變經濟體系貨幣數量的作法，比起印製紙鈔輕鬆且快速得多，而且製造出來的是和紙鈔完全相同的貨幣。總之，這個作法是藉由增加銀行存款來提振貨幣供給。

二〇〇七年至〇八年間，暴增的流動性需求因中央銀行出手創造更多準備金而獲得滿足。當時流動性需求大幅增加的原因並非家戶、企業或銀行需要更多資金來「買東西」，而是因為中央銀行發行的貨幣被當成流動性的備用品，能為前途未卜的銀行體系提供保護。作為流動性備用品的貨幣隱含一種固有特質：它的需求勢必會出現意料外的起伏，所以必須以供應緊急貨幣的方式來因應那類突發變化。緊急貨幣的創造能讓中央銀行準備金、紙鈔及硬幣的總存量增加，這三者就是所謂的「貨幣基數」（monetary base）。

流動性需求與供給之間的平衡一旦大幅改變，就有可能引發經濟大浩劫。人造貨幣的主要優點在於，它的供給能快速回應需求的突然變化而增加或減少：這樣的能力是紙鈔或電子貨幣的優點之一，而非缺點。當流動性的需求突然增加，就必須想盡辦法提高構成流動性的資產供給量，以避免那一項資產的價格毀滅性上漲，進而促使經濟體系各項商品與勞務價格相對下跌。由於黃金的供給有限，一九二〇年代末期及一九三〇年代初期以黃金作為貨幣本位的國家，就曾因物價下跌（通貨緊縮）而受苦。[27]當整體物價水準突然下跌，今天的支出就傾向於下降，因為家戶和企業部門會想等到明天用更便宜的價格來購買各項事物。所以，在危機時期擴大貨幣供給的能力，是避免經濟陷入蕭條的必要條件。事實上，我們可以將危機定義為流動性需求突然竄升的一系列環境。緊急貨幣的經驗告訴我們，民間部門不見得隨時都有能力滿足具可接受性之貨幣的需求；所以，在時機惡劣階段，政府可能需要發行能被一般人接受為付款工具同時也願意認同其保值能力的可靠資產。把貨幣的生產全然交給民間部門，等於是製造未來的潛在麻煩。不過，民眾必須對於改變貨幣數量的流程有信心。在紙幣世代，那意謂著民眾必須對於控制貨幣創造作業的中央銀行或政府有信心。

貨幣價值的穩定性

資本主義經濟體系貨幣履行其必要功能的第二項必備條件是：貨幣的價值必須維持某種穩定性，所謂價值是指對商品和勞務的購買力。在這個不斷有新產品與服務推陳出新的世界裡，要定義物價穩定性可說是極端冒險。由於用來計算平均物價的一籃子商品及勞務不斷會有新增或減少的項目，所以官方統計人員必須持續不斷將這些新增項目納入，同時得不斷將不再對民眾攸關重大的商品及勞務從這個籃子裡剔除，才能計算出允當的平均物價水準與通貨膨脹。例如二〇一四年時，英國國家統計局將數位多功能影音光碟（DVD）錄放器與園丁費用從消費者物價指數（Consumer Price Index）中剔除，並以網際網路串流影片和新鮮蔬果點心盒取代之。姑且不談技術層面的量測議題，還有一個很大的問題有待釐清：人民可否信任政府維持貨幣價值的能力？

自從南北戰爭以來，美國的美元硬幣就鑄上了「In God We Trust」（我們相信上帝）的字眼，而自從一九五七年之後，一美元鈔票上也印了這句訓言。[28]信任是貨幣可接受性的基礎，也因為有了信任，貨幣才會有價值，但那種信任不是對上帝的信任，而是對貨幣發行者的信任，而發行者——通常是政府——將決定貨幣的價值高低。幾個世紀以來，那一股信任歷經了多次嚴厲的試煉。自古以來，各國政府——不管是東方還是西方，北方還是南方的國家——透過偷削硬幣邊（把硬幣邊緣的貴金屬削切一部分下來）、蓄意引導通貨大幅貶值，或是限制紙鈔轉換為黃金等方式，對先前的承諾食言而肥。誠如印度公務人員威廉・亨特（William Hunter）於一八六八年在他的孟加拉研究中所寫：

> 貨幣是二十個不同朝代與卑劣統治者所遺留的垃圾，四百年間，印度人別出心裁地策畫各式各樣促使貨幣貶值（使其價值低於原始價值）的流程——包括削切硬幣與鑽孔、銼邊、挖鑿、滲透、仿造等手段。到最後，最小的硬幣根本無法換手，因為沒有人能精密算出它的名目價值減損了多少。不用說也知道，這類計算結果總是對比較強大的那一方有利。

過去一百五十年的金融史大致上可說是維護貨幣價值失敗的歷史。很多時期都有明顯的證據顯示各國政府樂於放任貨幣貶值——事實上，幾乎所有的紙製通貨都嚴重貶值，有些是蓄意，有些是因為無能——包括中世紀時代的中國、法國大革命時期的法國、獨立戰爭時期使用大陸幣（Continental currency）的美國，南北戰爭期間的美國、一九二〇年代威瑪共和國統治下的德國、蘇聯解體後的東歐，以及二〇〇八年的辛巴威和二〇〇九年的北韓。[29]較不激烈的例子也不在少數，包括在一九七〇年代經歷大通貨膨脹的美國與英國等工業國家。

在一個民主國家，國家不能強迫人民使用紙鈔。不過，法國大革命後，激進民主主義者曾嘗試硬性規定人民使用紙鈔，還規定以原物料商品充作貨幣的人將被判死罪。事件的緣由是，由於激進民主主義派採取紙幣（assignat與mandat等紙幣）貶值政策來彌補稅收崩潰，以及支應普魯士之戰的費用，直到最後陷入窮途末路，於是他們不得不採取這項無法永續維繫的行動。幾年後的一八一五年，拿破崙在滑鐵盧戰敗後回到巴黎召集軍隊，一家羅克盧伊（Rocroi）客棧的老闆拒絕接受國王隨從人員以三百法郎簽帳單來支付晚餐費用，並要求對方以黃金支付——「這是拿破崙威權衰落的明確跡象。」[30]

當一個政府陷入危機，民眾通常就會大舉出脫這個政府發行的紙幣，這時通貨價值將崩潰，「超級通貨膨脹」也會來臨。超級通貨膨脹的定義通常是：在一段期間內，每個月通貨膨脹率超過50%，那個數字聽起來或許沒那麼糟糕，不過若是換算成年率，通貨膨脹率就遠超過1,000%。或許最簡單的超級通貨膨脹定義就是：通貨膨脹率超出可理解範圍。以過去最糟糕的超級通貨膨脹案例來說，最高的月通貨膨脹率高達7,000,000%（百分之七百萬）。所以，要衡量那種超級通貨膨脹，比較簡單的方式是計算物價上漲一倍所花的時間（單位為小時）。一九二三年十一月德國超級通貨膨脹達到高峰時，物價每三．五天就上漲一倍。難怪當時的人買午餐時，都是先結帳後再用餐。當時不斷忙著印製大量鈔票的印刷廠紛紛破產，因為它們的機器耗損率高於預期，而且廠商根本來不及累積足夠的準備金來投資新設備。到最後，德國的經濟終於崩潰。[31]第一次世界大戰結束時——即一九一八年十一月——黃金馬克（gold mark，即紙幣價值的基準）價值二．〇二馬克紙鈔，但是到了一九二三年十一月，黃金馬克的價值已超過一兆馬克紙鈔。[32]

那次經驗形塑了德國人對通貨膨脹的態度，迄今都無法全然擺脫那個痛苦的回憶。不過，那絕對不是最糟糕的超級通貨膨脹紀錄。最糟糕的案例發生在一九四六年七月的匈牙利，當時的物價——以賓高幣（Pengõ）的標準而言——每十五小時內上漲一倍。很多古老的照片傳達了當年那些淒涼景象：德國小孩拿著一疊疊毫無價值的馬克紙幣來玩疊磚塊遊戲，戰後匈牙利掃街人員則忙著清掃一堆堆賓高幣，因為那些紙幣已毫無價值，沒有人願意浪費精力去撿拾。

現代人似乎以為超級通貨膨脹只會出現在歷史書的記載中，但其實不然。史上第二糟的超級通貨膨脹就發生在這個世紀頭十年間的辛巴威。有史以來，鮮少有經濟體崩潰得像辛巴威那麼徹底又驚人。隨著該國的通貨膨脹率上升到荒謬的水準，人民紛紛放棄本國通貨，開始使用外國通貨。一旦某些人這麼做，其他人也紛紛群起效尤——這是「良幣驅逐劣幣」的好例子。此外，當時該國行動電話預付時數的銷售活動也蓬勃發展，因為預付時數可作為一種替代通貨，很多其他非洲國家也有這樣的狀況。二〇〇八年十一月，辛巴威的通貨膨脹率達到最高峰，物價一度每天上漲一倍。二〇〇九年初，使用其他通貨正式成為官方政策——尤其是美元，通貨膨脹率隨後迅速降低到個位數，經濟也恢復成長。

這些超級通貨膨脹案例都是導因於政府為支應長久累積並失控的赤字而過量印製鈔票。不過，即使是在制度比較穩定的國家，如英國和美國，過去一個世紀以來的通貨膨脹也侵蝕了其貨幣的價值。[33]十九世紀期間，這兩個國家的物價都很穩定，直到二十世紀以後，它們才因物價快速上漲而經歷了明顯的通貨膨脹壓力，尤其是在第一次世界大戰結束後不久，以及二戰後那段期間。到一九七〇年代為止，這兩個國家的經驗大致上還很類似，但接下來，英國的通貨膨脹加速上升，兩國的物價水準遂開始分歧。不過，在過去約莫二十五年間，這兩國的年度通貨膨脹率又大致恢復控制得宜的狀態，平均接近2％，目前美國、英國、歐元區和日本都將2％列為官方通貨膨脹目標。世界上其他國家也多多少少經歷過高通貨膨脹的折磨，鮮少國家像瑞士那麼穩定——從一八八〇年以來，瑞士的平均年度通貨膨脹率僅2.2％。

為什麼貨幣那麼難以管理？部分原因在於政治機構無法抵擋製造貨幣的誘惑，因為只要創造貨幣，政府的收入就有著落，另外，政府也可以藉由貨幣的創造來啟動以討好民眾為目的的短期經濟振興方案，只是這些作為最後都會導致通貨膨脹率明顯上升。幸好，如今我們對於貨幣管理的知識已有了長足的進步。事實證明，各國建構獨立的中央銀行的成果斐然。這些央行承擔起明確的受託管理責任——維護通貨價值（以一籃子代表性商品及勞務而言的價值，也就是所謂的通貨膨脹目標制）——

最後成功穩定了通貨膨脹，從一九九〇年代至二〇〇〇年代初期的「大穩定」期的通貨膨脹便可見一斑。過去二十五年間，各工業國家征服通貨膨脹的表現可謂貨幣管理的一大成就，儘管前幾年爆發了金融危機，各國央行的這項成就也不容抹滅。這一切要歸功於成功的制度設計（見第五章）。

然而，要設計一個能夠實現價格穩定的貨幣管理系統絕對不是那麼簡單，因為要在時機良好階段提供適量的貨幣，並在時機惡劣階段提供適量的優質緊急貨幣來應對危機，說起來容易，做起來卻很難，不管是民間或公共部門，都未曾有人無懈可擊地達到某個平衡點。也因如此，多年來還是有人妄想找到某種可確保貨幣穩定的天外救星，直至今日皆然。

黃金和紙，哪一個適合作為貨幣？

某些人認為答案是黃金。事實上，美國就有某些政治力量支持藉由修憲來廢除聯邦準備理事會，並允許以某種自動連結黃金的機制來決定貨幣供給。[34] 經濟歷史上的論戰繁多，但鮮少議題能像「要以黃金還是紙來作為貨幣體制的基礎」那麼熱門。兩百年前，威廉．柯貝特（William Cobbett）就撻伐紙幣的不公不義，並且對於連續幾個英國政府在拿破崙戰爭期間打破黃金連動的政策多有怨言。他是激進派報紙《政治登錄》（*The Political Register*）的編輯，他的座右銘「如果我錯了，就把我活活放在烤架上炙烤吧！」常為人所津津樂道，顯然他並不是一個經濟學家。他在一八二八年（因被控謀反而遭到監禁期間）出版了一本書，書名即為《紙幣與黃金，或英格蘭銀行、債務、股票、償債基金與其他所有利用紙幣手段進行的花招及詭計的歷史與奧祕》（*PAPER AGAINST GOLD; or The History and Mystery of the Bank of England, of the Debt, of the Stocks, of the Sinking Fund, and of all the other tricks and contrivances, carried on by the means of Paper Money*）

這本書果然書如其名。作者指出：

> 此刻，這個王國的每一個人都必須想方設法熟稔所有屬於**紙幣體系**的事務。那個體系是造成我們陷入眼前苦難的主要原因，而且事實上，如果沒有那個體系，我們的苦痛絕對不可能達到目前這般程度。沒有一個國家採用過任何時刻都絕對不能轉換為黃金與白銀的紙幣——也就是紙；如果有任何一個國家採用任何時刻都不能轉換為黃金與白銀的紙幣，它的唯一後果絕對是巨大且廣泛的苦難。

幾個世紀以來，黃金在作為貨幣的用途上向來占有一席特殊的地位，這個現象在世界各地皆然。早在西元前四千年，埃及人就開始利用金條作為交易媒介。即使在紙幣出現後，紙幣的接受性通常也取決於它可兌換為黃金的能力，例如在「金本位」時期，主要通貨能隨時以一個固定的兌換比率轉換為黃金；換言之，採用金本位的國家承諾以一個固定的價格，將它的鈔票和硬幣兌換為黃金。當一個國家加入金本位，它的匯率相對其他成員國的匯率就會是固定的。舉個例子，假定美元兌法國法郎的匯率即將貶值，那麼，美國的法國產品進口商以黃金付款，會比以貶值後的美元付款更划算。在這種情況下，黃金會流入法國，而美國可用來支持其美元紙鈔的黃金則會減少，美元數量因此相形萎縮，進而推升美元的價值，直到美元回歸以黃金計算的官方價格為止。雖然基於黃金運送成本的考量，使得匯率可容忍些微起伏（除非匯率起伏超過運送實體黃金的成本），但這種機制下的自動調整特色，確實讓各國的匯率得以處於相對有序的狀態。

在十九世紀多數時間至一九三〇年代初期，黃金價格被固定在每盎司二〇．六五美元的價格。[35] 大蕭條促使黃金價值被重新調整到每盎司三十五美元左右，並停留在這個水準，直到一九七一年，美國放棄黃金對美元的固定價格政策後，情況才改觀。一九七一年時，美國的通貨膨脹壓力——部分來自越戰——對美元構成貶值的壓力。當時尼克森（Nixon）總統為了迴避必要的減薪與降價行動可能造成的經濟衰退後果，決定不蓄意維持美元對黃金的固定價格，乃至美元兌其他主要貨幣的固定匯率，換言之，他永遠解除美元與黃金之間的連結。於是在通貨膨脹壓力沉重的一九七〇年代，黃金價格（每盎司）一步步上漲到大約一百六十美元，一九八〇年代還繼續上漲，直到一九九〇年代通貨膨脹壓力獲得克服後，金價才回跌。不過，大約二〇〇〇年起，金價再度穩步上漲，並在二〇一一年達到幾乎一千八百美元的高峰；但是到了二〇一五年年底，金價又回跌到一百美元以下。[36] 黃金的價格不僅波動劇烈，且緊密隨著人民對政府控制本國貨幣體系的信心而起伏。

在我任職英格蘭銀行期間，作為人類貨幣體系基礎的紙幣與黃金之間的緊張關係也無時不刻存在。英格蘭銀行總裁辦公室可通往一個小花園，園中種植了許多桑樹。選擇在園中種植桑樹的原因有兩個。首先，這是為了表達審慎的敬意，因為早期的中國銀行鈔票就是以桑樹皮製成。第二，桑樹能在淺土裡生長。這個花園的泥土不能太厚，因為幾英尺底下就是一個大地窖的天花板，英格蘭銀行的大批黃金準備就存放在那個地窖裡。紙幣和黃金因這個小花園裡的桑樹而被連結在一起，換言之，這個花園——還有英格蘭銀行——為避免損失而兩面押注。

長久以來，不管在任何環境，黃金作為可被接受之交易媒介的吸引力都未曾消退，原因在於除了新開發出來的金礦，黃金的供給是固定的，不受人類決策的影響，而且它的重量與價值能輕鬆檢核。每年新開發的金礦對整體黃金存量的貢獻非常小。如今的金礦業者以非常先進的技術來挖掘巨大的露天礦區，而世界上最大的金礦坑當屬位於澳洲西部卡爾古利（Kalgoorlie）的超級礦坑（Super Pit）。經過十五年的開採，卡爾古利的採礦業者製造了一個長四．五公里、寬一．二公里且深五百公尺的深坑。挖掘這個坑洞產生了二千七百萬立方公尺的泥土，但經過酸處理流程後，那些泥土才產生區區約十立方公尺的黃金。[37]然而，雖然只有十立方公尺的黃金，若以二〇一五年年初的價格計算。那些黃金就價值大約八十億美元，先前的投資也得以順利回收。然而，相較於分別存放在英格蘭銀行總裁辦公室下方地窖裡的五千五百噸黃金（價值二千三百五十億美元，這些黃金多半是外國政府的財產，不屬於英國），以及位於曼哈頓市中心的紐約聯邦準備銀行地窖的六千七百噸黃金（價值三千億美元），從這個超級大坑洞採集而來的兩百噸黃金實在顯得微不足道。[38]

幾個世紀以來，黃金一向是最受公認的付款工具。它不受政府影響，而且諷刺的是，各國政府本身也想要持有黃金準備，因為它們不信任其他國家會努力維持以其本國紙製通貨計價之請求權的實際價值（譯注：例如德國不見得相信美國會維護以美元計價的債權價值）。不過，儘管黃金的魅力非凡，在作為貨幣用途上，它還是有兩個重大的缺點：第一個缺點是，它極端沉重且不方便使用，即使在旅行者廣泛使用金幣的時代（有點像我們現在使用旅行支票或信用卡的模式），較小面額的硬幣通常也是以青銅或銅等金屬製成。

第二個缺點是比較基本的問題。對很多人來說，黃金的吸引力——也就是各國政府無法輕易擴大黃金的供給——其實也是一個嚴重的弱點。在金融危機時刻，政府能快速且輕易製造紙幣，以因應激增的流動性需求，但是黃金的供給無法快速且輕易擴大。以過去的經驗來說，每次陷入金融恐慌，金本位制度幾乎都暫時喊停。最惡名昭彰的例子發生在一七九七年陷入英法戰爭的英國，那堪稱現代經濟體系的第一場金融危機。當時一千兩百名試圖入侵的法國士兵雖被擊退，但一般大眾對紙幣的疑慮卻隨著敵軍入侵行動而升高，於是，大眾開始搶著囤積黃金，導致英格蘭銀行的黃金準備快速減少，有鑑於此，小威廉・皮特（William Pitt the Younger）驟然對英格蘭銀行發佈一項樞密院（Privy Council）命令，暫停紙幣轉換黃金的業務。接著，他展開紙鈔印製作業，結果就是通貨膨脹和詹姆斯・吉爾雷（James Gillray）一系列精采漫畫筆下的情景。其中一則漫畫將英格蘭銀行擬人化為某個年紀的女士，畫中的首相為了搶奪這名女士的黃金而對她使用暴力。[39]這就是英格蘭銀行後來被人謔稱為「針線街老婦人」（Old Lady of Threadneedle Street）的起源。一八二一年開始，當局又恢復紙鈔轉換黃金的業務，隨後這項規定一直維持到第一次世界大戰時才改變。

在正常時期，金本位的問題在於黃金供給在實質上是固定的，所以經濟成長會對於以商品和勞務計算的黃金價格構成上漲壓力；而由於黃金的美元（與英鎊）價格固定不變，所以，這反過來又會對商品和勞務的美元（及英鎊）價格構成下跌壓力，而這一股壓縮工資與利潤的通貨緊縮壓力，又會促使經濟活動與就業狀況下滑。追求金本位的承諾被視作兩派人馬之間的戰爭，其中一邊是銀行家與金融圈人士，另一邊則是勞動人口。關於這場戰爭，三度角逐民主黨總統提名人失利的威廉・詹寧斯・布萊恩（William Jennings Bryan）的見解最具說服力，他在一八九六年的黨代表大會演說中提出了一句強而有力的結論：「你們不該把人類釘在黃金十字架上。」[40]

凱因斯將黃金形容為一種「野蠻的遺俗」，那個觀點非常中肯。[41]其中，特別「野蠻」的是一九二〇年代時，各國為了回歸第一次世界大戰前平價（parity）的金本位，導致各經濟體承受了沉重的通貨緊縮壓力。當然，我們很難斷定如果當初是回歸不同的平價，是否就能保住固定匯率體制，同時讓那些經濟體得以擺脫通貨緊縮壓力，進而防止大蕭條的發生與金本位的廢除（最先發難廢除金本位的是英國，發生在一九三一年）。無論如何，打破黃金連結制度後，貨幣供給終於有機會擴張，各國也進而得以在國內自由地採取更寬鬆的貨幣政策——為一因應大蕭條環境的適當作法。但從那時開始，各國就不曾停止設法為貨幣體系尋覓另一個可靠支柱。

二〇〇八年危機過後，聯準會與英格蘭銀行雙雙大幅增加貨幣供給，以期滿足流動性需求的驟然增加。如果貨幣供給完全取決於世界上可取得的黃金數量，這兩個中央銀行這次勢必難以防堵經濟蕭條的發生。當然，對黃金懷抱滿腔熱情並批判紙幣不遺餘力的人主張，如果各國政府與其央行不任意干預貨幣，危機的發生頻率就會降低。[42]不過，美國十九世紀——在聯準會創設之前——的歷史顯示，一個沒有中央銀行的世界不盡然就能免於危機。關於「要以黃金或由中央銀行管理的紙鈔來作為貨幣記帳單位基礎」的選擇，最終是紙鈔占了上風，一部分是因為在危機時刻，紙鈔制度下的央行擁有控制流動性供給的裁決力量，另一部分則是因為一九九〇年代的中央銀行確實成功征服了通貨膨脹。

不過，在很多人眼中，二〇〇七年至〇九年的危機是各國央行長期犯蠢的證據，也證明某種型態的「貨幣價值自發性調整本位」自有其吸引力。行動勝過雄辯，目前多數先進國家的官方外匯準備與原物料商品貨幣中，還是占有非常大量的黃金。到目前為止，黃金的最大持有者是美國（共持有超過八千噸，約占其黃金與外匯準備總額的72%）與歐元區（持有一萬七百八十四噸，約占總準備的57%）。中國持有的黃金數量也在增加，目前已超過一千噸。相反的，英國目前止只有三百一十噸（占外匯準備總額的11%），日本也僅持有七百六十五噸（占外匯準備總額的2.5%）。[43]

黃金的優勢在於，它的供給並非取決於無法預測的人類制度，然而它的優勢同樣也是它的缺點，也就是說，碰上需要大量增加貨幣供給來克服突發性恐慌的情境時，黃金無法發揮讓貨幣供給大量增加的力量。紙鈔發行制度的演進（在一九九〇年代的通貨膨脹目標制達到高潮）已透露出一些成功跡象。不過，目前還無法斷言民主社會是否已有能力創造某種永續的紙鈔管理制度——一方面避免固定供給的原物料商品貨幣可能造成的通貨緊縮衝擊，一方面則防堵政府或中央銀行恣意發行貨幣的過度通膨風險。

經濟學家與貨幣

近幾年來。很多經濟學家都不願意使用「money」一詞。一個聰明絕頂的人確實有可能在不使用「money」一詞的情況下談論貨幣政策。有趣的問題是，為什麼有人會選擇這麼做？我們可以在「凱因斯學派」與「貨幣學派」（monetarist）經濟學家之間深刻的意識型態分歧中，找到這個問題的答案。戰後期間的經濟政策辯論幾乎都聚焦在這兩方之間的歧異，直到一九九〇年代通貨膨脹受到壓制後，相關論戰才終於稍歇，但是二〇〇八年以來的經濟停滯經驗，又讓這個議題再度轉熱。諸如芝加哥大學的米爾頓・傅利曼（Milton Friedman）等貨幣學派經濟學家相信，要解決通貨膨脹並且更加全面穩定經濟體系，關鍵在於控制貨幣供給的增長率。傅利曼指出大蕭條時期貨幣供給崩潰的事實，並倡議應每年讓貨幣供給增加一個固定的百分比。[44]凱因斯學派則相信財政政策控制經濟體系的力量大於貨幣供給的力量，並質疑貨幣供給變化和經濟活動之間並無密切的關聯性。然而，約翰・梅納德・凱因斯其實是一個貨幣學派經濟學家，而他在一九三六年出版的代表作（這本書改造了大蕭條以後的總體經濟政策辯論內涵）的全名正是《就業、利率與貨幣通論》（*The General Theory of Employment, Interest and Money*）。因此不管是貨幣學派或凱因斯學派，所有經濟學家——不管再怎麼不認同貨幣的角色——都不該漠視貨幣的重要性。

兩個多世紀以來，經濟學家一直苦於無法為貨幣的角色提供一個嚴謹的理論基礎，就算有人嘗試這麼做，多半也都失敗了。當今的經濟學變得愈來愈複雜，對貨幣的著墨也愈來愈少，這是一個明顯的事實。大衛·休謨（David Hume）在十八世紀清晰表達的淺顯概念——物價水準乃反映貨幣供給與需求之間的平衡——已被諾貝爾獎得主克里斯多福·西姆斯（Christopher Sims）形容為「過時」的概念。[45]甚至連貨幣的存在都證明是經濟理論家眼中的一個謎團。誠如已故著名劍橋經濟學家法蘭克·哈恩（Frank Hahn）教授所寫：「貨幣的存在對理論學家來說最嚴厲的挑戰在於：最成熟的經濟模型容不下貨幣的存在。」[46]

為何現代經濟學無法解釋貨幣存在的原因？這是競爭市場的一項特定觀點所造成的結果。亞當·斯密的「看不見的手」是一個美麗的概念，它主張很多人努力追求自身利益時所形成的客觀競爭動力會把資源導向最能發揮高效的活動。但如果這隻「手」是無形的，它又相當於這個世界上的什麼東西呢？兩百多年來，經濟學家試圖將斯密的主張加以形式化，並希望釐清一個競爭市場經濟體系會在什麼條件下有效率地分配資源。十九世紀時，法國人雷昂·瓦拉斯（Léon Walras，他在洛桑〔Lausanne〕教書）和英國人亞弗瑞德·馬歇爾（Alfred Marshall，他在劍橋教書）分別對此做出重大貢獻。接著，到一九五〇年代初期，雙雙在美國進行研究的肯尼斯·亞洛（Kenneth Arrow）和傑拉德·德布魯（Gerard Debreu）終於歸納出「看不見的手」的嚴謹解釋（他們後來也因此獲得諾貝爾獎的殊榮）。[47]他們想像，在開天闢地之際，這個世界會舉辦一場假想的巨大拍賣會；人類在這個拍賣會上針對未來每個可能日期可能想要購買或出售的每一項可能的商品和服務出價。這個出價與買賣流程會一直延續下去，直到每個市場都結清完畢（clearing，也就是需求等於供給）為止，價格、所有商品與勞務的供給與需求都會在這個拍賣場上確定。接著，生命就此展開，時間也持續向前推展。由於這場開天闢地的拍賣會已發揮充分的功能，所以未來沒有必要重新開啟任何產品或勞務的市場。因此，一旦生命展開，就不會有進一步的買賣交易發生，因為所有事物都已在開天闢地的那一場拍賣會上結算完畢，所有人接下來需要做的，就是履行先前在拍賣場上簽訂的勞務合約——例如就業——並收受他們當初在拍賣場上購買的商品和勞務。到時候，人類就不需要某種被稱作貨幣的東西來扮演交易媒介（因為這場拍賣會技巧性地解決了「雙重慾望的巧合」問題），也不需要保值品（因為不再有儲蓄準備金的必要）或作為評斷價值的絕對標準（在拍賣會上出價的消費者只需要知道不同商品與勞務——包括勞力——的相對價格）。換言之。在這個巨大拍賣場所屬的經濟體系中，貨幣並無容身之地。

亞洛–德布魯這類世界觀的重要性在於這是一種因應未來不確定性的特殊方法。當消費者在這個拍賣場上出價購買商品或勞務時，不僅要針對他們需要的東西（例如到他們最愛的曼哈頓餐廳享用午餐）和需要使用它的日期（例如星期二）出價，也要針對想購買這個東西時的「世界狀態」（state of the world）出價。舉個例子，假定這家餐廳是一家戶外餐廳，而如果下星期二天氣晴朗，那你可能要出高價訂位，但如果天氣寒冷或下雨，你的出價可能是零。換言之，若世界狀態屬於前者，市場結清價格（market-clearing prices）可能會很高，但若是後者，則可能很低。關鍵在於所有買賣交易都能事前完成，因為根據這個理論觀點，我們有可能辨識出所有攸關的世界狀態，並根據相關的或有條件來參加拍賣。換言之，極端不確定性被理論假設徹底排除。

顯然從很多方面來說，真實的世界和上述的抽象描述相差甚遠，更別說安排這場巨大拍賣會明顯的不可行性。有兩項差異特別重要：市場經濟體系監管制度的必要性，以及不確定性的本質。

信任的重要性

這個拍賣經濟體的理論世界假設，人類一定會履行先前簽訂的合約，完成工作與消費的義務。不過，某些人可能會因為某些誘惑而違約不履行義務，例如宅在家裡享樂，不外出工作。[48]在這種情況下，這個世界將會產生一種強烈動機去找出能強制執行合約的機制或制度。在實務上，我們非常仰賴法律系統來強制執行各式各樣的合約，儘管法律成本高得嚇人。不過，我們也仰賴一項在所有成功社會的經濟生活中扮演重要角色的機制——信任。缺乏信任會導致經濟效率低落。誠如英國平等與人權委員會（UK Equality and Human Rights Commission）主席暨哲學家歐諾拉．歐尼爾（Onora O'Neill）在二〇〇二年所言：「不僅統治者與政府重視且需要信任。每個人民、每一項職業和每個機構都需要信任。我們需要信任的原因在於，我們必須能夠相信別人將會言出必行，也因為我們需要其他人認同我們將言出必行。」[49]

但經濟學家對「信任」抱持懷疑的態度。他們相信，一般人會根據自己面臨的各項誘因來追求私利，所以，一旦面臨「違背某項合約就能獲得短期利益」的囚犯兩難固有情境時，欲達到合作的結果就有困難。不過，當一心追求私利的個人主義者導致每個人的境況變得愈來愈糟糕，社會可以用羞辱、放逐和丟臉等方式來懲罰他。社會倫理標準或行為規範的建立，就是避免一般人陷入這種囚犯兩難的手段之一。

缺乏信任將嚴重影響我們交易商品與勞務的能力，冷戰時期間諜之間的交易（包括諸如約翰・勒卡雷〔John le Carré〕的小說《史邁利人馬》〔*Smiley's People*〕所描述的，還有現實世界發生的）清楚闡述了那個狀況：兩名間諜從連接東德與西柏林的格林尼克橋（Glienicke Bridge，橫越波茨坦的哈弗爾河〔River Havel〕），一步步靠近彼此，最後在橋中央見面，交換雙方的囚犯。典型的交易需要一種「雙重慾望的巧合」，這是純粹以物易物的例子之一。

由於彼此信任，兩方人馬中的一方才會願意在某個日期向另一方遞交商品和勞務，並在稍後的某個日期，根據彼此先前的共識，取得對方遞交的其他商品和勞務。有些經濟學家主張，貨幣的角色就是要體現並鞏固那一股信任感。假定某個世界的每個世代都只活兩個週期，而後續世代也生生不息地延續下去。在這個世界裡，每個世代的人都只想在生命的第一個週期工作，在第二個週期享受退休時光。這時箇中的經濟挑戰就在於如何確保每個年輕的世代都會心甘情願地將自己的薪資所得交給已退休的老一代，同時期待並相信自己的子女也願意為他們做相同的事。接棒的年輕世代和交棒的老一代人之間，存在一種可能具有獲利潛力的交易，但是這種交易很難強制執行。這時，貨幣或許是解決這個問題的方法之一：年輕一代以「代幣」的形式儲蓄，等到退休後，再用這些代幣向再下一代的人購買商品和勞務。[50]那種代幣——也就是貨幣——可稱為一美元或一百美元、一馬克、一日圓、一元或一英鎊等。只要每個人都相信未來那些代幣還是會被接受，所有人的景況就可能會變得更好。貨幣的使用促進了信任，而信任是實現最佳結果的必要元素。[51]更廣泛地說，由於人類無法提出可信的事前承諾——即我們無法彼此信任，才會有「邪惡是所有貨幣的根源」（這句話在這一章的開場白中引用過，最早是清瀧信宏與約翰・摩爾等經濟學家提出）的說法出現。[52]

然而，不容否認地，這種象徵最佳結果的世代合作默契完全仰賴信任來延續，而非貨幣。[53]如果年輕一代拒絕奉養老一代，代幣是否存在都無關緊要。而如果老一代的人有諸如住宅等投資，他們也能違背這種世代轉移默契，把房子賣給外人或是少數的富翁，如此「消費」住宅資本的價值，讓年輕一代買不起房屋。大衛・威立茲（David Willetts）主張，戰後嬰兒潮世代已經違背了這種世代契約。[54]信任排除了貨幣的必要性，而不受信任的貨幣也不會有價值。或許信任才是真正讓這個世界得以運轉的根本要素。

貨幣與極端不確定性

現實世界和那場大型拍賣之間的第二個大差異是不確定性的本質。為了進行這場拍賣，我們必須掌握詳盡且完整的未來可能結果清單，以便根據各種或有狀態來擬定適合的合約；另一方面，我們也必須知道不同結果的發生機率，如此才能釐清要針對未來任一時點的每一項或有商品或勞務出多少價。然而，資本主義經濟體的本質在於我們無法預知未來將被開發出來的所有新概念與新產品。如果未來是不可知的，那麼假裝自己知道未來會發生什麼事根本就沒有意義。

一九七二年，在《酒店》一片中飾演俱樂部主持人的喬爾・葛雷（Joel Grey）演唱著一首關於貨幣讓世界得以運轉的歌曲時，整個劍橋大學的電腦效能比我現在的智慧型手機還要弱。如今，手持式裝置被世人視為理所當然，但在當年，這種東西根本無人可想像。即使某人有能力寫下一串包含這些發展的可能結果清單，我也不認為他有辦法輕易在這張清單中加入這個世界後續發生的所有事件，包括柏林圍牆的倒塌、阿拉伯之春，以及其他攸關投資獲利能力與世界經濟發展路徑的事件。這個世界上的某些人有能力察覺到被其他人忽略的機會，而他們的想像力便驅動了投資活動的發生，但是他們的風險多半是無法保險的。所以，創業家的風險承擔行為是一種直覺賭注，而非冷靜評估預期報酬率後的決定，換言之，他們並非根據科學化的方法來評估一個可能性已知且有限的發生機率。

在這種情況下，一般人要如何因應這種無可想像又無法保險的未來？我們或許不怎麼清楚未來想要購買什麼樣的商品和勞務，卻知道我們需要一種能將購買力請求權（claims of purshasing power）以某種通用化形式從目前轉移到未來的方法，如此一來就無須急著在今天決定明天要支出什麼。貨幣讓我們得以用今天的勞力去交換未來的通用購買力。也因如此，很多儲蓄合約是以貨幣來計價。我們不會投資一個能在未來為我們提供固定數量的電視機或海外旅遊天數的銀行帳戶。我們期望能賺到利率——也就是銀行帳戶金額增加的百分點。所以貨幣並不是一種「買東西」的工具，而是一種因應未來不確定性的方法，因為我們不知道未來存在哪些新商品與勞務，也不知道這些商品與勞務的相對價格會是多少，畢竟當今這個世界上並沒有一個拍賣機制能讓我們找出這些問題的所有答案。維護一種以貨幣單位計價的購買力準備，就能降低「把雞蛋全部放在同一個籃子裡」的風險——即未來所有合約都只能在今天簽定的風險。雖然我們幾乎不可能針對所有無法保險的事物提供保障，至少能試著讓自己有多一點的選擇，那個選擇就是：以一種通用貨幣記帳單位的形式，持有對未來購買力的請求權。任何提供固定貨幣報酬的儲蓄帳戶都能滿足這個需要；即使是一筆固定的退休金承諾，似乎也能讓我們擁有某種對未來購買力的請求權。不過，在金融壓力緊繃時期，唯有政府發行並擔保的貨幣請求權能徹底滿足這個目的。由於隱含極端不確定性的世界裡存在太多無可預期的狀況，貨幣遂扮演著一個特殊角色。

沒有貨幣能形成市場經濟體系嗎？如果我們生活在一個只針對立即性消費需求而購物的單純世界，而且每個人都住得非常近，那或許有可能。在中世紀時代，通常每週舉辦一次的鄉村或城鎮市集就扮演了非常類似的角色。不過，隨著人類需要的商品與勞務愈來愈多元化，許久以前那種特定地方性市集裡的可用商品與勞務供給，明顯不能滿足我們的需要。略為瀏覽一下亞馬遜網站，就會發現我們什麼東西都想買，而且想要立即入手。而市場——不管是亞馬遜或另一家公司——則負責供應這些東西。在這個極端複雜的世界裡，一般人為了因應未知的未來而儲蓄與借錢，所以，貨幣在這個世界裡扮演一個特殊——其實是獨特——的角色。貨幣是資本主義經濟體系的獨門特質之一。幾個世紀以來，貨幣從一種為了超越以物易物之限制而設計的付款手段，演變成一種流動的準備。在一個無法預知未來的現實世界裡，這種流動準備是促使資本主義經濟體系得以運作的必要元素。

貨幣潤滑了商業與金融交易的運轉。世界上需要足夠的貨幣才能支持經濟活動穩定擴張，但貨幣也不能多到引發通貨膨脹。唯有符合這個雙重條件，貨幣才能作為一種可信的共同衡量標準——不管是末日審判書裡的標準，或是現代國內生產毛額估計值的衡量標準。在一個經濟體系裡，貨幣數量的擴張有好有壞，一切取決於當時的環境。誠如歌德（Goethe）的著名歌劇《浮士德》（*Faust*）所描述，在時機惡劣階段印製紙幣可能有助於提振生產。[55]不過，這種創造貨幣的煉金術會促使世人產生一種錯覺，誤以為自此將享有無邊無涯的喜悅，並忍不住在時機良好階段也發行更多紙幣，問題是，在榮景時期發行更多紙幣並不會促進繁榮，只會助長通貨膨脹，並導致經濟陷入混沌，最後更使經濟繁榮遭到破壞。一九二三年，歌德的祖國就爆發了超級通貨膨脹，世界上沒有幾個國家曾陷入如此糟糕的處境，受到如此邪惡的折磨。

在正常時期，各式各樣的資產都有可能被接受為貨幣，但在危機時刻，一般人認同的終極付款及保值工具只剩下一種：即中央銀行貨幣。此外，雖然黃金永遠也不可能重新獲得貨幣管理中心的地位，它終究是一種舉世認同的保值品。至於其他在時機良好階段作為貨幣的資產——如銀行存款——有可能因大眾對它們的接受性不再有信心而難以變現，所以，在危機爆發時，必須供應充足的「緊急貨幣」來滿足這個世界對流動性的需求。貨幣的這兩項功能——在時機「良好」與「惡劣」階段——經常被分開來討論與落實，第一個被視作「貨幣政策」，第二個則被視作「財政政策」。由於世人試圖硬性將中央銀行供應貨幣的不同理由加以分隔，才未能理解這場危機爆發前各主要經濟體所演變出來的問題。

二十世紀期間，各國政府允許「貨幣的創造」成為信用創造過程的副產品。如今，多數貨幣已是由民間部門機構——銀行——所創造。這是當今社會在貨幣管理上最嚴重的斷層線。威廉．詹寧斯．布萊恩在他著名的「黃金十字架」演說中，慷慨激昂地談論金本位的害處——一般商業界的需求必須優先於華爾街的需求。不過，這場演說中最重要的一段內容卻是最常被遺忘的段落：「我們相信鑄造貨幣與發行貨幣是政府的職權之一，我們相信那是主權的一環。若是將它授權給民間的個人，它就不再安全，就好像把制定刑事法規或稅法的權力交給個人一樣危險…貨幣的發行是政府的職權之一，而銀行應該退出這項治理業務。」他理直氣壯地重申湯瑪斯・傑佛遜（Thomas Jefferson）在一八〇九年的說法：「應該剝奪銀行的發行權，並將之返還給人民，因為這項權力理當屬於人民。」[56]

那麼為何各國政府會允許貨幣——一種公共財——的掌控權旁落民間？欲知這個問題的答案，我們必須了解銀行所扮演的角色。

第3章　失去清白：煉金術與銀行業務

「搶銀行和創辦銀行有什麼差別？」

伯托特．布瑞奇（Bertolt Brecht），《三便士歌劇》（*Die Dreigroschenoper*），第三幕第三景（一九二八年）

「『光鮮亮麗的資金融通活動』並非合法的銀行業務，而銀行業那些『光鮮亮麗的資金融通者』通常不是詐騙犯子就是無恥之徒。」

修．麥克羅（Hugh McCulloch），貨幣審計員，一八六三年十二月。

歷史學家馬克思．哈斯汀（Max Hastings）在解釋第一次世界大戰的由來時，引用了一九一〇年一名學生和英國陸軍參謀學院某指揮官之間的一段交談。那個學生斬釘截鐵地暗示，除非「政治人物愚蠢到不可思議」，全面性的歐洲戰爭才會突然爆發，但陸軍准將亨利．威爾森（Henry Wilson）回答：「他們絕對愚蠢到不可思議。」[1]

很多人應該會主張，最近這場金融危機也導因於所謂「不可思議的愚蠢」——銀行業者的邪惡與中央銀行官員的無能。當然，這場危機爆發與演變過程中的種種異常事件，也和引爆第一次世界大戰的眾多事件一樣，讓很多人大感意外。不過，雖然把二〇〇七年至〇九年的危機歸咎給個人的各種故事情節很有娛樂性，但這場危機絕對不是個人的問題。把雷曼兄弟的執行長迪克．弗爾德（Dick Fuld）或蘇格蘭皇家銀行執行長弗瑞德．古德溫等人視為破壞世界金融體系的惡棍實在是很諷刺，那麼做或許滿足了我們指摘（甚至羞辱）的慾望，卻無助於釐清為何那麼多人、那麼多銀行與那麼多國家當初會做出事後看來那麼錯誤的決定。事實上，這個災難故事和許多更深層的動力有關——那些深層動力所造成的限制支配了人類的行動。

無庸置疑地，當時確實有一些邪惡的銀行業者和無能的中央銀行官員，不過，在這場危機爆發後那段期間，我遇到的絕大多數銀行業者與中央銀行官員既不邪惡，也不無能。假設所有貨幣與銀行領域的問題都是因為我們的前人和當代人物「不可思議的愚蠢」所造成，實有流於傲慢與自滿之嫌，因為他們其實只是和其他所有人一樣，以最自然的方式來回應眼前的種種誘因罷了。身為個人，他們試圖表現出自己眼中的理性行為，只可惜最後的集體結果卻像是一場災難。由於每個人都無法影響其他人的行為，每位關鍵人物可想而知地會觀察其他人的行為，再據之以對自己的有利的方式行動。基於種種理由，他們彼此之間無法合作，所以最後所有人的景況都變得更糟——這正是囚犯兩難的好實例。

銀行業者也面臨了某種囚犯兩難。在危機爆發前，如果一家銀行選擇退出較高風險的放款行為或停止購買複雜的衍生性金融工具，從而降低槓桿水準，它的短期獲利就會低於競爭者。屆時，執行長有可能會丟掉工作，其他幕僚也會叛離到願意承擔高風險且支付較高員工紅利的銀行，因為在世人還沒搞懂這種新策略的風險以前，銀行業還有很多油水可撈。總之，即使清楚明瞭相關的風險，跟隨群眾終究還是比較安全。關於這個兩難，最著名——目前聲名狼籍——的說詞來自花旗集團（Citigroup，當時是世界上最大的銀行）執行長恰克．普林斯（Chuck Prince），他在危機前說：「只要音樂沒有停下來，你就必須起身跳舞。我們也還在跳舞。」[2]他一直跳到音樂在二〇〇七年十一月終於停止之際，並在那時丟掉這份工作。就算他在此前四年——也就是上任執行長之際——就停止隨著音樂起舞，也不見得能在那個職位待那麼久。所以，引爆這場危機的真正導因是：危機爆發前，銀行業者和其他經濟行為者難以找出一個適當的合作解決方案，所謂「不可思議的愚蠢」只是次要因素。在整個事件過後，或許很容易看出如果當初採取某些行動，就能避免危機發生，但在當下，卻沒有人有誘因採取那些行動。

在危機爆發那段期間，我發現若想要釐清危機的根源，研究早期類似的情況比跑再多的計量模型（econometric modelling，也就是將實證統計方法應用到經濟數據上）還更有幫助。[3]這一場危機的場景和過去的任何一場危機都不全然相同，不過，卻和過去的很多危機場景有著許多令人毛骨悚然的類似之處。在分析這場危機時，美國評論家很自然地會回顧一九三〇年代初期的大蕭條時期，因為那是北美最近一次的大型銀行破產事件。研究那個時期多年的學者班．伯南奇也在和各國中央銀行總裁討論的過程中，針對當時面臨的種種問題提出非常寶貴的歷史觀點。一九三〇年代美國銀行體系崩潰的程度非常嚴重，以致一九三三年三月甫就任一個星期的富蘭克林．羅斯福（Franklin Roosevelt）總統，就隨即宣布實施一個星期的銀行假期，暫停銀行業務，給予它們一點喘息空間，並期望信心得以重建。[4]他在第一場爐邊廣播談話中，提到了「銀行的情況很糟糕」，並說：

> 情況顯示，我們的某些銀行業者在處理民眾的資金時流於無能或不誠實。當然，美國絕大多數的銀行並非如此，但犯下這些毛病的銀行多到足以衝擊到美國人民的安全感，並產生「所有銀行都半斤八兩」的聯想，看起來相對少數銀行的行為已玷污了整個銀行業。[5]

二〇〇八年時，我們也面臨了「糟糕的銀行業狀況」，而且從那時開始，「相對少數」銀行「玷污了整個銀行業」的醜聞證據也再次出現。

銀行是我們日常生活中的一環，多數人會定期使用銀行服務，包括提款、付款或舉借貸款。不過，銀行也非常危險。銀行業是人類金融體系煉金術的核心。誠如第二章說明的，銀行是貨幣創造的主要源頭。它們在對高風險貸款人承作貸款的同時，創造了存款這項副產品，而那些存款又轉而被用來作為貨幣。銀行能將短期的負債轉化為長期的資產；實質上來說，那等於「借短放長」（譯注：借入短期資金，承作長期貸款），也因如此，銀行很容易受信心危機傷害，包括實質問題引爆的信心危機，以及因想像而引爆的信心危機。因此，二〇〇八年幾家大型國際性銀行的破產（不僅使得國際金融體系有崩潰之虞，也有導致這個世界陷入另一場大蕭條的可能）絕對不是單一事件。多年來，銀行危機的發生頻率一向很高，在十九世紀至二十世紀間，英國和美國幾乎每十年就會發生一次金融危機。最近這場危機中出現的很多型態，也曾在最早期的某一場危機裡出現——那是兩百多年前的危機，發生在一八二五年的英國，那些型態包括：海外放款快速擴張、股票市場熱潮、試圖重建物價穩定的中央銀行、崩潰的銀行體系、銀行相互關聯性過高的疑慮、缺乏有效監理、官方出面購買政府債券，以及中央銀行——英格蘭銀行——出手干預，借錢給陷入困境的銀行等。總之，一切場景都似曾相識。

銀行的能見度一向很高，紐約、倫敦和其他所有大型都市的天際線幾乎都是銀行的天下。即使是在遠離金融危機暴風中心的世界另一端，紐西蘭奧克蘭港最高的幾棟大樓也都被全球性金融機構霸占，包括滙豐控股（HSBC）、花旗集團、荷蘭合作銀行（Rabobank）、澳盛銀行（ANZ）、西太平洋銀行（Westpac）、美國國際集團（AIG）、蘇黎世銀行（Zurich）、資誠聯合會計事務所（PWC）、德勤（Deloitte）、安永（Ernst & Young）等。而倫敦歷史悠久的英國板球總部羅德（Lord's）板球場，目前則是由美國企業摩根大通（J.P. Morgan）贊助。銀行不僅在我們周遭有形的環境中擁有高能見度，也在我們的金融結構中非常顯眼的存在：它們是全球經濟體系裡的龐大玩家。世界上最大的銀行是中國的工商銀行。在這個財富分配不均極為顯著的時代裡，全球銀行的規模卻驚人地相當均等——在世界二十大銀行中，最大與最小銀行的資產規模比率大約只有兩倍多一點。[6]

然而，總的來看，二〇一四年這二十家銀行的資產為四十二兆美元，約當全球GDP——八十兆美元左右——的一半，也幾乎占世界各地所有銀行資產的40%。[7]在世界主要銀行的所屬國中，中國、法國和美國分占領先地位，各擁有四家大型銀行，其次是日本和英國，各擁有三家，德國和西班牙則各有一家。在世界前五十大銀行當中，有十家是中國的銀行，其餘都是主要工業國家的銀行。[8]

雖然規模不代表一切，但規模終究是一股很大的助力。誠如麥希思（Macheath）在布瑞奇的《三便士歌劇》中指出的，如果你有能力成立一家銀行並藉此創造貨幣，何苦冒著搶銀行又被關進大牢的風險？強盜和創辦人都深受銀行吸引，因為錢就在銀行裡。不過，二〇〇八年九月的銀行並沒有錢。當時由於原本願意大手筆借錢給銀行的放款人突然拒絕貸放新款項給銀行，結果導致銀行流失非常多的資金。和十九世紀常見的銀行擠兌（這種擠兌導因於個別存款人不定期陷入恐慌，而急著把錢領出銀行）不同的是，這次到銀行擠兌的是其他金融機構，例如貨幣市場與避險基金等大型投資人。由於銀行無法以其他管道來取代這些集資來源，所以不得不收回它們自己對外的放款或出售資產，有些銀行甚至向本國中央銀行尋求融資。在這場危機爆發前，銀行能以最優惠的利率借到錢，但在危機發生那段期間，銀行的貸款利率急速上升，有些資金甚至已無法以任何價格取得——失去清白的案例之一。當時幾乎所有的世界級大銀行都接受了本國政府直接或間接的支援（紓困）。

我在第一章討論過銀行體系的擴張。這場危機爆發前的擴張多半來自於將數學應用在金融方面而創造出所謂的衍生性金融工具（第四章將更詳細解釋）之大流行。這很難不讓人聯想到鐵達尼號（Titanic），它是現代工程設計的奇談，沒有人想像得到它會失敗並沉入大海。不過，當鐵達尼號沉入海裡，折損的終究只是一艘船，而不是整個艦隊，但在二〇〇八年，整個金融體系皆陷入岌岌可危之境。

傳統的正經銀行業務（管理顧客存款與審慎放款給有經濟基礎的顧客）和「光鮮亮麗的資金融通業務」（從事較曖昧的作業）之間向來涇渭分明。雖然全球規模最大的幾間銀行執行長企圖追求如天一般高的成就（這麼說一點也不會言過其實，因為他們的辦公室都位於新式摩天大樓頂端的銀行總部），他們的某些員工卻從事最下三濫的銀行業務，以不正當手段操縱他們從事交易活動的市場。很多人將當代從事「光鮮亮麗的資金融通業務」的投資銀行形容為一邊發明「對社會毫無貢獻」的新金融工具，一邊又從事「上帝認可的崇高事業」（god's work，譯注：這是引用高盛執行長的話）。[9] 儘管這些投資銀行的觸角遍及全球，但它們在危機爆發後受納稅人紓困，還涉及看似永無止盡的醜聞，也難怪銀行會那麼不受歡迎。我熟識的某些銀行業者常不願意在交際場合承認自己從事哪個行業——這當然是清白的喪失。誠如這一章標題底下的引言所述，無論古今，情況從未改變。

一八七三年時，英國政治經濟學家暨《經濟學人》（*The Economist*）編輯華特・白芝浩（Walter Bagehot）出版了一本後來被有興趣了解如何處理金融危機的有志之士奉為聖經的書。《倫巴德街》（*Lombard Street*）是一部非常成功的佳作，細述銀行業務與貨幣市場，並解釋英格蘭銀行若是提供暫時性的財務支持（直到危機過去），便能早點避免銀行崩潰❶，同時細述了相關的作法。誠如白芝浩心知肚明的，銀行危機是市場經濟體系的特有產物。不過，雖然他主張中央銀行有責任扮演「最後放款人」的觀點，已成為許多教科書引用的觀念，而且經常被二〇〇八年至〇九年間積極放款的中央銀

❶編按：該書探討的是一八六六年自倫敦爆發的一場金融危機。當時的一家批發銀行（即專營銀行之間巨額款項借入貸出的業務）歐佛倫葛尼（Overend Gurney & Company）將投資重心放在鐵路建設和其他長期投資項目，導致負債相對於流動資產的比率過高。適逢股票與債券市場受到英國的改革法案影響而重創，該行面臨嚴重的流動性危機，而英格蘭銀行拒絕紓困，最終包括該行以及其他兩百多家企業與銀行皆走向倒閉。

行用來作為一個合理的辯解，但這個觀點其實非常需要更新，因為從白芝浩的時代迄今，銀行業務幾乎已變得面目全非。

白芝浩時代以來的銀行業務變化

白芝浩完成這本經典書籍後幾近一百年間，銀行部門相對GDP的規模大致上都維持穩定。但過去這五十年，銀行業資產負債表快速成長，如今銀行業的規模與集中度乃至它們承擔的風險，早已不是白芝浩所能想像。如今光是摩根大通銀行一家企業占美國銀行業的比重，已不亞於一九六〇年代美國前十大銀行整體在該國銀行業的占比。[10]

以總資產來衡量，美國銀行業的規模從一百年前約當年度GDP的20%，成長到如今的100%左右。而在擁有一個大型國際金融中心的中型經濟體英國，該國銀行業的成長更加顯著，從大約50%上升到500%以上。這一波的銀行業擴張多半是發生在過去三十年間，而且伴隨著愈來愈明顯的集中化：大型機構擴張最多。如今，美國前十大銀行資產約當GDP的比重超過60%，是五十年前十大銀行資產GDP占比的六倍。而在英國，前十大銀行持有的資產金額達到GDP的450%以上，巴克萊（Barclays）與滙豐控股的資產甚至雙雙超過英國的GDP。

銀行資產負債表出現爆炸性成長的同時，它們的風險也明顯上升。白芝浩所熟知的銀行槓桿比例（總資產約當權益資本的倍數）大約是六倍，[11]而在這場危機爆發前幾年，工業化國家銀行體系的槓桿水準已激升到天文數字。[12]

在那麼不安定的局勢下，銀行要如何安身立命？如果沒有銀行體系，我們的經濟就會突然停擺，一般人無法收到工資和薪水，無法支付帳款、償還貸款，也不能從事其他交易。銀行是「付款系統」的中心，一如電力供給，它對經濟的重要性遠比它所提供的就業數量或是它對GDP的貢獻來得重要。由於銀行業是經濟基礎建設中的關鍵要角，因此市場遂相信政府不能放任銀行破產，當然，這樣的認知一點也沒錯。因為銀行破產將會立即干擾到每個人的收付款能力。有鑑於此，債權人願意以低於其他貸款人的利率借錢給銀行，因為他們堅信，即使出狀況，納稅人也會照顧銀行。事實上，最後的結果證明這個認知無誤。

由於金融體系的所有功能都是如此緊密相關，因此，這個體系裡爆發的任何問題，最終都可能對於攸關經濟運作的各項服務造成浩劫——這些服務包括付款系統、貨幣的角色，以及對產業提供營運資本等。如果這些功能面臨實質威脅，政府絕對無法坐視不管，原因很簡單，因為提供上述服務的機構重要到不容倒閉。[13]每個人都知道這一點。所以，高風險的銀行機構實質上享受了公部門暗地裡的支持，而這種補貼默契進而誘使銀行承擔更多的風險。這一切現象所衍生的結果是：在時機良好階段，銀行為自家員工及股東大謀其利，但在時機惡劣階段，相關的代價卻是由納稅人負擔。因此對銀行來說，它的業務可說是一種穩贏不賠的買賣，輸的永遠是納稅人。承擔更大風險讓銀行的規模變得更大，對於經濟運作的重要性更加提升，於是享有更高的公共補貼，而後又是更大的誘因去承擔風險，這就是《金融時報》（*Financial Times*）的馬汀·沃夫（Martin Wolf）所形容的「金融世界末日機器」[14]。所有銀行（尤其是大型銀行）都受惠於隱含的納稅人擔保，此一事實讓銀行業者得以取得低廉的資金來支應它們的放款活動。

雖然這種暗地裡的補貼並不是什麼新鮮事，銀行業者還是有辦法利用這項補貼的存在，盡可能借更多錢：除了收受來自個人或商業顧客的存款，銀行業者還會訴諸所謂的批發融資（wholesale funding）機構，以取得更短期的融資。在這場危機爆發前三十年間，隨著銀行業對於這類短期融資的依賴度愈來愈高，英國銀行業批發融資業務的平均貸款期限（maturity，貸款期間）降低了三分之二，美國也縮短了接近四分之三。此一現象導致銀行資金錯配（mismatch）的程度遠高於過去——對企業與家戶部門的放款期限很長，但是為了取得這些放款業務所需資金而舉債（經常是向避險基金借貸）的期限卻很短。

低廉的集資成本促使放款活動大幅成長。隨著銀行的規模愈來愈大，這種暗地裡補貼的金額自然也水漲船高——依據IMF的估計，二〇一一年時，主要經濟體的這項私下補貼的成本大約介於二千至三千億美元。銀行規模變得愈大，外界就愈會認定它重要到愈不容倒閉，而市場也會更加肯定納稅人會在銀行出狀況時予以紓困。由於市場上並沒有那麼多優質的放款對象和投資機會，銀行只好去從事愈來愈危險的投資活動。更糟的是，它們還開始針對同業放款的還款機率大手筆押注。一旦其中某些放款變成呆帳，押注的銀行遂產生鉅額的虧損。最糟糕的是，銀行資產負債表上的高變現性流動資產金額過低，意即一旦某些短期資金來源枯竭，銀行很快就會失去償債能力。舉例來說，在短短不到五十年內，英國銀行業的流動資產占總資產的比重就從三分之一劇降到低於2%。[15]在美國，這個比率更在危機爆發前降到低於1%。

當金融部門資產負債表的規模開始和家戶與企業活動脫節，轉折點也終於來臨。一九八〇年代期間，管制的解除和衍生性金融商品的發明同時產生兩個影響。首先，銀行資產負債表的規模和經濟體系中家戶與企業部門實際活動的規模開始脫節。銀行對企業放款的金額自然會受限於企業的貸款意願，相較之下，衍生性金融商品的買賣交易規模卻不受對等的限制，而且從事衍生性金融商品買賣的多數是大型銀行和避險基金。雖然從這場危機爆發後，衍生性金融商品的市場價值毛額已明顯降低，但就算到二〇一四年年底，相關規模還是略高於二十兆美元，大約等於世界前二十大銀行總資產規模的一半（也大約相當於銀行業者對於家戶與企業部門的總放款金額）。[16]

第二個影響是，銀行的主要業務從承作貸款（承作貸款需要針對潛在貸款人進行謹慎的本地評估）轉變為以證券交易業務為主，而證券交易牽涉到中央化的作業——唯有透過中央化作業才能進行並監督買賣交易。美國投資銀行的興起對這項發展的影響非常重大。《格拉斯－史提格爾法案》通過後，商業與投資銀行業務之間形同被築下一道防火牆，但在一九九九年該法案遭到廢除後，業者隨即根據《葛蘭姆－李奇－比利法案》，將這兩項業務合併，成為大型綜合銀行。獨立營運的投資銀行原本都是採用合夥制，但後來紛紛改制為責任有限公司，如摩根士丹利（Morgan Stanley）在一九七五年，雷曼兄弟在一九八二年，高盛則在一九九九年改制。連英國傳統的房屋共同抵押貸款公會（mutual building societies，約當於美國的存貸機構）也為了能自由參與更廣泛的銀行業務而轉型為股份有限公司；這些一九九〇年以後轉型為股份有限公司的房屋共同抵押貸款公會，全都在這場危機中破產。[17]

這兩項發展改變了世界各國大型銀行的商業模型和文化。從此以後，「規模」成為重要的追求目標，因為只要成為明顯「重要且大到不能倒」的銀行，就能夠爭取到較低的借款成本，而即使只是集資成本上的一丁點優勢，都代表能為顧客提供更便宜的貸款。在一個良性成長循環中，低貸款利率的條件能讓銀行擴張得比對手更加快速。就這樣，金融部門的規模不斷成長。在這個過程中，銀行部門新推出的複雜金融工具交易規模也大幅擴張，這些交易涵蓋了諸如次級房貸放款等活動。我在二〇〇三年十二月參訪紐約時，發現所有大型銀行都憂心忡忡——它們不知道應該要仿效花旗的策略，以規模取得集資成本的比較利益，還是應該放棄擴展全球的策略，轉而努力成為特定市場的利基型參與者。不可避免地，當危機來襲，最需要大型紓困的正是花旗那樣的銀行。雖然花旗的失勢極為戲劇化，但當局不允許它倒閉的事實，卻也證實它的原始策略有效。

在這場危機爆發前，銀行發放優渥的薪資和紅利給創造與分析新產品的員工，因為這些新產品就像是銀行的金雞母，只要出售這些產品，就能獲取鉅額的利潤。不過，銀行業者並未投入足夠的對等資源來評估資產負債表的整體風險性。由於愈來愈高比重的銀行業務來自複雜金融工具的交易活動，所以任何人都愈來愈難評估這當中涉及的實際風險。當然，所有投資人都無法從銀行提供的帳戶資訊或其他任何公開資料來源評估相關的風險。銀行本身似乎也不了解它們承擔了多高的風險。在這種情況下，仰賴銀行提供資訊的監理機關，又怎能精準掌握潛在的風險規模？

交易活動的擴張——而非傳統放款活動的擴張——改變了銀行業的文化。銀行必須聘請極其聰明的人才——包括數學家、物理學家和工程師——才能有效創造更新的賺錢方法，這些人才的任務是發明新的財務工具並且為之訂價，而這類人才相繼加入銀行業的結果，導致他們原本所屬的專業領域面臨了人才流失的窘境。自視聰明的經濟學家大力讚美銀行業將數學應用到財務領域，並且致使衍生性金融商品的交易量大增。悲哀的是，交易量的成長也導致道德標準相對淪喪。當時有些人甚至認為，絕頂聰明的人從較不聰明的人身上賺錢是合理的行為。[18]這種態度促使交易員之流變得更加傲慢，但他們其實是在我們誤以為自由競爭的市場上，以不當手段操縱與設定價格。事實上，幾乎所有大型銀行都涉及一項以上的不當行為醜聞，包括對美國的窮人承作過量的不動產抵押貸款，將不當退休金與其他金融產品賣給數百萬英國人民、在世界各地有自家交易員的銀行則涉及操縱外匯匯率與其他市場的行為、未能阻止墨西哥與瑞士等地的海外子公司從事洗錢與避稅行為等等，總之，當時銀行業者的不當行為多到不勝枚舉。因此，從銀行危機在二〇〇九年結束後，到二〇一五年為止，世界各地對銀行祭出的總罰款驚人地達到三千億美元左右。[19]

通常談到天賦異秉的年輕人從事不當惡劣行為的情節時，一般人總是會聯想到運動圈。不過，這種例子在金融圈也很常見，而且這並非近來才有的現象。早在一九〇五年，年輕的凱因斯就寫信給友人立頓．斯特拉奇（Lytton Strachey）：「我想要管理一家鐵路公司或組織一個信託，或至少欺騙投資大眾；欲熟稔掌握這些事務的原則實在易如反掌又極其誘人。」[20]後來，他在那些私人信件中表現出來的優越感，輕易就轉化為在交易大廳上目空一切的公開行徑。然而，凱因斯曾經因誤判買賣時機而受到兩次重創。雖然在投資生涯結束之際，他的成果相當豐厚，但他那時對於投機性投資活動已經沒那麼有信心，他寫道：「隨著時光流轉，我愈來愈相信正確的投資方法，就是把相當大筆的資金投入你自認還算了解的企業。」[21]或許銀行業在這場危機中發生的龐大虧損以及世界各地監理機關祭出的鉅額罰款，也能讓銀行業者的心態產生類似的轉變。

銀行與其他金融中介機構是藉由提供寶貴的顧客服務來創造財富。不過，我們永遠也無法排除這些機構有創造財富幻覺的風險，其中最極端的案例之一是詐欺犯伯尼・馬多夫（Bernie Madoff）和他的基金，有很長一段時間，投資人都誤以為他為他們創造高額的財富，但事實不然。[22]更廣泛地來說，因交易衍生性金融商品而得到的鉅額紅利多半不是根據銀行前一年的利潤來發放，而是反映出未來幾年預估之利潤流的資本化價值。這種會計方法已證明為極具殺傷力而非創意之舉。顯然從白芝浩的時代以來，銀行業務的規模、本質和文化皆已大幅轉變，欲分析那些變化所代表的寓意，必須先回頭檢視銀行究竟有何特別之處。

銀行是什麼？

銀行是什麼？這個問題的答案看似顯而易見，男演員暨喜劇演員包伯・霍普（Bob Hope）說，銀行是「一個如果你能證明你不需要錢，就會借錢給你的地方」。[23]問題是，多數銀行貸款人都需要錢。一個持續成長的經濟體需要新的投資來促使資本存量（廠房與機械、存貨與建物——包括辦公室與住宅）增加。如果能善加利用資本存量來管理勞動力和原物料供給，就能創造我們稱為GDP的產出。而投資活動所需之資金就是來自本國與外國存款戶的儲蓄。

儲蓄可能以幾種方式移轉給投資人——包括企業或家庭。對於企業來說，它取得資金來源的方法有三：企業可以選擇將利潤保留下來再投資而不以股利形式發放出去，它也可以直接將新發行的股份或債券賣給儲蓄者，或者向銀行貸款；因此，股票、債券和銀行融資就是構成企業資金來源的主要成分，不過企業可能以複雜的方式綜合使用這些手段來取得資金。有幾個因素會影響儲蓄被轉化為投資的形式，包括不同類型儲蓄的稅賦課徵方式，以及儲蓄者承擔風險的意願。不過，最重要的因素應該是關乎投資案潛在與實際獲利能力的評估與監督困難度。股權融資（不管是企業發行新股或保留盈餘）需要謹慎且持續監督一家企業的活動。相反地，貸款（包括債券或銀行）比股權融資更吸引人的因素之一在於，唯有在借款人未能依照既定時程還款時才需要加以監督。

規模大到足以在股票交易所掛牌交易的企業，都會定期編製損益表和資產負債表，這些報表都經過獨立審計員的核驗，很多分析師也會嚴密檢視相關的報表。[24]不想仰賴這類公開資訊的人，可以選擇投資形形色色的金融中介機構，例如共同基金、退休基金和避險基金，或者保險公司。若是如此，儲蓄者等於完全依賴上述中介機構的經理人的判斷。華倫・巴菲特（Warren Buffett）或可堪稱這類經理人當中最知名的一位，他的波克夏海瑟威公司（Berkshire Hathaway）善於收購經營良善且獲利能力優異的企業，輝煌紀錄令人羨慕不已。購買並長期持有波克夏海瑟威公司股份的人，都享受了非常穩定增長的投資價值。[25]如果一個人在一九八五年以一千美元買下波克夏海瑟威的股票，到二〇一五年年中，這項投資的價值已增長到十六萬零一千美元，複合年度報酬率幾乎達17%。這個投資人等於選擇完全依賴巴菲特和他同事的能力，無須費心監督他們投資的事業。過去一個世紀以來，中產階級的財富增加使得金融中介機構大幅成長。目前世界上有非常鉅額的財富是透過退休基金來進行投資，而且連購屋都可以透過和中介機構共享房屋權益的方式以取得融資。

銀行是一種透過發放貸款向企業和家庭提供融資的金融中介機構。其地位特別適合監督借款人的現金流量，因為它們能觀察到放款對象的銀行帳戶資金的存入及提領狀況。在多數司法管轄區域，銀行的法律定義是收受家庭與企業存款的機構。銀行能藉由收受或創造存款、發行其他債務工具與提高股權投資等方式來集資。在白芝浩的時代，銀行的資產主要是由放款和政府債券部位組成，負債則是由存款和股東權益組成。當今銀行業的資產負債表變得比較複雜，但相似處依舊不變。以美國銀行（Bank of America）在二〇一四年年底的簡明資產負債表為例：其資產是由1390億美元的現金（包括存在聯準會的準備金）、8670億美元的企業及家庭貸款、10990億的金融投資，以及建物和其他實質資產的價值組成。總資產為21050億美元。[26]負債則包含11190億美元的存款，7430億的其他形式借款，還有2430億美元的股東權益資本，總負債是21050億美元。事實上，股東權益就是總資產價值扣除所有其他負債之後的餘額。

這份資產負債表有兩個明顯的特質。首先，貸款只占美國銀行資產的40%左右。第二，雖然存款顯然超過貸款，該銀行對外的其他類型借款也是非常重要的集資來源。顯然美國銀行除了收受家庭與企業存款並承作貸款以外，還有從事其他業務。

讓銀行如此特殊的因素為何？銀行最顯著的特性在於，它的資產多半是長期、非流動性（譯注：即低變現性）且高風險的，負債卻是短期、具流動性（譯注：高變現性）並且被認為是安全的。高風險的長期資產報酬通常遠高於銀行必須提供給短期債權人（理當很安全）的報酬。正因如此，銀行的獲利能力很高。根據一般人的常識認知，銀行利用存款來支應其高風險／低變現性的投資活動，並因此得以讓存款人獲得安全的報酬（譯注：即利息），而且，只要存款人需要，隨時能將存款領出。遺憾的是，這個常識性認知通常是錯誤的。將短期負債轉換成長期資產——即「借短放長」——就是所謂的期限轉換（maturity transformation）；而將存款（存款人認定存款是安全的）轉換為放款（就其本質而言，放款是有風險的），則等於是風險轉移（risk transformation）。換言之，銀行業的特殊之處在於，它將期限轉換與風險轉移結合在一起。此外，一家銀行承作貸款的同時，就會在貸款人的帳戶中創造一筆等值的存款，使貸款人能在需要時提領那筆存款，並用來支付各種款項。這就是貨幣創造。誠如第二章解釋的，今日的貨幣大多是由銀行存款組成。

將具有安全價值的銀行存款——貨幣——轉為低變現性且高風險的投資標的，這就是貨幣與銀行業務的煉金術。雖然歷來爆發了無數的銀行危機，世人還是對這項煉金術堅信不移。經濟學家盡是發揮創意來解釋貨幣與銀行業務煉金術的運作模式，並暗示銀行資產與負債之間存在某種特殊的綜效。風險轉移或許可行的想法，是立基於以下這個觀點：地區性或全國性銀行能將放款活動分散到非常多風險互不相關的貸款，換言之，就算某些環境導致某一筆貸款無法回收，那個環境並不會導致其他貸款變成不良貸款。所以，只要大量承作這些貸款，銀行的整體貸款組合應該就能規避掉整體的實質風險。

遺憾的是，經驗顯示這個世界並不是這樣運轉的。在正常時期，銀行從某些企業與家庭放款獲得的利潤或許足以用來支應其他違約行為的代價；然而，一旦經濟起伏過大，各家企業容易陷入同一個命運。如此所致的風險就會導致銀行資產的價值變得不確定，並傾向於大幅波動。在戰後時期，銀行體系的鉅額虧損大多是發生在經濟衰退期，而且通常都來自違約的不動產貸款。

世人相信這項煉金術的原因在於，一般人認定存款人永遠不可能選擇在同一時間去提款；如果銀行能夠有效預測存款人的平均付款或取得流動性等要求所需的資金，那麼存款或許可作為長期資金的可靠來源。但如果一批數量可觀的存款人突然選在同一時間提領資金，銀行就會被迫在兩個選項之中擇一：一是要求它的貸款人立刻償還先前的貸款，導致貸款人可能不得不緊急出售他們的資產，而在那種跳樓大拍賣的情境下，貸款人收回的資金可能遠低於欠銀行的錢；另一則是不支付存款人的資金提領要求。

此一體系非常脆弱，原因有兩個。首先，近來年多數銀行透過股東權益取得的資金相對偏低。因此，即使只是爆發一點點和銀行資產價值有關的壞消息，存款人就會聯想到自己的存款面臨價值縮水的風險。這種可能產生潛在虧損的疑慮會導致存款人匆促逃跑。第二個原因是，即使沒有爆發和貸放款項有關的壞消息，如果任何一群存款人開始提領資金，其他存款人勢必也會搶在銀行被迫開始收回貸款前加入提款的行列，那樣的心態很合理。因為排在提款隊伍末端的存款人較可能面臨違約風險。銀行的擠兌是一種自我實現（self-fulfilling）現象，而遭遇流動性準備擠兌的銀行有可能在短時間內被拖垮。[27]

如果外界對銀行資產價值失去信心，或者社會上的流動性需求異常竄升，就有可能發生銀行擠兌。以第一個情況來說，擠兌有可能是針對某一家銀行，例如有跡象顯示銀行經理人涉及欺詐的銀行。第二種案例的發生，導因於外界更廣泛地對於銀行業資產價值產生不同解讀，這可能導致民眾對所有銀行產生懷疑，並引發流動性需求全面增加。這時，唯有增加銀行體系的整體流動性才可能滿足如此的需求變化。因為當所有銀行都忙著籌錢，個別銀行業者很難取得更多流動性。在極端的案例下，大量存款人會逃離銀行，這時不僅遭到擠兌的銀行有可能被拖垮，恐慌感還會擴散到其他銀行，最後導致整個銀行體系崩潰。二〇〇八年時，各國央行貸放數千億美元給各商業銀行就是為了避免那樣的恐慌發生。

銀行體系煉金術的基本問題在於，如果其他人都不信任某一家銀行，那麼信賴這家銀行的人就是不理性。何況對於「銀行能否在極端不確定性籠罩時切實履行其承諾，並隨時應存款人的要求返還其存款」抱持疑慮，本來就合情合理，畢竟在那種不確定的環境下，根本無從釐清銀行貸放出去的款項會折損多少。針對這個問題，有人提出以下四項建議：

首先，面臨銀行擠兌的可能性時，銀行可以暫停存款提領業務。銀行可以直接歇業幾天，等到危機稍微緩解後再繼續營業。當然，銀行的暫停營業也可能會傳達某種導致存款人信心進一步流失的訊號，即使它只是單純因流動性暫時短缺而停止營業。一旦存款人信心流失，銀行擠兌就可能加速發生，而且一旦存款人認為銀行有暫停營業的可能，銀行存款就不再能有效發揮貨幣的功能了。

第二個方法是，政府可以為銀行存款作擔保，以解除存款人加入銀行擠兌行列的誘因。目前多數先經濟體的銀行體系都已納入銀行存款保險的元素。然而，這項保險並非提供全面性保障，所以有些時候還是會造成一些困難。例如二〇〇七年時，英國的北岩銀行（Northern Rock）破產，散戶存款人因其存款只受到某個限額（非全額）的保障而加入銀行擠兌行列，直到英國政府姍姍來遲地宣布納稅人存款擔保方案後，擠兌潮才終於結束。二〇〇八年時，金融機構從美國銀行業者或其他新型銀行——所謂的「影子」銀行——領出資金，因為那些存款沒有受到存款保險的保障。所以事發後，聯準會介入提供某種程度的擔保，以阻止這場擠兌。事實上，存款保險的提供反而成了銀行承擔風險的誘因之一。不過，誠如我將在第七章說明的，在一個存在極端不確定性的世界，雖然政府對銀行存款的某些保險不是萬靈丹，但這類保險還是不可偏廢。

第三個方法是，可以撤銷銀行股東所享受的有限責任制利益（現代人將這個制度視為理所當然，根據這個制度，股東的最大限度虧損就是他們原始投資的金額）。進入現代後，有限責任概念最初在十九世紀興起，當時企業為了尋求大量資金來支應鐵路的擴張與新工業廠房的興建而提出這個概念。以銀行的案例來說，無限責任代表股東必須為所有虧損負連帶責任，當股東向存款人提供擔保，銀行擠兌也較不可能發生。以美國來說，一八六五年至一九三四年間（存款保險到一九三四年才實施），一旦銀行破產，銀行股東必須承擔「雙倍責任」（double liability）。換言之，他們不僅會虧掉初期投入的股權資本，還要負擔一筆對應持股原始認購價值的額外金額，以償還存款人及其他債務人的損失。在那段期間，債權人對於破產銀行股東的索賠行動都非常順利，最後累積了很多可償還存款人的資源。[28]然而到了大蕭條期間，由於許多銀行破產，有限責任制遂被延伸應用到銀行業，而防堵擠兌的責任從此就落在存款保險制度上。

在英國，一八七八年十月，英國第三大銀行格拉斯哥市銀行（City of Glasgow Bank）的破產敲響了無限責任的喪鐘，這一天比美國來得更早。[29]這家銀行一向經營不善，帳目還遭到竄改。事情是由一篇報導引起，這篇報導揭露該銀行帳目的許多嚴重問題，於是，其他銀行撤回對格拉斯哥市銀行的支持，導致它關門大吉。當月稍晚，該銀行的幾名董事遭到逮捕，並以詐欺罪被起訴。隔年一月，這些董事就被判有罪而入監服刑。以今日的標準來說，當局的處置似乎明快到令人嘆為觀止。事件發展到最後，只剩股東能出面收拾剩下的爛攤子，由於該銀行採無限責任制，所以它的股東必須承擔所有支持存款人的成本。根據規定，不僅個人股東，連持有該銀行股票的民間信託基金的個別受託人都有義務承擔這些虧損，結果，其中80%的人因此宣告破產。由於這些股東的困境喚起世人廣大的關心，於是政府著手立法，允許銀行轉為有限責任。

當時《經濟學人》雜誌也支持這項法令，它引述了及很多無辜股東的困境：「詳細檢視我們多數銀行的股東名冊便可清楚發現，其中有非常多——幾乎是多到不可思議——的老處女和寡婦，不少的教士、異教徒牧師和專業人士等，他們的職業看來並不可能讓他們累積很多財富……所有股東當中，有三分之一是女性……」[30]以今日的觀點來說，那麼多元的股東結構可能值得讚揚，但在當時，那卻被視為小股東易受傷害的證據，畢竟我們不能期待老處女和寡婦——遑論異教徒的牧師——擁有監督與控制銀行高階主管的能力。到一八七九年八月，議會以令人激賞的速度，通過《銀行與合股公司法案》（Banking and Joint Stock Companies Act），這項法案的內容不到三頁，規定銀行必須公布查核後的帳目，並允許銀行採行有限責任制。

以當今的狀況而言，恢復無限責任制的作法似乎難以想像。然而，由於銀行的權益資本只占了極小一部分，意即有限責任制之下的銀行所有權人有極大誘因盲目承擔風險——他們能豪賭「耶穌復活」（gamble for resurrection）——因為一旦賭贏了，就能獲得所有利潤，而就算輸了，虧掉的錢也有限。問題是，這並不符合整個公司的最大利益。在這場危機期間，英國規模最大銀行之一的董事長沮喪地告訴我，他採取的所有行動理當完全以股東利益為考量，難以兼顧債券持有人和存款人的利益。危機過後，我詢問高盛公司的一名高階主管，為何他相信他們對於風險管理的態度值得其他銀行效法。對方的答案很簡單：一個世紀以來，高盛一向採用合夥制，所以每個合夥人都用心協助監督與管理公司的風險，即使該公司在一九九九年轉型為有限責任制企業，這個文化還是傳承下來。在投資銀行圈，合夥制型態的企業確實很值得稱許，因為任何人在管理別人的資金時，都絕對不可能像管理自己的資金那麼謹慎。

第四個方法是，中央銀行可以提供官方貸款給遭遇擠兌的銀行，以這些貸款取代流失的存款。中央銀行可以扮演「最後放款人」——這個名稱如今已非常有名。如果銀行遭到擠兌，中央銀行可以積極供應流動性，讓每一家銀行都能應付存款人的需求，直到恐慌漸漸緩解，信心逐漸恢復為止。如果危機只是純粹的暫時狀態，且銀行本身還有償債能力（也就是指當危機結束，它出售資產後獲得的資金將超過負債的總值），那麼「最後放款人」政策就能達成穩定銀行體系的目標。

很多經濟學家、官員和政治人物認為，不管是什麼樣的金融危機，只要挹注大量流動性到金融體系便能解決問題。不過，要分辨危機是導因於流動性或償債能力，卻不是那麼容易。而且，流動性短缺的問題也可能在短短幾天內惡化成一場償債危機。銀行業者總是宣稱它們的問題全然咎因於流動性不佳，而非資產價值下降。但唯有詳細檢視過銀行的資產負債表，才有辦法分辨癥結點是流動性還是償債能力，問題在於連主管機關都難以完成這項任務，遑論一般投資人。二〇〇七年九月，一般共識認定那一場危機完全是流動性不足所造成。但不久後，事實便清楚證明那是一場償債能力危機，而要解決這場危機，得靠中央銀行和納稅人一起努力。

這場危機爆發前的失靈是傲慢惹的禍——當時我們以為現代銀行業已不可能再發生因期限轉換與風險轉移而起的大型危機，一廂情願地認定那種危機是專屬於先人的。我們未能透過現代金融的面紗看清一個事實：當時很多銀行的資產負債表早已呈現未爆彈狀態，槓桿水準高到連最輕微的信心恐慌（因銀行資產價值的不確定性而失去信心）都無法抵抗。儘管金融圈推出許多聰明的創新，但是問題出在槓桿水準，而且這個問題迄今都未見改善。拿代表短期負債的存款去投資長期高風險資產，再假裝這些存款很安全，根本就是製造錯覺。如果銀行沒有足夠的權益資本可以吸收虧損，或者缺乏納稅人無形的支持，銀行存款的固有風險絕對很高。而這種將高風險資產轉化為無風險負債的企圖，說穿了就是一種煉金術。

銀行體系與交叉關聯性的風險

由於銀行天生就很脆弱，頻繁發生銀行危機的情況當然也就不足為奇。任何一家銀行的破產都有可能對它的存款人、債權人和股東帶來嚴重的問題。但對經濟體系來說，真正重要的是隱含在整個銀行體系的固有風險。這個體系的風險並不是以所有個別銀行的平均風險值來衡量。要釐清這個問題，最簡單的方式就是參考以下這個虛構但顯而易見的例子。「借短放長」的作法會製造風險。假定經濟體系有一百家銀行。第一家銀行發行活期存款（也就是能即刻轉換為現金的存款），並將取得的資金投資到其他銀行發行的六個月期證券。第二家銀行發行的負債是由六個月期限的證券組成，而它把因發行這些證券而取得的資金，轉投資到期限為十二個月的銀行證券，其他銀行的狀況依此類推。到第一百家銀行，它發行的負債將是由四十九．五年期限的證券組成，而它會把因此取得的資金投資到期限五十年的非銀行業證券。銀行監理者在外界要求下，檢核每一家銀行的期限轉移風險的曝險程度是否太高。以這個例子來說，每一家銀行的期限轉移程度都只有六個月，所以監理機關的報告指出，各家銀行表現皆令人滿意，因為它們都遵守既定的「借短放長」限制。但實際上，以整個銀行體系來說，它一邊創造活期存款，一邊投資到五十年期限的長期證券，換言之，這個銀行體系整體的期限轉移程度很高。這雖是一個明顯虛構的例子（雖然這場危機爆發前的銀行業確實以類似的方法彼此密集交易），卻清楚闡述了詳細檢查銀行體系整體狀況（而非個別銀行）的必要性。[31]

導致交叉關聯性問題愈來愈嚴重的不僅是銀行體系內部環環相扣的現象。自從這場危機爆發後，很多人聚焦在銀行是否必須發行能在時機惡劣階段不靠納稅人支持也能吸收自身虧損的負債。基於銀行業交叉關聯性的問題惡化，有些人呼籲銀行業發行更多股權，或可在發生鉅額虧損時轉換為權益資本的特殊「自救安排」（bail-inable）債券❷。那類建議確實言之有理，但也引來一個非常重要的疑問：到時候，這類理當用來吸收虧損的股票或債券應該由哪些人或機構持有？如果是退休基金或保險公司，那麼，基於這些機構在家庭儲蓄管理方面所扮演重要的角色，它們是為銀行體系吸收虧損的最佳對象嗎？這是一個大疑問。而這讓我們又回到銀行體系煉金術所引發的根本問題：每個人都希望自己的存款是安全的，但又想為高風險投資案提供融資。要如何找出兩全其美的辦法？要解答這個問題，必須用更宏觀的角度審視整個金融部門，不能只是考量表面上的銀行體系。

在這場危機迅速擴大之際，眾多新興機構快速成長，最後構成一個所謂的「影子銀行」體系。以資產毛額來計算，美國影子銀行體系的規模甚至超過傳統銀行部門（尤其是二〇〇二至〇七年間），那多半是由於影子銀行無須遵守銀行業的監理法規。「影子銀行」的構成要素並沒有清楚的定義，但它顯然包括了貨幣市場基金，也就是發行約當活期存款的負債，並將取得的資金投資到諸如美國國庫券與商業本票等標的的共同基金。

在美國設立的貨幣市場基金是規避所謂Q條例（Regulation Q，譯注：禁止銀行針對活期存款支付利息的規定）的辦法之一，這項條例對銀行存款帳戶利率的限制直到二〇一一年才解除。在此之前，貨幣市場基金是銀行帳戶的誘人替代方案，可是，這類基金——以及其債權人——承擔的風險遠高於銀行存款戶，因為它會投資到各種價值容易起伏不定的證券。此外，這些基金也貸放非常鉅額的

❷編按：在金融危機之際，當銀行手上的資產大幅貶值，便出現「資不抵債」（Insolvency）的問題。當時歐美政府的處理方法就是向銀行注入大量資金（Bail-out），但是將納稅人的錢投入銀行的舉動容易引發諸多爭議。此後，銀行開始發行「自救安排債務工具」，意即一旦銀行持有的資產價值大跌至某個水平，便會觸發該債務工具的轉換條件，使得原本的債權轉換為股權以充實資本額。此舉等於是內建了「自救安排」（Bail-in）的機制，讓債權人變成股東而先承受了部分風險，政府就比較沒有Bail-out的壓力。

資金給銀行業者，包括直接放款，以及間接透過其他中介機構貸放。問題是，在相關人士的誘導下，投資人誤以為這些基金很安全，不會有價值減損的疑慮。直到危機來襲之際，這類基金的應付負債已超過七兆美元，而且它們以直接或間接的方式貸出了鉅額資金予銀行業。

由於貨幣市場基金是傳統銀行體系的重要集資來源，二〇〇八年秋天雷曼兄弟破產後，聯準會擔憂這類基金的價值劇烈下降將引爆銀行擠兌潮，便迅速採取行動，防範貨幣市場基金破產。[32]在歐洲和日本，由於當地銀行在支付利息方面擁有較大的自由空間，所以貨幣市場基金的規模並未成長到像美國那麼驚人；而且自從這場危機爆發後，這些國家的貨幣市場基金必須選擇接受銀行業的監理標準，或是成為真正的共同基金（必須明確向投資人告知其投入資金的資本價值是有起伏風險的），這一點也和美國有所不同。

在某一刻，幾乎所有非銀行金融機構都曾被形容為影子銀行，以某些案例來說，這樣的形容的確也名符其實，例如銀行本身設立的特殊目的工具（special purpose vehicle）❸。這些工具均屬合法實體，像是銀行本身基於發行短期商業本票（這項產品和銀行存款的差異不大）與購買整批不動產抵押貸款等長期證券的單一目的而成立的有限責任公司。[33]實質上來說，這些實體是銀行的帳外（off-balance-sheet）延伸組織，但是在這場危機爆發後的一段期間裡，銀行將很多這類的帳外組織轉回母銀行的資產負債表內。諸如避險基金與其他從事基金管理業務的實體，有時也被描述為影子銀行。不過，由於這些實體並未發行活期存款，將之形容為銀行就比較沒有說服力。影子銀行對這個世界帶來的挑戰在於，如何確保這些從事銀行煉金術的機構受到適當的監理，我將在第七章回頭討論這個議題。

財務工程讓一般銀行與影子銀行得以「製造」幾乎無限額的額外資產。此一現象衍生出了兩個後果。首先，它們創造的新工具多半是在大型金融機構之間交易，因此整個金融體系的交叉關聯性變得極高。換言之，某一家企業的破產有可能導致其他機構跟著陷入困境，以致我們不再像以前那麼容易藉由監理個別機構來促進這整個金融體系的穩定。誠如上述的典型示例，儘管個別銀行與影子銀行實際上的自有資金並不多，但它們之間連鎖的買賣交易活動卻足以導致期限與風險錯置程度進一步擴大。據此，影子銀行為金融部門穩定性帶來的風險和傳統銀行一樣大；其次，雖然以整體金融體系來說，很多上述部位是彼此抵銷的，但資產負債表毛額並不因實體經濟的規模而受限，所以銀行和影子銀行得以極快速擴張。當這場危機在二〇〇七年來襲，沒有人知道哪些銀行的曝險程度最高。換言之，幾乎所有機構都有嫌疑，而這最後也演變成了白芝浩當年以精采文字描述的連鎖後果：

> 一開始，初期的恐慌最多不過是某種籠統的對話，如：某甲的狀況還像以前一樣好嗎？某乙沒有虧錢嗎？接著是一千個這類問題被提出。有一百個人在談這些事，有一千個人想著：「他們有談到我嗎？還是根本沒有提到我？」「我的信用和以前一樣好嗎？或者我的信用變差了？」而

❸編按：特殊目的工具（或稱作「特殊目的實體」，Special Purpose Entity）以發起人的資產組合為基礎，將之包裝成證券化金融商品以發行。一般來說，SPV沒有註冊資本的要求，也沒有固定的員工或辦公場所，並且必須保證獨立和「破產隔離」，為一般情況下不會破產的高信用等級實體。

隨著恐慌一天天加劇，原本模糊的懷疑變得愈來愈強烈，擴散得愈來愈廣；它襲擊了更多人，造成的衝擊也比一開始致命。因此，在恐慌的初期，每個有經驗的人都會試著「強化自己」（strengthen themselves，人們是這麼說的），趁著還有機會時加緊借錢；他們會拿著票據找上平常往來的銀行要求貼現，而這通常是短期內他們不會有的舉動。如果這個來訪的商人是常客，銀行人員一定不願意拒絕他，因為如果銀行人員拒絕他，銀行「需金孔急」的消息就會（或是可能會）流傳開來，導致更多人恐慌的找上銀行。34

在這場危機爆發後的那段期間，連大型銀行貸款的風險溢酬（risk premium，應投資人要求，特定金融商品報酬率高於相同期限且安全的政府債券報酬率的差額❹）都劇烈上升。二〇〇八年十月時，多數銀行的無擔保債務的風險溢酬都大約是二〇〇七年年初的三倍以上。當時所有銀行——不論其確切業務與資產負債表的真實狀況為何——都被視為一丘之貉。即使到今天，銀行業的風險溢酬還是高於這場危機爆發前那段時期。

銀行部門的規模

誠如以上所述，過去幾十年來，銀行的規模、業務集中度和風險性的增幅都達到異常罕見的狀態，想必這一切都超乎白芝浩的想像。銀行與金融部門是經濟成長的必要元素。很多貧窮的國家在發展的過程中，都需要一個持續成長的金融部門，而且世界各地的許多窮人也都需要獲得更高的金融便利性。不過，現在的銀行部門是否已有過大之嫌？

規模自有其優點，而且不僅大型銀行如此。一個由少數大型全國性銀行組成的銀行體系可能會比由很多小型地方銀行組成的銀行體系更有恢復力。一九三〇年代，美國有幾乎一萬家銀行破產，光是一九三三年破產的銀行就高達四千家。事實證明，美國早期那種過於地區化的銀行體系在面對經濟衰退時非常脆弱，因為小型銀行業者比較難透過在另一個地區或產業賺取的利潤來彌補某個地區或產業的虧損。此外，當時很多小型企業也因為眾多銀行發生虧損而受到極大傷害，尤其是農業，導致經濟蕭條進一步惡化。相反的，在大蕭條期間，英國並未爆發銀行危機，原因之一即是其銀行業者的規模大多遍及全國，遇到衝擊時也因此較能迅速恢復。而且持平地說，英國銀行業的寡占程度之高，以致銀行業者在局勢較樂觀時的競爭壓力也沒那麼大。

加拿大的銀行業者同樣享有和英國銀行類似的規模優勢，所以這個國家長久以來鮮少爆發銀行危機。[35] 加拿大的銀行家數不多（目前僅五家），而且也不是國際金融中心。[36] 這兩項要素非常有幫助，也是加拿大銀行業在最近這場危機中仍能維持相對良好績效的原因。

規模優勢和銀行部門的組成結構與集中度有關。有三個理由可以證明這場危機爆發前，整個銀行部門已變得大而不當。第一個理由是，由於銀行存款被當成貨幣來使用，所以銀行的破產有可能導致

❹編按：一般而言，政府公債或國庫券的風險幾乎於零，所以投資該類債券所享有的是無風險報酬率。只要投資標的非此類債券，投資人都必須承受一定程度的風險，而隨著風險愈高，要求的報酬也會愈高，便會反映在更高的風險溢酬上。

一般人無法支付帳單，也收不到工資，進而侵蝕收付系統的基礎。正因如此，各國政府向來不願意讓銀行——小型銀行除外——倒閉。誠如我們所見，銀行太重要了，所以不容倒閉。如此隱含的銀行負債擔保相當於某種有效的補貼，讓銀行得以享有比民間部門其他實體更便宜的集資成本。銀行的存款人與債權人則因此相信自己在實質上等於是放款給政府，而非放款給銀行。[37]認定「銀行重要到不容倒閉，國家將在銀行出問題時出面給予紓困」的信念，最後形成了某種隱性的補貼，並促使銀行體系的規模擴張到無法以基本的經濟學原理給予合理解釋。

第二個理由是，當時很多金融部門的人獲得非常優渥的私人報酬——尤其是紅利。其中很多實例顯示，那些從業人員並不是因為生產力特別高而享受高報酬，而是由於經濟學家所謂的競租（rent-seeking）行為。換言之，單純就吸引人才的目的來說，這個產業的報酬水準實在是高得沒有必要。金融市場讓詐欺者和貪婪的人找到了志同道合的夥伴。很多複雜金融工具的買賣交易是零和遊戲（zero-sum）——換言之，比較聰明的交易者從較不聰明的交易者身上賺錢。那樣的活動將大量人才從社會報酬較高的專業——如教職——轉移到諸如金融業等私人報酬遠超過社會報酬的行業。

第三，金融資本被吸引到表面上能賺取高利潤的產業。不過，其實有時候相關獲利被過度高估，尤其是長期金融合約的利潤。誠如先前所提，很多業者普遍利用衍生性金融商品和其他複雜交易的一般會計慣例來牟取利潤，常見的手法之一是將未來預期現金流量的現值提報為當期收入，即使那些「未來」現金流量還沒入帳。其中某些作業讓我聯想到足球俱樂部，這些俱樂部將未來門票與季票銷售收入的權利賣給外部投資人，再將這些收入提列為可供當期支出的資金。事實上這種作法等於是把未來的利潤轉換成資本化的現值，這也是二〇〇一年十二月破產的美國能源公司安隆（Enron）誤導市場的手法之一。[38]這些會計作業誇大了相關複雜交易的獲利能力，也讓銀行業產生濫用資本的誘因。

基於上述三個理由，這場危機來襲時，銀行業者的規模已成長到一旦要求它們遵守正常市場規範，就會危及整個金融體系的程度；換言之，這些銀行已經肥大到幾乎無法管理（從多數大型銀行遭揭露的眾多不當行為，便可明顯看出此點）。此外，由於擔心這些銀行的破產會對整個金融體系造成嚴重後果，它們也得以免於遵從正當的法律程序。這些銀行變得大到不能倒，大到不能駕馭，且大到不能入獄。在某些國家，銀行部門的規模甚至擴大到政府想紓困都有心無力的程度，換言之，一旦政府介入紓困那些銀行，有可能危及國家的財務聲望，其中尤以冰島與愛爾蘭的例子最為貼切，瑞士與英國也差點陷入這個窘境。分別在一六九五年與一七二七年成立的蘇格蘭銀行（它在二〇〇一年發展為HBoS控股公司）與蘇格蘭皇家銀行的命運，堪稱英國銀行業問題的縮影。在二〇〇〇至〇七年間，HBoS對商用不動產的曝險部位上升600％，導致一旦資產價格開始下跌，它就絕對會產生鉅額的虧損。蘇格蘭皇家銀行的商用不動產曝險部位也快速增加，年化成長率高達21％，而該銀行資產負債表體質更因二〇〇七年秋天不合時宜的荷蘭銀行收購案而變得更加脆弱。最後，這兩家銀行都是靠著二〇〇八年由英格蘭銀行和政府以納稅人的錢所提供的紓困而得以殘存。歐洲各地機場閘門上常可見到蘇格蘭皇家銀行縮寫名稱「RBS」的廣告，那幾個醒目的字母時時提醒著每天數百萬名到機場的旅客想起英國銀行業的失敗，而非成就。

至二〇〇八年，已有太多銀行處於「未爆彈」狀態。當銀行體系在那年九月失靈的那一刻，就算各國政府大手筆挹注流動性和資本，也未能防止世界各地的信心與產出崩落。有鑑於此，我們迫切需要釐清應該怎麼做才能讓我們的銀行體系變得更安全。

在正常時期，嘗試透過銀行存款的形式，將貨幣創造和長期高風險投資案的融資活動連結起來的作法似乎很誘人，因為這個作法——即煉金術——隱匿了相關的實際成本。唯有等到危機暴露出這種作法的固有脆弱性以後，其相關成本才會變得顯而易見。在危機時期，人們對於安全的購買力準備（以貨幣的形式存在）需求有可能大幅且突然地增加，但是銀行甚至政府並沒有辦法創造安全的資產。欲了解這個世界對於安全資產的需求，以及目前的銀行體系有多大能力回應那項需求，我們需要更深層地分析不確定性的本質。

第4章　極端不確定性：金融市場的目的

你所不知的，就是你唯一知道的事物；你所擁有的，就是你未曾擁有的。而你所在之處，正是你所不在之處。

艾略特，〈東科克〉（East Coker），《四重奏》（*The Four Quartets*）

「你必須預期到意料外之事。」

保羅．蘭伯特（Paul Lambert），阿斯頓維拉俱樂部（Aston villa）經理，二〇一三年十一月二十二日記者會

我們真的能夠預期到意料外的事嗎？[1] 一九九八年時，避險基金「長期資本管理公司」（Long-Term Capital Management，以下簡稱LTCM）破產，雖然它的高階經營團隊中有兩名諾貝爾經濟學獎得主——麥隆．休斯（Myron Scholes）與羅伯．莫頓（Robert Merton）——和一名經驗豐富的金融市場實務界人士約翰．梅里維瑟（John Meriwether），它還是破產了。該公司的策略是要建立一檔高槓桿基金，利用借來的資金，一方面購買大量的某一項資產，並同時以等額賣出另一項相似但略有差異的資產（例如買進與賣出到期年限略有差異的政府公債），以期利用這些資產的訂價異常現象獲

利。一開始這個策略很成功，雖然每一筆交易的報酬率都很微薄，但是買賣的數量非常龐大，所以創造了很可觀的利潤。

該基金透過精密的統計方法，分析超過十年的高頻數據（high-frequency data），並利用分析結果來選擇資產。不過，儘管它採用的數據量已屬龐大，終究只涵蓋了歷史上的一小段期間，所以當一個罕見的大事件發生——一九九八年夏天的俄羅斯國債違約與貨幣貶值危機[1]——事實隨即證明，過去的相關性（correlations）不再能作為判斷資產報酬的指南。就這樣，LTCM破產了。它的經營階層辯稱，只要給他們足夠的時間，那些虧損一定能解決，基金的淨值也會恢復為正數。當然從事後來看，他們的辯解幾乎完全正確，只是如果你的投資組合一開始幾乎沒有價值可言，你就必須有能耐說服債權人繼續借錢給你，投資組合才有繼續運作下去的可能。但一如這類勢態的常見情況，LTCM的債權人當然不願意借錢給它，還立即切斷金援。這個事件的教誨是，不管統計分析多麼精密，都算不到「意外總會發生」的歷史經驗。現代總體經濟學的核心概念也存在這種錯覺，誤以為不確定性能夠被局限在以已知機率操弄的數學演算範圍內。欲確切了解並經受住景氣的榮枯週期，我們需要換一種不同的方式來看待不確定性。

確定性的錯覺

我們通常會以風險、運氣、命運、不確定性、機率理論等字眼來形容機會。人生的多數決定都牽涉到風險。有時候我們會擁抱風險，例如在國家障礙賽馬大賽（Grand National）或超級盃（Super

Bowl）比賽時，我們非常樂於下注；但有時候我們會規避風險，例如一般人會為了防範火災的傷害而為房子投保。玩橋牌時下注可能很有趣，但在日常生活中，下注可能會變成一種負擔。我們接受「幸運女神在我們的生命中扮演一角」，但是面對金錢事務時，我們又會死抱著「確定性的錯覺」不放。世人對經濟預測的需求似乎永遠也沒有滿足的一天。因此，各式報紙和電視新聞總樂於發表最新的預測，例如精確到令人難以置信且遠超過統計學家所能衡量的全國所得預測。而且到每年的年底，我們還會頒獎給預測最精確的人，那簡直就像是把應該頒給數學家的菲爾茲獎（Fields Medal）頒給全國樂透彩得主。

世界上沒有任何一個經濟預測者的預測能力能比得上艾蒙德．哈雷（Edmund Halley）——他在一六八二年完成一項計算，並預測當時舉目可見的彗星將在七十六年後返回；果然，這顆彗星在一七五八年的耶誕日當天返回。幸虧經濟週期（經濟擴張而後緊縮並回歸到正常產出與就業水準以前的持續期間）的長度比哈雷彗星的運行週期短——儘管哈雷彗星目前的運行不斷加速（其實它可能根本沒有加速），它的週期還是比經濟週期長。不過，哈雷可以依賴科學法則，但是經濟預測天生就比較不

❶編按：自獨立以來，俄羅斯經濟一直處在動盪和衰退的邊緣，導致財政入不敷出。直到一九九八年，財政缺口高達一百八十至一百九十億美元。為了解決國家財政的困難，俄羅斯政府不得不發行大量短期債券和對外借款。當亞洲金融危機在一九九七年爆發時，俄國最寶貴的兩種資本來源（能源和金屬）價格暴跌。原本就脆弱的俄國經濟，加之兩大資本來源迅速走弱，經濟立刻陷入一片混亂，人均GDP下滑和失業率高升，國際投資者開始清算和拋售俄國資產。結果在一九九八年八月十七日，俄羅斯政府將盧布貶值，違約國內發行的國債，並宣布暫停向外國債權人支付還款。

可靠，因為其結果取決於人類的行為。

儘管經濟預測模型一而再、再而三地失準預測，一般人還是堅信一定存在一個能夠精準預測的經濟「模型」，只不過我們要找得到那個模型罷了。以前我到下議院財政部特別委員會（Treasury Select Committee）作證時，有時候會以「我不知道，我又沒有水晶球」之類的話來答詢。那樣的答覆經常引起議員的不滿，因為他們認為我的工作就是要拿著一顆官方的水晶球，隨時告訴他們未來將會是如何。雖然我努力試著解釋不只是我和他們無法預測未來，其他所有人也沒有能力預測未來，但他們總不肯相信我的解釋。自古以來，世人對於推銷專利藥品的江湖醫生和推銷預測的占星學家的需求從來沒有少過。而到了現代，人們還需要另一種預測家——推銷經濟預測的經濟學家，由此可見，人類渴求「確定性」的心態雖不理性，但可以理解。

為什麼我們會那麼不願意接受「未來是不可控」的事實？不情願給予風險足夠的重視，原因可能是在於許多人對於機率的正式語言感到不自在。機率理論是人類智慧史上一個相對新的發展，最早可回溯到一六六〇年左右的歐洲。當時歐洲各種概念蓬勃發展，而最早提出機率概念的是布萊茲．帕斯卡（Blaise Pascal）、哥特弗萊德．萊布尼茲（Gottfried Leibniz）、克里斯提恩．惠更斯（Christiaan Huygens）等人。雖然從那時迄今，統計思想已有進步，但直到如今，它還是容易引起混淆，一般人也經常敬而遠之。英國的電視氣象預測鮮少使用氣象學家本身常用的機率語言。柏林的馬克思普蘭克人類發展協會（Max Planck Institute for Human Development）主任暨心理學家傑爾德．吉傑蘭瑟（Gerd Gigerenzer，他研究實務上很多決策的心理流程基礎）教授也在一系列的研究中，舉例說明醫師、律師和其他專業人士有多麼不了解機率。[2]而在二〇〇七年八月這場危機剛展開之際，高盛公司的財務長大衛．文尼爾（David Viniar）說，該公司某一檔避險基金的虧損顯示「我們在短短幾天內面臨了二十五個標準差的波動」。[3]這個現象當然很極端，因為如此波動的發生頻率是一百三十億多年才一次，而一百三十億年是宇宙誕生迄今的時間。

在不確定性高漲的時期，即使是最頑強的金融家都會失去判斷能力。儘管塞尼加（Seneca）曾說過「運氣永遠也無法讓一個人變明智」的名言，各地機場的書店還是永遠擺滿了許多成功投資人及創業家撰寫的致富秘訣（這些投資人和創業家都信心滿滿地認定自己的成就來自傑出的商業敏銳度，而非一時的好運）。前國際桌球賽好手馬修．施亞德（Matthew Syed）則主張，運動成就主要來自練習，天資的貢獻其次，並表示成功是「打一百萬顆球」的結果。[4]他的論述得到廣泛推崇，原因之一在於這個說法讓我們重新感覺到命運可操之在我。不可否認，練習確實是成功的關鍵要素，但誠如作家暨前英國板球運動員艾德．史密斯（Ed Smith）解釋的，機會——或者說單純的運氣——對運動與個人生活的影響都非常巨大，因為「意外總會發生」。[5]問題是，渴求確定性與掌控自身命運的慾望，卻根深柢固地潛藏在我們的人性特質裡。

由於我們難以勇敢面對不確定性，又有控制自身生命的強烈慾望，所以我們常做出看似不理性的決策。二〇〇一年九月十一日發生在紐約的恐怖攻擊事件過後，很多美國人有一段時間都不敢搭飛機，改以開車的方式前往目的地。具體來說，恐怖攻擊發生後三個月，州際高速公路的交通流量增加5%，過了整整一年，美國人才恢復正常的旅遊模式。在那段期間，大約有一千六百名美國人因選擇不搭飛機而在車禍中喪命，這個數字大約是九一一事件死亡人數的50％。[6]這種行為看起來或許不理性，畢竟在攻擊事件發生後，飛航安全管制已大幅度緊縮。問題是，人們要如何在這個充滿了新不確定性的世界裡評估飛航風險呢？所以他們選擇一種能夠靠一己之力控制的運輸模式——儘管這個模式其實更危險。

對付人類無法掌控又不計其數的不確定性，這真的是對於我們心理訓練的一大挑戰，因此，我們就傾向於盲目相信那些自稱能掌握確定性的專家，而且會根據過去的狀況來推論未來的可能情形。例如，如果長年下來每年房價都上漲，那麼斷定房價將繼續上漲似乎是天經地義的事。[7]光是那樣的信念可能就足以促使價格繼續上漲，一直要漲到某個外部事件發生，以事實來質疑這些信念為止。經濟學上的很多統計分析——經濟計量學（econometric）的應用——是以「過去的相關性在未來也將持續有效」之假設為基礎，因為產生經濟數據觀測資料的根本「模型」維持不變。但如果這個模型是錯誤的，我們以之觀測到的相關性也將證明是一個糟糕的未來指南，一如本章之初提到的LTCM切身體驗的慘痛教誨。不管是住宅或其他任何資產價格相對於某種所得指標，永遠不可能無限制地攀升。若不能了解到這個以各種觀察到的相關性所形成的脈絡，會導致我們歸納出錯誤的結論。一九九〇年以來，長期實質利率的穩步走低，當然可能促使住宅與其他資產價格不斷上漲，但是這樣的利率下降趨勢不可能永久持續下去。同樣的道理，在這場危機爆發前，銀行的資本看似充足，而且很容易吸引到資金，但是一切卻在一夕之間突然逆轉。由於我們很難應付這個世界的複雜性，便很容易成為「確定性的錯覺」的獵物，讓我舉一個股票市場的例子來闡述這個問題。

股票市場的波動性非常大，任誰都難以（甚至不可能）預測到短期內的狀況。在任何一個星期剛展開之際，市場一路飆漲到下個星期的機率，大約和一路跌落到下個星期的機率相同。所以，如果我連續五個星期都準確預測到市場的波動方向，那麼，你可能會認為我真的掌握了某些你所不知道的事。沒錯，如果我有這麼神準的預測紀錄，你說不定會想訂購我的投資服務。一個人如何可能創造那種過人洞察力的錯覺？首先，從倫敦或紐約的電話簿裡選擇大約六千個姓名和地址。將這些姓名分成兩組。寫信給第一組，並告訴他們你預測未來一個星期市場將會上漲。再寫信給第二組，預測市場將下跌。到那個星期結束時，把收到正確預測信的那約莫三千人的姓名保留下來，丟掉另外三千人的名單。接著，再將這三千個姓名區分為兩組，向第一組預測市場將上漲，再對第二組預測市場將下跌。依此類推，重複這個流程五個星期，到時候，你就可以大膽寫信給約莫兩百個人，斬釘截鐵地跟他們說：「嘿，當你收到我們的第一封信時，你可能一肚子狐疑，但現在你應該已經相信我們真的找到了成功預測股票市場波動方向的祕密了，因為你已親身體驗到我們的方法確實奏效。如果要訂購我們的投資服務，請匯五千英鎊給我們。」

我的出版商堅持我必須聲明以上這個例子並不是要鼓勵讀者策畫那種騙局。無論如何，這個例子顯示，你對事後結果的解讀，有相當大的程度取決於你是否了解觀察資料取得的來龍去脈。在某些複雜的情況下，我們可能需要高度的想像力。對於確定性的渴望，以及相信它確實存在的信念，同時既是誘人但又危險的。一般人碰上顯然無法解釋的事件時，總是渴望找出那些事件的導因，而由於不了解各種事件的來龍去脈，導致我們容易錯信捏造的情節。不確定性不是那麼容易應對，即使是受過最高等訓練的專家，一樣難以應付不確定性。誠如伏爾泰（Voltaire）所言：「疑惑不是令人愉快的狀態，但確定性更是荒謬的狀態。」[8]

兩種類型的不確定性

美國經濟學家法蘭克・奈特（Frank Knight）在一九二一年將風險與不確定性做了明確的區隔，他的解說有助於我們善加因應不可知的未來。[9]風險的可預測性會牽涉到事件的性質：例如你的房子起火，在自然狀態下這個事件的未來結果是可能精確定義的，並且依據過去的經驗，我們可以為火災發生的可能性給定一個機率。有了風險評估，我們才能基於可觀察到的結果來定義合約中的各項條款，並且可能判斷我們願意為這個事件支付多少保險費。很多隨機事件是以風險的形式存在，而那就是火災、竊盜、意外與死亡保險產業如此蓬勃發展的原因。反之，不確定性關乎的是不可能定義或甚至無法想像的事件，這種事件可能的未來結果有無數個，甚至或許無法想像，換言之，任誰都不可能為那些結果指定機率。那種或然狀況是無法保險的，而很多無法預測的事件就是以這種形式存在。一個資本主義經濟體系會催生出很多先前無法想像的新概念、新產品和新技術。舉個例子，一個朋友決定開創一家軟體企業，並邀請你參與投資。那項軟體產品的價值可能很難評估，所以你也不可能算出該產品的成功或失敗機率。

我們可以用人類的必然死亡來闡述風險和不確定性的差異。班傑明・富蘭克林在一七八九年曾寫道：「在這個世界上，除了死亡和稅，沒有什麼事是確定的。」然而，關於我們的可能死亡日期、我們必須為自己的退休金提撥多少款項或繳交多少稅金，卻牽涉到非常大的不確定性。只要觀察其他人的經驗，就能評估出壽命風險（longevity risk）──在不同年齡死亡的機率。二〇一二年，英格蘭和威爾斯女性最普遍的死亡年齡是八十七歲，當然，多數人是在其他年齡過世。由於不同年齡的死亡頻率是可觀測的，所以我們可以藉由投保人壽保險（規避提早身故的風險）或購買年金（規避過晚身故的風險）等方式以規避個人風險（individual risk，即比同齡者平均值更早或更晚過世的風險）。

然而，不同世代的人口平均壽命卻存在真正的不確定性──即極端不確定性。長期下來，平均壽命已延長，這是拜二十世紀嬰兒死亡率及近年來老人死亡率雙雙明顯降低所賜。以一九〇二年的某位六十歲女性為例，若以當年的死亡率來推估，她預期將再活十四年半。到了二〇一二年，那個期望值提高到了二十五年以上。事實證明，平均壽命的改變很難預測。一七九八年，英國牧師暨學者湯瑪斯．馬爾薩斯（Thomas Malthus）曾經寫道：「從久遠以前至今，似乎不存在任何永久性的徵兆或跡象顯示人類生命的存活期間有持續延長的趨勢。」[10]但事實證明，這個過往經驗是非常糟糕的預測因子，它並未準確預測到未來的狀況──一七九八年時，英國的平均壽命大約是四十歲，如今已延長到八十歲以上，女性甚至更長壽。我們根本無從得知預期壽命在未來會如何演變。[11]醫療科學的發展──尤其是幹細胞研究──可能會大幅強化預期壽命的展望，但是新的傳染病又可能產生反面的影響。所以，優質的判斷──而非統計推論──才是評估壽命變化乃至許多經濟與社會變數的關鍵。

經濟學家通常只思考風險，不思考極端不確定性。他們將未來視為一場機率遊戲，換言之，即使人類連擲骰子的結果都預測不了，經濟學家還是認為我們知道未來將發生的所有可能結果，而且知道每個結果的發生機率。在經濟學家的世界裡，由於未來的所有結果都可明確定義，所以，理論上就有可能舉辦諸如第二章所描述的那種大型經濟拍賣會，進而催生出各種有效率的產出與消費決策。[12]當然，實務上我們不可能安排那樣的拍賣世界，但這個拍賣模型徹底失敗的寓義要比表面上來得深遠——如果我們無法想像未來可能存在什麼商品與勞務，也無法想像所有可能降臨在我們身上的不測事件，那麼我們就不可能定義這個拍賣模型需要哪些市場。極端不確定性存在的事實，使得完全市場（complete market）與競爭市場（competitive market）的概念充滿缺陷。即使目前存在的各種市場真的具備競爭性，許多提供未來商品與勞務的重要市場至今也還是付之闕如。例如，IBM在一九八一年推出它的個人電腦（以下簡稱PC）時，消費市場上並沒有後續取代PC的產品（如筆記型電腦與平板裝置等）市場存在。不管是生產者或消費者都無法得知未來的選擇有什麼，所以，他們無法在或許能夠指引自己做出投資決策的市場上表達自己的偏好，因為那些市場根本就不存在。何況，如果我們能想像出未來將是什麼樣子，那該有多麼無趣呀？不確定性——極端不確定性——是生活的調味料。

應變策略（coping strategies）：不確定性環伺下的理性行為

活在純風險世界裡的經濟學家（在這個世界裡，我們可以條列未來的可能事件，並為這些事件指定特定的機率）抱持一個傳統的觀點，他們認定理性行為來自所謂的「最適化」模型（‘optimising’ model）。根據這個觀點，個人會先評估每一個可能的未來結果對自身福利或「效用」（utility）的衝擊，接著以事件發生的機率作為每一項效用的權數，以推估出一組行為的平均效用或「預期效用」

（expected utility）。經濟學家假設，一般人會為了達到最高水準的「預期效用」，而精心挑選要採取哪些行動（例如今天要存多少錢）。[13]事實證明，在一個純風險的世界裡，諸如分析政府對市場的干預以及為已知風險提供保險等作為的影響，這類最適化行為的確是一項有用的工具。在那個世界裡，我們能依據傳統的經濟風險理論乃至傳統經濟學家的「最適化架構」（optimising framework），完美分析要挑選什麼款式的汽車、要工作多少時數、要針對某個可以確認的事件支付多少保險費等諸多決策。盤踞社會科學領域的霸主地位，經濟學甚至已被延伸應用到婚姻模式、離婚與子女養育等理論上。然而，令人吃驚的是，這類經濟分析多半只局限在經濟選擇的範疇中，而風險（而非不確定性）在此才是準則。[14]

捍衛最適化行為理論最有力的論述是由傅利曼在一九五三年提出，當時他將經濟決策制定者比喻為不懂牛頓力學原理但比賽時又「好像」懂得這項原理的撞球選手。[15]這個「好像」論述強而有力地說服經濟學家相信，人類的外在行為「好像」是經過極端複雜的數學計算，「好像」和下西洋棋遊戲的電腦相當類似。但每個人都知道，電腦下西洋棋的方式和人類下棋的方式其實很不一樣。電腦下棋時會進行數百萬個計算，而人類則是憑想像與直覺來下棋，光是這一點應該就足以讓我們警覺到奠基傳統經濟理論的微積分演算之極限。人類自覺性計算的能力是有限的，但人腦從事水平思考（lateral thinking）的能力卻相當成熟，例如人類辨識臉孔的能力比電腦更強，而以大多數我的經濟學家同僚來說，他們最深奧的見解也是出自直覺，而且，他們還懂得以邏輯性的數學證明來向別人闡述那種直覺是正確的，只不過原始的深奧見解並非來自數學計算。

而且，板球和棒球選手似乎也一樣，而且程度上更加明顯。如果野手和深諳計算的撞球選手一樣，都遵從牛頓力學原理的規定，那他們看到球被打到半空中時，一定會馬上計算出球將在哪裡落地，接著便會直線跑到那個位置站定，等著球落下。但謹慎觀察球賽影片就可發現，無論板球或棒球球員都不會出現那樣的反應。[16]相對地，他們似乎依循著一個單純的經驗法則：盯著球並和球之間保持固定的角度與水平。[17]由此可見，這個經驗法則代表野手會跑，但不是直線跑向落點位置，而是順著弧形跑，而且最後會在行進間接到球。那才是比賽影片上會出現的行為模式——傳統的最適化行為被容易遵循且能因應旋風與大氣阻力等複雜性的經驗法則取代，換言之，在球場上，以經驗為後盾的實務作法取代了最佳化行為。

更廣泛地說，在一個隱含極端不確定性的世界裡，我們不可能計算一項行動的「預期效用」是多少，所以在那樣的世界裡不存在最適化行為。極端不確定性的根本特徵是：如果我們不知道未來可能是什麼樣子，那就是純粹的不知道，而且沒有必要假裝知道。凱因斯終其一生都相信，後人所謂的極端不確定性是驅動資本主義經濟行為的根本力量。誠如他引用奈特對於兩種不確定性的區隔時所提出的解釋：輪盤遊戲／預測天氣；戰爭前景／各種新發明的範疇，這兩組的前後者之間存在一個根本的差異。關於後者，他寫道：「這些事情沒有任何科學基礎足以構成任何可計算的機率。我們純粹就是不知道結果會如何。」[18]

「最適化」之類的言論確實很吸引人，但實際上人類並不會最適化，而是會應變。面對新的環境、新的刺激和新挑戰時，我們會回應並適應新的環境、刺激和挑戰。然而，應變行為的概念並不是主張人類不理性；相反地，應變行為代表我們承認「世界不確定」後所做出之完全理性的回應。我們沒有必要揚棄經濟學家的傳統假設：人們偏好更多（而非更少）的消費或利潤，以及他們的選擇會呈現出某種程度的一致性。[19]作為一種社會科學，經濟學的優點就在於它認定人類將傾向於採取理性行為。挑戰只在於釐清一個理性人會如何應對極端不確定性。人類並不愚蠢，只是在一個隱含極端不確定性的世界，即使是聰明人都不容易搞懂明智的行為是什麼意思。

經濟學家的最適化行為假設的主要挑戰者是「行為經濟學」（behavioural economics），這是一個相對新穎的學術領域，經常令人聯想到丹尼爾・卡尼曼（Daniel Kahnema）、理查・泰勒（Richard Thaler）以及阿莫斯・特佛斯基（Amos Tversk）等人。[20]這個學派主要研究經濟選擇的情感與心理層次。[21]行為經濟學發現，人類實際採取的行為模式隱含一系列令人印象深刻的認知偏誤（cognitive biases）。舉個例子，根據觀測，人類對於自己判斷機率的能力過度自信，而且容易低估罕見事件的發生可能性。不過，行為經濟學也假設，人類之所以偏離傳統的最適化行為，是因為根據大自然的設計，人類的行為本就傾向於「不理性」。丹尼爾・卡尼曼提出一個觀點：人類是由內心的兩個不同系統來制定決策，一個是快速且直覺性的系統（譯注：快思），另一個是較緩慢、周詳且較接近最適化行為的系統（譯注：慢想）。[22]他透過這個假設來解釋為何人類會有看似偏離傳統方法的行為。

不過，單純藉由將決策流程複雜化以彌補這個最適化模型——在理性本我之外加上直覺——以期解釋特定觀察到的異常現象，並不代表這個修補後的模型就能對未來的行為做出更好的解釋。一項科學試驗成敗的黃金準則就是預測。讓我們看一個例子：某人試圖解釋過去一年股票市場的波動。如果我們把去年的更多變數與細節列入考量，一定更能「解釋」如此波動的大部分原因。不過，我們會從中發現波動主要是導因於過去一年內意外發生的突然轉變，較非因為股票市場的任何根本結構而起。而且，就算我們能對過去提出複雜的解釋，準確預測到未來一年股票市場走勢的機率，大概也和預測擲錢幣的結果差不了多少。很多聰明人都曾嘗試打敗市場，但最後都以失敗收場。市場上的所有資訊會以極快的速度反映在股票價格上，所以，就算能解釋過去的股價為何會波動，也無法根據那些導因來預測未來。股票市場是說明經濟學家通常「擅長後見之明（擬合），缺乏先見之明（預測能力）」的好例子。[23]

行為經濟學假設「人類本質上不理性」是有點危險的，原因是，這個假設會導致人們產生「政府應該介入干預，以導正個人決策的『偏誤』，或『敦促』這些決策朝最適結果傾斜」的觀點。不過，我們有什麼理由認為自己有能力分辨哪些行為不理性？政策制定者真的比他們想要導正的選民更理性嗎？我寧可假設這兩種人都很愚蠢，但雙方都很努力設法應對一個艱難的環境。在這場危機過後，先前篤信「競爭市場有效率且能產生合理資產評價」的那個信念，被「金融市場不僅沒有效率，而且充斥會促使資產價格泡沫化與信用需求失去節制的不理性行為」的信念取代，但我認為這兩種觀點都太極端。當然，情感對經濟決策的影響非常重大，尤其是金融市場相關的決策。倫敦大學學院（University College）的大衛・塔凱特（David Tuckett）教授在不同的金融中心訪談了非常多投資經理人，最後找出了這些經理人制定高金額投資決策的動機，並透過這項發現發展出「情感財務學」（emotional finance）理論。但塔凱特並未將無意識的情感與有意識的推理視為兩個彼此衝突的系統，他認為這兩者像在進行一種連續性的雙向溝通。誠如他主張的：「情感的存在是要在經濟行為者的理智不足以解決問題時提供協助。」[24]換言之，情感幫助我們應對一個不可知的未來，所以不該將它視為「不理性」。

行為經濟學的問題是，當傳統的最適化模型的種種假設站不住腳之際，行為經濟學並沒有正面處理「怎樣才叫理性」的問題。個人既非受衝動驅使，也不是活在一個「每個問題都有個單一最適化解決方案」的世界。如果我們不知道這個世界如何運作，就不會有唯一的正確答案，只有「如何應對未知情況」的問題。我認為，以一個不同的方法來思考行為——既非視之為不理性，也不是一個受限最適化❷下的產物——有助於了解這場危機爆發前與後的種種情況。換言之，在最適化行為與行為經濟學以外，我們還需要另一個替代方案。

「在一個充滿極端不確定性的世界裡保持理性」是什麼意思？一旦我們擺脫「凡事都有個單一最適化解決方案」的觀點，經驗法則（嚴格來說是直觀推斷❸〔heuristic〕）就會被視作應對不可知未來的理性方法。[25]直觀推斷是一種蓄意漠視資訊的決策規則。它漠視資訊的理由不僅因為人類並非電腦，更是因為當我們不了解世界的運作方式時，漠視資訊才是理性的。一如上述試圖解釋並進而預測

❷編按：就個人來說，僅單純追求效用極大，便是未受限制的最適化；若追求最大效用，但同時受到預算能力的限制，則是受限最適化。

❸編按：是一種尋求問題解決的程序，可允許個人對於某問題情境未能有清楚的瞭解時，依據其經驗和有限的知識（或不完整的信息）在短時間內找到解決方案。心理學上或譯作捷思法、啟發法。

股票市場的例子裡所清楚呈現的，當你迷失在過往的濃密灌木叢中，就會犯下見樹不見林的錯誤，難以透視大局。所以，如果漠視資訊能稍微有助於解決我們所面臨的問題，那麼漠視資訊就是理性的——有時候，愈少資訊反而愈好。直觀推斷並未偏離真正的最適解決方案，而是應對未知情況的必要工具之一。

我熟識的一名眼外科醫師曾向我描述病人聽到他盡責解釋手術風險後的反應。一半的病人早在進入診間前就根據自己對風險的態度，下定決心要動手術，所以，他們完全不理會各種結果的機率分別是多少；另一半的病人則決定先謹慎聽取醫師的說法，再根據他們對主治醫師的特質與人格等判斷來作最後決定，而不是根據醫師提到的機率作決定。套句法蘭克·奈特的說法：「這些深思熟慮的基本邏輯——或心理——很難理解，是連科學都難解答的人生與內心奧祕。換言之，我們勢必要回頭訴諸人類作為智慧動物的『能力』，以建構對各種事物的判斷（多半是正確的判斷），即對價值的直覺感受。」[26]所謂應變策略就是解決那個難解奧祕的方法之一。人類並不是天生被指令編寫成用來解答複雜的數學最適化問題，因為我們無法事先知道未來有什麼問題需要解決；但是人類天生就會學習與適應。所以應變策略符合大自然的造物法則，應變甚至堪稱為一種為了適應不確定性的需要而產生的遺傳性回應。套句吉傑蘭瑟（Gigerenzer）❹的說法，應變策略是「生態理性的」，換言之，這種決策流程非常適合它們被採行時的環境。[27]就這層意義來說，在一個充滿極端不確定性的世界裡，應變決策比經濟學家所假設的最適化行為更加理性。

應變策略包含三個要素：1. 問題分類（categorisation），將問題區分為能以最適化行為解決的問題，以及不能用最適化行為解決的問題；2. 因應第二類問題的一組經驗法則，或者說是直觀推斷；3. 一段敘事（narrative）。那一組直觀推斷可能包含一個或多個可處理這個類別中不同問題的經驗法則。每一種直觀推斷都是一個決策制定的規則，這項規則漠視最適化行為所使用的多數資訊，以便提供一項快速且穩固的決策，而且這個規則只適用於它被使用的環境。「敘事」是一套整合最重要資訊片段的故事，目的在於為某個決策提供一個選擇直觀推斷與動機的依據。「敘事」會敦促我們採取行動，所以，在極端不確定性的情勢下，「敘事」對決策的選擇影響重大。因為此時我們無法以數字化的機率寫出一個數學模型，但能以質性（qualitative）的角度來思考並討論未來的狀況。

直觀推斷必須是可操作的，而敘事必須是可信的。應變策略並非針對所有環境、所有問題的萬用解決方案，卻是回應特定問題的理性且可靠方法。當問題發生——例如這場危機爆發時——導因不盡然是不理性的行為，也不盡然是外部衝擊所致，反而可能是人們所選擇的直觀推斷不適合（即錯置，mismatch）使用在那個環境使然。我將在第八章利用這些概念來描述為何這場危機爆發前借款與支出會持續處於無法永久維繫的水準。

有兩個金融市場實例可說明這個抽象的決策制定在實務上所代表的意義。第一個例子和摩根大通（J.P. Morgan）以及該公司的英裔銀行家丹尼斯．威勒史東（Dennis Weatherstone）爵士有關，威勒史

❹編按：吉傑蘭瑟是德國的一位心理學家。他研究人類如何在有限的時間與知識下，對世界的運作進行推理。他認為在一個不確定的世界裡，機率理論並不足夠，人們還需要聰明的直觀推論，也就是經驗法則。

東先生十六歲就投入職場，一開始擔任簿記員，接著一路力爭上游，最後在一九九〇年升任執行長。由於該公司聘請的交易員和數學家不斷提出形形色色令人難以理解的新金融商品，所以他的挑戰在於如何決定要向客戶銷售其中的哪些新產品。由於那些新產品沒有過往績效可參考，實在無從判斷哪些產品的效率可能會比較高。這些新產品就是極端不確定性的實例。威勒史東先生應對這個極端不確定性情境的策略，就是先釐清高階主管是否都能搞懂這些產品。這個策略的敘事基礎是：如果高階經理人之間可以透過對話來解釋某一項產品，那麼這項產品淪為惡夢的風險就比較低。有人告訴我，威勒史東先生會撥出三段十五分鐘的時間，讓產品的發明人向他解釋自己的產品。如果威勒史東先生直到時間到了還不懂這項產品，該公司就不會銷售它。[28] 二〇〇八年的危機爆發後，應該有很多企業執行長但願自己當初有依循威勒史東先生的直觀推斷。

就在霸菱銀行（Barings Bank，世界上最老牌的銀行之一，因該企業的新加坡分行一名惡棍般的衍生性金融商品交易員尼克．李森〔Nick Leeson〕引發十四億美元虧損而倒閉）在一九九五年崩潰前，該行位在倫敦的高階經理人還向英格蘭銀行表示，他們對於交易成果相當欣慰，只不過對於新加坡業務如何賺到那麼多利潤感到有點困惑。所以對於經理人和監理人員之類的人來說，較有用的直觀推斷之一不僅是要調查虧很多錢的業務，賺很多錢的業務也應該調查。

第二個例子是和銀行監理的問題有關。如果一家銀行破產且無法履行對存款人與債券持有人的義務，接下來的混亂可能會導致外界對於其他銀行的信心也一併流失，並進而使得整體經濟體系的工資與帳款支付系統遭到打斷。因此，為了限制單一銀行的破產風險，監理機關（如美國的聯準會、聯邦存款保險公司和貨幣監理局〔Office of the Comptroller of the Currency〕、英國的英格蘭銀行以及歐元區的歐洲央行等）堅持設定銀行股東的最低權益資本投資下限。藉由這種方式，銀行就有一些資本能吸收任何可能發生的虧損，從而降低破產的風險。銀行應發行的法定股權資本金額（也就是銀行的資本適足率〔capital requirement〕，譯注：銀行自有資本與風險性資產之比率）和銀行活動本身的風險性息息相關。

乍看之下，這個規定似乎相當合理，畢竟當銀行資產的風險愈高，其破產的風險也就愈高，除非它擁有充足的股權資本可吸收虧損。根據國際公認的標準，資本適足水準約當於銀行「風險性資產」（risk-weighted assets）的某個比率；其中，銀行資產負債表上每一類資產都經過一個風險量測值的加權計算。[29]舉個例子，政府發行的債券就是零權值，意即銀行無須為了支持那類資產而募集任何權益資本。這類資產的權值為零的理由是，一般假設政府不會發生債務違約——在各國經過馬拉松式協商並設定準則後，這個假設看起來很合理，但是在二〇一二年歐元區危機爆發後，這個假設顯然古怪。此外，風險權值是根據過去的統計研究計算而來，但這場危機證明那些權值極具誤導性。舉個例子，過去的資料顯示，不動產抵押貸款對銀行來說是一種相對安全的資產，但是在危機爆發時，這種資產卻變成銀行業很大的虧損來源。所以，我們極其難以（甚至不可能）判斷不同資產的風險性在未來會怎麼變化。原本看似適當的風險權值有可能驟然大幅轉變，尤其是危機爆期間。這也是極端不確定性的例子之一，儘管監理者稱之為風險，但它並不是風險的例子。

各國央行總裁被風險加權資本適足規定吸引的原因在於，這麼一來就能將風險明確納入計算。不過，如果不確定性的本質是未知的，那麼使用那類衡量指標有可能產生極具誤導性的結果。所以，我認為大略正確總比精準錯誤好；我寧可用一個簡單但更健全的資本適足衡量指標，此時直觀推斷要比採行錯誤模型的所謂最適化解決方案來得好。以銀行監理的案例來說，使用槓桿衡量指標會比採用自有資本相對風險性資產的比率好。槓桿比率是衡量資本相對總（未加權）資產的指標。英格蘭銀行在這場危機期間針對一百一十六家大型全球性銀行（其中七十四家倖存，四十二家破產）所做的一份研究顯示，相較於更複雜的風險加權資本衡量指標，簡單但健全的槓桿比例反而更有助於預測哪一家銀行將會破產。[30]

關於這個論點，最極端的實例是二〇〇七年秋天破產的北岩銀行（Northern Rock）。其實在那一年年初，北岩銀行的資本相對風險性資產比率是英國所有大型銀行中最高的，它還因此計畫將部分資本返還給股東，因為根據監理規定，它不需要那麼多資本。在此同時，北岩銀行的槓桿比率卻異常高，介於60：1至80：1之間。[31]當時北岩銀行這兩項資本比率衡量指標的差異如此懸殊的原因在於，根據國際標準的假設，不動產抵押貸款被認定為一種極端安全的放款形式，而且北岩銀行除此以外的其他類放款非常少。但根據北岩銀行資產負債表的資料，它並未持有其承作的不動產抵押貸款，而是將這些放款出售給其他投資人。不幸的是，那類交易的市場在二〇〇七年夏末關閉，導致該行再也無法透過這個管道取得可支應其資產的資金。北岩銀行最初遭遇到的威脅並非不動產抵押貸款價值的波動，而是短期債權人可能撤回資金的風險，而一旦短期債權人縮手，它馬上就會陷入資金短缺的困境。在二〇〇七年八月當各個市場遭受衝擊之後，那樣的情境果然發生。雖然北岩銀行試圖尋找其他替代（但更昂貴）的資金來源，那些金主並不樂於對槓桿比率那麼高的機構伸出援手，於是北岩銀行徹底暴露在風險之中。密切留意槓桿比率就是銀行業的經驗法則，相當於棒球與板球選手常使用的經驗法則。「將槓桿比率控制在某個關鍵水準之下」的經驗法則，就是用來因應我們自知不懂如何衡量銀行當前之風險的境況，而先前的監理人員與大型銀行高階主管都搞錯方向了。

金融市場與衍生性金融商品

在金融市場上，應變策略尤其重要，因為這些市場是連接現在和未來的環節。欲了解貨幣與銀行乃至整體金融市場，關鍵在於極端不確定性。在經濟近代史上的所有參與者當中，最惡名昭彰但又最受崇敬，並且遭受最多謾罵的就是「市場」。每次聽到政治人物解釋「『市場』不了解」（通常他們都是怒氣沖沖地說這些話）時，我都很想當場點醒他們：市場不是人，市場是一種不具人格的機制，只不過存在許多不同的實際代理人——如企業、銀行、投資人、退休基金和政府（沒錯，政府）——透過這個機制互動，買賣外匯、貸款、股票與債券，以及愈來愈多琳瑯滿目的各式新金融工具。這些金融市場的目的是什麼？金融市場的目的是將家庭的儲蓄導入國內外的商業投資活動；金融市場讓我們有機會針對未來的種種事件進行保險、避險或甚至投機行為。此外，金融市場還為組成經濟體系的無數活動提供連續不間斷的評價——猶如一份金融實況報導。

股票、債券和保險是支持人類經濟體系的基本金融合約。企業股票意即對於將來所有未知情況下之企業盈餘的一種請求權，能在無限的未來提供不確定的股利源流；而今天承作的貸款是針對所有狀態下的本金還款與固定年限內之利息的一種請求權。而保險合約能在特定的偶發情況下，於未來某個未知日期付款，除非貸款人違約。全世界股票與債券的總價值估計大約介於一百五十兆至一百八十兆美元。有價證券加上貸款的「全球財務存量」（global financial stock）總額一定遠高於兩百兆美元，其中多數存量是表彰政府、家庭和企業為了支應其支出（包括當期支出與資本支出）而籌募之資金價值。融資是投資實體資本性資產——包括住宅、工廠、鐵路、下水道和眾多民間與公共基礎建設等——的必要元素。就算只是粗淺涉獵經濟史，都能體察到銀行和金融部門的重要性，因為這些部門能將家庭儲蓄導入投資專案，能分散因那些投資活動而產生的風險，能管理人們的財富，同時讓人們有辦法從事諸如支付帳單等世俗事務。如果沒有一個適當運作的金融部門，經濟發展就會受到阻礙，中央計畫式經濟體系的缺乏效率就是闡述此箇中道理的好例證。

過去二十年間，各種廣泛複雜的新金融工具問世，並促使金融市場規模大幅擴張。這些新金融工具都是由一些比較傳統的債券、股票和保險合約精心組合而成的產品，也因如此，這些工具也被稱為「衍生性」金融工具。這些工具將各式各樣投資標的（從住宅到外匯等）的未來報酬源流包裝在一起。換言之，這些工具是投資標的之報酬的請求權，而且扮演著填補市場缺口的重要角色，原因是這些工具讓人有了規避風險與投機（針對標的合約如股票價格的未來波動進行避險或投機活動）的新方法。衍生性金融商品交易通常只需要投入小額資金，而且是有意彼此交換未來的報酬源流或從事原物料商品買賣交易的兩造之間所簽訂的雙邊合約。衍生性金融工具的原則其實很單純，但如果要讓它變得很複雜，有很多律師和投資銀行人員會樂於幫助你，只要你願意支付高額的報酬給他們。

衍生性金融工具的例子包括遠期合約和期貨合約（購買一項將在未來某個日期交割的原物料商品）、選擇權（在特定日期當天或之前，以特定價格買進或賣出一種基本合約的權利）、交換（swap，雙方為了規避自身的其他曝險部位風險而交換不同貨幣計價的現金源流，或交換不同類型的利息收入）。很多這類金融工具是真正具備實用價值的工具。舉個例子，溫布敦網球冠軍賽因出售美國的廣播權而收到美元計價的付款，不過，舉辦這場錦標賽的所有成本幾乎都是以英鎊付款，這導致主辦單位承擔了「英鎊兌美元匯率未來走勢不詳」的風險。幸好那個風險是可以降低的，只要今天簽訂一紙在未來某個日期以特定匯率賣出美元、買進英鎊的合約，就能在只付出一點點代價的情況下降低這項風險。很多（甚至多數）企業都因相似的買賣交易而受惠。[32]

在這場危機期間，由於很多銀行甚至美國大型保險公司如ＡＩＧ未能理解較複雜衍生性金融工具以及眾多標的資產包裝而成的「證券化」工具之本質而走上破產一途，導致這類金融工具變得惡名昭彰。其中相關的商品包括信用違約交換（credit default swaps，以下簡稱ＣＤＳ，賣方同意在某個被指名的一方違約時補貼買方損失的合約）、不動產抵押貸款證券（mortgage-backed securities，以下簡稱ＭＢＳ，是針對成百上千筆不動產抵押貸款的某種付款請求權。不動產抵押貸款承作機構——通常是銀行——將這些請求權賣給市場），以及擔保債務憑證（collateralised debt obligations，以下簡稱ＣＤＯ，對於一組債券或其他資產之現金流量的請求權，這些債券或資產被分成不同等級〔tranches〕，較低等級的產品最先吸收虧損。較高等級次之，投資人可以選擇要投資哪些等級）等。這些複雜的金融工具全都是合法建構且可合法銷售的金融合約，但是買方必須了解自己買的是什麼產品。倫敦的哈洛德（Harrods）百貨經常在新年大拍賣活動中，舉辦襪子「五雙半價」的活動，換言之，只要購買五雙一組的襪子，就能享受襪子半價優惠的活動。但買完回家後，你一定會發現其中至少有一雙襪子是你永遠都不會穿的（以我個人來說，我永遠也不會穿橘色的襪子）。CDO就像是那種多雙一組的襪子，只不過它是由很多等級的不動產抵押貸款綁在一起——說穿了，這只是狡猾銷售人員的一種合法戰術。[33]

銀行聘請很多才華洋溢的數學家來發明與行銷更複雜的工具，這些工具通常只有發明者自己了解，但有時候連這些數學家自己也不盡然體察到那些莫測高深的計算其實只考量到可觀測風險，而沒有將不可量化的不確定性列入考慮。重要的是，因為衍生性金融商品並不是代表經濟活動的基本合約，而是一些合成的金融工具，因此這些工具可創造的曝險規模——乃至潛在風險——將是無限大。衍生性金融商品的固有曝險規模有可能達到標的股票或債務請求權價值的數倍之譜。我在第一章說明過，當危機在二〇〇七年剛爆發時，由於監理機關認定次級不動產抵押貸款（譯注：即次貸）基本合約的規模太小，不足以導致銀行體系破產，所以偏安於現狀。但他們忽略了從這些次級房貸衍生出來的眾多衍生性金融工具——那些工具的規模高達標的資產的數倍之譜，當然整個經濟體系的曝險部位也因此大增，並衍生了巨大的虧損。這就好像兩個老人為了賭十美元而在太陽底下下棋（這在紐約的華盛頓廣場上很常見），渾然不知身旁圍觀的那一大群銀行人員為了賭他們兩人的勝負，已投注了數百萬美元的賭資。事實清楚顯示，衍生性金融工具非但未能分散風險，反而將大量風險導入這個體系。也因如此，華倫．巴菲特才會將衍生性金融商品形容為「大規模毀滅性金融武器」。[34]

在危機爆發前，各國中央銀行和監理機關都曾向金融服務產業點出上述所有問題。[35]那麼，為何衍生性金融商品還是成長那麼快速？答案之一是，賭博比下棋更容易讓人上癮，而交易心理本身也會自我強化。此外，相關機構可透過衍生性金融商品，將未來的預期利潤資本化為當期價值，並將之列示為當期的交易利潤，換言之，這些機構因衍生性金融商品而得以無視極端不確定的未來展望，用這些「當期交易利潤」來發放今日的鉅額紅利，但實際的情況是：這些預期利潤有可能會實現，也可能無法實現。衍生性金融商品成長快速的另一個原因在於，如果以正確的方式使用，這種商品確實具有降低風險——而非製造風險——的價值。很多企業和機構想要規避與原物料價格未來變化、利率與匯率波動，以及其他經濟變數等有關的風險，另外，衍生性金融商品也能創造傳統債券市場可能缺乏的很多融資選項。舉個例子，假定甲投資人想要購買一批不動產抵押貸款（即MBS），但他只能藉由舉借短期貸款的方式來取得購買這批貸款所需的價金。這樣的狀況製造了一個風險：當他的短期貸款還款期限到來，他重新舉借另一筆貸款的成本可能已經上升，或根本已求貸無門（這場危機爆發後，很多貸款人都面臨這樣的窘境）。為因應這個問題，甲投資人可以和乙投資人簽訂一項衍生性金融商品合約——在合約存續期限內，甲支付乙一筆固定的金額，相對地，甲本人則取得這些不動產抵押貸款所衍生的現金流量，這就等於是先取得購買這組MBS的融資，再將這批MBS用來作為擔保品。衍生性金融商品提供了很多不同的替代融資方法。[36]

促使各式各樣範圍廣泛的衍生性金融工具（包括選擇權）不斷問世的動力，主要源自於世人的一個信念：只要創造愈來愈多的市場，這個社會終能成為一個有效率的「完全」市場，達到仿擬第二章說明的那個拍賣經濟體系的目的，並進而實現某種社會利益。在那個虛擬的巨大拍賣世界中，金融市場是多餘的，因為每一筆商品與勞務（包括人力服務）交易的價格和數量，都會在這個拍賣場上敲定，而金融資產只不過是那些基本要素（譯注：即各種商品與勞務）組成的合成套裝產品。但在現實世界——也就是隱含極端不確定性的環境——裡，很多商品與勞務的市場都（無可避免地）不存在，在這種情況下，金融市場就扮演著重要的角色；金融市場在一定程度上能取代某些目前還不得而知的市場。問題是，金融市場在取代那些還不存在的市場的同時，也製造了一種「市場能提供幾乎無限多種方法來應對不確定性」的錯覺。

事實上，金融市場填補現有市場之間缺口的功能可謂彌足珍貴，但還是無法解決一個關鍵問題：「要如何創造為一個無法想像的事物創造市場？」即便是衍生性金融商品都無法針對極端不確定性提供保險，那是因為我們不可能就無法想像的結果舉辦拍賣會或簽訂合約。誠如法蘭克．奈特所言，「這種確確實實存在的不確定性將導致競爭傾向在理論上完美的運作無法實現，所以，不確定性賦予整體經濟組織一種『創業冒險』的特徵，創業家獨有的收益也是因它而生」[37]。換言之，極端不確定性是資本主義社會的先決條件。

若能謹慎使用，衍生性金融商品的確有可能降低風險。不過，由於衍生性金融商品非常複雜且難以理解，所以有時候某些人很可能會掉以輕心地以為投資這些商品是一種避險行為，卻萬萬沒想到只要這些商品的標的資產價格些微變動，他們就會暴露在極高的不確定性與鉅額虧損的潛在風險之中。

這一切的一切令人想起先前從未提到的一則故事。這則故事述說一個荒島（我不久前才追隨魯賓遜的腳步登上那一座荒島）開始導入金融市場後所發生的狀況。

荒島上的金融市場寓言

待在荒島上的魯賓遜．克魯梭（Robinson Crusoe）如果得知現代人的科技奇蹟和對於金融市場的重視，應該會非常驚訝。然而這座島嶼後來在無意中放任銀行業務取代漁業，成為當地的主要活動，最後導致魯賓遜的子子孫孫受到不少慘痛的教訓。這座不幸孤島的悲傷故事結局，貼切地體現了衍生性金融商品爆發性成長的影響。

一開始，這個島嶼唯一的經濟活動是以樹枝釣魚。接著，島民們開始使用由專業漁網製造商生產的漁網來捕魚。對漁夫來說，漁網是一種投資，於是，銀行體系適時介入，它收受存款，再將存款轉貸給漁網製造商。而漁網的陸續售出，則讓製造商得以償還貸款。就這樣，孤島的一切運作得非常平順。但有一天，某個銀行家想出一個聰明的點子，他決定將銀行對各漁網製造商的許多放款包裝在一起，並把包裝後的放款當成一種新金融工具來銷售，這麼一來，他就不需要對漁網製造商放款，也不用支付利息給存款人。這個工具就稱為漁網擔保證券（net-backed securities，以下簡稱NBS）。將NBS出售給存款人後，銀行取得更多資金，並更有能力繼續承作更多的放款，也不再需要擔心漁夫是否能捕到足夠的魚來繼續購買漁網（唯有漁民繼續買漁網，漁網製造商才有能力償還貸款），因為那個問題現在已成為NBS買主的問題。

某些擁有過人數學才能的聰明島民意識到還可能有更革新的發展：他們將各種不同的NBS進

一步細細切割，以便創造一些全新的組合證券，讓投資人可以選擇要投資哪一種品質的漁網製造商（若以財務顧問的語言來形容便是——投資人可以選擇要投資哪一等級的報酬）。事實證明，這些擔保債務憑證果然風靡一時。某些聰明且更有數學天分的漁夫又跟著加入銀行業，並繼續創造更複雜的證券——CDO的CDO，甚至更包裝更多層的CDO。某些人則到所謂的「信用評等」機構工作，他們任務是負責向外界證明，這些奇特的證券不像一般人所想的那麼高風險。

這項活動的一切相當令人興奮。參與製造和交易這些新型證券的聰明人士察覺到，只要投入一點點資本就能針對未來的漁獲量下賭注。在相關工具的交易持續進行的過程中，這些新型證券的價值也隨著民眾對未來漁獲數量的看法時有改變而不斷上下起伏。由於當地採納現代會計慣例中的「市值計價」（marking to market，也就是根據最後觀測到的價格來評估資產價值，並將資產價值的所有變化列記為利潤）原則來評定這些新工具的價值，因此眾人對未來的樂觀期待（不管那樣的樂觀心態合不合理）讓這些新型證券的交易商獲得破紀錄的鉅額利潤。實際上，這等於是將未來的預期利潤資本化，轉為當期利潤，而那一群聰明人士也趁勢利用鉅額的帳面利潤來發放高額紅利犒賞自己，銀行本身則是取得愈來愈多的漁獲請求權。隨著金融部門的工資上漲，漁夫的工資相形下滑。很多人開始擔心所得分配不均惡化的問題。不過，人們以「市場自由競爭的結果」解釋這個現象，換言之，他們認為需要較高超技巧的交易工作者理當獲得較高回報。這樣的說法確實沒有什麼不對。

就這樣，金融部門的規模持續成長，金融從業人員的薪資所得也達到島上前所未見的水準，島民們當然極度羡慕這群打造出一個如此活躍且擴張之產業部門的高手。某些高瞻遠矚的島民甚至建議，如果能在海洋的對岸找到一個交易夥伴，那麼整座島放棄漁業並全心投入金融活動也是合理的。一般的漁民感覺自己遠遠趕不上那些金融家，但也不得不欽佩他們的能力，因為他們創造了明顯可獲利的活動，而且非常成功。連社區的領導人物都對金融部門所累積的力量眼紅不已，最後，這座島上的政治領導人和金融部門之間，甚至培養了某種親密但在很多人眼中不怎麼健康的關係。

然而有一天，這一切突然崩潰。交易活動的擴張導致捕魚的勞力供給減少。某些人開始質疑所謂的國家統計員（National Statistician）將上述交易活動的利潤（交易活動的利潤一度抵銷甚而彌補漁獲減少的影響）算進GDP的作法是否公允。到最後，不少人開始對於很多新型金融證券的根本價值表達疑慮。此外，某些銀行為了履行債務而開始將這些證券變現。變現行為導致這些資產的價格每下愈況，同時引發外界對於某些銀行償債能力的憂慮。接著，由於沒有人願意再買這些證券，相關的市場遂陸續關閉，流動性就此消失，銀行也失去了創造新貨幣的工具。恐慌席捲而來，島民對流動性的需求暴增，問題是此時流動性的供給卻不升反降。銀行一家家陸續破產，並成為所有權公有的機構，而堪稱始作俑者之一的那些聰明人士當中，又有某些人受聘來解開銀行之間的複雜關係與合約網絡。

島上的每個人都感到很失望。金融狂熱已導致太多人才被交易活動吸走，而原本成功的漁業則日益萎縮。然而，若以事後諸葛的角度來看，那些交易活動其實只是一些幾乎沒有實質產出的零和（zero-sum）活動。究竟為何那麼多人被這個金融新世界吸引？

經過一段痛苦的事後檢討期，所有人都認同銀行體系應該恢復傳統的角色——只能收受存款以及對漁網製造商提供貸款資金。島上需要更多人投入漁業，需要更多人投資漁網製造業，如此才能提升未來的漁獲。那些聰明人終於體悟到，未來若想要改善自己的聲望，就必須設法提高生產活動的社會價值，而不是將別人口袋裡的資源分配到他們自己的口袋。某些聰明人甚至從金融業轉戰教職，因為他們體察到自己有義務為這個情節寫下一段歷史，並傳達給未來的世代子孫，好讓他們防範類似的災難再度發生。

流動性的錯覺

極端不確定性也在金融市場衍生了另一個問題——流動性的錯覺。在那個擁有巨大拍賣場的世界裡，流動性根本不成問題。因為所有價格都在拍賣場上決定，接下來隨著時間消逝，所有承諾都自然會被履行，市場也永遠不再開啟。但現實世界的市場當然一定會重新開啟；尤其金融市場更幾乎是連續開放，一名持有一些庫存（以連結買方和賣方到來的時間差）的中介者——商店老闆或「造市者」（market-maker）——負責居中協調買方和賣方。這種連續性交易在金融市場上尤其重要，所以，我將在本章稍後篇幅回頭討論這個議題。造市者提供一種可立即買賣的機會，當你做出買進或賣出決策後，便可利用這些機會完成買賣。很多金融中心號稱它們的市場「深且流動」，意思就是需要錢的投資人能在極有限的價格退讓下（甚至無須退讓），快速賣掉手中的金融資產並取回資金。

流動性即是「即時性」（immediacy）的品質。[38]有價值的流動性必須是可靠的。金融市場煉金術的面貌之一是「市場永遠具流動性」的信念。但這是一個錯覺，因為標的資產（例如一家企業的實體資產和商譽）本身的變現能力通常不高，而代表變現能力的流動性，取決於市場上另一端的買方和賣方是否源源不斷的出現。極端不確定性有可能會打斷買／賣方的供給，所以市場的流動性可能今天很高，明天又很低，一如一九八四年十月十九日（黑色星期一）的狀況：道瓊工業平均指數在一天內重挫23%，造市者隨之暫時消失，因為他們擔心買進股票後，稍晚只能以遠低於買價的價格賣掉這些股票。

二〇〇七年九月至二〇〇八年九月的一年間，流動性也時高時低。舉個例子，當投資人體悟到房價不只可能上漲，也可能下跌後，原本高流動性的MBS市場突然變成一個低流動性市場，因為此時MBS投資人的請求權是否有保障，不再取決於被用來當作擔保品的住宅價值高低，而是取決於眾多不動產抵押貸款人的財務狀況——因為他們的貸款被綑綁成MBS，由投資人買走。直到這時，MBS的投資人才發現，雖然他們的未來端賴那些貸款人正常付款，他們卻對那些貸款人幾乎一無所知。而且，不同MBS之間的差異變得非常大。由於投資人無從了解那一群貸款人的財務特質，當然很難評估那些不動產抵押貸款組合的價值，於是這個市場的流動性也趨於枯竭。

這一切的一切理當沒什麼好意外的。投資人的行為受到敘事引導，而極端不確定性的存在可能經常會致使原本的敘事被迫修正，甚至使得整體應變策略被迫修正，最後導致交易者的價值認知與買賣金融資產的意願出現劇烈改變，原本交易流量向來穩定的市場，有可能會因此出現交易活動徹底停擺的狀況。舉個例子，在這場危機爆發時，倫敦銀行同業拆款市場（LIBOR market，在這個市場上，銀行以倫敦銀行同業拆款利率彼此貸放短期資金，如三個月期的放款）的行為貼切說明了這一點。平常銀行業者每天會向一個同業小組提供利率的報價，並相信同業之間將根據這些利率彼此拆借款。

LIBOR是由這個同業小組根據接收到的報價大略加以平均而來。[39]在這場危機發生後那段期間，LIBOR變得很不穩定，每日利率劇烈波動，遑論不同月份之間的波動，一些不同期限之銀行同業拆放款的市場交易量也明顯萎縮。即使在危機過後的二〇一一年，四個月期以上的銀行間英鎊拆借活動與六個月以上的美元拆借活動都還是相當稀少。[40]由於交易量明顯減少（甚至完全沒有交易），所以銀行經常不知道（甚至無法得知）該提出怎樣的利率報價。想當然爾，一旦市場體察到不同銀行的破產風險各有差異，那麼單一銀行同業拆款利率的概念就已變得毫無意義。這有關係嗎？當然有關係，因為LIBOR是制定衍生性金融商品合約（價值數兆美元）的參考利率之一。在這場危機爆發後，用於那些金融商品合約的標竿利率（譯注：如LIBOR）就變得很不穩固，而且遲遲無法擺脫風暴的衝擊。

在這場危機期間，由於LIBOR利率無法明確定義，隨之衍生的渾沌局勢促使某些銀行交易員趁勢共謀，提供可直接圖利自己的報價。後來，監理機關找到利率報價遭到人為操縱與捏造的證據，並對很多涉案的企業與個人祭出罰款，這就是所謂的LIBOR醜聞。[41]但坦白說，在二〇〇七年至二〇〇八年間，由於銀行同業拆款市場的交易狀況非常低迷，所以任何一方提交的報價理當都是假設性的報價，何況當時有很多銀行被告知，就算沒有任何現實的利率參考基礎，也要繼續提交利率報價。到頭來，這些銀行卻因為提交所謂「捏造」的報價而遭到監理機關調查。因此，某些銀行選擇退出這個同業報價小組，也算是可以理解的反應。曾幾何時，LIBOR已不再風光。[42]由此可見，金融市場的流動性不可能永久維持高檔。自詡擁有「深且流動」市場的地方（就好像一個無窮大的金融水池），應該要體認到市場的深度隨時可能改變，有時候可能長期處於淺水位狀態，甚至偶爾也會乾涸。

一九八〇年代時，經濟學家之間曾經激辯股票市場究竟「理性」或「不理性」。參與這場論戰的人當中，有三個人在事後獲得諾貝爾經濟學獎殊榮。[43]其中一個人是羅伯．席勒（Robert Shiller），他主張我們不可能參考股利源流（發給持股人的股利）的波動性來解釋股票價格的波動性。其他人則主張，預期不久的將來會發生大意外（所有可觀測樣本的股利數據都無法掌握這些意外）的心理，為股票市場明顯可見的波動性找到合理解釋。這個議題可能永遠也不會有解答，原因很簡單，在一個隱含極端不確定性的世界，我們根本不可能知道未來會是什麼樣貌，所以也不會知道任何特定的評價是否理性，最多只能知道某個評價可能看起來好像體現了某個明智或愚蠢的判斷罷了。股價的波動導因於投資人試圖應對一個不可知未來的種種行為。投資人對未來獲利的判斷有可能非常不穩定，而不穩定正是資本主義經濟體系的根本要素。

奧地利經濟學家喬瑟夫．熊彼得（Joseph Schumpet）打造了「創造性破壞」一詞，用來形容一個鼓勵投資在創新概念與風險活動的資本主義經濟體系，會對先前的投資活動造成破壞。[44]有時候市場所傳達的訊息對企業而言是有幫助的訊號，因為這些訊號能讓企業了解要在什麼時候投資到什麼方向；但有時候，這些訊息只是傳達投資人之間的心理緊張感或甚是恐慌感而已。凱因斯曾經對於股票市場做出如下描述，至今已是眾所周知：

> 我們可以把專業投資人比作參加報紙選美競賽的讀者；參賽者必須在一百張照片中，挑出六

張最美的臉孔。當一個競爭者選擇的那一組臉孔和全體競爭者的平均偏好最為一致，他就會獲獎；所以，每個競爭者都不能挑選他真心感覺最美的臉孔，而會選擇他認為最可能被其他競爭者喜愛的臉孔，而所有競爭者也都會從這個觀點來看這個問題。換言之，競賽者不能選擇自己用盡所有判斷能力後選出的最美臉孔，也不能選擇一般人真心認為最美的臉孔。我們已達到第三個層次——我們投注所有智慧，預測一般人心中預期一般人的平均意見會是什麼。而且我相信，一定有某些人已經達到第四級、第五級或甚至更高層級的預測了。[45]

「敘事」在投資人的應變策略中扮演一個重要的角色。在極端不確定性的環境下，決定市場價格的並非客觀的基本要素，而是有關基本要素的敘事。[46]那些故事可能受中央銀行和政府等重要參與者影響，但也會受知識潮流的改變或「目前的敘事有誤導性」的體認等影響——一如一九一四年危機爆發後的情況，當時的敘事從「戰爭無法想像」變成「戰爭已發生，而且將會戰敗」；此外，在二〇〇八年時，「先前的支出模式可望延續」的敘事，被「支出無法永續維繫」的敘事取代（關於這一點的完整解說，請詳見第八章）。

在今日的股票市場上，試圖在第二層次（或第三層次）上猜測市場情緒的參賽者已被電腦取代。目前有超過一半的買賣單是受到電腦演算法（algorithms，命令電腦何時買進或賣出的數學程式）驅動。因為股票交易所容許某些極大型的「高頻」（high frequency）交易者可以付費以超前取得交易所的電腦資訊，以致那類企業的電腦能緊盯交易單流量，並且比其他交易員提早幾微秒（microsecond）

發送出它們自己的買賣單。這會產生插隊的效果，換言之，這類交易者能在價格變得對他們不利以前搶先買進或賣出。[47]這種行為被稱為「超前交易」（front-running）。這樣的行為對交易手腳較慢的其他投資人來說，形同一種「稅賦」，而且等於變相鼓勵參與者投資昂貴的技術，但這些技術是為了利用他人的買賣單資訊來牟利，而不是為了將新資訊體現在市場價格上。

允許某些交易員比其他人優先取得買賣單的整體餘額資訊，並沒有任何社會利益可言。欲消除這種對一般投資人而言的「稅賦」，就必須將交易系統改為每小時一次、每分鐘一次，或甚至每天撮合一次的電子拍賣形式，而非受到人為組織安排的交易形式，至於頻率應該是多久，取決於交易股票的性質。[48]改以根據不同間隔（這些間隔的選擇是配合相關新聞的露出）加以切割的拍賣形式來取代「號稱」即時交易的形式很值得讚許，因為後者雖號稱即時交易，但某些投資人的交易其實能（略為）超前其他人。以目前的實際情況來說，很多交易是在交易日開盤後不久和即將收盤前成交，因為投資人希望在很多買方與賣方都同時在場上時進行交易，這樣他們的買賣單對價格的影響才能降低。[49]

此外，就最根本的本質來說，電腦演算法無法輕易按照新資訊改變其策略；到目前為止，只有人類有能力重寫演算法，而要重寫所需的不是原始運算能力，而是判斷力。

在極端不確定的環境下，投資人會做很多不同的判斷，其中有些或許是根據應變策略做出的判斷；而憑藉著事後諸葛之便，我們有時會將這些判斷形容為「錯誤」。不過，信念總是不斷改變，又有誰知道哪些信念是正確的？金融市場的評價是眼前的評價，這些評價本來就會很快改變，而且有時會呼應未來的不可確知而劇烈改變。投資人畢竟只是一群試著應對不可知未來的凡人，所以在那樣的情境下，人的行為難免時而謹慎，時而反覆無常，唯一不變的是揮之不去的不確定性。

我們也可以向上述的魯賓遜後代學習一點經驗。金融運作理當是實體經濟的支柱，它不能凌駕在實體經濟之上。只要不誤以為不確定性已被轉化為可計算的風險，金融市場就有助於我們應對一個不確定的未來。資本主義經濟體系的重要事實之一是，我們不能將未來視為一場機率遊戲，因為未來的唯一不確定性源於：沒有人能確知命運之輪最後會停在哪個數字；換言之，未來根本就不可知。所以，資本主義經濟體系才會發展出貨幣、銀行和金融市場等制度和機構，作為人類應對不可知未來的方法之一。這些元素在真實世界裡取代了經濟理論家的巨大拍賣場概念。

因此，資本主義經濟體系天生就是一個貨幣經濟體系，貨幣在這個經濟體系扮演著一個特殊角色。只要有足夠的信任，貨幣的價值就可望長久維持不墜，它是人類暫時寄存廣義購買力的工具之一，可供其持有人在未來發生意外事件時使用。貨幣讓我們有能力以今天的勞力換取未來的廣義購買力。正因如此，很多儲蓄合約都是以貨幣的形式計價。我們期望能透過存在帳戶裡的貨幣賺取利息——也就是貨幣數量的百分比增加。貨幣不僅是一種「買東西」的工具，更是因應不確定之未來的方法之一。當儲備廣義未來購買力的欲望上升，就會使今日的支出降低，而這就可能引發經濟衰退或甚至蕭條。

不止投資人、家戶和企業必須努力應對極端不確定性，為了解決集體問題——如貨幣創造——而成立的機構也得應付極端不確定性的影響。無疑的，中央銀行就是那類機構中最重要的一角，所以中央銀行也需要一種應變策略。

第5章　英雄與惡棍：中央銀行的角色

「自從開天闢地以來，世界上三大了不起的發明分別是火、輪子和中央銀行。」

威爾·羅傑斯（Will Rogers），美國演員與社會評論家，一九二〇年

「『我承諾只要你要求就付錢』是一種能令聽者著迷的言語。即使我不是世界上最容易上當的傻子，也因那種言語而相信他們幾乎一定說到做到。」

無名氏，《主禱文街的包圍》（*The Siege of Paternoster Row*），一八二六年

在這場危機爆發前的某一天晚上，我在倫敦圖書館的書架附近閒晃（在危機爆發後，我就不再有時間到那裡閒晃了）。突然，我的目光被一本書的標題吸引：《裸體示眾的老婦人》（*The Old Lady Unveiled*）。我當時想，這本書的標題如此傷風敗俗，怎麼會陳列在貨幣與中央銀行相關的書籍區？不過，我很快就發現，這是對英格蘭銀行的一份沉痛批判文獻（就我所知，其他圖書館並沒有陳列這本書）。作者是在大蕭條時完成這本書，他開宗明義地寫道：

> 本書旨在喚醒大眾看清英格蘭銀行的真面目，一般公認英格蘭銀行是最廉潔且最有愛國情操

的國家機構，但這個機構自奧蘭治的威廉三世國王（William of Orange）統治時期創立迄今，長期暗中地致力於散播艱澀難懂但獲利可觀的語言。[1]

很多人應該都認為中央銀行的世界沒有太大改變，的確，目前各國中央銀行透過大幅度擴張的資產負債表來賺取鉅額利潤，它們的獲利能力已紛紛創下有史以來的新高紀錄。各央行總裁經常召開記者會、定期到國會或議會作證，還會上電視，使用平實的溝通語言已經是當今常態，雖然偶爾還是會出現一些令人費解的話語。

狂熱崇拜名流的風氣甚至也可見於眾央行的陰暗廳堂。有一次，一名記者問柯林頓總統（President Clinton），身為世界上最有權力的人是什麼滋味。他指著美國國家廣播公司（NBC）的白宮特派員安琪拉．蜜雪兒（Andrea Mitchell）說：「問她吧。她是那個人的太太。」原來她丈夫是時任聯準會主席的艾倫．葛林斯潘（Alan Greenspan）。《時代》（*Times*）雜誌曾將他的照片刊登在封面上，並稱他為「拯救世界之委員會」的關鍵成員，前美國總統候選人之一約翰．麥坎（John McCain）更將他奉為神主牌（他曾在一場辯論中提到：「我不僅會續聘葛林斯潘先生，如果葛林斯潘先生突然過世——請恕我失言——我將效法《老闆度假去》〔*Weekend at Bernie's*〕電影情節，為他的屍體戴上深色墨鏡，帶著他出門，並盡可能設法將他長久保存下來。」），但他日後在舞台和銀幕（更別說印刷品）上卻經常詆毀葛林斯潘是二〇〇八年危機的製造者。事實上，眾人所推崇或批判的葛林斯潘，都不是我所認識的他，我認識的葛林斯潘是個深謀遠慮又為人謹慎的央行總裁。因此，我們有必要掀開中央銀行那不可思議的神祕面紗，以「凡人」的標準來看待他們，這一點極其重要，因為唯有如此，我們才能確保這個由個人運作的系統提供正確的行為誘因，而最終得出對於眾人來說最佳的結果。

諸如班．伯南奇（追隨葛林斯潘的腳步）等中央銀行官員都曾試圖設法讓中央銀行業務擺脫人格的影響，但都不怎麼成功，甚至徹底失敗。里亞奎特．阿梅德（Liaquat Ahmed）在他的暢銷書《金融的領主》（暫譯，*The Lords of Finance*）中，描述四個導致這個世界陷入大蕭條，但最終又引導世界走出大蕭條的中央銀行總裁——謎一樣的央行總裁。八十年後，一組旗鼓相當的中央銀行總裁——包括我本人——也面臨了同樣困難的挑戰。不過，當前和過去的差異在於，在二〇〇七年爆發的那一場危機之前，各國中央銀行早已從隱密的幕後走到陽光下的幕前。它們將原本令人難以理解且神祕的中央銀行操作變得透明且公開。到了一九九〇年代期間，各國央行——乃至央行總裁——甚至成為金融偶像。但這些總裁本身則以不同的角度看待這個情形——我們謹記凱因斯的忠告：「如果經濟學家能讓外界將他們視為謙遜又稱職的人——猶如牙醫般的地位——那就太傑出了！」[2]我們的目標是要讓貨幣政策盡可能地索然乏味。

持平而言，我們的雄心壯志並未能實現。除非你是住在荒島上生活的隱士，否則絕對不會認為過去十年所發生的一切索然乏味。由於整個世界隨著史上最嚴重的銀行與金融危機而迅速沉淪，各國中央銀行被迫成為爭議的聚光點。貨幣與銀行業務聽起來可能是很枯燥的專業，但是一旦出狀況，這些專業又會引來非常激昂的反應。迅速竄升的通貨膨脹有可能急速惡化為災難性的超級通貨膨脹，一九二〇年代威瑪共和時代的德國便是如此；而通貨緊縮則有可能引發經濟停滯，一如一九九〇年代陷入失落十年的日本——而且一如很多人所擔心的，如今多數工業國家很可能也陷入這樣的窘境。到了二〇〇八年，銀行危機占盡了新聞版面。

如果貨幣與銀行業務的發展與智人（*Homo sapiens*）❶出現之後的人類歷史一樣久遠，那麼各國中央銀行應該只能算是一群毛頭小子。若以機構的歷史來說，多數中央銀行都相當年輕。事實上，中央銀行向來被譽為明智且紀律嚴明的機構，與財政部極其不節制的印象呈現對比，也掩飾了兩者的實際年歲差異。世界上第一家中央銀行是瑞典的國家銀行（Riksbank），成立於一六六八年。該銀行在它的成立三百年紀念日，捐贈了諾貝爾經濟學獎獎金。不過，瑞典國家銀行直到一八六七年才獲得如今這個名稱，而且在一八九七年之前其實都只能算是一家商業銀行。[3]連續存在時間最久的中央銀行當屬英格蘭銀行，它從一六九四年開始營運，協助政府募集軍事支出所需的資金。相較於瑞典國家銀行，英格蘭銀行的成立三百年紀念活動就低調得多，它只舉辦了一場音樂會，並將歷來的會議紀錄整理出版成冊。其次是成立於一七八二年的西班牙銀行（Bank of Spain）和成立於一八〇〇年的法蘭西銀行（Banque de France，由拿破崙所成立），隨後則是一八一一年十二月成立的芬蘭銀行（Bank of Finland，芬蘭銀行早在俄羅斯中央銀行之前就成立，俄羅斯央行在一八六〇年成立時，芬蘭還屬於俄羅斯的幅員）。

美國在中央銀行業務方面的開始有兩次失誤，一是一七九一年至一八一一年間的美國第一銀行（First Bank of the United States），二是一八一六年至一八三六年間的美國第二銀行（Second Bank of the United States）。直到一九一三年國會立法通過成立聯準會，該會於一九一四年開始營運後，美國的中央銀行業務才漸漸步入常軌。[4]一九〇七年，紐約的一場恐慌導致股票交易所下跌50％，許多銀行破產。這場金融危機過後一年，國會成立國家貨幣委員會（National Monetary Commission），針對「美國貨幣體系必須或值得進行什麼改革」提出一份報告。該委員會在提出成立聯邦準備體系（它形容計畫成立的聯邦準備體系「實質上會是一個美國體系，它的方法很科學，對它的控制很民主」）的建議以前，編寫了二十二冊有關各地貨幣與銀行制度的報告，尤其是歐洲的制度。英格蘭銀行很榮幸擁有這一套完整報告，目前就陳列在它的接待室。這些報告的作者提到：「英格蘭銀行在金融圈的重要地位，來自該銀行主事者的智慧，而不是任何法律規定。」所以，他們並未將英格蘭銀行視作模範；反之，他們建議成立一個有法源依據且必須對國會負責的機構。大蕭條以後，聯準會的運作模式又有進一步變革，位於華盛頓的理事會取得更大的權利，同時開始導入明確的全國性利率政策。

世界上歷史較悠久的中央銀行一開始多半是商業銀行，隨後因它們在本國銀行業務市場的支配地位，由民間機構轉型為公家機關。基於這個理由，這些中央銀行很不得民心，因為外界容易懷疑它們濫用地位以牟利。打從一開始，每次英格蘭銀行的章程因故需要更新，就會有源源不斷的小冊子開始流傳，內容多半是嚴厲譴責英格蘭銀行的特權地位。一八四四年的銀行憲章法（Bank Charter Act）賦予英格蘭銀行發行新紙鈔的獨家權利，此舉引爆了新一波的反英格蘭銀行情緒，該銀行的董事被外界形容為「遲鈍的蟾蜍」和「摩洛克神（Moloch）染血祭壇上的教士」等。[5]在這場危機期間，中央銀

❶編按：現代人的學名。

行官員一樣遭受很多批評，幸好我們至少能夠自我安慰地想，那些批評的語氣好歹比早期溫和一點。

一八三二年時，安德魯・傑克森總統（Andrew Jackson）否決了美國第二銀行特許狀的展延。他當時主張，國會沒有將紙幣發行權委託給任何其他實體的憲法權利：

> 有些人堅決主張第二銀行是執行「鑄造錢幣與監理錢幣價值」之憲法權力的手段之一。既然國會早已成立一家鑄造廠來鑄造錢幣，並通過法律來監理這些錢幣的價值，那麼透過這個管道鑄造的錢幣與透過這種管道監理的價值，以及國會可能接受的那些外國錢幣，才是憲法架構下的唯一通貨。憲法授權國會監理通貨，是要國會自行行使這個權力，而不是要國會把這項權力轉移給一家企業。如果美國第二銀行是基於特許目的而成立，且其所持有的特許狀惟有在自己同意的情況下方可變更，那麼國會等於是在這麼多年來放棄了自己的權力，憲法也形同虛設。國會將它的立法權力轉移給那樣一家銀行是沒必要且不適當的，因此這種作法應屬違憲。[6]

歷經十九世紀末與二十世紀初的銀行危機，美國國會終於相信成立中央銀行是合憲且良善的概念。是什麼因素促使他們改變觀點？在第二章所描述的自由銀行時代，美國沒有中央銀行。各商業銀行發行的紙鈔經常低於面額折價交易。如此導致這些鈔票的購物或保值效用降低。也有人擔心銀行可能會基於存款人不夠了解銀行的償債能力，恣意超額發行鈔票，從中牟取暴利。再者，每當銀行體系爆發危機，沒有任何中央主管機關可出面重建信心——例如一九〇七年的危機是靠著約翰・皮爾朋・

摩根（John Pierpont Morgan，摩根銀行的創辦人）出面組成銀行團來支持羸弱的同業才得以圓滿落幕。相似的情況發生在德國，德意志帝國銀行（German Reichsbank）並非與該國於一八七一年統一時同步問世，而是成立於一八七六年，顯然它的成立是為了回應一八七三年的金融危機。總之，由於先前的貨幣與銀行危機經驗，各國中央銀行才獲得了現代的角色。由商業銀行起家而後發展成為世界上第一批的中央銀行們，都曾組織偶發性危機的拯救計畫，並且在實質上扮演銀行業的秘書角色，超脫與其他銀行競爭的層次。[7]

進入二十世紀後，中央銀行的地位漸漸提升，並演變成今日這種大權在握的狀態，掌握了管理貨幣供給與監督銀行體系的權責。但不管在政治立場是左派或右派人士，很多人還是對中央銀行權力心存疑慮，由「終結聯準會！」的口號便可見一斑。[8]各國中央銀行因實現了為期十年的「大穩定」以及在二〇〇八年後成功防止大蕭條再現等而被視為英雄。但它們也因未能預先控制銀行體系的不節制行為，事後又大量製造貨幣而被視為惡棍。相較於一九九〇年代末期與二〇〇〇年代初期中央銀行聲望達到顛峰時的情況，目前各國中央銀行的處境非常不利，多半為了捍衛得來不易的獨立超然地位而努力，只求不要受各黨派野心勃勃的政治人物干擾。以聯準會來說，在創立滿一百年之際，它自覺有義務將這個事件描述為一個「記號」，而不宜忙著慶祝里程碑的達成，並且以慈善捐款而非自有資金作為同時在華爾街美國金融博物館（American Museum of Finance）舉辦之展覽的經費。連法院也來湊一腳，美國聯邦索賠法院（Court of Federal Claim）湯瑪斯・維勒（Thomas C. Wheeler）法官在二〇一五年六月判定，聯準會於二〇〇八年十月為紓困保險公司ＡＩＧ而取得該公司大量股權的行為，已超出它的法律權限。[9]此外，德國的聯邦憲法法庭（Federal Constitutional Court）也對於歐洲央行計畫收購歐元區某些周邊國家主權債務的提案表達保留態度。[10]不過，儘管這些質疑在在挑戰了中央銀行的職權，各國政府卻愈來愈依賴中央銀行——尤其是聯準會、歐洲央行、日本銀行（Bank of Japan）和英格蘭銀行——協助經濟從「大衰退」中復甦。

我們透過經驗了解到，公共實體（通常是中央銀行）在資本主義經濟體的貨幣管理事務中具備兩點重要性。第一點是確保時機良好時期的貨幣數量成長率能夠維持貨幣價值的整體穩定性；第二點是確保時機惡劣時期之貨幣數量成長率能滿足民間無法預期的流動性需求——因為流動性代表未來購買力的準備金（請分別見第二章與第三章）。這兩項功能說起來很簡單，做起來卻很難，而它們正好呼應了所謂「最後放款人」的雙重目標——價格穩定與提供流動性。

追求價格穩定性的應變策略：通貨膨脹目標制

大衛．休謨與亞當．斯密等十八世紀思想家深知流通貨幣的數量與商品及勞務買／賣價格之間的關係：「如果我們只考慮任一帝國，很顯然地，貨幣數量的多寡無關緊要，因為原物料商品的價格與貨幣數量向來維持一定比例。」[11]長期來說，愈多貨幣代表愈高的價格。這就是貨幣數量理論，這項理論後來經過美國經濟學家艾爾文．費雪（Irving Fisher）和傅利曼的改進並予以普及化。

多年來，各國政府一直無法抗拒讓本國通貨貶值的誘惑，紙幣的發明更誘使政府竭盡所能地印鈔票來支應政府支出。據說列寧（Lenin）曾表示，摧毀資本主義最好的方法就是讓通貨墮落。根據歐洲在第一次世界大戰後的經驗來判斷，列寧的看法一點也沒錯。即使是在市場經濟體系得以倖存之處，通貨膨脹也一直是個令人頭痛的問題。在英格蘭銀行於一九九二年採取通貨膨脹目標制前的二十五年間，物價上漲超過750％，比起此前兩百五十年的漲幅更大。[12]通貨膨脹被視為理所當然，而物價穩定則被視為不可能實現的任務。

前聯準會主席葛林斯潘對物價穩定的定義是：「通貨膨脹長期維持穩定的低水平，以致家戶與企業部門在制定決策時，幾乎完全不會考慮到這個問題。」[13]在葛林斯潘執掌聯準會期間擔任其副手的普林斯頓大學經濟學家亞倫・布林德（Alan Blinder）說得更直白，他說：物價穩定是指「一般人不再談論也不再畏懼通貨膨脹。」[14]近幾年來，我們開始將物價穩定視為理所當然；某些人甚至開始擔心通貨緊縮（物價下跌）的可能性。通貨緊縮的傷害不亞於通貨膨脹。西元二七四年，由於鑄幣場工人假造錢幣，羅馬國王奧勒良（Aurelian）試圖重建貨幣制度的健全度。他下令以良幣交換劣幣，並下令摧毀所有以貶值後之通貨記帳的帳冊。結果，物價在一夜之間下跌。吉朋在他的《羅馬帝國衰亡史》（*History of the Decline and Fall of the Roman Empire*）中觀察到：「此種性質的暫時性不滿，鮮少激起並持續嚴重的內戰。」[15]長期下來，奧勒良的作法果然重建了貨幣的價值，但是在短期內依舊造成了一些磨難。即使根據凱因斯學派的觀點：「長期來看，所有人都死了」，當時的人民還是因難以忍受痛苦而群起暴動，導致很多人在短期內死亡——七千名士兵和無數人民在鎮暴行動中失去性命。

到了更近代，就算某些政府公開表明對物價穩定的信仰，卻也經常為了短期利益而偏離正道，例如趕在選舉前提振經濟，指望選民到選後才感受到通貨膨脹成本的上升。一旦受不了誘惑而讓步，馬上就會面臨一個令人厭惡的選擇：要選擇讓經濟衰退，以便壓抑通貨膨脹；還是要放任通貨膨脹維持高檔或甚至繼續上升。整體而言，不管是從經濟學、歷史和常識來判斷，通貨膨脹與通貨緊縮的代價都很高。當我們賦予中央銀行發行紙幣的獨家權力，不免會引發「要如何防範貨幣發行的權力遭到濫用？」的疑問。我們無法強制要求後代子孫採用某個特定政策，甚至我們自己都做不到這一點。在這種情況下，要如何設計出一個制度以令人產生「貨幣將能保值」的合理期望？

將通貨和黃金綁在一起，似乎可達成長期物價穩定的目標，十九世紀多數時候的物價確實相對穩定。不過，就算是金本位也無法凌駕在國家主權之上，而且當遵守這項本位的成本（以產出與就業的折損而言）顯得過高，各國政府勢將紛紛放棄本國通貨可兌換黃金的規定，一如十九世紀爆發金融危機的英國和其他幾個歐洲國家的情況。讓國家保有國內貨幣供給與流動性控制權，並能堅守長期物價穩定承諾，這是各國的一種根本需要。

遺憾的是，各國從固定兌換比率規定（例如金本位）改為自由裁決兌換方式後，通貨膨脹遂開始失控，這個問題在一九七〇年代的大通貨膨脹時期達到高峰。到了此時，各國開始重視「將貨幣政策授權給獨立超然且承擔明確受託任務的中央銀行」的概念，希望藉此達成物價穩定的目標。中央銀行並非生來就擁有獨立超然的地位，它們其實是被迫得到這樣的地位；以德國的例子而言，在二次大戰過後，聯軍在該國強制施行獨立中央銀行的模型。而為回應大通貨膨脹，中央銀行取得獨立超然地位的趨勢在一九九〇年加速成形。英格蘭銀行和日本銀行在一九九七年獲得獨立超然地位，而瑞典國家銀行則是在一九九九年，同一年，由於德國的聯邦銀行（Bundesbank）自一九五七年以來實現低通貨膨脹的成效斐然（明顯優於其他工業國），獨立超然的歐洲央行因此成立。[16]

當然，各國中央銀行本身可能也會有討好大眾的傾向。不過，各國中央銀行總是敏捷回應那類質疑，其中一種回應是：中央銀行官員和政治人物不同。有決心和力量實現「在宴會還酒酣耳熱之際取走雞尾酒缸」（這是聯準會前主席麥錢斯尼・馬汀〔McChesney Martin〕回憶錄中的說法）宗旨的中央銀行官員顯然擁有這樣的能力和素質，但為何他們不「放手去做」？[17]當然，相信所有中央銀行官員都擁有適當的能力和素質固然很好，他們或許也的確如此。但我們實在沒有必要相信自己能找到那樣的超人，那種優秀人種可遇不可求。相反地，解決這個問題的答案是：為受雇管理中央銀行的人設計一套適當的誘因結構。

如果民選政府或政府顧問精確了解經濟體系如何運作，理當能夠草擬一份精準說明中央銀行在未來每一種可能發生的世界狀態下應該採取什麼作為的合約。屆時，貨幣政策就有可能被委託給一家專門落實這份合約的獨立央行來執行。不過，這個概念有兩個問題：首先，一旦政府抵擋不住誘惑而放任通貨膨脹上升，它便可能會自動毀約；第二，在一個隱含極端不確定性的世界，根本沒有人有辦法草擬出一份涵蓋所有未來可能事件的詳細合約，因為未來完全無法以筆墨描繪。經濟學家較傾向於關注第一個問題，但我傾向於認為第二個問題更需要留意。抵抗誘惑要比應對完全未知的狀態簡單得多。

由於我們無法事先辨識未來將出現什麼貨幣管理的挑戰，所以我們理所當然——甚至不可避免——會賦予中央銀行一定程度的裁決權，讓它們有回應某些突發事件的彈性空間。這就是採用通貨膨脹目標制的根本概念。這個制度最初是紐西蘭在一九九〇年開始採用。隨後很快地，相關概念迅速在一九九一年擴展到加拿大，一九九二年進一步延伸到英國。這個概念的目標是為了讓中央銀行承擔起在特定期間內實現某個量化通貨膨脹目標的任務，而為了實現這個目標，中央銀行被賦予適度的裁決權來回應短期的通貨膨脹波動。

這種短期波動是無法預測的。當市場上的需求和供給失衡，物價和工資並不會為了促使這些失衡恢復正常而立即調整——企業只有在回應需求的變化時，才會不定期地調整價格；工資只會隨著勞動市場的情況改變而緩慢調整；一般人也只會在接收到新資訊後，才緩慢更新原本的預期心理。這種「摩擦」（frictions，即「僵固」〔rigidities〕）會導致整個流程發生時間遲延（time lag）：貨幣變化誘發物價變化，物價與工資調整落後於需求變化（也就是所謂的「名目僵固」〔nominal rigidities〕）以及預期心理的調整落後於通貨膨脹變化（即「期望僵固」〔expectational rigidities〕）等現象，會形成貨幣、經濟活動和通貨膨脹之間的短期關係。[18]貨幣政策會影響短期的產出與就業狀況，並影響長期以後的物價，而中央銀行必須處理分屬短期與長期的這兩個問題，而這就是聯準會所謂「雙重任務」的由來，所謂雙重任務就是「就業最大化」與「穩定物價」的雙重目標。[19]中央銀行最在意的並不是它能否消除年與年之間的消費者物價通貨膨脹起伏，它最重視的是能不能設法降低長期物價水準的不確定程度。如果能降低這種不確定性，一般人就不再需要擔心通貨膨脹的問題。

通貨膨脹目標制貨幣政策是由兩個要素組合而成：(a)一個中期的通貨膨脹目標；(b)一個回應短期經濟衝擊的對策。經濟衝擊（例如油價或匯率波動等衝擊）經常會導致通貨膨脹偏離理想的長期水準，一旦碰上這種狀況，必須解決的政策難題是：要在多短的時間內將通膨引導回原先的軌道？這個疑問的答案取決於通貨膨脹偏離既定目標以及失業率偏離長期均衡水準的程度與相對成本，而中央銀行能以自由裁決的方式來判斷這些相對成本。從這個觀點來說，背負雙重任務的中央銀行（如聯準會）和背負單一任務的中央銀行為達到既定通貨膨脹目標而採取的行動並不會有實質差異，重點只在於家戶與企業部門是否相信物價將長期維持穩定。

到目前為止，不管是就主要目標或是作為一種確保公共機構之民主當責（accountability），通貨膨脹目標制都非常成功。有些經濟學家主張，中央銀行應該根據立法人員設定的「政策規則」來訂定政策，或者至少要解釋為何它們選擇的政策會偏離該「政策規則」所默許的範圍。貨幣政策規則早已成為一個重要的研究領域。[20]其中最著名的或許是所謂的泰勒規則（Taylor rule，這個規則是以史丹佛大學的約翰·泰勒〔John Taylor〕為名）。泰勒規則暗示，如果通貨膨脹高於既定目標，且產出高於原來的趨勢水準，利率就應該上升；反之則應降低。二〇一四年，史考特·葛瑞特（Scott Garrett）與比爾·修伊詹加（Bill Huizenga）眾議員導入一項法案，要求聯準會向國會提供「一項能說明貨幣政策路線的明確規則」。[21]那樣的規則有可能是一個顯示聯準會為回應經濟體系的某些變化將如何調整利率的數學公式。雖然這個提案顯然是希望聯準會直接向國會負責，它隱含了一個根本缺陷：世界上根本不可能有一個能長期維持理想狀態的耐用規則。由於我們對於經濟體系的了解並不透徹，而且對於經濟體系的了解也還在不斷進化（有時進展緩慢，有時大躍進），所以任何今天看似最好的貨幣政策規則，明天就可能被另一個更好的新規則取代。根據法規命令而採用的任何規則，都可能在一年內因新的研究而遭到撤換。

關於這一點，聯準會與英格蘭銀行在二〇一三與二〇一四年間的經驗是很好的例子。這兩個央行當時分別在宣布失業率的同時，表示將開始考慮提高利率。然而，二〇一三年看似會促使利率上升的失業率到了二〇一四年卻好像不那麼合理，因為此時失業率降低速度超出預期，但是絲毫不見通貨膨脹上升的跡象❷。實務貨幣政策的最大特色是：那是一個連續的學習過程，而透過經驗學習的意思是，我們要隨時做好偏離一、兩年前建構之規則的心理準備。當然中央銀行有責任提出具說服力的經濟論述和具體的證據來為它的行為辯護。換言之，與其固守一成不變的規則，不如秉持當責與透明度原則來彈性調整規則。

一般認為，與其採用固定規則或給予某獨立實體全然自由等既兩極化又不吸引人的模式，不如授權給一家獨立但受制於明確規定且自由受限的中央銀行，後者比較有吸引力。若要採用那種框架，就必須明確定義中央銀行要遵守什麼限制。其中一項限制是量化的通貨膨脹目標，第二項是建立一個能敦促中央銀行為其決策負責的機制。事實上，打從一開始，通貨膨脹目標制就被視為中央銀行改善貨幣政策可信度與可預測性的手段之一。

自從紐西蘭、加拿大和英國在一九九〇年代初期採納通貨膨脹目標制後，世界各地已有超過三十個國家接連採納這個體制。[22]目前所有大型央行都採納2%的通貨膨脹目標，其中，聯準會是在二〇一二年採納這個目標，而日本央行則是在二〇一三年採用。根據第四章的內容，將貨幣政策授權給一家採用通貨膨脹目標制的獨立中央銀行就是一種應變策略。這個通貨膨脹目標簡單明瞭，這意味它能促使中央銀行與民間部門等做出自然的直觀推斷。例如對中央銀行來說，這個直觀推斷是設定諸如「讓預期通貨膨脹率等於目標通貨膨脹率」的政策，而對於民間部門來說就是「期待通貨膨脹率等於目標通貨膨脹率」。由於通貨膨脹預期心理會對於工資與物價的設定產生重大影響，進而對於通貨膨脹本身產生顯著影響，所以，所有可靠的貨幣政策都應該設法將預期心理定錨（anchor）在這個通貨膨脹目標上。此外，這個直觀推斷讓中央銀行在判斷未來可能的通貨膨脹途徑時，無須固守任何特定的經濟模型。通貨膨脹目標制的最大吸引力在於：這個框架無須經常隨著我們對於經濟行為模式的新理解而調整。

通貨膨脹目標制只和決策制定與溝通有關。它並不是一個闡述貨幣與利率對經濟體系影響的新理論。不過，將通貨膨脹預期心理定錨在這個目標，理論上就能降低通貨膨脹衝擊的變異性與持久度——實務上也是如此，而且這麼一來，不用假裝我們信守某個不可信的規則（因為沒有人敢指望那種規則能會永遠不變），也能降低通貨膨脹衝擊的變異性與持久性。

老問題與新工具

然而，還有一些更深層的理由需要釐清——為何中央銀行只需要憂心消費者物價通貨膨脹，而無須憂心實體經濟體系的現狀？通貨膨脹目標制的設計是要模擬一個競爭市場體系的行為——這個經濟

❷編按：在經濟學有一條菲利普曲線（Philips Curve），表示名義工資變化率與失業率呈現負相關性，意即失業率的降低將伴隨名義工資變化率（意似物價膨脹率）上升。

體系看不出有阻礙物價立即調整的名目或期望僵固，中央銀行慣用的傳統經濟模型本來就不存在物價僵固性。問題是，那些模型並未考慮到極端不確定性的存在。所以，中央銀行需要面對的問題是：經濟體系是否存在其他會導致它偏離某個通貨膨脹目標的缺陷？當家戶和企業部門面對極端不確定性，理所當然會犯下偶發性的「錯誤」——例如誤判未來所得，而且，它們要經過很長時間的落差才會察覺到自己的錯誤。那樣的錯誤雖然可能不會對短期的通貨膨脹造成明顯衝擊，卻有可能累積為顯著的支出與產出差異，並導致支出與產出嚴重偏離可持久的路徑。這不是短期僵固造成的結果，而是誤判「未來」的本質所致。

當前世界經濟體系的失衡凸顯出這個問題在實務上的重要性。中央銀行應該試著在家戶與企業部門真正理解這個情況以前，負起導正那類錯誤的責任嗎？或者中央銀行只要聚焦在未來一、兩年的通貨膨脹目標就好？中央銀行是否因為沒有嘗試修正民間部門鑄下的這些大錯，終而導致這一場危機成真？若說貨幣政策的宗旨是要防範經濟體系陷入一個無法持久的處境，就好像主張中央銀行應該偶爾以經濟體系的實質均衡為目標，不能只是聚焦在物價穩定上——這個問題遠比「中央銀行應該擔負雙重任務或單一任務」的問題深奧且困難許多。根本的問題在於，中央銀行是否應該承擔起防止實質變數（例如支出與產出）嚴重偏離其正常水準的責任？畢竟允許某個持續擴大的嚴重失衡繼續惡化的代價，就是「經濟未來遲早會崩潰」，到時候，經濟將因崩潰而陷入停滯並長久處於低通膨狀態（而通貨膨脹是央行的任務之一）。

因此，中央銀行在引導經濟體系方面應扮演什麼角色才適當，這是一個棘手且極具爭議的議題，我將透過第八章與第九章更具體的脈絡，回頭探討這個議題，我將討論如果當初各國中央銀行是依循另一個不同的貨幣政策，那這場危機是否就不會發生？或至少能降低嚴重性？此外，我也將研究中央銀行目前應該做些什麼。有些人認為中央銀行應該要對「金融穩定」投以至少與「物價穩定」相等的關注，意即貨幣政策不只可以影響短期通貨膨脹的波動，也應該試著影響其他要素，而他們的觀點引發了通貨膨脹目標制可取與否的疑慮。落實這個主張的難處在於，當我們未能維持金融穩定，其中牽涉到的是一連串過失。金融不穩定可能反映在經濟代理人（economic agents）造成的「錯誤」資產價格——快速上漲的資產價格，一般不嚴謹的形容為「泡沫」——而導致的惡果。金融不穩定也可能反映在銀行部門因過度槓桿與交互關聯性過高而變得極端脆弱。怎樣的政策回應才叫適當？答案取決於金融不穩定的導因。提供適量的「緊急貨幣」（見後文）能改善立即性的惡果。然而，欲事先防範它的發生，可能不僅需要在貨幣政策上著力，還需要調整銀行部門的結構。以目前的情況來說，各國政策制定者並未深思貨幣政策的框架或是考慮積極改變銀行業，而是尋求新工具來處理金融不穩定的潛在導因。其中最重要的當屬所謂的「總體審慎政策」[3]（macro-prudential policies）。

總體審慎工具包括直接與間接控制金融市場。直接控制的例子之一是：對於不動產抵押貸款相對所得的規模設限，而間接控制的例子之一則是：規定若銀行要對一般研判風險特別高的領域增加放款，就必須採用更高的股權融資。這些量化控制措施就意同於針對不同型態的交易設定不同的利率。

---

❸編按：所謂的總體審慎政策，即鎖定出現金融失衡的部分予以重點管制。這一類政策工具的重點是要維護整個金融和經濟體系，相對於傳統上僅監督與確保個別銀行健全的「個體審慎政策」。

英格蘭銀行的貨幣政策委員會負責決定官方短期利率（英格蘭央行利率）水準，而另一個新委員會——金融政策委員會（Financial Policy Committee，二〇一一年成立）——則負責決定總體審慎策略以作為附加工具。貨幣政策與總體審慎政策的差別並不是那麼顯而易見。欲區分這兩者的差異，最粗淺的思考方式就是：前者和經濟體系的貨幣數量有關，而後者和各個經濟部門的信用分配有關。

在這場危機爆發前，各國央行相信它們的任務並非介入資源分配，而是要藉由物價訊息（以利率的形式）釋出今日與未來支出適當的相對物價，以引導經濟走向；同時，各國央行干預特定資產市場的情況也已成為常態。這兩套決策之間的緊張關係已經愈來愈明顯。舉個例子，從二〇一〇年至二〇一三年間，瑞典國家銀行就分裂成兩個尖銳甚至敵對的派別。第一派擔心房價與債務規模上升速度過快，因此主張提高利率。第二派則認為房市問題應該由負責監理房市的主管機關出面解決，但誠如我們所見，監理主管機關對於房市發展的態度要比中央銀行的多數官員來得鬆懈。

對信用進行量化限制絕對不是全新的政策工具。早在一九五〇年代與六〇年代，很多先進經濟體就開始採用這項工具，而且目前很多新興與開發中經濟體也還很倚重這項工具。隨著先進經濟體的銀行與金融市場在一九七〇與八〇年代逐步自由化並開放外來競爭，這類管制手段大多已經廢除。中央銀行能決定本國貨幣的利率，但無法輕易對外國銀行的放款活動設限，儘管這些日子以來，監理機關之間的合作已有改善，但總體審慎政策在如今這個無國界資本市場的運作成效，恐怕還有待驗證。相較之下，利率政策的重要特質在於，它能靈活且快速地回應各種事件。就行動層面來說，快速調整放款限制（例如設定不動產抵押貸款相對住宅價值的最高比率，譯注：即一般所謂的房屋貸款成數限制）比快速調整利率困難，而且，針對前者提出辯護與解釋的難度也比後者高。

在政治圈「確保貨幣穩定之重要性」的共識之中，浮現一個不成文的協議：民主社會願意授權給一家非民選的中央銀行來設定利率，即使這麼做會對所得與財富的分配造成某些影響。不過，一旦中央銀行更廣泛地直接干預不動產抵押與放款的領域，勢必會引來越權的質疑。舉個例子，干預信用市場分配以協助首次購屋者和小型企業等對象的作法有何好處，確實有辯論空間。要採用哪些類型的市場干預，應該適當地留給民選政治人物決定，因為獲得選民委託的民選政治人物才有權責制定那種決策。老實說，我搞不太懂由中央銀行掌握信用的個體經濟分配權力有何道理。如果央行掌控這項權利，而儲蓄與支出狀況又失序（一如過去二十年間的情況），那麼中央銀行將承受愈來愈大的壓力，最後不得不進場干預特定的金融市場，以修正所謂的扭曲（distortions）。然而，那些扭曲其實是總體經濟失衡的結果。就算央行出手干預，那些「扭曲」和「不節制」又會在其他市場出現。到最後，央行勢必在某種程度上得干涉到個人的儲蓄與信用決策，而那樣的干涉行為並不見容於創新的市場經濟體系。

在這場危機過後，很多人對於中央銀行的權責感到困惑——中央銀行是否應該全然聚焦在物價穩定的單一目標，或者也應該負起引導經濟體系走向新均衡（也就是處理資產價格的潛在「泡沫」）的責任？免不了有人會認為中央銀行官員應該效法英國國教教會（Church of England），向大眾懺悔：「我們未能鎖定應該鎖定的目標，而把不該鎖定的目標當成目標，以致經濟變得不健康。」[23]

預期心理與溝通

我在一九九一年加入英格蘭銀行時，曾敦請傳奇的美國中央銀行官員保羅・伏克爾（Paul Volcker）給我一個能一言以蔽之的忠告。他低頭看看我（因為他足足比我高一英尺）說：「神祕感。」（'Mystique.'）[24]他當時是在談論企業、家戶和金融家對中央銀行抱持信心的重要性。如今，我們必須用更透明的方式來贏得那樣的信心。我在英格蘭銀行任職期間，政治人物和中央銀行官員明顯走在分歧的道路上。隨著政治人物嘗試對選民營造某種印象，他們的身段便愈來愈高，而中央銀行總裁的身段則愈來愈低。繼保羅・伏克爾之後的聯準會主席分別是葛林斯潘、伯南奇和珍娜・葉倫（Janet Yellen），他們的身段一任比一任低。至於英格蘭銀行的戈登・理查森（Gordon Richardson，和伏克爾同在一九八〇年代的債務危機時期擔任央行總裁）之後是羅賓・列・佩姆伯頓（Robin Leigh Pemberton）、艾迪・喬治（Eddie George）、我本人和馬克・卡爾尼（Mark Carney）。顯而易見地，各國央行不再那麼依賴高不可攀的傲慢身段來贏得外界的敬畏，而是藉由愈來愈高的透明度，以及坦率面對一般人的能力來贏得外界的支持。[25]

企業和家戶部門是根據它們對未來的期望來制定決策，因此，一般人對未來可能施行之貨幣政策的預期，也會影響到今天的經濟結果。讓我們看一個簡單明瞭的例子：假定經濟體系對於貨幣政策調整的回應沒有磨擦或時間延遲，在這樣的條件下，一家中央銀行得以即時回應所有衝擊，成功且徹底控制通貨膨脹，結果這個經濟體系的通貨膨脹率將因此固定不變。利率雖會波動，但和通貨膨脹沒有明顯的關聯性，利率也未對通貨膨脹產生顯著影響。這時，觀察者——包括新聞工作者或計量經濟學家——會認為利率的變化似乎和通貨膨脹沒有太大關係，而中央銀行的行為看起來好像也幾乎完全隨機。根據假設，這個推論將是錯誤的。事實上，如果一般人預期中央銀行的行為是隨機的，那麼家戶與企業的行為就會改變，通貨膨脹也就不會維持穩定了。

這個觀察發現可歸納出我們所謂利率的馬拉度納理論（Maradona theory）。通常一般人不會把偉大的阿根廷足球明星迪亞哥・馬拉度納（Diego Maradona）和貨幣政策聯想在一起。但一九八六年六月，他在墨西哥市舉辦的世界盃對英格蘭之戰勇奪兩分的表現，卻是闡述上述觀點的完美實例。當時，馬拉度納靠著「上帝之手」得到的第一分（他蓄意用手將球捶進球網，但沒被裁判發現）顯然違反所有規定，但他很幸運沒被逮到。至於他的第二分則充分體現了預期心理的強大力量：馬拉度納從他那一隊的半場出發，奔跑了六十碼，途中閃過五名球員，最後將球踢進英國的門網。然而，真正驚人的事實是，誠如球場上方架設的攝影機記錄所示，馬拉度納當時幾乎是直線向前奔跑。但要怎樣才能一邊閃過五名球員，一邊直線奔跑？答案是，由於英國的防守球員預期馬拉度納會從左邊或右邊移動而紛紛朝兩側防守，那樣的預期心理讓馬拉度納得以直線推進。

貨幣政策的運轉也很相似。市場利率因回應外界對中央銀行政策的預期而波動。近幾年有幾段時間，各國央行都能在不大幅調整官方利率的情況下影響經濟的路徑，換言之，它們就像馬拉度納那樣，直線奔向既定目標。怎麼可能會發生那種事？箇中原因在於，金融市場並未預期利率將永遠維持不變；反之，市場預期利率將會上升或下降。有時候。那樣的預期心理就足以讓民間支出維持穩定，官方利率自然也就無須進行過大的調整。讓我舉一個馬拉度納利率理論的現實範例，這個例子發生在二〇〇二年的英國。那一年，英格蘭銀行是透過直線奔跑的方式——即維持利率不變——達到預設的通貨膨脹目標。不過，雖然利率幾乎沒有波動，民間對未來利率的預期心理（體現在市場利率上）還是隨著經濟展望（從預期經濟將迅速復甦的心理轉為擔憂經濟將長期趨緩的心理）而起伏，而對於未來利率水準的預期心理變化又進而影響到經濟活動與通貨膨脹。換言之，如果能夠影響預期心理，貨幣政策的實際回應程度就可以不用那麼強烈。

當然，如果經濟體系繼續朝相同方向發展，那麼，利率最終還是必須波動，並隨著預期心理而上升或下降。馬拉度納應該不敢指望每場比賽都能透過直線奔跑的方式得分，想當然爾，我們也不能指望藉由維持恆久不變的官方利率之類的貨幣政策來達到通貨膨脹目標。官方必須隨時根據整體通貨膨脹策略（也就是將通貨膨脹控制在目標水準的策略）來設定利率；有時候，那意謂著要調整利率，有時候則不調整。關鍵在於，外界對於未來利率水準的預期心理經常比當前的官方利率本身更加重要。

外界對於中央銀行動向的預期心理會對經濟體系造成的影響，已經不亞於中央銀行實際行動對經濟的影響，甚至更加重要，因此，民間形成的中央銀行觀察家產業遂持續壯大。這些觀察家不斷地就聯準會或其他中央銀行何時將調整利率的議題發表評論。他們簡直就像約翰·勒卡雷小說裡的人物，在陰影下工作，居住在一個凡事含糊其詞、充斥暗號與祕密詞彙的世界。一直以來，摧毀這個產業並將相關的語言變得更簡單、更明確，是各國央行的目標之一。通貨膨脹目標制的發明就是各國央行在這方面的一大進展；採用這項制度後，中央銀行便改掉舊有的神祕業務傳統，變得更開放與透明。舊世界的貼切實例之一是羅德・康立夫（Lord Cunliffe），他在第一次世界大戰期間擔任英格蘭銀行總裁，有一次，皇家委員會上有人要求他明確陳述英格蘭銀行黃金與外匯準備數據，他只回答道，黃金與外匯準備「非常、非常可觀」。後來該委員會逼迫他提出一個約略數字，他又表示「非常、非常不願意補充他先前的說法」。時至今日，英格蘭銀行每個月都會公布那些數字。不管你信不信，直到一九九四年二月以前，聯準會都未曾揭露官方利率是什麼，也不說明這項利率是否已經調整。分析師和研究人員只好透過市場利率來推判聯準會是否已調整它的政策。但如今，聯準會每一次開會後，都會同時發布它的決策和會議記錄，內容詳載和這項決策有關的討論與理由。

然而，透明度本身並不是最終目的。任何對於中央銀行的協商與評議過程應透明公開的要求，其目的都應該是為了改善央行的決策品質。各國央行政策委員會會議記錄的發布，以及定期的貨幣政策報告或通貨膨脹報告，都提供了足以引導預期心理（讓民眾對於央行因應未來事件的可能行動產生某種預期）以及解釋過往決策的資訊。這些會議記錄就是當責的基礎。不過，會議記錄謄本的發表可能會抑制央行成員自由與公開討論風氣。打從一九九四年聯邦公開市場操作委員會（Federal Open Market Committee）首度揭露會議記錄謄本後，它的會議風格無疑地隨之改變；他們會朗讀事先擬妥的正式聲明，但重要的私下討論是在先前的會議（通常是雙邊會談）中進行。[26]在任何政策的擬定中，還是需要保留一點私下對話的空間，所以外界所期待的透明度是有極限的。

另外也很重要的是，中央銀行官員應該坦白他們所不知道的事情。最近有一個貼切的例子：聯準會與英格蘭銀行曾在二〇一三年間進行一個為時不久的實驗：前瞻指引（forward guidance）。這兩家中央銀行原本的用意是希望藉此提供更多和官方利率未來變化途徑有關的資訊。起初，這是值得稱許的嘗試，因為這兩家中央銀行試圖降低它們本身對於各項經濟發展回應的不確定性。不過，這個實驗很快地就變成外界用來預測未來利率途徑的工具。

事實上，最早開始實驗上述作法的並非這兩家央行。早在多年前，紐西蘭央行和瑞典國家銀行就開始發佈其政策利率預測。總歸來說，這不是一個令人全然歡喜的實驗，尤其是瑞典國家銀行的例子，因為市場並不相信瑞典國家銀行對其自身政策行動的預測，而且最後的結果還證明市場是正確的。發表未來利率路徑預測的危險在於，市場與評論家將會過度解讀中央銀行對於自身未來可能動向的預測，而一旦將來突然發生意料外的狀況（這絕對不可避免），利率絕對會偏離先前央行預測的路徑。雖然中央銀行提出預測路徑的目的並不是要宣示它們實現那條路徑的承諾，但外界很容易就會把它當成一個承諾。

另一方面，各國央行並不願承認那條路徑應該調整。中央銀行希望民間部門對它們的預測有信心，但這樣的期待不切實際，因為有太多固有的不確定性會影響到那些預測的可信度。為了保全可信度，重要的是中央銀行不要膨風宣稱它們了解事實上並不懂的事物。而且，事實也清楚顯示各國央行真的沒有能力精確預測到它們自身的未來可能行動。政策勢必要面對「意外總會發生」的事實。市場預測本來就很難，而且最後的結果也總是證明原本的預測是錯誤的。各國央行做出錯誤預測的最糟糕案例就在這場危機爆發前：當時各國央行紛紛預測「大穩定期」將會延續，而它們所使用的模型也完全漠視我們在第四章探討的課題。

新問題，老工具

直到近幾年，各國央行還是以設定利率的角度來看待貨幣政策，而不是以修正貨幣供給的角度。當然，這兩者密切相關。降低利率能刺激貸款需求，而如果銀行因此而增加放款規模，銀行存款的供給就會上升，導致貨幣供給增加。但因貨幣需求經常激烈波動，遂促使中央銀行選擇利率來作為它們的主要政策工具。

貨幣需求不穩定並不是什麼新現象。在英格蘭銀行剛成立的早期階段，貨幣與信用需求就經常因為倫敦港船隻（這些船隻裝載了來自世界各地的原物料）到港時間的不確定性而出現意料外的變化。由於這種不確定性導因於引導船隻抵達泰晤士河的風向與風速，英格蘭銀行為此在委員會議室裡擺放了一個連接到屋頂風信旗的風向儀，以便讓英格蘭銀行的委員透過這個風向儀準確推估貨幣需求的變化。這面風信旗保留迄今，而且還能發揮正常功能，可惜貨幣政策恐怕無法這麼科學！

為防範大蕭條重演，各國央行在二〇〇八年至〇九年間將利率調降到接近零，以致「直接影響貨幣供給」是央行僅存的貨幣工具。當時各國央行面臨的新問題是：一旦利率降到零而沒有再降空間時，央行恐將無計可施。當官方利率達到零以後，現代凱因斯學派人士紛紛斷言貨幣政策已失去作用，唯有財政政策才能扭轉經濟體系的命運，讓社會回歸充分就業。不過各國央行並不接受這個主張，還透過其他措施來擴大貨幣供給。

我個人的解釋非常簡單。在戰後的多數時候，英格蘭銀行的多位總裁一直努力防止經濟體系的貨幣數量增加過快。如果貨幣數量成長率遠高於經濟成長能力，就會衍生通貨膨脹的惡果。不過，二〇〇九年英格蘭銀行所面臨的問題正好相反，當時經濟體系可用來支應財務支出的貨幣數量其實是日益降低的。原因在於，銀行業者開始藉由拒絕展延貸款與停止承作新貸款等方式縮減其資產負債表規模；銀行業的總資產因此降低，而對應到負債那一端，則是隨著貸款逐漸收回，存款自然也同步降低。由於銀行存款是組成貨幣的最主要元素，存款的減少代表可用來支應財務支出的貨幣數量減少了。如果坐視這個現象惡化而不加以導正，經濟就有可能陷入蕭條。因此，英格蘭銀行的任務是要確保經濟體系的貨幣數量不要成長過快，但也不能成長過慢。

在二〇〇九年那個特別的情境，英格蘭銀行必須創造更多貨幣。結果並沒有造成通貨膨脹，原因有二。首先，貨幣供給的增加被大幅成長的貨幣需求吸收，因為當時銀行體系與整體經濟需要極高的流動準備；第二，當時廣義貨幣——包括銀行存款——的總供給其實只有微幅上升。英格蘭銀行創造的「緊急貨幣」是防止總貨幣供給降低的必要工具。正由於貨幣與流動性的需求變化過於劇烈，貨幣發展才顯得攸關重大。如此看來，不管是貨幣學派或凱因斯學派的主張，都顯得非常諷刺，因為貨幣學派經濟學家（例如傅利曼）雖主張貨幣很重要，卻認為「貨幣需求非常穩定」，而凱因斯學派經濟學家則主張，由於貨幣的需求不穩定，所以貨幣不重要。[27]最終來說，這兩派都錯了，當貨幣的需求意外且劇烈大幅上升時，貨幣真的很重要。

當時英格蘭銀行創造貨幣的方法是向民間部門買回政府債券，從而釋出貨幣。[28]很多評論家將英格蘭銀行購買債券的行為形容為「非傳統」貨幣政策，後來更稱之為「量化寬鬆」，簡稱QE。那些評論家認為購買債券是一種前所未見的新嘗試。如果歷史是指你出生以前所發生的事，那麼，很多評論家想必非常年輕，因為以貨幣來換回政府證券的各式公開市場操作，是各國央行長久以來慣常使用的傳統工具，一九八〇年代的英國更是定期使用這項工具，只不過，當時的人以「超額提存」（overfunding）與「不足額提存」（underfunding）來形容這種操作。[29]這次危機的新現象只在於債券購買規模前所未見——英格蘭銀行購買了三千七百五十億英鎊，約當GDP的20%，聯準會則購買了二·七兆美元的債券，約當GDP的15%。為何這兩家央行需要買回那麼大規模的債券？答案反映了一個簡單的事實：因為政府和中央銀行直接控制的貨幣僅占總貨幣供給的一小部分——誠如第二章所討論的，不到總額的10%——所以，即使只是提高微量的總貨幣供給，都得多印大比例的新貨幣。

經濟學家提出非常多複雜難懂的解釋，試圖說明這些額外貨幣如何與為何會透過風險溢酬的變化以及金融體系其他複雜層面來影響經濟體系。[30]時任聯準會主席的伯南奇在二〇一四年一月時說：「QE的問題在於，它在實務上有效，但理論上行不通。」[31]看來或許是理論出了問題。

QE是怎麼運作的？這類資產購買行為能將貨幣挹注到民間部門的投資組合。而諸如退休金與保險公司等將債券賣給中央銀行的投資人，會把因此增加的貨幣部位重新配置到其他各種可能的資產，例如普通股、公司債與外國投資。這些資產購買活動將改變民間部門金融資產的價格，又進一步影響到民間財富與支出。舉個例子，如果投資人利用新增的貨幣來購買公司債，那麼公司債價格就會上漲，導致這些債券的殖利率降低，因此使得企業取得融資（以進行新投資活動）的成本降低。

因此，即使官方利率已經極低，中央銀行也不致無計可施。當所有期限的利率（從一個月期到三十年期以上）都降到零，貨幣與長期政府債券就會變成完美的替代品（此時這兩者都代表著政府的零息付款承諾），於是藉由購買其中一項（譯注：公債）來製造另一項（譯注：貨幣），就會變得毫無差異可言。當然，儘管目前很多先進國家都已接近那樣的狀態，還沒有一個國家能真正達成之。很多國家的央行官方利率幾乎是零，但相反地，長期債券利率——以十年期的債券衡量——還是高於零。二〇一五年年底時，美國與多數其他先進經濟體的十年期債券殖利率大約都落在2％左右，只有德國和日本例外，它們的這項利率分別位於1％與0.5％左右。在主要經濟體當中，只有瑞士的十年期債券殖利率略低於零。

何況就算殖利率曲線呈現徹底平坦的狀態，中央銀行還是能藉由購買政府債券以外的資產（或許是諸如公司債之類的民間部門資產，也可能是外國通貨。瑞士國家銀行就是採用後者，它企圖利用這個方法來防止瑞士法郎兌歐元劇烈升值，可惜成效不彰）來創造貨幣。不過，一旦這麼做，各國央行就會開始承擔和貨幣政策風險大相逕庭的信用風險，因為貨幣政策僅限於購買不同期限的政府債券，而且長期以來，一般公認那是中央銀行的合法作為，而一旦央行開始承擔信用風險（但這項風險最終是納稅人必須承受），便意味著貨幣政策正一步步滲透到財政政策的領域。值此時刻，政府必須負起責任，決定應該優先支持經濟體系的哪些部門。不可否認地，在某些情境下，中央銀行和政府密切合作確實有可能改善局面。例如，在這場危機期間，某些金融市場（例如短期商業本票市場）突然停止運轉，英格蘭銀行和聯準會遂短暫介入干預，扮演最後造市者（market-maker）的角色，直到那些市場恢復某種正常表象為止。不過，那些危機情勢早已結束。今日的挑戰在於如何因應長期的需求萎靡不振。

當中央銀行利率接近零，問題並不在於貨幣政策會完全失去作用，而在於貨幣政策的效果每下愈況。雖然實質利率的持續降低會鼓勵家戶部門將未來的支出計畫提前在今天進行，但到了某個時點，家戶部門一定不會繼續為了提高當前的支出而犧牲愈來愈多的未來支出。我將在第九章回頭討論這個兩難處境。

目前官方利率幾乎為零，所以某些經濟學家提議採行更加極端的前瞻指引，來作為提振經濟的方法。[32]相關的概念是，中央銀行應該承諾，中期而言，將放任通貨膨脹超出其正常目標，這麼一來，實質利率（即名目利率減去通貨膨脹預估值）就有可能降到更低的負值，支出將因此獲得提振。問題是，這是一種自暴自棄的作法，完全不可取。假定企業和市場相信未來的通貨膨脹真的會上升，而進一步降低的實質利率也真的帶動經濟復甦。到時候，中央銀行將會面臨以下兩難：它應該不理會經濟復甦與因此而上升的通貨膨脹，繼續允許通貨膨脹達到原訂目標以上嗎？或者它應該欣然接受經濟復甦，並進一步設定能將通貨膨脹控制在符合目標軌跡的政策？不難發現，任何一個中央銀行官員都會覺得第二個選擇比較第一個吸引人。而且，市場也絕對會預期央行將產生那種反應，而這樣的預期心理就一定會導致市場不相信央行會允許通貨膨脹超出目標區。但若是如此，實質利率就不會降低，經濟也就不會復甦。承諾創造「通膨型榮景」（inflationary boom，譯注：因通貨膨脹而產生的經濟榮景假象）的策略，有著「時間矛盾」（time inconsistent，譯注：決策者的政策偏好隨著時間而改變）的毛病，換言之，雖然你現在表明未來將採取什麼政策，但一旦到達那個時間點，你又會不想執行那些政策。

如果為了引導實質利率走低而認定「創造通膨型榮景」是令人滿意的結果，那麼，就會有一個簡單很多的答案——廢除獨立的中央銀行，將利率決策權交還給政府。到時候，市場一定產生「未來通貨膨脹將走高」的預期心理。但屆時我們又會回到原點——也就是說，我們將再度賦予中央銀行控制通貨膨脹的獨立權責（譯注：因為到時候通貨膨脹勢必走高，甚而失控）。

通貨膨脹不是那種一刀斃命後就永絕後患的怪獸。要成功壓制通貨膨脹，必須耐心應用各種為維持物價穩定而設計的政策。中央銀行官員就像是醫師——必須隨時掌握最新的科技發展、必須擁有多年經驗，而且還要有良好的臨床照護態度。即使如此，這些官員至多也只能做到少犯大錯與促進健康生活的程度。穩定和節食很類似，時而暴飲暴食、時而飢餓，時而繁榮、時而衰退都不好，以永續的方式，從一而終地依循幾個適用的原則才比較可能達標。對承擔著確保貨幣穩定責任的中央銀行來說，通貨膨脹目標制就像是一種健康的生活方式，協助各國央行順利達成目標。[33]當責與透明度是促使中央銀行實現通貨膨脹目標的誘因，這種「限制性權衡」（constrained discretion）❹框架和一九三〇年代的情況相差甚遠，當時，英格蘭銀行副總裁向麥克米蘭委員會（Macmillan Committee）解釋，「一旦開始（譯注：針對央行的作為）提出理由，就是一件很危險的事」。[34]

二〇〇七年的一個事件闡述了導入通貨膨脹目標制及賦予英格蘭銀行獨立超然地位後，貨幣政策管理方式的變化。那一年五月十日星期四中午十二點，唐尼．布萊爾（Tony Blair）在唐寧街十號的官邸宣布辭去他擔任了十年的首相一職。就在同一時刻，英格蘭銀行宣布將利率提高0.25個百分點。這兩個同步發生的事件是闡述英國貨幣機制變遷的最生動實例，因為在英格蘭銀行獲得獨立超然地位以前，央行根本不可能在政府發布重大訊息當天提高利率，那樣的舉措根本無法想像。

時機惡劣階段的貨幣政策——緊急貨幣

所有中央銀行官員都應該接受金融危機的淬煉，而實際上也鮮少央行官員能躲過這樣的體驗。二〇〇八年以來，各國央行將政策焦點重新轉向金融穩定，而由於通貨膨脹維持低檔，且經常低於央行設定的目標，「貨幣穩定」自然比較不受各國央行重視。就某種程度來說，這樣的焦點轉移顯示中央銀行又回歸了歷史起點。在此同時，很多人也提出一個新觀點——應該大幅拓展中央銀行的可用工具，讓中央銀行擁有遠比大穩定時期更多的可用工具。不可避免地，眾人的關注焦點轉向改良二〇〇八年以後所設計與採用的工具，同時著眼於上述的總體審慎政策議題。然而，這個更宏偉的中央銀行願景卻缺乏一個首尾一貫且能在時機良好與惡劣階段（尤其是在最良好與最惡劣階段）善加分析各項政策的的統一框架。我將試著說明，我們其實有能力建立這樣一個完善的框架，而且事實上，如果想

❹編按：在經濟理論與貨幣制度的發展歷史中，一向摒棄純粹權衡的貨幣政策，意即反對給予貨幣決策者完全依照其個人偏好的權衡；另一方面，完全排除政策權衡的嚴格法則也從未被任何國家所採行。一個具有貨幣政策獨力決策的中央銀行必須要有明確的法定授權（mandate），以及依憑法則基礎的權衡（rule-based discretion）或有限制的權衡。

要挑戰當前體系的煉金術，就必須建立這樣一個框架。

誠如我在第三章說明的，銀行的業務是「借短放長」，這導致銀行隨時都面臨著短期無擔保貸款的債權人擠兌問題。理論上來說，擠兌有可能只是銀行現金暫時短缺的結果，但通常卻導因於債權人擔心銀行對外承作的貸款有可能會發生虧損。由於存款人無法輕易採取協同的行動，一旦擠兌情況發生，加入其他人的擠兌行列絕對可說是理性的行為，因為一如十九世紀美國很多存款人的經驗，最後抵達銀行臨櫃的人通常會空手而返。正因如此，銀行天生就不穩定。

過去一百五十年間，有一種約定成俗的觀點認為，中央銀行應該隨時做好扮演「最後放款人」（lender of last resort）角色的準備，一旦大眾對一家或多家銀行失去信心時，央行就必須積極提供流動性給銀行體系。觀看溫布敦網球錦標賽（Wimbledon Championships）的國家比國際貨幣基金的成員國多，這是鮮為人知但頗為有趣的事實，畢竟溫布敦網球錦標賽的娛樂性比ＩＭＦ年會高得多。白芝浩就是在距離溫布敦中央球場不遠之處的一棟房子裡，撰寫他的中央銀行業務經典研究《倫巴德街》（*Lombard Street*）。這份研究開啟了「最後放款人」教條的世紀——指央行在銀行業遭遇擠兌情事時，能根據優質擔保品與懲罰性利率等條件，無限制放款給那些銀行。後來這本書被不知該如何因應金融危機的中央銀行官員奉為聖經。聯準會的伯南奇先生和其他國家的央行總裁為最近這場危機爆發後採行的銀行支持對策辯解時，經常都會引用白芝浩的說法。[35]

雖然一般常將這個政策歸功於白芝浩，但其實這項政策可回溯到亨利・松頓（Henry Thornton）在一八〇二年出版的《大不列顛紙製信用之本質與影響調查》（*An Enquiry into the Nature and Effects *of the Paper Credit of Great Britain*），他在當中寫道：「如果任何一家銀行破產，周遭的銀行勢必也會遭到大規模擠兌，如果不在一開始就大量挹注黃金流通數量以抑制擠兌風潮，將會衍生非常廣泛的有害影響。」[36]甚至在更早之前，亞歷山大・漢彌爾頓（Alexander Hamilton）就為了回應美國史上第一場金融危機（一七九二年恐慌，當時漢彌爾頓擔任財政部長）而透過干預行動來阻止危機的發展，所以他堪稱第一個發現最後放款人優點的人。[37]當然，他也是史上第一個認同以紓困來解決金融危機的美國財政部長（認同這個觀點的歷任美國財政部長相當多）。

白芝浩撰寫這一份極具前瞻性的著作時，溫布敦網球錦標賽還不存在，當時銀行業的狀況也和如今大不相同——現在的銀行產業已全球化。受到倫敦分別在一八二五年、一八三六年、一八四七年與一八六六年爆發的銀行危機啟發，白芝浩洞察到中央銀行扮演最後放款人角色的重要性。拿破崙戰爭結束後，英國經濟轉趨繁榮，銀行業大受激勵，積極投資拉丁美洲的投機性投資案，甚至包括一個憑空捏造出來的國家——「波伊亞斯」（Poyais）。一八二五年，雖然很多銀行破產，英格蘭銀行也稍嫌出手過慢，但它最後還是順利壓制了因銀行破產風潮而爆發的恐慌；誠如我的英格蘭央行總裁前輩傑瑞米亞・哈爾馬（Jeremiah Harma）所描述，英格蘭銀行「用盡所有手段，且以過去未曾採用過的模式放款……當時的情況不容太過吹毛求疵；眼見一般大眾陷入極端驚險狀態，我們用盡全力提供各種協助」。[38]後來，白芝浩便引用他的說法來闡述以下主張：流動性支援的設計並非為了挽救個別的銀行，而是基於整個體系的全體利益而設計。央行在提供流動性支援時，可能需要採取強烈但不受歡迎的行動。當時英格蘭銀行發行了大約一百萬張的一英鎊鈔券，這些鈔券協助緩和了當時因黃金短缺所造成的危機，堪稱「創造緊急貨幣」的早期範例之一。

影響白芝浩最重大的事件之一是歐佛倫葛尼公司（Overend, Gurney & Co.）的破產，該公司是英格蘭銀行先前的競爭者之一。一八六六年五月十日星期四當天，歷經嚴重擠兌的歐佛倫葛尼銀行宣布將立即暫停所有營運活動。誠如當時的《銀行家雜誌》（*The Bankers' Magazine*）所描述，這項宣布使得「倫敦金融城陷入極端騷動的狀態」。[39]接著，英格蘭銀行對其他銀行貸放前所未見的高額資金，但並未介入阻止歐佛倫葛尼公司破產。事實上，早在事件爆發前多年，外界對於歐佛倫葛尼銀行的體質就抱持極大疑慮，所以當它在一八六五年成為公開掛牌企業時，外界的反應相當兩極。該公司破產三年多後，它的董事在詐欺訴訟的審訊上表示，該公司公開掛牌前刻意發表假造的公開說明書，隱匿它實質上已破產的事實；那全是因為在那之前，該銀行從傳統的貨幣市場短期放款業務擴展到相當於現代的投資銀行業務，換言之，它成為鐵道和船舶建設等的投資人（譯注：高風險投資活動）。儘管英格蘭銀行那一次的放款規模極為龐大，還是有些銀行因接下來的經濟衰退而破產。

白芝浩透過他身為《經濟學人》編輯的制高點來觀察一八六六年的危機，最後歸納出一個結論：面臨大眾流動性需求突然且大幅增加（也就是擠兌）的恐慌情境時，中央銀行的責任就是要設法滿足流動性需求：「某種程度來說，恐慌是一種神經痛（neuralgia），而根據科學規則，你不能以節食法來治療它。」[40]各國中央銀行的獨特功能之一是擁有製造「流動性」的能力。[41]銀行製造貨幣，但如果世人對銀行失去信心，最終形式的貨幣就是中央銀行製造的貨幣——當然，前提是央行必須受某個主權政府的徵稅能力保障。關於這一點，反面的案例出現在一九二三年十月的德國，由於超級通貨膨脹接近高峰，政府已接近無力償債的地步，其稅收僅足以支應1%的政府支出。商業銀行必須在中央銀行設立帳戶，而在危機爆發時，中央銀行則可以商業銀行的資產作為擔保品，進而放款給它們。白芝浩秉持的原則是，當危機爆發時，如果能取得安全的優質擔保品，各國中央銀行應該無限制放款給銀行業者，不過，這種放款的利率必須高於正常利率水準，才能確保中央銀行成為最後放款人——而非最初放款人。歐佛倫葛尼公司的案例讓白芝浩體察到，雖然在危機爆發時，外界可能難以釐清一家銀行是否擁有償債能力，但如果能取得優質的擔保品，中央銀行對銀行業者的放款還是安全的。

從那時開始，他的觀點就成為約定成俗之見，而「最後放款人」一詞也遭到廣泛的濫用，以形容所有為了處理金融危機而挹注大量流動性的作為。外界以這個用語來催促歐洲央行放款給歐元區的主權政府，並藉此暗示IMF應該放款給所有陷入困境的國家；我甚至聽過一些陷入財務困難的運動隊伍使用這個用語——他們認為球隊所屬聯盟應該對他們紓困。如今「最後放款人」和「紓困」已成了同義詞。相信不出多久，連「爸媽銀行」（Bank of Mum and Dad，譯注：指為子女提供金援的父母親）都會需要一個最後放款人。但白芝浩的主張其實和上述狀況非常不同。最根本的問題在於銀行體系只是一個中介，它承諾向存款人提供即時的流動性，從而為非流動性資產提供融資。以整體經濟體系而言，這個承諾根本就不可能實現，因為如果很多存款人同時想領回自己的資金，銀行體系根本無法提供足夠的資金。如果這種額外的流動性需求是暫時性的，那麼中央銀行提供緊急貨幣的作法，確實足以幫助銀行體系度過恐慌期。但如果銀行資產本身價值已嚴重減損，那麼，中央銀行就必須非常謹慎，避免盲目補貼無力償債的企業。問題是，在一個隱含極端不確定性的世界裡，沒有人知道特定銀行有沒有償債能力，而一旦陷入危機，更鮮有人有時間仔細釐清這個問題。最後放款人的行動能防止單純的流動性問題轉化為償債能力問題，但是並非所有的償債能力問題都能經由最後放款人的資金奧援而轉化為流動性問題，一如近幾年各國政府所經歷的痛苦教訓。

然而，即使是在白芝浩的時代，他的觀點都引來很多懷疑論者。歐佛倫葛尼公司破產後才短短一年，前英格蘭銀行總裁湯瑪斯・漢基（Thomas Hankey）就發表了一本書，並在書裡承認了銀行體系煉金術的問題：「商業及銀行圈必須醒悟，不要還是和像以前一樣，認定未來某個日期的付款承諾絕對可轉化為即時的付款，畢竟可能沒有足夠的現成資金可支應那個付款目的。」[42]如果銀行業者老是依賴英格蘭銀行，指望其在它們陷入困境時出手紓困，那就容易盲目承擔過高風險，並放棄遵守「良性的銀行業務原則」。[43]換言之，有了英格蘭銀行作後盾，銀行業者可能會降低流動資產金額，一心只想依賴成本低廉的中央銀行保險——一如最近這場危機前的狀況。中央銀行沒有適當收費就輕易為銀行業提供保險，容易形成銀行承擔過高風險的誘因——以現代術語來說，那種保險會製造「道德風險」（moral hazard）。白芝浩和漢基的見解都是正確的，只不過說法不同罷了。一旦恐慌正式爆發，向其他人提供流動性的確能防止廣泛的傳染效應，但是最後放款人機制的設計必須事前深思熟慮，以免淪為鼓勵過分風險承擔的誘因。問題是，隨著時間流轉，每次一有問題發生，相關當局還是選擇便宜行事，直接為銀行體系提供大量的流動性，不願下定決心設計一套足以反制道德風險的框架。

白芝浩透過他對早期幾次金融危機的研究而歸納出來一些概念。反求諸己，我們能否從一八六六年以後的眾多金融事件吸收到任何教誨？傅利曼和安娜・史瓦茲（Anna Schwartz）在他們不朽的美國貨幣史研究中，將大蕭條惡化的主要責任歸咎給聯準會，他們指責聯準會未能創造足夠的貨幣，也未能扮演很多後續破產之銀行的最後放款人。[44]確實，那段期間的貨幣供給下降接近30％。然而，儘管聯準會理當因未能防範貨幣供給的萎縮而受到譴責，我們不能怪罪它未能滿足流動性需求的突然暴增。若要探討最後放款人的角色，有一則更相關的歷史事件，即第一次世界大戰剛開始時的那一場金融危機，以及當時在異常情況下所創造之緊急貨幣[45]。

在第一次世界大戰的百年紀念日前後，有許多和那一場激烈衝突有關的新書問世——幾乎和最近這場金融危機相關的書籍一樣多，但鮮少人試著對照這兩個場景。第一次世界大戰爆發之時，一場歐洲史上——至少在二〇〇八年的事件以前——最大的金融危機同時引爆，當時的紐約也面臨了一樣嚴重的危機，雖說以產出與失業所受的衝擊看來，一九三〇年代的大蕭條是更加嚴重的經濟危機。檢視一九一四年的危機（尤其是在倫敦和紐約造成的不同結果）不僅有助於讓我們了解最近這次經驗，也能讓人更全面了解金融危機的本質。二〇〇七年九月（也就是最近這一場銀行危機爆發）後，我經常公開地拿這場危機和一九一四年的危機做比較。但我發現多數人對於後者的所知有限。即使是時任財政大臣的大衛·洛伊德·喬治（David Lloyd George）所著之戰爭回憶錄，也只用了二一〇八頁中的十四頁篇幅來記錄他曾面臨的那一場金融危機。

到底一九一四年發生了什麼事？多位歷史學家長期記錄了當時普遍以為歐戰不可能爆發的現象，因為考慮到所有層面，開戰的經濟成本無論如何都會過高。金融政策制定者的自滿導致政府與市場未能嚴肅看待那樣一場戰爭的可能性與經濟後果。例如就在一九一四年八月英國宣戰前兩天，英格蘭銀行總裁康立夫閣下（Lord Cunliffe）還在有錢有勢的克拉克（Clark）家族停泊於蘇格蘭西岸的遊艇上一起共進午餐。誠如藝術史學家肯尼斯．克拉克（Kenneth Clark）在他的回憶錄上所記載：「這是他（康立夫）第二次和我們一起在遊艇上共進午餐。我愛上他女兒，她有著一頭紅髮，戴著一副單片眼鏡，非常開心地出席這場餐敘。席間康立夫閣下說：『某些人談到戰爭爆發的可能性，』『但那不會發生。德國人還沒取得借款。』他的話讓我印象深刻。」[46]即使是凱因斯也沒有受到當時那股肅殺氣氛的影響，他在一九一四年六月二十四日寫信給財政部：「即使在現代的恐慌狀態下，大型銀行也不可能陷入災難。」[47]霸菱銀行董事長雷維史托克閣下（Lord Revelstoke）的重要顧問賈斯帕．菲瑞爾（Gaspar Ferrer）事後說道：「這場戰爭看起來就像是一道『晴天霹靂』。」[48]即使是一九一四年六月二十八日法蘭茲．斐迪南大公（Archduke Franz Ferdinand，奧匈帝國的王位繼承人）在塞拉耶佛遭到暗殺後，倫敦市場也幾乎平靜無波。這個事件過了幾乎一整個月，金融市場才終於驚覺到後續爆發的一連串政治事件的嚴重性，直到七月二十三日，奧地利對塞爾維亞下了最後通牒（要求塞爾維亞採取殘酷的手段來鎮壓民族主義意見的表達），金融市場的情緒才終於急轉直下。

後續兩個星期，市場和銀行業者急速陷入恐慌。歐洲股票市場大跌，甚至有好幾國的股市直接休市。大量資金開始尋覓避風港，現金需求急速竄升，因此，所有主要市場的流動性都快速枯竭，包括外匯、債券與股票市場，三個月期的利率上升一倍以上。七月三十一日星期五早上十點十五分，倫敦股票交易所為了暫停各項交易的交割作業而關閉，很多交易所會員因此免於因股價重挫而接連破產。那一天，英格蘭銀行外的針線街驚見大排長龍的人群，存款人迫切希望將存款或鈔券轉換成金幣

（gold sovereigns）。雖然他們有權這麼做，各地的商業銀行卻關閉這個轉換管道，於是存款人只好找上英格蘭銀行。誠如凱因斯事後描述的：「有好幾天期間，銀行業的狀況又回到幾乎所有英國人都未曾體驗過的老樣子——寧可把五十英鎊藏在長襪裡也不願把它存在銀行的那種日子。」[49]

在此同時，大西洋另一端的情況也沒有比較安定。歐洲人開始出售他們在華爾街的投資，並將收回的美元轉換為黃金運回歐洲，美元因此大幅貶值。然而，接下來幾個星期內發生的事非常關鍵，那些事件促使紐約取代倫敦成為世界貨幣中心。雖然一九一三年十二月美國國會就建立了聯準會系統，聯準會理事的任命案卻一直卡在參議院的銀行委員會，以致該理事局直到一九一四年八月才首度召開會議。因此，雖然財政部長威廉．麥卡杜（William McAdoo，順帶一提，他也是伍德洛．威爾森〔Woodrow Wilson〕總統的女婿）是聯準會的第一任主席，但事實上聯準會直到那一場金融危機來襲並結束後，才姍姍來遲地加入「戰場」。換言之，一九一四年危機處理的重大決策並不是由這兩國的中央銀行制定，而是由財政部長制定——麥卡杜財政部長與洛伊德．喬治財政部長。

儘管那個星期稍早，股票價格大跌接近10%，七月三十日星期四當天傍晚召開的銀行業者會議卻得出結論：沒有理由關閉紐約證交所（New York Stock Exchange）。不過，麥卡杜介入干預，他擔心如果紐約證交所繼續開盤，歐洲投資人就會趁機出售股票並運回黃金；所以他命令證交所在七月三十一日星期五當天休市，那大約是倫敦股票交易所休市後幾個小時的事。[50]想當然爾，七月的最後一個星期，有非常大量的黃金從紐約流到歐洲。第一次世界大戰爆發後，多數採取釘住黃金匯率政策（也就是金本位，這項政策規定本國貨幣能以固定價格兌換黃金，而這也使得國與國之間的匯率得以維持固定的兌換比率）的國家都終止這項政策。在歐洲，戰時融資的需求促使各國政府暫時禁止紙幣與黃金的轉換作業，以便保住國家的黃金持有量。在那樣的大環境下，如果美國能維持美元與黃金的固定兌換比率，它就有可能崛起為世界的金融領袖；一九一四年的避險天堂貨幣還是英鎊，不是美元。但在麥卡杜眼中，情況十萬火急，因為如果允許黃金被大量領出，美國就可能被迫放棄金本位。

回頭看看倫敦，隔天——也就是八月一日星期一——財政部官員巴希爾・布雷基特（Basil Blackett）寫信給凱因斯：「我昨天和今天一直試著找你，但最後發現你不在城裡。希望你能為了國家的利益，幫忙貢獻一點想法，而且我認為你應該也會樂於參與這件事。若你能撥冗在星期一與我見面，那將是我的榮幸。不過，我擔心屆時可能必須即刻做出所有決定。」[51] 凱因斯在星期天接到這個訊息後，便不假思索地從劍橋搭他舅子的摩托車南下，直驅財政部。

就在凱因斯和布雷基特於白廳（Whitehall）商議對策之際，麥卡杜搭著火車離開華盛頓，到紐約的范德比飯店（Vanderbilt Hotel）和超過二十位資深銀行家會面。所有出席者都迫切希望避免一六〇七年（當時奈克波克信託公司〔Knickerbocker Trust Company〕擠兌事件導致現金提領業務暫時停擺）恐慌再次發生。在先前那一場危機中，約翰・皮爾朋・摩根組織了一個民間銀行團，放款給所有遭到懷疑的銀行，最後成功防止銀行體系發生大規模崩潰的災難，他的名氣也因此更上一層樓。由於過程中還是有幾家銀行暫停付款，美國經濟也因此陷入嚴重的衰退。那次經驗終於激起美國政府成立聯準會的動力，根據設計，聯準會將能在銀行業者暫時缺乏資金時放款給銀行，換言之，它將發揮最後放款人的功能。從此以後，諸如摩根這樣的人物不再需要為了防止銀行業破產而出面組織民間銀行團。

問題是，此時此刻聯準會尚未開始運作，麥卡杜能為齊聚范德比飯店的銀行家們提供什麼協助？

一九〇七年的那一場危機促使美國人歸納出另一個可解決一九一四年諸多問題的解決方案：一九〇七年頒布的《奧德利奇－瑞蘭法案》（Aldrich-Vreeland Act，譯注：即緊急貨幣法）允許銀行業者將政府債券或美國企業發行的短期商業本票存入美國財政部，藉此換取「緊急票據」（emergency notes）。緊急票據上印有每一家銀行的名稱和商標浮水印，價值五億美元，而且這些票據是事先印好並保存在財政部一間新的地下金庫。這就是緊急貨幣的來源，一旦有需要，財政部馬上能將這些票據分送給各銀行，以交換各銀行交付的上述擔保品。在這種情況下，就算沒有中央銀行，美國官方也能解決銀行業資金短缺問題。不過，票據的提領價值設有上限，如果銀行業者存入美國財政部的是政府債券，將可取得約當票面價值的90％資金，但若存入的是商業本票，只能取得約當票面價值的75％。此外，財政部還會根據緊急票據的價值，對銀行課徵某種租稅。

麥卡杜在一九一四年八月二日和那些銀行家開會時，發現有很多人迫切需要緊急貨幣，而且需要的金額非常龐大。於是在八月三日星期一當天，緊急貨幣抵達紐約，印鈔廠二十四小時不停地印製額外的貨幣。英格蘭銀行未能防堵存款人擠兌的前車之鑑，促使美國金融圈共同支持這項緊急貨幣的創造。和一九〇七年相反的是，當年貨幣供給降低超過10％，而多虧了一九一四年創造緊急貨幣，讓美國的貨幣供給年成長率得以達到大約10％的水準。緊急貨幣的需求在一九一四年十月達到高峰，接著便逐漸降低，到一九一五年年中，幾乎已見不到緊急貨幣的蹤影。因此，即便沒有當時甫成立不久的聯準會相助（當時聯準會尚未開始運轉），麥卡杜仍以行動示範一國的政府要如何扮演最後放款人。

倫敦應該算是幸運，因為八月三日星期一當天原本就是銀行業的假日，英國在八月四日星期二當天宣戰，於是銀行業假期額外延長了三天。在那年八月的第一個星期，財政部和英格蘭銀行採行了一系列非常對策。英國政府決定出手干預，動用空前規模的納稅人資金，企圖達成「拯救倫敦金融城」的任務。問題是，倫敦先前承作了非常龐大的短期貸款，形式是以有償代價「承擔」或「擔保」歐陸債務人的貸款（這在當時是稀鬆平常的事）。這種擔保可以用來交易，也被稱為「匯票」（bills of exchange）。在正常時期，那些匯票能在倫敦市場買進與賣出。誠如洛伊德．喬治的形容：「在文明世界各地的所有港口，經倫敦最大票據承兌商之一簽名的匯票與黃金戒指等值。」[52]而由於歐洲開戰，這種擔保作業遂成了一種高風險業務，當時倫敦銀行業者承作的很多貸款未能如期還款，而且說不定永遠也清償不了。情況一如洛伊德．喬治接著說的：「當纖弱的金融蜘蛛網可能因戰爭的魔掌而變得支離破碎，倫敦也不可避免地陷入恐慌。」[53]

當局的第一個對策（在週二當天提出）就是透過緊急立法，針對倫敦的所有匯票實施一個月的延期償付規定。三天後，匯票延期償付的規定就延伸成為全面性延遲償付規定。換言之，除了工資、稅賦與外國人的債務，其他所有債務都暫時無法強制執行。這項法令規定，在必要的情況下，延遲償付範圍還可能延伸適用於銀行存款。這個對策為銀行業者提供了一點喘息空間，但是未能真正解決最根本的償債能力問題。

遺憾的是，不像一八二五年的情況，一九一四年英格蘭銀行的金庫裡並沒有足夠的準備金可滿足突然暴增的低面額鈔券需求，因為它將金幣全數保留為重建國家黃金準備之用。因此，第二個對策勢在必行：星期四當天，立法機關在一天內通過《通貨與銀行鈔票法》（Currency and Bank Notes Act），允許財政部印製一種特殊的一英鎊鈔票。為求速度，這些鈔票的品質標準遠低於英格蘭銀行所能接受的水準，以致英格蘭銀行的受託鈔券發行限制暫時解除，一八四四年的銀行特許狀法令也必須暫停實施（這項法令也曾分別在一八四七年、一八五七年與一八六六年暫停實施）。總之，英國並沒有從美國一九〇七年的經驗吸收到任何教誨，未能在危機時刻印製大量具保值功能且能對外灑放的緊急貨幣。

第三個對策是在八月七日星期五當天提出，政府決定應該終止銀行業假日，讓銀行重新營業。這場危機雖未解決，但至少獲得控制。誠如凱因斯事後說明的：

> 在這段看似永無止盡且陰鬱混沌的日子——從七月的最後一個星期四開始，到八月的第一個星期四——整個倫敦金融城就像是一個病入膏肓的患者，茫然又焦躁地四處請求醫師開藥方。當時金融城內最大的幾家機構——一般懷疑它們的情況有可能是最糟的——根本無法精確衡量問題的嚴重性；金融城的很多領袖被危機壓垮，而由於他們忙著擔心自己的財富與名譽會受到這場危機的破壞，因此未能多花心思考量公共利益與安全。[54]

接下來幾個星期，當局又採行許多對策來因應倫敦無力償債的根本問題。在戰爭的狀態下，歐陸的債務人一定無法還款給倫敦的銀行、貼現商號和其他接受匯票的機構，以致英國許多金融機構所持有的大量資產勢必會嚴重貶值，進而導致這些金融機構無力償債。當代一名作家描述了當時的狀況：「坦白說，銀行體系已『破產』。它們沒有錢可償還債務。戰爭的爆發無可救藥地揭發了這個互相推諉責任的債務生成流程的假象。」[55]五個月後，財政部長洛伊德．喬治與財政部官員著手推動倫敦金融城的資本結構調整計畫。其中，英格蘭銀行購買了非常大量的匯票，總額接近倫敦銀行業與其他金融機構總資產（資產負債表上的資產）的20%，所有潛在虧損也在政府代表納稅人出面支持的情況下獲得補償。總計英格蘭銀行購買了約三分之一的匯票存量，金額大約達GDP的5.3%。一如洛伊德．喬治在他的回憶錄裡所承認的，政府提供保證的作法，等於是「暫時承擔了巨大的負債」。[56]政府承擔了那些擔保資產的虧損風險，而且不求任何補償。這是一場豪賭，理當只有戰爭時刻才能進行這樣的豪賭。

幸好這個對策奏效了，倫敦金融城順利得救。資本結構調整計畫完成後，股票交易所在一九一五年一月四日星期一當天重新開盤，一群金融家齊聚高唱國歌。金融危機宣告「終結」。

而在大西洋對岸，麥卡杜則面臨不同的問題。當時一般人多半都體認到，歐洲的衝突將會導致物價飛漲，美國原物料商品的出口量也會增加。換言之，這場大戰讓美國經濟變得更強盛，美國銀行體系也沒有償債能力問題。不過，若股票交易所重新營業，一定會促使急於將美元轉換為黃金的歐洲人繼續狂賣股票，再接著把黃金運回歐洲。欲解決這個問題，就必須設法提高歐洲人對美元的需求，而為了達到這個目的，方法之一就是滿足歐洲人對美國出口品的需求（因戰爭而增加的需求）。

但是要供應那些需求就需要更多船隻，而兩個要素確保了美國擁有足夠的船隻可使用。第一個要素是在一九一四年八月成立美國戰爭風險保險局（US Bureau of War Risk Insurance），它為美國註冊的船艦提供保險，以免受到戰爭破壞的損失。第二個要素是，英國在十月意外宣布將不會把運往德國的棉花（實質上是為了製造爆破器材）船貨視為非法買賣品，所以這些船貨不會有被扣押的風險。棉花——以及更廣泛的農業原物料商品——出口於是大幅成長。紐約證交所在一九一四年十二月十五日重新開市，美元與黃金之間的關係也得以維持不變。不像英國政府，此刻的美國政府不需要為了解決本國金融體系的挑戰而承接「鉅額負債」。在短短幾個月內，美元展開無可動搖的升值趨勢，並就此成為最主要的國際通貨，等到時機成熟，美國也取代英國，成為世界最重要的金融強權國家。

一九一四年的經驗帶給世人兩個重大教誨。第一個是，貨幣主管機關——不管是政府或中央銀行——的主要功能在於決定時機良好與惡劣階段的貨幣供給。一九一四年時，麥卡杜享有的有利條件是，美國的主管機關因一九〇七年的危機經驗而先提高了警覺，深知緊急貨幣儲備的必要性；反觀英國則是遺忘了一八二五年事件的教誨。我曾經多次見到「各國只會從本國的錯誤中學習，不會從其他國家的錯誤中學習」此一法則的實例，而英國那一次的表現就是其中之一（英國未能參考美國在一九三〇年代的經驗，發展出一套因應破產銀行的處理機制則是另一個例子）。第二個教誨是，如果存在潛藏的償債能力問題，提供流動性並無法解決危機，所謂償債能力問題就是缺乏可用來吸收虧損和防止違約的資本。一九一四年時，倫敦面臨償債能力問題，而紐約方面則沒有這個問題。到了二〇〇八年時，危機的轉捩點是各國政府終於相信銀行體系不僅因缺乏流動性所苦，也因資本不足所苦，所以必須調整資本結構，必要時甚至必須強制調整資本結構。57

「緊急貨幣」的概念很重要。當流動性需求暴增，它滿足了貨幣必須突然增加的需求。流動性需求大幅增加的可能原因很多，包括對公共部門失去信心。在麥卡杜將銀行鈔票送到紐約後不久，德國的地方與區域政府也開始印製新的銀行鈔票。「Notgeld」是德國用來形容「緊急貨幣」的用語，在當時的德國（以及法國和比利時），戰爭導致金屬的需求大幅增加，金屬價值也飛漲。以金屬製成的硬幣就此消失，因為這些硬幣的面額相對低於金屬對武器製造商的價值。很快地，德國的小額零錢嚴重短缺，而由於中央並未提出解決方案，地方與區域組織為回應這個問題而開始印製小面額的銀行鈔票，不僅如此，這些組織還希望能以「Notgeld」來振興本地社區。根據他們的說法，這種紙製貨幣「恢復了區域紀念性與忠誠，以豐富且多采多姿的方式來表達地方認同與公民自尊心」。[58]這些貨幣的設計包含了一些宗教性的場景，裡面的人物包括馬丁．路德與歌德等，還有海濱生活的趣味故事等。總歸來說，除非人民對於作為中央銀行擔保人的政府有信心，否則中央銀行並無法扮演最後放款人的角色。

今日的銀行和白芝浩時代或二十世紀多數時候的銀行很不同。如今銀行的規模比以前大得多，資產也更複雜且更難以評價；再者，銀行持有的流動資產也比以前少很多，現代銀行的股權資本遠比以前的銀行低，而且擁有更龐大的政治力量。這一切發展所造成的結果是，「在有優質擔保品的情況下，以懲罰性利率無限制放款」的格言已變得過時。這對白芝浩所想像的最後放款人任務構成兩個問題。

第一個問題是「優質擔保品」的定義。亞歷山大．漢彌爾頓與華特．白芝浩都知道，中央銀行可以在取得政府債券作為擔保品後對銀行放款。央行無法得知它們可能考慮放款的銀行是否擁有償債能力，不過如果有優質的擔保品作為憑藉，貸款銀行是否有償債能力就比較無關緊要。直到戰爭結束後很久，銀行業持有的資產當中，還是有大約30%屬於政府證券，其中多數是短期的政府證券，所以這些證券的變現性都非常高。在那樣一個世界，如果銀行業者持有的證券價值一百美元，中央銀行就可以放款一百美元給它們。然而，如今銀行資產多半是由非流動的資產組成，而且通常都是滯銷的資產，如貸款或複雜的金融工具。如果中央銀行對銀行業者的放款只約當那些資產價值的某個百分比，那麼，那種非流動資產還是有可能作為優質的擔保品。換言之，如果一家商業銀行想要向中央銀行舉借一百美元的貸款，它就必須提供價值一百美元以上的擔保品。這麼一來，一旦它因為某種原因而無法償還這筆貸款，中央銀行還能保有適當的差額來維持外界對它的信心，換言之，外界將因此相信央行有能力以高於貸款價值的金額變賣那些抵押資產。中央銀行貸放金額和貸款銀行提供的擔保品之價值差額，被形容為那類擔保品的「估值折扣」[5]（haircut）。實務上，如果擔保品屬於政府債券等高變現性金融資產，它的折扣將只有1%至2%，但如果擔保品是銀行借給個人的貸款，而且相關資訊有限，那麼這項擔保品的折扣有可能高達50%或更高。

二〇一一年十二月與二〇一二年二月，歐洲央行（ECB）貸放了數千億歐元給歐洲各地的銀行，當時，很多人認為歐元區的危機已就此解決，但這些人很快就被潑了一桶冷水。雖然ECB願

[5] 編按：在金融學裡，估值折扣（或稱作「剃頭」）是指從作為擔保或抵押品的資產市場價值中扣除的百分比。估值折扣的多寡反襯出投資者持有資產的風險。

意以極低的利率放款三年，它還是期望銀行業者能償還那些貸款。所以，自有資本太低而不足以吸收未來可能虧損的銀行，始終會因為風險過高而難以吸引到民間市場的資金。除非ＥＣＢ願意提供永久性的集資來源，否則歐洲銀行業依舊處於隨時可能發生意外的狀態。此外，一如其他所有央行，ＥＣＢ只願意對提供優質擔保品的銀行放款。在實務上，意即銀行必須先將一些放款的請求權轉讓給ＥＣＢ以作為擔保，ＥＣＢ才會撥付現金給銀行。問題是，很多那類銀行放款的品質一點也不「優質」，所以ＥＣＢ借給銀行業者的金額只會約當那些放款（譯注：擔保品）估計價值的某個比例。以二〇一二年二月的操作來說，有些放款「抵押品」的估值折扣甚至高達面額的60％。換言之，銀行業者將自身對那些放款的請求權轉讓給ＥＣＢ後，卻只能換取約當放款面額40％的現金。但也唯有如此，ＥＣＢ才有信心其收到的擔保品足以彌補銀行違約不還款時所可能造成的虧損。

不過，這個作法對於打算借錢給銀行業者的退休基金和保險公司等市場參與者造成一個嚴重的問題。因為隨著ＥＣＢ增加對銀行業的放款，就會有愈來愈高比重的銀行業資產被作為ＥＣＢ的擔保品（換言之，ＥＣＢ擁有對那些銀行資產的請求權），於是銀行業可用來作為民間市場債務擔保品的資產數量也相形減少。此舉導致銀行的無擔保集資成本——缺乏擔保品以為保障的放款——開始上升。銀行業向來採用極高比重的無擔保集資活動來支應其資產負債表所需，例如存款或向退休基金與保險公司發行證券，這類資金來源才是維持銀行正常運作的關鍵。但除非放款給銀行的機構（譯注：包括中央銀行）願意接受擔保品零估值折扣的條件，否則銀行業者根本不可能以擔保集資的形式（即有擔保品的貸款）來取得支持資產負債表所需的資金。

讓我們看一個簡單的假設例子：一家總資產一億美元的銀行，採用了九千萬存款和一千萬權益資本的集資方式。假定基於某些原因，有三千萬的存款遭到領出，於是這一家銀行向中央銀行尋求暫時的流動性支援。此時，中央銀行為了自保——最終來說是保護納稅人——決定該銀行抵押擔保品的適當折扣應為25%。因此，這家銀行必須抵押四千萬的資產作為對中央銀行的擔保品，如此才能取得三千萬美元的貸款。隨後，這家銀行繼續維持這個集資模式，但是剩下的存款人（存款人的請求權優先於股東）將不難發現，銀行只剩下六千萬的資產可支持它的六千萬存款。而在此之前，它原有一億美元的資產可支持九千萬美元的存款。這個估值折扣的影響就是導致最後放款人可用來協助銀行的金額不可能超過七千五百萬美元。

英格蘭銀行在二〇〇七年放款給北岩銀行時，也可以預測到最後放款人的協助將在何時達到極限。果然，其放款金額在預測的日子達到了上限，政府只好接手這家銀行的融資和相關的信用風險。中央銀行對銀行業的放款愈多，這個產業可用來作為民間貸款擔保品的資產相對存款的比重就愈低。最後放款人雖能供應暫時的融資，但代價是導致民間部門存款人或短期債務人擠兌的誘因上升。在極端的情況下，最後放款人對於被迫向中央銀行尋求支援的銀行來說，就好像是猶大之吻（Judas kiss，譯注：看似甜蜜但毒害甚深）。

和最後放款人任務有關的第二個問題是，銀行可能因為它們需要流動性支援的事實曝光而遭到污名化，並因此而不願意接受協助。一旦某銀行決定接受中央銀行流動性的訊息在市場上曝光，有可能危及該銀行取得其他集資來源的能力——部分是因為這個資訊本身所代表的意義，部分則是因為猶大之吻造成的可用擔保品減少效應。這個困難在二〇〇七年和〇八年造成很大的問題，當時中央銀行意圖提供流動性，但不想暴露自身需要支援的銀行業者卻對於是否接受援助抱持戒慎恐懼的態度。為因應這個問題，中央銀行只好創造一些可讓銀行以匿名投標方式取得流動性的拍賣工具。

問題是，最後放款人必須隨時做好供應流動性的準備，而上述那種拍賣不可能持續不斷地進行。在危機達到高峰之際，每週的拍賣確實有效，但是當銀行碰上額外的緊急流動性需求時，還是需要最後放款人的直接協助。為了克服遭污名化的問題，各國央行向來不願意在支援流動性的需求結束以前，公布因取得特殊放款而受惠的詳細機構資訊。延遲公布使用中央銀行工具的銀行業者資訊，確實有助於降低污名化的問題。舉個例子，在二〇〇八年，雖然蘇格蘭皇家銀行和HBoS的支援計畫是由財政部長親自核准，但相關細節直到幾個月後才公諸於世，因為此時已無須保守相關的祕密。然而，現在的立法人員積極地試圖針對那類工具訂定更詳細的揭露規定。目前，取得中央銀行「折現窗口」（銀行透過這個窗口，以其擔保品向央行交換貨幣）資金的詳細資訊都會如實公告，只不過時間上稍有延遲。在美國，國會則規定聯準會最遲必須在放款後兩年內公布折現窗口的貸款人名單。

污名化的問題並不是現代才有。一九一四年時，就有很多銀行擔心一旦外界知道它們藉由那類工具而獲得什麼好處後，會因為「向英格蘭銀行借錢而遭受潛在的聲譽損害」。[59]相同地，美國銀行業者一開始並沒有使用政府根據一九〇七年的《奧德利奇－瑞蘭法案》而創造的緊急貨幣，直到一九一四年七月的集體危機爆發後才紛紛開始使用。換言之，直到一九一四年夏天以前，沒有任何一家銀行要求動用這類緊急貨幣。誠如美國貨幣監理局在該項法令通過時所提出的警告：「所謂緊急鈔券的發行……將立刻成為銀行坦承自身贏弱與危險的訊號，所以除非走到窮途末路，沒有銀行敢使用它。」[60]果然，誠如金融史學家威廉．席爾伯（William Silber）後來的文字描述：「八月的第一個星期，當大戰威脅到全國各地主要銀行之際，緊急通貨的污名化效果才終於消失。」[61]這個問題並沒有單純或複雜的解決方案，如今它還是困擾著中央銀行流動性工具的設計者。綜觀歷史，污名化問題的重要性在於，銀行不太願意被視作接受中央銀行的支援，可能意味著最後放款人的操作規模都太小，出手的時機也太遲，結果反而加重危機的嚴重性。另一方面，中央銀行也禁不起當「濫好人」的後果。

由於現代的央行與政府已了解在危機時刻「無限制放款」的重要性，也深知要求優質擔保品並以懲罰性利率放款的作法可能引發的問題，所以，他們放寬白芝浩所主張的最後放款人傳統條件，轉而採用紓困手段。但紓困會造成納稅人的風險，並讓銀行有誘因擴大整個銀行體系的煉金術。欲解決上述問題，必須將最後放款人化解危機的功能，轉化為一種能判斷銀行在時機好／壞階段分別可舉借多少金額的機制，並確保銀行業者在時機良好階段也公告其擁有足夠的擔保品，以便在時機轉趨惡劣之時，銀行能夠取得足夠因應短期債權人需求的流動性。我將在第七章解釋這個機制如何運作。

中央銀行的未來

縱使起起落落，但在這個世紀展開之際，各國中央銀行的狀況已遠比一個世紀之前進展許多。世界上設有中央銀行的國家增加了，而且這些央行掌握了更大的權力與影響力。然而，它們的聲望是否已從高峰開始下滑？未來的歷史學家是否會視中央銀行多半為專屬二十世紀的現象之一？雖然中央銀行的發展已經成熟，仍未達到年邁力衰的狀態。不過，中央銀行從舞台上消失的可能性也不能完全排除，畢竟我們的社會也曾經在沒有中央銀行的狀態下運行。

在這場危機發生以前，中央銀行業務看起來相對單純。各國央行只有一個目標——物價穩定和一個成功的利率決策框架——即通貨膨脹目標制，它看起來像個成功的應變策略。由於溝通變得愈來愈重要，各國央行從奧妙與神祕轉為透明與公開。然而，在這場危機期間，隨著世人體察到自己對於經濟與金融體系的了解不夠透徹，遂開始質疑前述很多假設。管理經濟體系所關乎的不僅是實現某個消費者物價通膨目標。誠如第一章所述，事實證明，各國央行採用的多數經濟預測模型都無法明確解釋各國經濟和世界經濟之間的失衡為何發生，以致各國政策制定者未能體察到大穩定時期的低通貨膨脹與穩定成長並無法永續，很可能在日後崩潰而畫下句點。

眼見失衡的情況愈來愈嚴重，各國央行有責任改變家戶與企業部門所採行的直觀推斷。在那樣的失衡環境下，央行必須清楚解釋為何為了重建更永續的經濟成長途徑，暫時允許通貨膨脹高於或低於目標是可接受的，更重要的是，央行的解釋必須能夠說服其他人。全盤放棄通貨膨脹目標制將是一個嚴重的錯誤。這個機制對各國央行來說是彌足珍貴的直觀推斷，只要能在必要時適度容許一點偏離的空間即可。

這一場危機也讓人了解到，我們迫切需要建構一個能向銀行體系提供流動性的框架。由於從白芝浩完成他的偉大著作後迄今，銀行體系與中央銀行的樣貌已徹底改變，該是重新評估這些老教條的時候了。白芝浩版的最後放款人概念適用於亟需改革的時期。在這場危機期間，很多新概念和工具被開發出來，而且無庸置疑地，其中很多概念和工具將會繼續被採用。然而，我們並未發展出一個單一整合性的框架來分析中央銀行在時機良／窳階段的適當貨幣供應量，而那樣一個框架是終結貨幣與金融體系煉金術的關鍵，所以我將在第七章回頭探討這個問題。

儘管有上述種種問題，一個令人意外的結果卻是：各國央行目前被賦予的責任比危機爆發前更重大。我離開時的英格蘭銀行比我剛接手時大了一倍。不過，對中央銀行懷抱過高期待是有風險的。有些人似乎認為中央銀行有能力解決所有經濟問題，他們將央行視為萬靈丹。我建議任何允許自身被形容為萬靈丹的中央銀行應該改變思維。最終來說，對中央銀行懷抱過高期待，將會導致中央銀行維持獨立性的理想幻滅，而央行獨立性對於克服通膨來說攸關重大。唯有謹慎設計中央銀行的法定受託任務，它們才能繼續名列盤古開天以來的三大發明之一。

十八世紀中葉的一份批判式宣傳小冊針對中央銀行的行動提出了非常貼切的評價：

> 有史以來，任何由人類組成的機構都比不上英格蘭銀行對於公共安全與薪酬的貢獻，而即使是這個偉大又有用的機構，都無法擺脫被毒舌毀謗的命運……每當遭遇緊急狀況時，這個蒸蒸日上且富裕的機構都能爽快且及時地供應國家所需……而且，在很多事關重大的關鍵局時刻，國家很可能都是因這個機構的出手解救，才逃脫嚴重的困境，甚至免於毀滅。[62]

過去幾個世紀以來，中央銀行的聲譽時起時落。不論如何，從那段歷史中突顯出了一點：中央銀行在危機時的行動自由，取決於它的合法性（legitimacy），而這項合法性來自明確的命令——立法機關必須保證將授權給獨立超然的中央銀行。多年來，中央銀行的民主合法性已獲得確立，部分是透過央行更高的透明度與當責文化以及國家層級運作的高度而得之。然而，民主命令是否能在超國家（supranational）狀態下發揮作用，這一點則大有疑問，畢竟自古以來，企圖打破貨幣與國家之間的連結，一向是個艱難無比的任務。

第6章　結婚與離婚：貨幣與國家的關係

「所以他們（政府）繼續在奇怪的矛盾中運轉，果斷只是為了猶豫不決，決心只是為了躊躇不前，堅定只是為了搖擺，頑固只是為了隨波逐流，掌握一切權力只是為了能軟弱無能。」

溫斯頓．邱吉爾（Winston Churchill）爵士英國議會記錄，一九三六年十一月十二日

「選舉不會改變任何事，規定就是規定。」

沃爾夫岡．蕭伯樂（Wolfgang Schäuble），德國財政部長，二〇一五年一月三十一日

貨幣和國家之間的關係是什麼？從貨幣在正常時期和危機時期所扮演的角色，便明顯可見一個民族國家和該國流通貨幣之間，存在某種密切且深刻的關聯性。國際貨幣基金的主建築位於華盛頓特區，其外觀看起來大致像個橢圓形。走在橢圓形大樓頂樓的走廊上，可以看見其中一端排列著象徵每個會員國的記號，另一端則是展示這些國家使用之鈔票的陳列室。國家和本國的流通貨幣之間，存在一種奇特到有點不可思議的一對一關係。貨幣和國家息息相關。

這很令人感到訝異嗎？或者這是天經地義的狀態？雖然目前貨幣跨國通用的情況愈來愈多，但人

類距離全球統一通貨的理想還很遙遠——這是白芝浩之類的理想家在十九世紀的想像。經濟學家通常認為決定通貨安排的關鍵是經濟要素。他們主張，世界上的通貨數量應該少於國家數量，因為至少某些國家會察覺到與其他國家組成貨幣同盟的好處。在一九六一年，加拿大經濟學家羅伯・孟岱爾（Robert Mundell）將「貨幣與國家並非同義詞」以及「最適通貨區域」（optimum currency area）可以包含幾個國家或國家內部的幾個區域等創新概念普及化。[1]共用一種通貨能降低貨幣聯盟內部的交易成本。如果美國的五十個州都使用各自的貨幣，那麼，跨州商務成本就會遠比目前高。一如度量衡有一個聯邦機制，美元也是美國的單一貨幣記帳單位。不過，雖然世界上早就有單一的國際性時間、長度與重量的度量衡制度（重量是以兩種形式表達，一種是英制，一種是公制），卻沒有單一的國際通貨。

一旦共用一種通貨，代表貨幣主權必須聯合，意即同一聯盟的成員必須接受單一的官方利率。那種約束所帶來的箝制與成本，取決於成員國選擇不同利率的自由度（如果它們能自由選擇的話）。但如果一個國家打算提高利率——因為需求強烈且可能推高通貨膨脹——而另一國打算降低利率——因為需求疲弱而導致通貨膨脹降低——那麼，通貨聯盟成員之間的關係就會趨於緊張。在同一聯盟裡，一旦需求面臨上述那種「不對稱衝擊」，就需要一個涵蓋整個地區的彈性勞動市場才能解決問題，因為這樣勞工才能輕易地從勞工需求疲弱的某一國搬遷到勞工需求強烈的另一國。

相反地，如果一個國家維持獨立的通貨，代表它可利用匯率的波動，來調和以外幣計算的國內工資與物價變化（這是在遭遇競爭力衝擊之後的必要之舉），同時回應本地需求的降低。如此一來，就有可能防止分權化的市場經濟體系為了降低以本國貨幣計價的工資與物價，而不得不忍受高失業率。歐洲兩次大戰期間的經驗顯示，匯率變化在調和實質工資降低（那是必要的降低）方面的成效，優於政府命令或大規模失業。

「最適」通貨區域是由曾經歷相似衝擊且擁有單一勞動市場的國家或地區所組成。當然，這些國家或地區也必須對於通貨膨脹抱持類似的態度，包括長期平均通貨膨脹目標的選擇、通貨膨脹與就業之短期取捨等相關決定，以及在市場監督下實現這些目標的可信度。[2]所以，那些絕對不僅是經濟要素，而是高度政治性的要素。貨幣安排由政治與經濟要素共同決定，且這兩者的影響不相上下。

貨幣與國家都是歷史悠久的重要社會制度。歷史學家琳達．柯列（Linda Colley）曾經寫到，民族國家是：

> 人造的不完美產物，隨時會改變，所以多數國家是某種程度的暴力衝突下的結果……為了繼續存在與結合，國家通常需要有效率的政治制度、某種程度的物質福利、有效抵禦外敵的手段和維持內部秩序的機制，而且經常需要某種宗教或意識型態的支柱。[3]

貨幣的情況也大致相同。誠如約翰．史都華．彌爾（John Stuart Mill）在十九世紀形容貨幣為「野蠻的遺俗，然而還是存在於多數文明國家的買賣交易中。幾乎所有獨立國家都會選擇發行方便各自使用的本國獨有通貨，以堅持自己的國格」。[4]有一個實例彷彿是在體現彌爾的觀點：二〇一四年十一月十四日，極端主義軍事團體伊斯蘭國（Islamic State）宣稱，為協助建立一個全新的國家哈里發（Caliphate），它打算發行一種專屬的通貨——包括以貴金屬鑄成的硬幣。

通常武力是決定帝國版圖與其存續與否，以及新民族國家之籌建的要素。我們必須體認到，不管國家或是它們的硬幣，都不可能永遠不變。現代人將民族國家的認同和組成要素視作理所當然，但在早期，這些都不是那麼顯而易見——我們應該透過前因與後果，試著釐清決定各國通貨創造的因素，以及哪些要素促使了使用這些通貨的國家建立。戰後這段期間，世界上增加非常多國家。如今，全球共有一百九十六個國家（含一百九十三個聯合國會員國，加上科索沃〔Kosovo〕、台灣和教廷〔Vatican〕），以及一百八十八個國際貨幣基金（ＩＭＦ）成員，共使用大約一百五十種通貨。[6] 回顧一九四五年上述兩個機構剛創立時，世界上的國家還很少——聯合國只有五十一個會員國，ＩＭＦ更只有二十九個會員國，對應的通貨數量也很少。當然在一九四五年時，世界上的國家數比聯合國會員國數多。若調整這項因素，目前的國家數量還是在約莫五十年間增加一倍以上。民族國家數量增加的主要因素包括去殖民化效應和前民族國家的分裂等，後者通常是透過武力分裂或是經由非代表該區域的他國代表在和平會議上所做成的分裂決議等。一般人可能會預期，國際貿易的擴展以及英語在金融與商業的使用上愈來愈普及，將強化共同貨幣區域的整合，並導致國際上的通貨種類減少，但顯然情況並非如此。

貨幣聯盟的歷史變化多端。過去曾有很多成功的「聯姻」案例，但也發生過不少轟動一時的「離婚」案例。北美殖民地結合成為美利堅共和國後，在當時的財政部長亞歷山大．漢彌爾頓堅定的決心引導下，推動單一貨幣與集體聯邦的財政政策，那是史上最成功的貨幣聯盟之一。大陸會議（Continental Congress）在一七八六年八月批准發行美元，一七九二年的《鑄幣法案》（Coinage Act）則進一步確認了美元作為這個新共和國記帳單位的地位。自此，美元的重要性隨著美國經濟與政治力量的強化而上升。一八七一年，日本的明治政府採納新通貨——日圓，從那時開始，日圓就成為世界主要貨幣之一。英鎊是世界上最古老的通貨之一，其起源已不可考，不過它在英格蘭（包括威爾斯）與蘇格蘭在一七〇七年通過的《合併法案》（Acts of Union）後，成為大英帝國的通貨。[7]

歷史上也有幾個貨幣聯盟瓦解的例子。當帝國或國家分裂，它們的貨幣聯盟也傾向於瓦解。羅馬帝國、奧匈帝國以及近幾十年的蘇聯等便是如此。[8]蘇聯在一九九一年瓦解時，ＩＭＦ建議後續成立的國家繼續使用盧布。不過在短短的時間內，那些國家紛紛改採其他新通貨。另外還有一個比較不那麼轟動但一樣徹底的貨幣聯盟瓦解實例——大英帝國在戰後期間質變為大英國協（British Commonwealth），英鎊區隨之消退。捷克斯洛伐克（Czechoslovakia）在一九九三年分裂成捷克共和國與斯洛伐克共和國時，兩個新國家也很快就分別採用各自的通貨，二〇〇九年，斯洛伐克更加入歐元區，這些都是相對平和的「離婚」案例。當然也有非平和收場的分裂，主要例子是一九九〇年代的南斯拉夫，它最後分裂成七個國家，每個國家各有其貨幣安排。[9]

歷史上所有包含超過一個主權國家的貨幣聯盟，最終都陷入困境。一八六六年時，由法國、比利時、義大利和瑞士組成的拉丁貨幣聯盟（Latin Monetary Union，以下簡稱ＬＭＵ）成立，西班牙與希臘隨後在一八六八年加入。不過，聯盟中的某些成員未能抵擋為了自身利益而創造貨幣的誘惑，最後棄整個聯盟的利益於不顧。LMU是採雙本位制，它根據固定數量的黃金或白銀來設定貨幣的價值，而白銀相對黃金則採固定價格。在這個情況下，當白銀的市場價格下跌，某些成員國便開始出口銀幣、換回黃金，以透過這兩種金屬的官方相對市價差異來獲取利益。實質上來說，這些國家等於是為了自身利益，不惜放任這項通貨貶值。不意外地，成員國之間缺乏信任的結果，導致支持LMU的政治力量受到傷害，所以從一八七八年起，它成為一個順應金本位的協定。[10]受到LMU的先例啟發，瑞典與丹麥也在一八七三年成立斯堪地納維亞貨幣聯盟（Scandinavian Monetary Union），挪威在兩年後加入。但一九一四年瑞典決定放棄金本位後，這個聯盟也就此崩解。

愛爾蘭的例子也反映出這個問題的本質。一九一六年復活節起義（Easter Rising）與後續的政治及軍事鬥爭結束後，愛爾蘭獨立成為一個既定事實。一九二一年，《英愛條約》（Anglo-Irish Treaty）承認愛爾蘭自由邦，但暗示它還是大英王國的一部分。雖然都柏林當局並不接受那個解讀，這個新生的自由邦還是繼續採用英鎊作為它的通貨。它並不想設計或發行鈔票，因為當時英格蘭銀行（那時還是一家民間企業）發行的鈔票上並沒有任何描繪大英帝國主權的痕跡。[11]直到一九二八年，愛爾蘭導入了它的獨特硬幣（硬幣上鑄刻的全是愛爾蘭與和動物描摩，而非英國的圖紋和國王頭像），「目的是為了清楚宣示愛爾蘭的明確國家認同，並向國際社會宣示一個新主權國家的誕生」。[12]愛爾蘭共和國獨立後還是維持和大英帝國之間的非正式貨幣聯盟，不過，它在一九七九年退出，先和歐元區建立「同居」關係，最後更和歐元區建立正式關係。

其實各國加入與退出那些貨幣聯盟的決定，都和「最佳貨幣區域」的概念不怎麼相干。不管是基於怎樣的效率考量，如果一個貨幣聯盟的夥伴之間對於貨幣的管理沒有共同的目標和承諾，那就沒有理由繼續留在那個聯盟。說穿了，貨幣的選擇乃政治考量。有三個例子可用來闡述貨幣與國家之間的複雜關係。第一個例子是在歐洲發展出來的貨幣聯盟，這是很多國家採用單一貨幣的實例。這個聯盟顯然和戰後的分裂趨勢相悖，而它的命運也勢將影響未來整個世界的經濟。作為一個缺乏政治結合的貨幣聯姻，歐洲貨幣聯盟內部也正在醞釀一場政治意志與經濟現實的拉鋸戰。第二個例子的規模與範圍和歐元區大不相同，但一樣很值得探討。它和伊拉克在二〇〇三年占領前後的貨幣協定有關，這是一個國家採用兩種通貨的例子。第三個例子和可能因二〇一四年蘇格蘭獨立公投（公投結果是「贊同」多於「反對」）而起的新貨幣協定有關。

歐洲貨幣聯盟（European Monetary Union，以下簡稱ＥＭＵ）

歐洲貨幣聯盟是貨幣史上最野心勃勃且實際已推行的專案，成立於一九九九年，目前有十九個會員國。[13]不管是以當時或現在的標準而言，它都是一場偉大的經濟與政治實驗。然而，除非一個貨幣聯盟也能發展為政治聯盟，否則世界上未曾有任何貨幣聯盟能夠存活，而且通常是先組成政治聯盟，才有貨幣聯盟，一如俾斯麥領導下的德國，當時是在國家統一後才推行單一貨幣。事實尚無法證明ＥＭＵ會不會是一場幸福美滿的婚姻，因為目前這個機構就好像一艘試圖平安通過左有岩礁、右有漩渦之危險航道的船隻，一方面要達成政治理想，一方面又要實現經濟利益。二〇〇九年年底希臘經濟疑慮浮上檯面後，一系列危機的接連爆發，迫使歐洲主管機關試圖藉由建立一個更永續的政治聯盟，來穩固這個貨幣聯盟的基礎。不過，各成員國之間分歧的經濟表現，已引發相當程度的緊張氣氛，而對於這樣的政治聯盟要如何設計才適當，很多人也抱持不同的觀點。在眾多政治爭論的包圍下，歐洲央行被迫採取許多實質上為了維繫貨幣聯盟而不得不為的政治性決策。

大約一百五十年前，白芝浩高估了拉丁貨幣聯盟的壽命，他寫道：「不久後，整個歐洲──除了英國──將會採用單一貨幣」。[14] 歐洲的貨幣聯盟一向都和法國與德國脫不了關係。一九二九年時，威瑪共和國的政治人物古斯塔夫．史特雷澤曼（Gustav Stresemann，他因試圖調停兩個國家的爭端而獲得諾貝爾和平獎）向國際聯盟（League of Nations）提出單一歐洲通貨的建議。在二次大戰德國占領法國期間，法國興業銀行董事長亨利．阿爾丹（Henri Ardant）在巴黎的德國大使館的一場接待會上，表達「由德國在歐洲設立單一海關區並成立單一歐洲貨幣的希望」。[15]

戰後，多項有關單一貨幣的建議案已深植在歐洲整合的沃土裡。在那段期間，不少人幾度試圖連結歐洲各地的匯率，其中最嚴肅的一次是匯率機制（Exchange Rate Mechanism，以下簡稱ＥＲＭ）。一九八〇年代有很多國家希望加入ＥＲＭ，主要原因之一在於，它們相信只要本國匯率和德國馬克連結，就能傳承到德意志聯邦銀行（Bundesbank，譯注：即德國央行）多年來展現出來的物價穩定決心。不過，這個機制最先在一九九二年遭到破壞，當時英國和義大利因貨幣投機活動而被迫退出，接著在一九九三年，它更徹底瓦解，因為該聯盟基於以下兩個原因，允許各國的貨幣匯率波動區間明顯放大，結果導致整個機制失去效率。

第一個原因是，市場認為各國穩定物價的實際決心不盡相同；每每到了危急關頭，就會有某些國家表現出不願為了維護固定匯率（相對德國馬克）的永久承諾而付出代價的態度。第二，德國經濟狀況和其他國家大不相同，尤其是在德國重新統一後，它採行不同於其他國家的貨幣政策顯然是恰當的。

一九九〇年代演變成歐洲貨幣聯盟的目的，便是為了藉由各國對一項共同通貨——即歐元——的永久承諾來克服固定匯率制度的缺點。從德國的觀點而言，這個作法有一個非常不利的因子，那就是採用共同貨幣後，和貨幣管理息息相關的政治文化將由更多國家決定，不再只是根據德國本身的歷史與經驗決定。建立一個由不同獨立主權國家組成的貨幣聯盟，可以說是一場豪賭，不管是以前或現在來說皆然，這場豪賭需要非常高的互信才有可能成功。誠如歐洲聯盟的創始成員所意識到的，這種由多個無密切政治聯姻的獨立國家所組成的貨幣聯盟，至今在史上還沒有成功的前例。當然，所有偉大的歷史計畫都是豪賭，可惜並非所有的豪賭都能進一步發展。在歐元成立以前，德國的觀點是應該要先形成政治聯盟再成立貨幣聯盟，而且這中間需要很長的時間差。至於其他國家（尤其是南歐國家）的觀點則是，貨幣聯盟的建立有可能引發一些危機，最後促使政治聯盟加速實現。[16]歐元成立後發生的種種事端證明了德國人的智慧，也凸顯了其他國家觀點的風險。這場婚姻還能維持多久，只有成員國本身知道，外人實在無法輕易判斷這個關係的狀態。

一個世紀以前，英國女演員暨蕭伯納（George Bernard Shaw）的密友肯伯夫人（Mrs Patrick Campbell）暗示，一個聯姻的聯盟代表著「躺椅上的騷亂之後，雙人床上的深刻和平」。[17]在歐元啟用前，歐洲各夥伴國處於一段漫長的訂婚期，各國多次企圖利用命運多舛的ERM固定匯率來達到

「完婚」的目的，過程中確實發生很多騷動。但不管EMU的成員國怎麼形容歐元成立頭十五年間的婚姻狀況，都不可能會是「深刻和平」。

為慶祝貨幣聯盟的成立，一場盛大的慶祝會在一九九八年六月舉辦，當時歐洲各地菁英人士齊聚法蘭克福的舊歌劇院（Alte Oper），由愛爾蘭的表演者獻上《大河之舞》（Riverdance）。[18]在那樣的氛圍下，並沒有時間點醒這些菁英們之後說服歐洲人民接受這個聯盟的困難，畢竟這等於是要求一群說著不同語言、有著不同歷史與文化的人民為創造一個穩定的經濟與貨幣聯盟而犧牲極大的國家主權。十年後，在二〇〇八年一個異常炙熱的六月天，這一群菁英為了歡慶歐元的十週年紀念日而再次聚首在舊歌劇院，參加一場較不炫麗的傳統音樂會。接下來不到兩年的時間，歐元區便深陷危機。

由很多不同民族國家組成的貨幣聯盟隱含一個顯而易見的根本問題。一開始，由於各國的預期通貨膨脹率不同（演變自長期累積下來的實際通貨膨脹差異），所以單一利率勢將導致各國競爭力出現極大的分歧，這是無可避免的結果。某些國家加入歐洲貨幣聯盟時的工資率與通貨膨脹成本已高於其他國家，以致這些成員國加入後的實質利率（共同的名目利率減去該國的預期通膨率）就會比其他低通膨國家的實質利率低。而較低的實質利率會刺激需求上升，並進一步推升原本就較高的工資與物價通貨膨脹。由於身為貨幣聯盟的一員，它們並不能利用利率差異來將通貨膨脹控制在與其他國家相同的水準，以致單一利率的作法最終反而使得某些國家的分歧進一步惡化。「通貨膨脹」的最佳衡量指標（也就是一個國家的國際競爭力寫照）是GDP平減指數（deflator），這個指標代表一國國內製造的全部商品及勞務的平均價格。從這個貨幣聯盟成立至二〇一三年為止，若以這個指標衡量，德國的物價上漲16%，法國上漲25%，希臘上漲33%，義大利上漲34%，葡萄牙上漲37%，而西班牙上漲40%。[19]所以，雖然歐元的誕生之初確實曾促使各國的預期通貨膨脹率趨近，但單一利率的後果卻導致通貨膨脹程度進一步分歧。

於是，歐洲貨幣聯盟的南方成員國相對德國的競爭力大幅度流失，甚至讓德國馬克在納入歐元體系時有被高估的空間。這個現象導致競爭力流失國的充分就業貿易赤字（當一個國家處於充分就業狀態時，其進口超過出口的逆差額）上升，同時使得競爭力提升國的貿易順差增加。各國的順差和逆差就是當今問題的核心。貿易逆差必須藉由海外借款來支應，貿易順差則必須投資到海外，以致諸如德國等國家已成為大型債權人。到二〇一五年時，德國的貿易順差已逼近GDP的8%，而南歐國家則成為實質債務國。雖然德國的很多貿易順差來自非歐元區國家，它的匯率卻因身為歐元區成員國而維持在低檔，從而形成一個難以長期永續維繫的貿易狀況。在這場全球金融危機爆發後，南歐那些周遭國家因國內需求水準大幅降低與進口減少，貿易逆差遂大幅縮減，目前大致上處於平衡狀態。不過，除非外部競爭力有顯著改善，否則一旦國內需求回升並恢復充分就業，這些國家的貿易逆差還是會死灰復燃。例如，在二〇〇八年危機來襲時，那些國家的就業水準就比目前還要高，當時葡萄牙和西班牙的貿易逆差大約已落在GDP的6%，希臘更大約是GDP的11%。要重建在貨幣聯盟內的競爭力（因為沒有聯盟內的匯率可調整），必須經歷漫長且痛苦的艱辛流程，而這樣的流程會對一個民主社會造成極大的壓力。

以政治認同來檢視債權人與債務人的差異，情況不可避免地會趨於緊張。這一切的一切都和各國在聯盟成立之前或之後所採取的財政政策無關。今日多數的財政問題是需求與產出降低的結果，部分肇因於世界經濟在二〇〇七年至〇九年的危機之後走下坡，另一部分則是因為周邊國家競爭力的流失，導致它們的經濟情況隨著全球經濟衰退而變得雪上加霜。因此，各國的財政問題多半是歐元區危機的結果，而非導因。

歐元區內部的危機是在二〇〇九年年底的希臘率先展開，那年十月，甫當選的新政府揭露出先前的執政者短報預算赤字，所以赤字估計值必須從大約GDP的7%上修到接近13%（後來還修正到15%）。外界向來不怎麼信任希臘統計數字的精確度，而這項訊息的揭露導致該國政府的誠信進一步受創。看起來，希臘似乎是憑藉著捏造的表象才獲准加入歐元區。這個問題到二〇一〇年變得更加嚴重，因為希臘已經愈來愈難以從全球金融市場舉借到資金，迫使它不得不轉向歐洲的夥伴尋求緊急貸款支持。五月初，第一場歐元區領袖緊急高峰會在布魯塞爾舉行，與會人士同意成立一個五千億歐元的基金來紓困希臘和其他可能陷入困境的國家。在接下來一年間，危機並未真正落幕。各個貿易逆差國——不僅希臘如此，只是它的情況特別嚴峻罷了——都難以順利舉借到海外貸款，就算借得到錢，其貸款利率也大幅上升。隨著外國銀行與避險基金撤回資金，這些周邊國家的資金流入大幅減少，迫使它們勢必要同步大幅縮小貿易逆差。然而，由於沒有能力藉由通貨貶值的手段來刺激出口（譯注：因為採用共同貨幣——歐元），縮小貿易缺口的唯一管道就是降低進口。政府支出的減少與稅賦的提高，確實促使國內需求與進口雙雙減少，但產出也因此急速降低。

二〇一一年七月，歐元區危機更是急轉直下，此時各成員國已愈來愈難假裝諸如希臘等國家的問題純然是肇因於暫時的流動性短缺。換言之，各國已不得不承認這一切是償債能力與競爭力流失等根本問題所致。希臘、愛爾蘭和葡萄牙的主權債券（也就是政府公債）殖利率上升到接近歷史新高，導致這些政府的新貸款成本竄升，此時不僅希臘的公債被降評為垃圾債券等級（這代表信評機關判斷這些債券是極端投機的標的，所以不適合許多類型的基金，包括許多海外退休基金），葡萄牙公債也難逃這個命運。很快的，義大利也被拖下水，尤其該國高達一．七兆歐元的政府債務（達到世界第三高）遠遠超過歐元區現存援助基金的可用資源。

二〇一一年夏天起的六個月間，各國政府與評論家不斷呼籲德國採取果決的行動，以壓倒性的氣勢展現出繼續支持歐元的明確態度。很遺憾地，其他國家所設想的果決行動是要德國提供充足的資金，讓當時還沒有充足的外銷收入可支應進口支出並償還海外債務的那些周邊國家能重新贏回市場對它們的信心。由於這些國家很難取得民間市場的資金，許多人所期盼的解決方式，就是要求德國納稅人將鉅額資金移轉給歐元區的南方成員國。想當然爾，德國永遠不可能許下那樣的承諾，而德國總理安格拉．梅克爾（Angela Merkel）更是絕對不急著配合那些期待。

這時，歐洲貨幣聯盟開始挑戰由各國公民選出的民主政府之職權。二〇一一年八月五日，即將交接的兩位ECB（歐洲央行）總裁（分別是將卸任的尚-克勞德．特里謝〔Jean-Claude Trichet〕與將接任的馬里歐．德拉吉〔Mario Draghi〕）把他們共同署名的一封祕密信函寄給義大利總理席爾維奧．貝魯斯柯尼（Silvio Berlusconi），信件內容事後遭到外洩。信中要求貝魯斯柯尼先生大幅削減公共支出、開放公共服務，並且頒布多項改革法案，包括修訂薪資協議與就業法。這封信遠遠超出中央銀行的一般職權。當信件內容遭到公開，貝魯斯柯尼政府的聲勢隨即削弱，他本人更在輸掉議會多數席次之後，於十一月十二日黯然辭職，由技術官僚出身的總理——馬力歐．蒙帝（Mario Monti）——接任他的職位。蒙帝是一名極有威望的經濟學家，也是歐洲議會前任議員之一。就我個人的經驗來說，我知道在那樣一個艱困的環境下，很難找到任何比蒙帝更好的人選來領導當時的義大利。問題是他並非民選官員，也沒有議會多數的奧援，以致他推動義大利經濟供應面表現的改革力道有限，而且他的提案也屢屢遭受諸多利益團體的阻力，包括律師團體、計程車司機，以及想當然爾地，議會成員。

當時的歐元區政治人物相信他們的敵人是市場。有一次我參加某場會議，一名非常資深的歐元區政治人物在會中表示：「我們將向市場證明我們終將勝利。」ECB新總裁德拉吉（他在二〇一一年十一月一日接替特里謝）採納的策略是盡可能避免在有爭議的情況下購買主權債券。反之，他希望將援助直接導入銀行體系，因為只要歐元面臨立即性的威脅，大型歐元區銀行就會遭到擠兌。到隔年二月時，希臘再次成為鎂光燈焦點。多年來，希臘因不稱職又貪腐的政府（希臘政府的所作所為導致歐元區其他夥伴難以同情它的處境）所苦，雅典的希爾尼摩斯大主教（Archbishop Hieronymos of Athens）精準掌握了當時這個國家內部的氣氛。他寫信給希臘總理，表達教會的憂慮：

> 近來國內的諸多事件令我們非常傷心，理智也遭到蒙蔽。每天都有很多正直的人丟掉工作，甚至丟掉房子。無家可歸與飢餓——這是外國人占領時代結束後從未出現過的現象——已達到惡夢般的程度。失業人口每天增加成千上萬人⋯代表我國最優秀心靈的年輕人開始移民海外⋯⋯決

策者漠視希臘人民絕望的聲音。遺憾的是，我們聽不到任何回應——沒有人出面解釋這究竟是怎麼回事，也沒有人回應外國人提出的要求。事實上，外國人堅持那些注定失敗的解方，十分啟人疑竇。他們對我國主權的主張令人義憤填膺。人民的筋疲力竭絕不容漠視。[20]

就這樣，希臘成為第一個經歷如同美國一九三〇年代大蕭條那般嚴重經濟衰退的大型歐洲國家。在一九二九年至三三年間，美國的總產出降低27%，而在二〇〇七年至一五年間，希臘的產出降低幅度還略高於這個數字，國內支出（民間與公共部門的消費與投資）則降低超過35%。一九六〇年代還是學生的我，具備了人們新發現的大蕭條防範認知，在當年絕對想像不到日後希臘的慘境。希臘經濟體系向來效率低落，直至今日仍是如此。問題是在缺乏政治聯盟的情況下，只有希臘公民有權決定要如何解決這些無效率的問題。二〇一二年三月，希臘終於違約不償還債務，精確地說，它「重整」了它的債務。根據這個重整計畫，許多民間債務被移轉到公共債權人手上。到二〇一五年時，已有大約80%的希臘主權債務是由歐盟各公共部門機構或是國際貨幣基金持有。貨幣聯盟非但沒有促成更大程度的政治整合，事實更證明了它是戰後引發歐洲內部最大分裂的一項發展。

到了二〇一二年七月，「希臘或甚至其他國家退出歐元」已成為一種公認的可能。ECB、歐盟執委會和德國政府擬定多項計畫，準備處理希臘退出歐元的可能問題。很多人假設，希臘的退出意味它必須強制實施資本管制，甚至可能要強制銀行休假，讓政府將很多（甚至多數的）本國銀行國有化。不過，接下來的外交新方針改變了這股市場情緒。在七月二十六日一場前導倫敦奧運的全球投資研討會上，我主持一場由央行官員進行的專題討論。德拉吉是與談人之一。當他站起來發表評論時，我注意到他反常地沒有依照預先擬好的講稿發言。他表示ECB將「竭盡一切所能地維護歐元。相信我，ECB有足夠的能力。」[21]

他的一席話在世界各地激起非常大的漣漪，不過，梅克爾總理和歐蘭德總統（President Hollande）隔天發表的一篇聯合聲明同樣地引人注目，他們透過這篇聲明暗示將全力固守對歐元的承諾，並支持德拉吉的目標。很顯然地，ECB將會購買——或至少積極考慮購買——西班牙及義大利主權債務。西班牙十年期公債殖利率於是從7.6％降到7％以下，歐元區的銀行股在那一天的漲幅介於5％至10％。市場情緒開始大幅轉變，而這個變化也促使接下來兩年間，各地主權債券殖利率顯著降低。到了二〇一四年年底，希臘的十年期債券殖利率已從25％降到略高於8％，葡萄牙的債券殖利率從11％以上降到低於3％，西班牙的公債殖利率也從6％以上降到2％以下。事實上，到二〇一四年年底，西班牙的貸款成本甚至已降到比美國政府低。德拉吉的那一席評論顯然神奇地達到他想要的效果。

不過，那一席評論也引來一個嚴重的問題。ECB的權限並不包含財政移轉（fiscal transfers），而且從公開與私下的評論看來，德國央行顯然強烈反對選擇性購買主權債務的作法，它認為那麼做很可能違憲。[22]當然，主權債務購買計畫和歐盟條約（European Treaty）的「無紓困」條款在表面上看來似乎不一致。所以又過了好幾個星期，ECB才宣布一項直接貨幣交易（Outright Monetary Transactions）計畫，這個計畫允許它購買周邊國家的政府債券，以回應這些國家對於新的歐洲穩定機制（European Stability Mechanism，以下簡稱ESM）的求救。但是到了二〇一五年，這個計畫並沒有購買任何主權債務。無論如何，德拉吉「竭盡一切所能」的承諾在整體而言順利地讓金融市場產生一種平靜感，長達幾個星期的一系列危機也終告結束。從當時的情況看來，德國似乎已經捨棄放任希臘退出歐元的想法。歐元區以外的投資人受此誘惑，紛紛開始購買周邊國家的金融資產，尤其是主權債務，於是債券殖利率進一步降低，ECB也因此得以減少對銀行業者的放款。

不過，海外投資人購買主權債券的行為導致歐元升值。接下來兩年間，歐元的有效匯率升值大約10%。這對歐元帶來下一個挑戰——這次是發生在法國：歐元匯率愈高，競爭力流失的情況愈加惡化，而法國經濟在此之前就已明顯浮現競爭力下降的跡象。歐元升值使得法國的失業率上升，經濟活動停滯。一般人或許覺得希臘或葡萄牙等國家遭受產出劇烈降低之苦沒什麼大不了，但就政治層面來說，根本沒有人想像得到法國會走到那一步，畢竟歐元是因法國與德國的合作而誕生，這兩個國家一旦分裂，將會對這個計畫造成致命後果。

二〇一五年年初，ECB終於決定追隨聯準會與英格蘭銀行在此前六年開創的先例，展開貨幣擴張計畫。那年一月，ECB宣布一項債券購買計畫，打算將它的資產負債規模擴大到此前兩年的高峰水準。它的目標很清楚——讓歐元貶值，而且最初它確實只力求實現這個目標，隨後歐元對美元價位果然回貶到十多年前的水準。

那年一月的另一個事件是希臘的新政府選舉，激進左翼聯盟（Syriza）是這場選戰中的主要勢力，它承諾要減輕歐洲央行、歐洲議會和國際貨幣基金等令人反感的「三巨頭」對希臘強加的撙節方案對人民造成的負擔。接著，一連串無疾而終的協商持續進行著，所有人都只關注這個國家的償債義務（其實償債義務已因先前的債務重整和還款時程調整而顯著降低），而不思解決疲弱需求的根本導因——也就是希臘無法透過匯率貶值的方式找出一個較低的新實質匯率。

在貨幣聯盟的約束下，唯有透過「內部貶值」（internal devaluation）才能降低實質匯率，而為了讓經濟體內生產可貿易商品與提供勞務的部門工資與價格下滑，長久的大規模失業是無可避免的境地。目前很多歐元區國家的失業率還是極高，到了二〇一五年秋天，法國的失業率還超過10%，義大利與葡萄牙約12%，西班牙為22%，希臘則高達25%。更令人沮喪的是，希臘和西班牙的青年（二十五歲以下）失業率雙雙高達50%以上。[23]近幾年來，幾十萬名青年從希臘、義大利、葡萄牙和西班牙出走。[24]相反地，美國和英國的整體失業率皆已降到5%以下，歐元區貿易順差國的失業率也都降到類似水準，荷蘭是6.9%，德國更只有4.5%。

希臘與其歐元區夥伴間愈來愈惡意相向的態度，導致協商在二〇一五年夏天宣告破裂。ＥＣＢ決定對希臘的最後放款額度設定上限後，希臘銀行業者在六月二十九日星期一當天歇業，並將自動提款機的現金提領上限降到每天六十歐元，於是，經濟活動開始停滯。六月三十日當天，希臘成為有史以來第一個未能在債務到期時還款給ＩＭＦ的先進經濟體。幾天後——也就是七月五日星期天——絕大多數的希臘人民透過一場全國性公投，拒絕為了爭取更多紓困而接受歐洲「夥伴」們要求希臘進一步撙節的提案。然而，歐元區領導人對於這個公投結果的回應是：要求希臘政府實施更冷酷的改革計畫。如果未能大幅減輕希臘的債務負擔，它的經濟幾乎沒有成長展望可言；而實務上來說，債務寬減代表德國和其他歐元區國家的納稅人將承受可觀損失。

到了二〇一五年七月，情勢顯然是任何一方都不準備審慎考慮放任希臘退出歐元一事。七月十三日當天，經過徹夜協商，眾人終於達成一個大翻盤的協議。根據這項協議，希臘幾乎全盤接受債權人的所有改革要求——包括導入週日商業時間（這有點稀奇）以換取大約八百七十億歐元貸款的額外融資及某些債務重整討論的承諾。不過，這個協議暗示希臘早已維持不下去的債務負擔將會進一步增加，加上沒有明確對策可刺激整體需求，所以除了維護歐元區成員資格的桎梏，我實在不懂為何協商的雙方會認為這個協議有任何利益可言。儘管希臘總理齊普拉斯（Tsipras）先生形容這些提案「不理性」，他還是表示願意實行這些提案，以「避免國家陷入災難」。[25]

接著，IMF在二十四個小時內發表了一份報告。以它過去四年多的立場來說，這份報告實在有點像馬後砲。那篇報告聲稱，「唯有透過歐洲到目前為止都不願意接受的大規模債務寬減對策，才能阻止希臘倒債」。並且指出，因為接下來的兩年內，希臘的債務水平預期將會達到約GDP的200%的高峰，有必要將它對歐洲其他國家的債務還款寬限期延長三十年，或是每年挹注一筆資金至希臘的財政預算。[26]問題是，德國火速表明不支持這個作法，它主張貨幣聯盟並沒有規定債權人必須對債務人進行移轉。直到激進左翼聯盟政府於二〇一五年九月意外舉辦的選舉中整合它的立場後，這場危機揮之不去的陰影才終於逐漸消散。不過，這場選舉是希臘自一九七四年重建民主政體後，投票人數最少的一次選舉。沒有人知道這個協議將如何重建希臘經濟成長，缺乏競爭力與債務無以為繼的根本問題也沒有解決。

ECB採行的手段充其量只能治標，無法治本。當然，這樣的政策最適合用來幫助最可能在近期內退出歐元區的國家，或因繼續留在歐元區而遭受政治折磨的國家——當希臘有退出的危險時，就寬減它的主權債務；當其他周邊國家有危險時，就購買那些國家的主權債務，以便引導這些國家的債券殖利率降低；而當法國面臨更深沉的景氣衰退，則採取全面性的主權債務收購與貨幣創造政策，以促使歐元貶值。到頭來，ＥＣＢ只剩下兩個選擇：索性讓歐元失敗，或是轉化為一個政治化機構。它當然是選擇第二個。所以在接下來的幾年間，歐洲央行很可能因為誤闖政治領域、未能堅守獨立超然立場而遭到外界抨擊。

在形成歐洲聯盟的馬斯垂克條約於一九九二年簽訂之前，德國央行主張貨幣聯盟必須具備一個國家休戚與共的特性——也就是「我為人人，人人為我」的精神。[27]但從貨幣聯盟迄今的經驗，實在看不出各成員國之間存在那種休戚與共的精神與信任度。不過，這並不足為奇，因為如今德國的利率過低，導致存款人虧錢；周邊國家則是實質利率過高，導致經濟蕭條惡化，在這種情況下，彼此之間產生不滿情緒在所難免。雖然目前ＥＣＢ在應對短期挑戰方面的表現還算成功，世人仍舊不免產生一個疑問：究竟要如何找出解決歐元區陣痛問題的長遠有效方案？

欲解答這個問題的經濟學其實很直觀：真正的挑戰並非公共財政的狀態，而是在於一國的外部競爭力。所以，歐元區未來必須奉行以下四個方法之一，或是其中幾個方法的組合：

1. 繼續維持周邊國家的高失業率，直到那些國家的工資和物價降到足以恢復競爭力的水準。因為這些國家的充分就業貿易逆差還是很可觀，若不經歷一番嚴厲的調整，恐難達到減少赤字的目標。目前這些國家的失業水準已經非常高，而經濟規模較小的國家若採取浮動匯率政策，恐有風險過高之虞，所以維持高失業率可能是唯一的選項。

2. 在德國和其他順差國製造一段高通貨膨脹期，而且要同步限制周邊國家的工資與物價水準，以消除北方與南方之間的競爭力差異。但此舉需要歐元長期大幅貶值，而德國和整個世界都不會歡迎這樣的發展，因為這麼一來，德國儲蓄者的資產報酬率將比現在更低，而整個世界則會把歐元的貶值視為一種惡意的行動。

3. 放棄重建歐元區內部競爭力的計畫，並接受北方無限期且明確地向南方進行財政移轉的必要性，以便為周邊國家的充分就業貿易逆差提供資金，以及償還外債。那樣的移轉很可能超過北方國家GDP的5%，而且必須強制對周邊國家祭出重大條件，以限制這些移轉的規模。[28] 然而，不管是贊助國或接受國，目前都不太支持如此規模的移轉。

4. 接受歐元區局部或徹底的瓦解。

我將在第九章回頭討論上述幾個可因應歐元區陣痛問題的替代方案。歐洲領袖們面對這類令人厭惡的選擇時總是表示：「每一個方法我們都不喜歡。」所以，他們一向用打混仗的方式來回應種種挑戰，並採取麥考伯先生（Mr. Micawber，他是狄更斯《塊肉餘生錄》〔*David Copperfield*〕的一個角色）的應變策略，坐等事情出現一點轉圜。畢竟由於未來全然無法預測，情況當然有可能會出現轉圜。不過，以目前的情況來說，一般人確實很難相信只要勇於面對問題，並為貨幣聯盟提供一個永續的經濟基礎，情況就能改善。歐元已不再是一種達到目的的手段，它本身就是一個目的。由於歐洲領袖對於這項計畫的政治承諾非常堅決，可能有人會同情他們目前所處的兩難困境。事實上，他們目前的做事方式根本是以凱因斯的觀點為依據——當他在一九三〇年代面對戰爭前景時寫道：

我們不知道未來將會發生什麼事，只知道未來將和我們能預測到的狀況非常不同。我曾在另一個場合說過，「長期」是一種不利的處境，因為長期下來，我們都已離開人世。不過，我當時也應該說過「短期」是非常有利的處境，因為就短期而言，我們都還活著。生命和歷史都是由很多短期組成。如果我們短期內處於和平狀態，那就不錯了。我們能做的至多就是延後災難的發生，並指望（不盡然遙不可及地）事情能出現轉機。[29]

然而，關於麥考伯先生的策略，其問題在於不論什麼事物出現轉機，都不太可能是經濟在當今世界上還繼續運作的多數貨幣聯盟（例如北義大利和南義大利之間，或是美國各州之間）中，成員之間都對於財政移轉做出某種永久或至少無限期的承諾，但基於完全可理解的理由，德國並不願意做出相同承諾。此外，德國對於提高本國通貨膨脹一事興趣缺缺，卻又不希望貨幣聯盟瓦解。然而，試圖藉由長期的蕭條來重建周邊國家的競爭力，似乎不太可能成功——一九二〇年代德國回歸金本位後，也未能成功藉由蕭條來重振競爭力。很多評論家似乎都相信歐洲將「透過危機的教訓來達到進步」。曾在卡特政府執政時期擔任國際事務助理國務卿的弗瑞德・伯格斯坦（Fred Bergsten）於二〇一四年針對此點表示：「德國將不計一切代價並重複所有必要的作為來維護歐元。」[30] 這個論點尚未經過檢驗。但如果其他成員國也作如是想，那麼除非德國掌控那些國家的經濟，否則任何財政紀律的表象都會消失。

受到布魯塞爾❶和法蘭克福❷當局擺布的政策（這些政策也獲得華盛頓政策制定者的支持）已經令歐洲各地的公民付出極大的代價。由於各國政府無力防範高失業率並阻止生活水準降低，導致很多人的幻想破滅。可以預見的是，很多選民將試著在主流政黨以外尋求救贖。二〇一四年的歐盟選舉和二〇一五年的希臘選舉就是明證。本末倒置——在成立政治聯盟以前先成立貨幣聯盟——的結果，已迫使ECB不得不扮演一個超國家的財政主管機關，但無論是ECB或歐洲各國政府，都沒有獲得創造財政移轉或政治聯盟的授權——選民不想要接受。債券市場的力量或許強大，但是相信貨幣危機將加速政治聯盟的形成，更是不切實際的幻想。

有些德國經濟學家想要回歸原始的貨幣聯盟概念，嚴格實施歐盟條約（European Treaty）與穩定暨增長協定（Stability and Growth Pact，以下簡稱SGP，這是管理歐盟各成員國財政政策的規則，在一九九八年至九九年間採用）中的無紓困條款。其中一位經濟學家正是促成歐洲央行設立的大功臣歐特馬．伊辛（Otmar Issing），也是歐洲央行的第一任首席經濟學家。誠如他在二〇一五年寫到：「就經濟與政治層面來說，放寬無紓困條款將嚴重破壞『無代表就不課稅』原則，創造一股強烈動力

❶ 編按：為歐盟的主要行政機構所在地，包括歐盟高峰會（首腦會議）、歐盟執委會和歐盟理事會等。
❷ 編按：為歐洲央行總部所在地。

朝向無民主正當性的移轉聯盟（transfer union）發展。」[31] 然而，歐洲政治人物似乎對於那種鏗鏘有力的論述麻木不仁。以前這個條約被漠視，未來也可能再遭到漠視。原因在於歐洲貨幣聯盟是一個政治性計畫，而非憲法性計畫。一如很多建國案例，憲法扮演非常重要的角色。各種根本的政治意識型態將人民維繫在一起，形成各自的「國家」，而憲法則讓這些意識型態得以合法化與普及化。歐盟條約的內容包含許多為了支持這個貨幣聯盟而設計的貨幣與財政政策條款，包括一條禁止直接對各國政府融資的命令（第一二三條）、一項無紓困條款（這項條款規定由某一成員國承受另一成員國之債務是不合法的，第一二五條），此外也有對政府赤字與債務規模設限（第一二六條），以及強制執行赤字與債務上限的SGP（以第一二一條與第一二六條為基礎的次級立法〔secondary legislation〕）。表面上看起來，這些條款是具有約束力的協議承諾，但在危機時期，歐盟條約根本就被當作空氣，或是根據當下的政治需要而被重新解讀。舉個例子，在二〇〇三年時，法國和德國漠視SGP的限制，卻沒有任何一國的部長或任何歐盟機構採取任何動作。類似的反應在二〇一四年至一五年間重現，遭逢經濟問題的法國和義大利要求放寬SGP的限制。二〇一〇年後，面臨重整希臘債務的需求，無紓困條款也被默默地遺忘。所以說，這個條約的意義似乎是由幾個大國的政治人物決定，他們希望它的意義是什麼，它就是什麼意義。

歐洲各地的人民頗為喜歡歐元的概念，但又不喜歡這個概念帶給他們的影響。誠如某個人曾對我說的，如果英國能保有本國利率決定權，那他一點也不在意英國採用歐元。顯然一般人普遍誤解了貨幣聯盟的經濟學。一如我在第一章討論的，目前大型經濟體內部的支出與儲蓄失衡並沒有改變，而各經濟體之間的外部失衡也一樣。二〇〇八年至〇九年間，世界各地需求與產出大幅降低，確實使得外部順差與逆差縮小。但是充分就業條件下的順差和逆差還是沒有改善。德國的貿易順差正逼近ＧＤＰ的８％。若主張這對歐元區整體而言是有利的（德國財政部長曾這麼說）——因為德國的順差抵銷了其他國家的逆差——那麼就是刻意誤解貨幣聯盟的經濟後果。[32]德國的順差和周遭國家的逆差可說是一體兩面，唯有透過上述四個解決方案之一，或是採取綜合方案，才有可能解決這個沉痾。

根據過去十五年左右的歐盟經驗，各國與貨幣聯盟之間的關係帶給我們三個主要教誨。首先明智的一點是，應確保所有夥伴國在加入貨幣聯盟之前，必須達到潛在的工資率與物價通膨率徹底趨同。雖然歐洲貨幣聯盟曾希望這麼做，但各國的政治壓力導致該聯盟接受很多尚未達到通膨率徹底趨同的國家加入。第二，貨幣聯盟一旦成立，就必須嚴格加以監督，以防止各成員國的工資與物價通貨膨脹水平出現分歧，而導致某些國家失去競爭力。一旦陷入這種下場，就只能靠長時間的大規模失業來解決。關於這一點，我們必須讚揚歐洲央行，它其實針對這個問題發出很多警告，但沒有人把它的警告當一回事。第三，未來的經濟衝擊本來就不可預測，所以除非各國之間維持極高度的互信，並且願意對於遭受重大衝擊的國家進行財政移轉，否則貨幣聯盟勢將承受非常大的壓力。欲做到這一點，需要某種程度的政治整合，這在歐洲至今仍是前所未見。雖然目前已有很多的權力移轉給了歐盟機構，民主正統性還是掌握在各國政府手裡。

歐洲貨幣聯盟的危機勢必會「歹戲拖棚」。除非正視歐盟取得超國家權力的野心與各國主權政府堅守民主本質之間的矛盾，否則危機將永遠無解，勢必有一方得讓步。在可預見的未來裡，各方還是可能繼續打混仗，但是最終各方還是不可避免地要在兩個選項之間做抉擇：1. 恢復使用各國貨幣與歸還民主掌控權；2. 各國將政治主權明確且斷然地轉移給一個歐洲政府。[33] 多年來，歐洲領袖——包括英國——都因擔心造成混亂並喪失影響力，而未能明確向本國人民說明這個抉擇的本質。尤其是較小國的領導人，他們一方面遭到中間派的威脅，一方面又得考量自己從本國政職下台後在各歐盟機構的職涯發展出路。結果愈來愈多國家的選民不再支持中間偏左或中間偏右的政黨，轉而支持目前還關心國家主權的極端政黨。追求一個不會衍生政治反抗的聯邦制歐洲，其過程中可能承受的經濟痛苦就是有限的。

兩場波斯灣戰爭之間的伊拉克

第二個闡述貨幣與國家之間複雜關係的例子，是第一次與第二次波斯灣戰爭之間發生在伊拉克的貨幣安排。這是一個國家採用兩種通貨的不尋常故事，或者更精確地說，這個國家分裂成了兩半，其中一半的國土有一個政府和管理不善的通貨，另一半的國土則沒有政府，但流通著一個穩定的通貨。

在一九九一年第一次波斯灣戰爭爆發時，伊拉克的官方貨幣是第納爾（dinar）。戰爭過後，伊拉克一分為二，在政治、軍事和經濟上各自獨立。南伊拉克由薩達姆．海珊（Saddam Hussein）掌控，北伊拉克則受到禁航區（北緯三十六度以北）❸保護，成為庫德族實際上的保護領地。當時南方的海珊政權為了應對聯合國制裁而陷入困獸之鬥，它以印製貨幣的手段來支應愈來愈嚴重的預算赤字。由於受到制裁，無法進口海外印製的鈔票，伊拉克官方政府便開始印製有海珊肖像的新鈔票，也就是所謂的「海珊第納爾」。當時的政府限制人民在三星期之內把舊鈔換成新鈔。由於政府印製太多鈔票，以致流通現金的面額在短短的時間內暴增，從一九九一年年底的二百二十億第納爾，增加到四年後的五千八百四十億，這段期間的通貨膨脹飆漲到一年平均250%的水準。

然而，北方人民沒有機會轉換他們手上的銀行鈔票，所以新的海珊第納爾並未在北方流通，人民還是繼續使用舊第納爾鈔票。這些就是所謂的「瑞士」第納爾，其名稱由來是這樣的：雖然鈔票是由英國的德拉魯公司（De La Rue）印刷，製版卻是在瑞士生產。瑞士第納爾「自力更生」，實質上成為北方的新通貨——這是一個成功的應變策略。一九八九年以後，當地沒有發行新的瑞士第納爾，而由於這個地區也沒有發行貨幣的主管機關，所以北方的貨幣存量最多是固定的，甚至可能是減少的。結果，海珊第納爾和瑞士第納爾就這麼發展成為兩種獨立的通貨。

因此，在美國及其盟國於二〇〇三年入侵以前，伊拉克有整整十年的時間使用兩種通貨。南方的海珊第納爾是由伊拉克官方政府發行，而在北方流通的瑞士第納爾則沒有任何官方政府或中央銀行可作後盾，也沒有任何法定貨幣（legal tender）的法律以為憑藉。就法幣來說，這是一個很不尋常的情境。瑞士第納爾確實有價值，但是讓它有價值的並非伊拉克的官方政府，也不是其他任何政府。[34]

雖然北伊拉克與南伊拉克之間幾乎沒有貿易往來，但是瑞士第納爾和海珊第納爾都能兌換為美

❸編按：在波斯灣戰爭後，聯合國安全理事會於一九九二年做出決議第六八八號，指出伊拉克總統海珊對於伊拉克北部的庫德族進行侵擾，因此基於人道而劃定伊拉克北部為禁航區，禁止伊拉克的戰鬥機飛行，且不時有美英等國的空軍戰鬥機巡邏。

元。一九九三年後，瑞士第納爾與海珊第納爾之間的隱含交叉匯率價值便開始偏離平價，到了二〇〇三年海珊遭到廢黜之際，大約三百海珊第納爾才能兌換一瑞士第納爾。[35]瑞士第納爾的升值，顯然和這兩個地域之間的實際與預期貨幣供給量的變化有關：海珊第納爾的供給量快速增加，而瑞士第納爾的供給量則是固定的。

瑞士第納爾兌美元的行為很有意思，但不是那麼顯而易見。一九九〇年代，瑞士第納爾兌美元的價值起伏不定。直到二〇〇二年年中開始，它兌換美元的匯價就大幅升值，主因在於海珊政權垮台的可能性上升。從二〇〇二年五月大約十八瑞士第納爾兌換一美元，它一路升值到二〇〇三年五月初戰爭結束時的六瑞士第納爾兌一美元水準。那一波升值走勢反映了市場對於兩個因素的期望：第一個因素是庫德族的政治與軍事從海珊控制的伊拉克獨立出來之後，得以繼續生存；第二個因素是有關當局可能會成立一個新機構來管理整個伊拉克的貨幣政策，而且它將溯及既往，為瑞士第納爾的價值作擔保。北伊拉克的政治情勢讓人假設，一旦政權真的更迭，北伊拉克使用的通貨將會有價值。換言之，瑞士第納爾的價值只和政治有關，而和發行瑞士第納爾的政府經濟政策無關，因為那裡根本沒有那樣一個政府的存在。

兩種第納爾的匯率因相信潛在入侵行動及其後續發展而表現出來的行為，清楚闡述了政治體制對貨幣的關鍵影響。信不信由你，當時的金融市場交易員能夠買進賣出有關海珊命運的期貨合約。其中一項合約是：如果海珊在二〇〇三年六月底被廢黜，就會支付一美元；如果沒有，它一毛錢也不會支付。這個合約的價值（介於零至一美元）被用來衡量一般人對於伊拉克未來政治秩序發展的期望，交易員可以藉由買進或賣出市場上的合約來賭最後的結果（只要市場能承受）。當海珊政權被罷黜的可能性上升（這項合約的價格也因而上漲），瑞士第納爾相對美元匯價便升值。後來又有一項合約是：如果海珊在二〇〇三年十二月底之前被捕，就支付一美元；如果沒有，就一毛錢也不支付。當二〇〇三年海珊被捕的機率降低（這項合約的價格也下跌，因為當時海珊行蹤成謎），瑞士第納爾兌美元則貶值。不過，在海珊於二〇〇三年十二月十三日被逮捕前夕，它便再次升值了。

美國與其他盟國在二〇〇三年七月以武力介入控制伊拉克後，聯盟駐伊拉克臨時管理當局（Coalition Provisional Authority）首長保羅．布瑞莫（Paul Bremer）宣布將印製新的伊拉克第納爾，並以「一瑞士第納爾價值一百五十海珊第納爾」的隱含匯率，交換兩種現有的通貨。相關交換作業限定在該年十月至隔年一月間完成。新第納爾和瑞士第納爾一樣都是德拉魯公司負責印製，該公司在極短時間內，以位於英國及其他國家的幾座工廠來印製這項貨幣，並利用二十二個航班的波音七四七班機和其他飛機將這些通貨運到伊拉克。上述一百五十第納爾平價還不到瑞士第納爾高峰價值的一半，不過仍比此前六年間常見的平均兌換率高，而且這個兌換率能讓這兩項通貨的購買力趨於一致。舉例來說，大約就在這個新兌換率決定之際，據估在一百二十八海珊第納爾等於一瑞士第納爾的條件下，南北伊拉克的工程師工資就會相等；如果兌換比率是一百，他穿去上班的鞋子價格就會南北一致；如果兌換率是一百三十三，他穿去上班的西裝價格也會南北一致。[36]從那時開始，新伊拉克第納爾兌美元就維持固定匯率，只有二〇〇六年十二月至二〇〇八年十二月間例外，因為當時伊拉克央行為了防止通貨膨脹上升而穩步推升這項通貨的價值，所以它在那兩年間升值了大約20%。

由於一九九〇年代庫德族控制的伊拉克沒有一個擁有通貨發行權的政府，也就缺乏交易媒介，所以瑞士第納爾在當地的流通，就是市場處理這些問題的解決方案之一。瑞士第納爾與海珊第納爾的相對價格變化顯示，貨幣的價值取決於代表國家的機構繼續生存與否的或然率，而不僅取決於當前政府所實施的政策。伊拉克近幾年的貨幣歷史是闡述政治穩定性與否之重要性的貼切實例。

有趣的是，相似的問題也曾發生在二戰期間的法國海外領土，當時這些地區分裂為維琪法國（Vichy France）和夏爾勒．戴高樂（Charles de Gaulle）領導下的自由法國（Free French）。在法屬赤道非洲（French Equatorial Africa）、喀麥隆（Cameroon）和其他位於撒哈拉沙漠以南非洲的法國領土，銀行鈔票的發行被授權給了西非銀行（Banque de l'Afrique Occidentale，以下簡稱BAO），直到一九四三年，這家銀行都受到維琪法國的控制。不過，隨著自由法國開始奪下維琪法國的領土，它開始採行不同的貨幣政策——也就是兌英鎊固定匯率制。因此，在當時那兩組不同的領土上，儘管流通的「法郎」鈔券一開始並無二致，該「法郎」卻代表著不同的東西。自然而然地，這創造了賺錢的機會：把某個地區的法郎鈔券兌換成外幣，再到另一地區將那些外幣轉換為法郎。為了防堵那樣的投機行為，自由法國在一九四一年成立法國中央基金（Caisse Centrale de la France），它以英格蘭銀行的營運模式為依據，從此成為自由法國的銀行鈔券及硬幣發行者。[37]一九四二年夏天，BAO發行的鈔券以面額被兌換為中央基金發行的鈔券，從此不再是法定貨幣。為宣傳其起源，自由法國鈔券在設計上納入一隻鳳凰和象徵自由的「瑪麗安．德隆得」（Marianne de Londres）。

在伊拉克和法國海外領土等大不相同的情境下，通貨的價值有很大程度取決於人民對作為該通貨後盾的國家未來政治發展的想法。因此，顯然影響貨幣價值的因素不光是占滿報紙財經版的經濟議題。

獨立的蘇格蘭

第三個闡釋貨幣與國家地位之間關係的例子，是一個有意與夥伴拆夥並結束長期貨幣聯盟關係的國家。二〇一四年九月十八日，蘇格蘭人民在一場「蘇格蘭是否應該成為獨立國家」的公投中，以高達85%的投票率，否決了這個主張，否定者佔55%，贊成者為45%。宣傳這場公投的多數活動聚焦在獨立後的蘇格蘭通貨安排選項。贊成獨立的陣營不願詳細回應一旦獨立後將採用哪一種通貨的疑問；反對獨立的陣營則提出一系列沒有事實根據的聲明，宣稱這個問題難以找出令人滿意的解決方案。其實這個問題有一個簡單的答案，有趣的是，正反兩方都基於各自的理由而不願坦白說出來。

蘇格蘭民族主義者的原始願景是在這場危機爆發前提出，它期許能營造一個涵蓋愛爾蘭、冰島和蘇格蘭的「繁榮之弧」（an arc of prosperity）。繁榮之弧將成為歐元區的一環，而且這三個國家都擁有大規模且成功的銀行部門。不過，二〇〇八年金融危機來襲後，這個願景顯然成了一場幻影：冰島和愛爾蘭的銀行部門實在擴張到任何小國家都難以維繫的規模，以致這兩個國家都被支持該部門的成本壓垮；此外，歐元區能倖存與否，也尚在未定之天；至於被政府（乃至英國的全體納稅人）要求必須大幅重新調整資本結構的兩家英國銀行（即蘇格蘭皇家銀行與蘇格蘭哈利法克斯銀行，後者事後成為勞式集團〔Lloyds〕的一員）都是蘇格蘭籍的銀行。總之，加入歐元已不再是可靠的選項，而在那個騷亂的貨幣環境中，也不適合發行隨英鎊和歐元浮動的新蘇格蘭通貨。由於蘇格蘭有非常高比重的貿易與經濟活動是在英國其他地方進行，下一個選擇就是透過一個貨幣委員會發行一種釘住英鎊的新蘇格蘭通貨。但此舉需要擁有無限額的英鎊準備，才能說服市場相信這個釘住匯率制度不會有風險，而那又進而意謂著必須進行鉅額的英鎊借款——對一個試圖說服市場相信它將採行審慎財政政策的新獨立國家來說，這個展望也不怎麼吸引人。

所以，直到公投時刻來臨，贊成獨立的陣營提議一旦獨立，就應該成立一個由蘇格蘭和大英國協其他地區共同組成的正式貨幣聯盟，並繼續沿用現有的安排，但必須在英格蘭銀行的貨幣政策委員會裡增加一個蘇格蘭代表。反對陣營則斷然拒絕這項安排，並排除成立貨幣聯盟的任何可能性，它還引用歐洲貨幣聯盟的經驗，指稱一旦成立貨幣聯盟，獨立後的蘇格蘭免不了會受制於該聯盟的財政規則，而這將對於國家獨立狀態造成傷害。贊成陣營對此的回應是，不管選戰過程中說過什麼，一旦贊成獨立的結果出爐後，情勢將會截然不同，到時候蘇格蘭的協商地位也會改變。由於贊成獨立的陣營最終在公投中敗陣，所以這樣的論述也永遠沒有機會獲得驗證。不過，欲形成一個正式的貨幣聯盟，先決條件是蘇格蘭和大英國協其他地區之間達成明確的協議，基於蘇格蘭提出的種種要求以及大英國協其他成員的反對，這樣的貨幣聯盟似乎不可能有實現的一天。

到了公投當天，有關通貨的問題還是沒有解決。但其實是有一個答案，這個簡單且直接明瞭的解決方案是「英鎊化」（sterlingisation），如果贊成陣營打贏選戰，蘇格蘭政府大可以在隔天宣布，獨立後的蘇格蘭沒有意願發行本國通貨，故所有以英鎊計價的合約永遠都可以合法兌現英鎊。換言之，蘇格蘭將繼續使用英鎊，不會成立正式的貨幣聯盟，屆時什麼事也不會改變。然而，贊成獨立的陣營無法公開倡議那樣的解決方案，因為這麼一來等於是承認獨立後的蘇格蘭一樣無法實質掌控它本身的貨幣安排——蘇格蘭還是會和今日一樣，繼續向英格蘭借錢，因為這兩個經濟體的相對規模意謂著，利率多半不會被蘇格蘭的情勢左右。因此，就政治上來說，英鎊化是解決通貨問題的答案之一，不過這會讓主張蘇格蘭獨立的論述變得比較沒有說服力。

反獨立陣營的宣傳則有誤導之嫌。如果承認這個通貨問題有一個簡單且直接明瞭的解決方案，那他們先前聲稱「獨立將會是一場經濟災難」的論述就會被弱化。事實上，那個論述本來就不太合理，畢竟世界上有很多成功的小國家，蘇格蘭沒有理由不會成為另一個成功的小國。說穿了，反對與贊成貨幣聯盟的立場比較關乎國家認同，而和經濟較無關係，這也和打破三百年夥伴關係的政治成本，以及蘇格蘭是否真正需要完整的獨立條件來管理境內事務有關，畢竟蘇格蘭已經掌握非常大的委任分權（devolved power）。在這場公投結束後，西敏寺議會（Westminster Parliament）更迅速採取行動，將更多權力授予蘇格蘭議會。

對一個樂於接受固定英鎊兌換率之經濟影響卻又無法選擇與大英國協共組正式貨幣聯盟的國家來說，「英鎊化」是一項絕對合理的政策。那種解決方案的吸引力在於，蘇格蘭無須進行顯著的改變。蘇格蘭本土的銀行所發行之銀行鈔票本來就已具備許多獨特的民族設計，如果想要多一個強化蘇格蘭認同的象徵，也可以在硬幣上做類似的調整，一如獨立後的愛爾蘭。[38]

美元化（dollarisation）對於先前陷入動盪貨幣情勢而試圖尋求避險天堂的國家（包括哥倫比亞、

厄瓜多與巴拿馬）來說相當好用，而英鎊化對蘇格蘭來說應該也可行。[39]這可能會是正確的解決方案，因為蘇格蘭已和英格蘭與威爾斯共處於同一個貨幣聯盟長達三百年之久。目前的通膨預期心理與工資結算都和這個長久的匯率連結關係一致。若蘇格蘭獨立後採行英鎊化，它將不會像當年的歐洲貨幣聯盟成員那般加入一個新的通貨協定。如今的蘇格蘭不像以前那麼需要英格蘭的補貼來抵銷專屬於蘇格蘭的負面衝擊，因為蘇格蘭和英格蘭的工業本質都已改變，當地重工業與礦業的沒落，以及北海油田的貢獻度日益降低，意味著這兩個經濟體的經濟脈動將傾向於同起同落。此外，如果爆發另一場銀行破產事件，蘇格蘭也不致承受鉅額的負擔。在英鎊化架構下，一旦蘇格蘭獨立，當地的大型銀行就必須拔下它們位於愛丁堡的總部招牌，改掛到倫敦。實質上來說，屆時蘇格蘭將只剩下外國銀行，所以蘇格蘭也不需要具備為那些銀行扮演最後放款人的能力，那個角色將繼續由英格蘭銀行扮演，一如它如今對於在海外執行銀行業務的英國銀行業者（如巴克萊銀行〔Barclays〕）所扮演的角色。不過，我們沒有理由推測蘇格蘭銀行業的工作機會數目或地點會發生可觀的變化，因為銀行業者在不同地點安排職位的經濟誘因並不會改變。[40]

想當然爾，這兩個「前」夥伴之間的經濟關聯性在幾十年後難免有可能降低，但那也是長久未來以後的事了。在短期內，英鎊化是一個完美的可行解決方案。簡單來說，不管兩方的立場如何，這個貨幣疑慮實在沒必要成為決定蘇格蘭未來的核心爭議。獨立與否牽涉到的是政治認同的問題，以前如此，目前也一樣。在那個議題解決之前（今年冬天，如果蘇格蘭令人傷心地選擇離開這個聯盟），大英國協的命運還是會繼續處於不確定的狀態。蘇格蘭民主黨（Scottish Nationalists）在二〇一五年的大選中，贏得蘇格蘭五十九個席次中的五十六席。因此，未來「獨立」還是一個活議題。舉個例子，如果整個大英國協未來投票選擇退出歐盟，而蘇格蘭的多數人投票選擇留在歐盟，那麼屆時因主張獨立而起的喧擾將會比二〇一四年更難以平息。

上述三個例子針對國家與貨幣之間的關係帶給我們什麼啟示呢？誠如在第二章所見，政府的主要角色是在時機良好階段供應適當數量的貨幣，並在時機惡劣階段創造緊急貨幣（一方面避免衍生超級通貨膨脹的極端後果，一方面防止景氣陷入蕭條）。不管是哪一種情況，都牽涉到極端不確定性籠罩下的政治判斷。在時機良好階段，貨幣政策是將一個通貨膨脹目標（不管是暗示或明示）融入一個「如何快速回應通貨膨脹與成長所受到的暫時性干擾」的政策。決定理想的長期通貨膨脹率，以及在短期通貨膨脹與產出之間做出取捨，這兩件事在本質上就是一種政治判斷。從這場危機爆發後有關當局對銀行業提供財務紓困所引發的大眾憤怒，便可見到在時機惡劣階段要創造多少緊急貨幣，以及要將這些貨幣分配給誰等決策，也都是高度政治性的決策。不管是國家或超國家機構，都是具體實現這些政治判斷以便讓貨幣管理（無論時機好壞）達到理想成效的重要管道。此外，外界對於政府的信任是成功管理貨幣的關鍵要素。

有關「最適通貨區域」的傳統經濟論述——犧牲可因應衝擊的本國貨幣之彈性，換取因整合貨幣區域而產生的較大商業密度——對於形成歐洲、伊拉克和蘇格蘭貨幣安排的影響並不大。歐洲的貨幣整合是受到政治議程驅動，某些國家甚至是基於「因共同貨幣而衍生的經濟問題將加速政治整合」的信念而支持貨幣整合。以伊拉克而言，市場價格凸顯出了政治機構對於通貨價值的關鍵重要性。而以蘇格蘭公投前的辯論看來，正反兩方都沒有準備好要採納上述顯而易見的經濟解決方案（譯注：英鎊化）來因應通貨問題，因為他們擔心這個解決方案會導致他們各自的政治論述站不住腳。以伊拉克和蘇格蘭的案例來說，當前的問題已經解決。但歐元區的存亡之戰，已成為政治人物與算術之間的一場戰爭。雖然未來的結果仍不可知，但歷史是站在數學這一方的。歐洲貨幣聯盟的悲劇並不在於這個聯盟有可能崩潰，而是在於根據歐洲各國領袖的政治承諾強度，這個聯盟可能繼續存在，導致世界上最大的共同貨幣區域陷入經濟停滯，進而使得範疇更廣的世界經濟難以復甦。這是今日世界失衡的核心問題。

法國當初為削弱德國的經濟力量（尤其是德國央行的經濟力量）而企圖把它納入一個將受到法國公務人員控制之貨幣聯盟的野心已經失敗。法國經濟比德國經濟更加疲軟，而且這個貨幣聯盟反而讓德國的政治支配力量上升，而非削弱。其他會員國的經濟狀況將成為德國的責任。歐洲經濟共同體（European Economic Community）所有原始成員國在二次世界大戰期間共同的戰敗與占領經驗，促使它們產生組成聯邦的念頭——一個足以代表新歐洲的聯邦。意圖再造神聖羅馬帝國的概念非常吸引歐洲菁英，但這樣的想法已因人民的抗拒而崩潰。總歸地說，國家與其貨幣之間的關係主要是和政治有關，經濟考量次之。相同的道理也可印證在國家與本國銀行之間的關係。

第7章 恢復清白：改革貨幣與銀行業務

「既然人類不太願意聽信警告，怎麼可能期待他們會接納建議？」

強納生．史威夫特（Jonathan Swift），〈對各種主題的思考〉（Thoughts on Various Subjects），一七〇三年

「我們號召每一個自稱對民主原則充滿熱情的人來協助完成一項偉大的工作：解救這個國家免於被我們的劣質銀行體系詛咒所害。」

威廉．李傑特（William Leggett），《晚郵報》（*Evening Post*），一八三四年八月六日

幾個世紀以來，人類貨幣與銀行體系的基礎都建立在煉金術之上。即便紙幣數量遠遠超過黃金，各國政府還是假裝紙幣能轉換成黃金，銀行則假裝短期無風險的存款可用來作為支應長期高風險投資所需的資金。很明顯地，這兩個案例的煉金術都將「風險」轉化為「安全」。這種煉金術通常似乎都很管用。然而，儘管那些宇宙主宰希望我們相信國王身上真的穿著華麗的新衣，世人偶爾也會察覺到他身上的遮蔽物其實遠比想像中少。而一旦外界對貨幣的價值或銀行的健全度失去信心，就會爆發貨幣或銀行危機。誠如白芝浩在《倫巴德街》中寫道，「人類金融體系的特有本質是人與人之間一股前

所未見的信任；一旦那股空前的信任感因某些潛藏的導因而減弱，只消一個小事件就足以嚴重破壞那一股信任感，而某個暫時性的大意外更可能會幾乎徹底摧毀它。」[1]若一個社會的金融體系基礎是建立在煉金術之上，就很難令人相信它是一個理性的社會。終結煉金術的關鍵在於，確保因金融體系而獲益的人能正確地辨識與承擔貨幣與銀行業務相關的風險。

長期以來，一般人已公認危機是金融領域的必然特色，誠如第三章所述，我們早已對銀行業務的清白失去信心。要如何恢復那種清白，並贏回外界的信任？以前很多英國父母會用約翰·班楊（John Bunyan）的《天路歷程》（*Pilgrim's Progress*，一六七八年出版）來教育他們的孩子，那是一個宗教故事，訴說基督徒離開家鄉「毀滅之城」，尋找位於錫安山（Mount Zion）「神聖之城」的過程中，行經失望泥沼、困苦山、名利市集、金錢山和疑心城堡等漫長試煉及磨難的故事。另外還有一本書名為《政治天路歷程》（*The Political Pilgrim's Progress*），它不像班楊的《天路歷程》那麼家喻戶曉，也比較少人拜讀，它是一八三九年出版。[2]這本書述說了激進者（Radical）從掠奪之城一路走到改革之城的旅途故事。掠奪之城的情況是：

它的人民看起來很積極、勤奮且有大無畏的創業精神，但當地似乎只有一種習俗：幾乎有一半的居民習慣將手伸進另一半人民的口袋，拿走對方的錢，而這個習俗當然嚴重毀壞那個社會的幸福，人與人之間也缺乏休戚與共的情感。事實上，他們還針對這個習俗訂定一項法律……而所謂的「政府」進一步鞏固這個習俗——政府總是強烈宣稱，讓社會上某一半的人為另一半人工作並給予支持的作法，乃人類智慧的極致圓滿表現。[3]

一如基督徒，激進者在行經許多相同的地點時也遭遇很多試煉與磨難，尤其是名利市集。那個罪惡巢穴的居民引領激進者和他朋友常識（Common-sense）去見識紙風箏樓（Paperkite-Buildings）：

紙風箏樓裡的人似乎說著一種全新的語言，那種語言和這個朝聖者到目前為止在這個都會裡聽到的語言完全不同。一個喋喋不休的人（就好像一隻不斷啼叫的白嘴鴉）令人厭煩地不斷談著股票、基金、擔保證券、換股憑證、公司債、年金、金屬、折價、溢價匯票、股份、帳目、餘額、借貸、統一公債、印度股票、銀行股票、交易所、交割日、放空與作多帳戶、跛鴨、壓力、恐慌、長天期年金、金條、金塊、硬幣、鑄幣價格等等。在這棟樓裡活動的民眾表現出來的焦慮與渴望極有意思。這些群眾全都互相交換著某種紙張，他們以「流通的媒介」來形容這種行為，當地更有非常大量以「流通的媒介」為主題的書籍，而且，它被視為該地特有的玄妙科學之一。[4]

然而，當激進者終於抵達他的目的地，卻發現改革之城裡「沒有所謂的股票交易所或儲蓄銀行，也沒有金額低於五十英鎊的銀行鈔票」。[5]

在激進者種種經歷的啟發下，我們或許會問：要如何找到通往改革之城的道路？假裝經濟體系的非流動（低變現性）實體資產如工廠、資本設備、住宅和辦公室等能被快速轉換成貨幣或流動性，這就是當前這個煉金術體制的本質。銀行和其他金融中介機構一定會不斷設法藉由發行高變現性的流動負債，取得能支應低變現性非流動資產的資金，因為它們透過後者賺的錢多於為前者付出的成本。正因如此，雖然貨幣是一種公共財，多數貨幣卻是由商業銀行供給。問題是只有在少數人想要將自己對銀行的請求權轉換成現金時，銀行才能遵守它對投資人或存款人提供流動性的承諾。如果每個人都想在同一時間將自己對銀行的請求權轉換成現金，流動性就會徹底消失。不證自明地，對少數人可行的方法不可能一體適用於整個社會。而如果一個存款人相信其他人有可能試著把錢領出來，他理所當然會跟進，還會盡可能搶先其他人行動，最後就會演變成銀行擠兌，這個現象讓問題變得雪上加霜。銀行擠兌事件凸顯了這種煉金術的本質，也讓整個體系更不穩定。

流動性是一種假象：今天有，明天可能又消失。它讓我聯想到被吹到空中的美麗肥皂泡沫。從遠處看，這些泡沫非常吸引人，但是若想把泡沫握在手中，它轉瞬就會消失。每當很多人同時想將手上的資產轉換成其他變現性較高的資產形式，流動性經常就會瞬間消失得無影無蹤。當流動性的需求突然暴增且投資人急著把對非流動資產的請求權轉換成貨幣，結局通常就會變成一場危機，而危機暴露了這種煉金術的本質——虛幻。然而，流動性只是人類現有體系所存在之煉金術的一面，風險——以及風險對銀行償債能力的影響——則是另一面。在最近這場危機裡，世人對償債能力的憂慮是引爆銀行流動性困境的主要驅動因子。一旦債權人開始擔心銀行的權益資本不足以吸收其潛在虧損時，他們便會認定「見好就收」或許會是比較好的因應對策。所以，外界對於銀行償債能力的憂慮才是引發擠兌的根本原因，這在一個隱含極端不確定性的世界裡尤其明顯。若要弱化或消滅煉金術，我們便需要採取一組對策來處理償債能力與流動性的雙重問題。

要讓一個市場經濟體系有效率地運作，企業和家戶部門就需要一個可靠的機制來支付帳款與收受工資和薪資。普通的活期帳戶並不是供投機性投資活動使用的工具，因此這些帳戶必須擁有穩定的貨幣價值，各種收付款才能平順地透過這類帳戶進行。如果一家銀行持有非常高風險的資產（例如銀行所承作的很多放款），那就只有透過煉金術來假裝存款有保障。也因如此，各國政府才會決定為存款進行擔保，最先是藉由設置存款保險的方式達到目的，接著在最近這場危機中，政府還對所有銀行債權人提供全面性的擔保。因為銀行對經濟體系的重要性和龐大的政治力量，這些業者變得重要到不容倒閉。銀行的規模愈大，愈可能在陷入困境時獲得政府的紓困。各國央行貸放大量資金給商業銀行的作法確實有止血作用，因為這麼一來，到銀行擠兌的誘因就會被排除，但這麼做等於是將銀行的資產風險轉嫁給納稅人。以愛爾蘭的案例來說，這種作法幾乎導致國家破產。

有限債務、存款保險和最後放款人之間的有害關聯，意味著銀行業的風險承擔行為得到非常龐大的隱含補貼。一九八〇年代以後，隨著銀行業務開始自由化，煉金術的程度乃至（隱含在銀行體系風險與期限轉換的）補貼規模也日益上升。沒有任何一家銀行能抵擋利用這些補貼牟利的誘惑，而每一家銀行也都面臨某種囚犯兩難的情境——唯有減少流動資產持有數量，並盡可能透過短期債務來取得銀行本身所需的廉價資金，才能追上同業間不斷攀升的獲利能力。

總之，和一個世紀或五十年前比較起來，目前銀行資本結構中的權益資本過少，持有的流動資產也太少。在這場危機爆發前，銀行業的權益資本明顯不足以吸收其風險承擔行為可能衍生的虧損。這代表一旦存款人或其他短期債權人聽到壞消息，就更可能趕到銀行擠兌。而一旦擠兌的情況發生，銀行當然沒有充足的流動資產可以滅火。事到如今，連政府都承認必須推動某種變革。

官方部門改革

自從這場危機以來，官方部門就變得有點過動，國家層級與國際層級的監理機關持續緊縮銀行業在集資、資本結構與銀行業務行為等方面的自由度。就國際層級來說，二十大工業國（G20）的主要國家共同努力透過國際清算銀行（Bank for International Settlements）的巴塞爾委員會（Basel Committee）❶，矯正危機爆發前的某些監理失靈問題。監理機關提高銀行用以支應自身資金需求的最低權益資本——也就是資本適足率，同時針對銀行業可用來支應存款與其他短期融資等三十天期限內之負債的流動資產持有水準設了一個下限——即流動性覆蓋比率（liquidity coverage ratio）。此外，監理機關也意識到必須監督傳統銀行業務部門以外的領域，它們開始檢視所謂的「影子」銀行部門是否也浮現煉金術的要素，同時對銀行業者進行壓力測試，以釐清各業者是否有能力承受因特定負面情境而產生的虧損。

由G20官員組成的金融穩定委員會（Financial Stability Board）負責指揮上述調查工作，並因應跨國銀行潛在破產問題所衍生的挑戰。就個別國家來說，瑞典、瑞士和美國等國的監理機關採行了高於國際共識的最低資本適足規定。諸如英國和美國也通過立法程序，將基本銀行業務和較複雜的投資銀行交易活動予以隔離（亦稱圍欄）。[6]此外，多數國家紛紛改良或開始實施特殊破產處理方式——

也就是所謂的清理機制（resolution mechanism）——讓陷入困境的銀行能一邊整理自家財務狀況，一邊繼續向存款人提供服務，而且若有必要，這些機制能快速地把即將破產之銀行的存款人轉移給還有獲利能力的銀行。相較於危機爆發前的狀況，以上種種作為代表著非常明顯的意見轉變。在危機爆發前，多數國家關心的主要是如何確保本國銀行體系的監理法規不要比其他國家更嚴苛。但如今，各國轉而相信唯有確保較安全的銀行體系才符合本國利益。各國監理機關也經常透過合作，針對銀行員工不當行為提出訴訟，並處以鉅額罰款（誠如第三章的討論），同時對銀行高階主管的薪資水平設限。

此外，市場本身也對銀行及其他金融機構設下屬於它的規範。相較於二〇〇八年，目前的銀行體系已大幅轉變。最大型銀行的規模稍微縮小了一點。舉個例子，高盛公司在二〇一五年的資產負債表大約只剩下二〇〇七年的四分之三。先前由於實質利率持續降低，資產價格不斷上漲，投資銀行業務非常有利可圖，但這項業務的獲利能力今非昔比。很多銀行遂逐步縮減投資銀行業務規模，某些甚至賣掉自營交易部門（所謂自營交易是指以公司名下的帳戶買進與賣出投資標的）——像是花旗集團與美國銀行——恢復為較傳統的商業銀行。

但是這些作為就足以消弭煉金術了嗎？我想恐怕不夠，原因只有一個，而且很簡單：極端不確定

❶編按：全名為「巴塞爾銀行監管委員會」，為美國、英國、法國、德國、義大利、日本、荷蘭、加拿大、比利時、瑞典此十大工業國的中央銀行於一九七四年底共同成立之單位。巴塞爾委員會本身不具有法定跨國監管的權力，所作結論或監管標準與指導原則在法律上也沒有強制效力，僅供參考。但由於委員會成員國來自世界主要發達國家，一般仍預期各國會受其影響而隨之改善銀行業務監管作法。

性代表一般人看待金融企業的情緒有可能會快速轉變，在這種情況下，外界有時會覺得監理規定看起來太過沉重，但有時又會覺得那些規定太過寬鬆。二〇〇七年至〇八年的情況貼切闡述了那樣的狀況。讓我們思考以下問題：一家銀行必須發行多少權益型融資，才足以說服潛在債權人相信貸款給這家銀行是安全的？在這場危機爆發前，這個問題的答案甚至可能是零；儘管當時的銀行業者已使用非常高的槓桿，各地的市場還是貸放非常鉅額的資金給銀行業，而且放款人只對銀行收取非常低的利率。不過，在二〇〇八年以後，這個問題的答案變成：權益型融資必須非常高。就算監理機關將法定最低資本提高到足以確保安全性的水準，市場也不見得樂意恢復先前的借貸水準，同時也不見得願意繼續沿用當初對銀行放款的利率。事實證明，欲恢復我們在這場危機期間所失去的天真，代價將會非常高。在投資人眼中，借錢給銀行不再是智慧的表現。所以只要銀行體系還是保有煉金術的特質，我們就極難判斷銀行業者應該採取怎樣的最低權益型融資才恰當，因為這個疑問的正確答案可能隨著時間而改變。舉例來說，西班牙的班基亞銀行（Bankia）在二〇一二年報告其風險加權資本適足率超過10％，遠高於監理規定的下限；不料在短短三個月後，它竟提出高達二百五十億歐元的資本挹注要求。

當前監理規定的另外兩個面向也難以達到調和極端不確定性的目的。第一點，官方資本適足規定是根據銀行資產負債表各項資產的估計風險性計算而來，誠如第四章的討論，國際上各監理機關根據共識，為每一種類型的資產指定一個風險權值，而這個風險權值就被用來計算銀行必須發行的總權益金額。舉例來說，根據早前的經驗，不動產抵押放款相對安全，所以它被指定的風險權值很低；此外，一般認為主權債務非常安全，所以這種債務被賦予零風險權值，意即銀行無須針對這類投資標的募集任何權益型融資，自然也就沒有任何額外的能量能吸收那種投資的虧損。後來隨著整個體系變得極端複雜，監理當局甚至還允許銀行根據它們提出的自家內部模型來計算風險權值。到頭來眾人才發現，某些銀行因採用自家模型計算風險權值，使得同業之間對於同類資產的風險性估計值竟大異其趣，而這當然導致監理規定的公平性倍受質疑。[7]

嚴格來說，設計那些風險權值的人並不見得是便宜行事，他們確實根據過去的經驗，審慎思考並評估後才決定相關的權值。問題出在他們根本未能想像到，一旦陷入危機時刻，不動產抵押放款和諸如希臘等國家的主權債務風險會那麼高，更不知道比前兩者複雜得多的金融工具固有風險會那麼高。與其斥責監理機關未能預見到那些事件，不如承認我們假裝能將風險權值標準化的心態在一開始就是痴心妄想。承認這一點的意義極為重大。一旦發生會導致先前計算的風險權值變得不合時宜的意外狀況，銀行業者利用權益資本來吸收虧損的需要將達到最高。因此，在這場危機期間，若以衡量安全性來說，「權益資本相對總資產」的比重遠比「權益資本相對總風險加權資產」的比重更好。乍看之下，設計資本監理規定時採用的風險權值概念好像很吸引人，但是當我們試著要使用這些指標時，它們又變得毫無用處。若以監理的目的來說，簡單明瞭的槓桿比率反而是更健全的指標。

當前監理規定第二個有問題的面向和銀行流動資產持有下限（即流動性覆蓋比率）的規定有關，當初這個規定的設計是為了讓銀行有能力承受異常高的償債或存款提領要求。當年決定這個比率的會議就是由我本人主持。會中的討論聚焦在一個重要的概念性問題：要如何定義哪些資產永遠具變現性？在這場危機爆發前，政府債券看起來顯然是安全且高變現性的流動資產，不過事後的實際經驗顯示，某些國家的主權債務既不安全，變現性也不高。另一方面，諸如澳洲等謹慎管理公共財務的國家，並沒有很多流通在外的政府債券可滿足市場對於高變現性資產的需要。若是因政府債券發行量過少而懲罰財政管理良善的國家，似乎顯得頗為詭異。這個問題的癥結在於，世人不了解在一個隱含極端不確定性的世界裡，只有中央銀行有能力創造流動性。因此，和流動性有關的監理規定必須與中央銀行的最後放款人功能無縫整合。

上述種種並不表示近幾年監理機關為了改善金融體系而投入的努力是一個錯誤。只是監理機關的確有流於見樹不見林之虞。目前的監理規定已變得極其複雜，而且從某些方面來說，這些規定並未能直搗煉金術問題的核心。設置詳細監理規定的目的理當是要讓所有人都清楚了解該怎麼做，不是要弄得監理機關和被監理的機構昏頭轉向，最後根本搞不清楚當前的法律狀態。[8]從這些複雜的規定便可見金融企業承受多大的壓力。鼓勵「遵從詳細監理規定就不會因犯罪而遭到告發」的文化，導致銀行和監理機關陷入弄巧成拙的複雜惡性循環中。如果權利與義務的解讀以及強制執行等沒有一套足夠明確的方式可依循，資本主義經濟就不可能蓬勃發展，這個道理一體適用於世界上所有的經濟體。武斷的監理審判實質上等於是針對所有投資活動與儲蓄行為強加一種非常高的稅賦。英格蘭之所以能成為工業革命的起源地，部分原因就在於它擁有一個穩定且可預測的商業往來框架。身為英國商業法之父的曼斯菲爾德勳爵（Lord Mansfield）在工業革命加速前進的一七六一年如是形容：「商人的日常協商與財產保障不是靠著機靈的頭腦和縝密的思緒來實現，而是仰賴容易理解且易於維持的規定，因為這些規定是透過事實歸納而來，是常識型的的指令。」[9]

細看當前的完整金融監理規定，就會發現那些內容複雜到沒有幾個人能輕易吸收，鮮少人記得住那些規定，就算有人試著吸收與記住這些規定，他們也幾乎不認為那些規定符合常識。美國在二〇一〇年通過的《達德–法蘭克法案》（Dodd-Frank Act）共有兩千三百頁，未來一旦詳細的規定出爐，估計將會再增加好幾千頁的篇幅；相對地，為商業銀行與投資銀行業務設下防火牆的一九三三年《格拉斯–史提格法案》只有薄薄的三十七頁。[10]另外，英國審慎監理局（Prudential Regulation Authority）和金融行為監管局（Financial Conduct Authority）的法規手冊加起來也超過一萬頁。隨著相關規定的複雜度日益加劇，最後反而使得監理體系變得聲名狼籍。那些金融監理規定對於試圖踏入金融部門的新小型企業來說是一大進入障礙。「法遵」相關作業已在先進國家形成數十萬個就業機會。只為了因應複雜的監理規定而僱用那麼大量的人才，對整個社會來說實在是非常龐大的浪費。

誠如我們在第四章的討論，以複雜性來因應極端不確定性是沒有效率的作法。但我們可否找到更好的方法？

更激進的改革

官方社群裡狂熱的活動無法掩蓋一個事實：雖然監理法規的結構已修復得更加實用，但根本的狀況絲毫沒有改變，銀行體系的煉金術依然故我。有鑒於大多數先進經濟體的銀行紓困案件規模都極為龐大，有關當局未能在危機過後採取更多行動來解決根本問題，著實頗令人感到意外。各國中央銀行選擇向相對少數的金融機構放款，而且那些放款的規模大到令人不由得想改編邱吉爾的名言：在金融嘗試的領域裡，未曾見過那麼少人如此虧欠那麼多人的狀況❷——而且竟然見不到激烈的改革。當然了，各國政府、金融監管者和中央銀行都很清楚的意識到這個問題的本質，但是官方在處理這個問題上所投入的努力，和前幾個世代的經濟學家所提出之較激進的概念（雖然從未被付諸實行）徹底相反。

即使五十年前或更久以前的銀行體系煉金術在程度上遠比目前低，但有趣的是，二十世紀上半葉許多有名望的經濟學家都不約而同地相信，應該強迫銀行持有足夠的流動資產準備以支持100%的銀行存款。他們建議終結「部分準備銀行」（fractional reserve banking）制度，因為在部分準備制度下，銀行勢必會積極創造存款來作為支應它們從事高風險放款所需的資金，並因此缺乏足夠的現金準備可為它們收受的存款作擔保。[12] 一九三三年的「芝加哥計畫」（Chicago Plan）就曾提出廢除部分準備銀行制度的建議。[13] 這項計畫的倡議者包括：傑出的美國貨幣學派理論家厄文．費雪（Irving Fisher），以及一群卓越的芝加哥經濟學家如法蘭克．奈特（Frank Knight）、亨利．西蒙斯（Henry Simons）以及保羅．道格拉斯（Paul Douglas）。後來的支持者來自戰後許多立場歧異的經濟學家，包括米頓．傅利曼（Milton Friedman）、詹姆斯．托賓（James Tobin）以及海曼．明斯基（Hyman Minsky）[14]。有趣的是，凱因斯並非這個族群的一員，多半是因為一九三〇年代的英國並未經歷銀行危機，而且他當時比較聚焦在恢復產出與就業等議題。[15] 近幾年有許多經濟學家針對這個主題提出幾個變通建議，包括芝加哥的約翰．寇克蘭（John Cochrane）、IMF的賈洛米爾．班尼斯（Jaromir Benes）與麥可．庫姆霍夫（Michael Kumhof）、英國經濟學家安德魯・傑克遜（Andrew Jackson）、班・戴森（Ben Dyson）和約翰・凱伊（（John Kay），波士頓的勞倫斯・卡利科夫（Laurence Kotlikoff），以及傑出的《金融時報》評論家馬汀・沃夫（Martin Wolf）等。[16]

我們可以從兩個方向來看待這些激進的銀行改革方法，第一個方向是聚焦在銀行資產，第二個方向是聚焦在銀行負債。本質上來說，芝加哥計畫是要逼迫銀行針對存款持有100%的流動準備。這些準備金只能包含安全的資產，如政府證券或一般銀行存放在中央銀行的準備金。這麼一來，就沒有人有任何理由到銀行擠兌，即使有人真的提光他的存款，其他人也沒有誘因加入他的行列，因為銀行隨時都有充足資金可支應其他的存款人的要求。

到目前為止，這樣的觀點聽起來合情合理。然而，如果真的這麼做，銀行業就無從發揮今日的很多功能，尤其是對企業與家戶部門的放款（這些放款讓企業有能力蓋工廠，讓家庭有能力買房子）。換言之，到時候有誰會願意為現有資產的移轉提供資金，並承擔和新投資活動融資有關的風險呢？答案和如此激烈改革之下的銀行負債結構有關。如果一定要以安全的政府證券來作為存款的擔保品，那麼依照這個邏輯，持有其他資產——實質上就是對民間部門的高風險放款——所需的資金，就必須藉由發行股票或長期借貸的方式來取得，而這些權益資本與長期負債會吸收銀行因持有那些高風險資產

❷編按：邱吉爾的原句是「在人類衝突的領域裡，未曾見過那麼多人如此虧欠那麼少人」（Never in the field of human conflict was so much owed by so many to so few）。

而可能產生的任何虧損。所以這個方法實質上等於是將安全且具高變現性的銀行和危險且具低變現性的銀行區隔開來，前者是只經營收付款業務的「狹義」銀行，而後者則是從事其他所有活動的「廣義」銀行。[17]屆時廣義銀行——包括影子銀行部門——依法將不能收受即期甚至短期存款。[18]

諸如芝加哥計畫之類的改革將帶來的絕佳優點在於，經濟體系將不會因為銀行擠兌和因此引發的動盪而變得脆弱。芝加哥計畫打破了「貨幣的創造」與「信用的創造」之間的連結。對於實體經濟的放款將由廣義銀行承作，而且放款的資金將以權益資本或長期借款來支應，而非透過創造貨幣的方式來支應。在這種情況下，貨幣將再度成為一種真正的公共財，其供給量將由政府或中央銀行決定。[19]以當今的模式來說，當銀行決定要擴張或緊縮信用，貨幣供給量自然會因為貨幣的創造或破壞而起伏不定，而如果能進行上述的激烈改革，政府就無須為了貨幣供給量的起伏而頭痛。二〇〇八年後，信用與貨幣數量的劇烈降低，正是促使當局透過量化寬鬆措施來大規模擴張貨幣的原因。誠如厄文・費雪所言：「我們可以放手讓銀行自由……隨心所欲地放款，只要我們不再允許它們製造用來放款的貨幣……總之，將貨幣國有化，但不要國有化銀行業。」[20]約翰・寇克蘭和馬汀・沃夫當今的論述，也呼應了費雪在一九三〇年代提出的那種明確立場與熱誠。唯有推動這種改革，才能真正消除存在於銀行體系裡的煉金術（當今的官方改革計畫未能解決這問題）。

那麼，為何這些概念沒有被付諸實行？原因之一在於，銀行業將不再享受因為「重要到不容倒閉」而享有的隱含補貼，因此銀行業勢必會積極遊說以阻撓這類改革。為了保護收付款系統（這個系統對於經濟體系日常功能的攸關重大，一點也不亞於電力對於人類日常生活的重要性），政府隨時都會為以收付款為目的的銀行帳戶價值進行擔保，以致銀行當然會想盡各種辦法收受更多存款，並進而持有更多的高風險資產。更重要的是，消除這種形式的煉金術有可能造成某些不利。首先，如果為了改變當今的狀況而徹底區隔狹義與廣義銀行，結果將會是一場大破壞，因為那等於逼迫現有銀行業者付出高成本地進行資產負債表結構重組。銀行業很容易就會將這樣的行為形容為對於民營銀行管理的不當干預。事實上，目前已經有很多人利用這個理由抨擊英國所採行之較有限的圍欄政策[3]。

第二個理由是，將銀行區隔成兩種極端的型態——狹義與廣義銀行——等於是不允許金融中介機構開發各種可連結儲蓄者（偏好安全與流動性）和貸款人（希望擁有長期貸款彈性）的方法，從而屏棄了從中獲取經濟利益的機會；此外，對金融中介機構設限，也代表廠房與設備、住宅與其他實體資產等投資的融資成本勢必將上升。如果法律藉由強制命令，徹底禁止以安全的存款來作為支應高風險資產所需的資金，那麼因連結儲蓄者與投資者而可能產生的潛在效益就會流失。不過，只要能找到其他能終結煉金術的途徑，就無須犧牲這些潛在效益，我將在接下來的內容中進行探討。

第三個理由是最重要的：極端不確定性代表市場不可能對所有可能發生的偶然事件提供保險，所以政府的功能之一就是在完全意料之外的情況發生時提供災難保險。就算終結煉金術，也無法消除支

[3] 編按：為維護金融穩定，重塑穩健安全的銀行體系，英國政府在二〇一二年正式公布白皮書，擬落實一系列改革方案，其中的核心建立「圍欄」以隔離零售銀行和投資銀行等高風險業務，意即「圍欄」內的業務可以為歐盟區的個人及中小企業提供存放款和支付結算服務；而「圍欄」外的業務只能將不在保險範圍內的存款和批發性資金作為融資來源。

出與生產的大幅波動，因為在一個隱含極端不確定性的世界，家戶和企業部門本來就隨時可能嚴重誤判投資活動的未來獲利能力，總支出也總是有意外劇烈改變的可能。

要求狹義銀行以政府證券來為存款進行全額的擔保，進而讓貨幣創造的職權回歸政府，就能阻止銀行和影子銀行部門擠兌的衝擊迅速擴散到整個金融部門（一如二〇〇八年發生的毀滅性效果）。然而，意料外事件所衍生的風險將會因此集中衝擊到家庭和企業直接持有的資產，而當這些資產的價格因意外事件的衝擊而下跌，廣義銀行的償債能力也會遭殃。一旦遭遇這樣的狀況，政府有可能會選擇隔岸觀火，放任實體資產價格和各方對這些資產的請求權（包括廣義銀行自家的債券與股票價格）受到重創。一如在第五章所討論過，並且將在第九章再次討論的，當今貨幣政策最棘手的議題之一就是，各國中央銀行對這些資產市場的干預應該到什麼程度（干預的目的是為了事先防範資產價格過度超漲，也可能是為了在資產價格大幅下跌時加以支撐）？這個問題很難回答，因為支持干預的人主要是秉持著「中央銀行比其他人更清楚市場價格是否反映了『錯誤』資訊」的樂觀看法。但根據各國央行過去的紀錄，我個人都不敢保證中央銀行是否真的有能力預見未來的障礙，遑論引導經濟體系迴避那些障礙。提供緊急貨幣來滿足急速竄升的流動性和中央銀行準備金需求是一回事，阻止經濟與資產價格邁向一個新均衡點，又是大不相同的另一回事。

不過，關於是否要對金融中介機構提供災難保險，倒是有一個較具說服力的贊成論述。這個論述起源於債務型融資對實體經濟融資活動的重要性。自從這場危機爆發後，很多人開始熱中於探討債務所扮演的角色——事實上，不管是誰。最好都不要欠太多錢，否則一旦有令人不悅的意外發生，就會陷入嚴重的財務窘境。然而，債務具備一種特殊的功能，尤其是有擔保品的債務，也就是當債務人未能還款時，債權人可以執行請求權，收回債務人作為擔保品的資產擁有權。債權人在放款時，通常只會貸放約當擔保品價值某個比例的金額，以估值折扣來補貼自己承擔的風險，一旦債務人違約，擔保品的價值或許還足夠償還債務。因此，擔保品的變現性愈高且波動性愈低，其估值折扣的程度就會愈小。

有擔保品的債務型融資意味著放款人無須謹慎監督此筆貸款投入之風險事業的波動（畢竟如果這些貸款被投資到小型或複雜的業務，放款人根本無從監督），只要監控擔保品的價值變動即可。因此，很多不容易取得權益型融資的小型企業老闆會在貸款時以個人住宅來作為貸款的擔保品。這也是銀行業者不喜歡貸款給學生的原因，因為學生的還款能力不容易監控，而且學生能提供的擔保品也很有限。擔保品確實很有價值，原因在於它的價值並非取決於貸款人的信用度。如果貸款人有提供擔保品，債權人就可克服貸款人信用度資訊匱乏的問題。[21]擔保品就像是潤滑劑，讓經濟體系的這些環節得以更順暢運轉，這是其他融資來源（如權益融資）無法做到的，而金融中介機構的關鍵功能之一就是在有擔保品的情況下放款。

因此，擔保貸款活動是金融體系的重要元素之一。即使消除了存款及其他短期無擔保債務的擠兌誘因，擔保貸款活動也會繼續存在。不過，雖然廣義銀行無法以存款的形式創造貨幣，還是可以「借入短期資金，貸放長期資金」（以下簡稱「借短放長」）。這兩種作業都會使用到擔保品。廣義銀行放款給家戶和企業部門，向它們取得實體資產擔保品，再基於放款的資金需求，透過發行金融證券的方式來借錢。這會讓銀行債券的購買人產生錯誤印象，以為那些債券是高變現性且安全的，但最終來說，這些債券其實是以一些長期貸款和銀行的其他資產擔保。為了滿足各方對擔保品的要求，大量針對標的資產的紙本請求權不斷被創建出來。在這種情況下，即使是廣義銀行都製造了某種程度的煉金術。當意外的壞消息傳來，擔保品價值將降低，而且一般人會感覺它的波動變大，變現性比以前低。在這種情況下，放款人將要求貸款人提供更多擔保品，才願意繼續或展延現有的貸款；這時貸款人——包括企業和銀行本身——或許就不得不變賣資產，以填補貸款工具被收回後產生的資金缺口。所有貸款人為了取得充足的擔保品，會造成一種乘數效果（multiplier effect），導致資產價格進一步下跌。如果這是發生在一個有可能爆發擠兌的銀行與金融體系，一切就會變得更糟糕。不過，就算是廣義銀行的世界，也不能排除這種情況的可能性。一旦發生這種狀況，外界將要求政府或中央銀行出面，以支持擔保品價值和流動性的形式來提供災難保險。無疑地，當局在二〇〇八年對銀行與其他金融企業的債權人展開紓困的動機之一，就是認定這類企業（譯注：金融企業的債權機構）的破產將導致金融體系整個凍結，並使得實體經濟的可取得信用規模萎縮。誠如美國前財政部長提摩西・蓋特納（Timothy Geithner）在他的回憶錄中寫道：「危機回應者阻止金融恐慌的唯一途徑，就是去除恐慌的誘因，意即必須防止具系統影響力的企業混亂倒閉，同時向金融機構的債權人保證其放款將可收回，但……讓納稅人暴露在更大的短期風險中。」22

儘管二〇〇八年有關當局採取的行動有其優點，但總是有觀察家不斷挖苦，其中有些人會說：「換成是我就不會從這裡著手。」當時傳統與影子銀行體系的擠兌導致這這兩個體系相繼崩潰，而由於銀行體系內部可用來吸收銀行業虧損的權益資本金額不足，導致債權人紓困的規模和代價暴增；所有試圖透過中央銀行工具（扮演最後放款人角色）來提供流動性保險的計畫，都未能懲罰蓄意利用那類援助計畫謀取私利的銀行，因為等到支付保險理賠金時才收保費的作法不僅為時過晚，還可能導致情況雪上加霜。在這場危機爆發前，現有的體系提供很多誘因讓銀行業者採取可能提高危機發生頻率的資本結構，而這就是某些人產生「道德風險」（moral hazard）疑慮的來由。隨時做好不計代價維持金融體系正常運作的準備是不夠的，防微杜漸也很重要。換言之，我們也必須對這個體系本身的設計審慎以對，唯有如此，才能降低危機爆發的頻率與危機的嚴重性。提供災難保險確實有論述依據可循，但不能無條件提供，而且不能以二〇〇八年那種「強迫中獎」式的狀態提供（當時的情境逼得政策制定者不得不提供災難保險）。

有些評論家針對道德風險的疑慮爭辯不休，他們比喻那就像有人不自律地在床上抽菸引發火災，最後靠消防隊趕來滅火。身為社會一員的我們會利用防止火災發生的各種嚴謹監理法規來補強消防服務；同樣的道理，我們也應該以類似的監理法規來因應金融部門的問題。過去在思考危機的回應方式時，我們太過聚焦在等「火災」發生後才花錢了事的作法上，尤其是美國，未來我們該做的應該是要預見問題。羅馬人有一句至理名言：「想享受和平，就得先備戰。」

我們能否找到一個保留「芝加哥計畫」的優點——也就是終結銀行擠兌誘因——同時削弱廣義銀行體系煉金術的方法？或者換個說法，我們能否降低因消滅煉金術而衍生的代價？

新方法——全年無休的四季當鋪老闆

展望未來，我們必須承認，光是禁止民間銀行業者創造貨幣，不可能足以消除人類金融體系的煉金術。極端不確定性的存在，代表在某些情境下提供災難保險是符合理想的。從某些關鍵層面來看，白芝浩的「最後放款人」概念已經過時。他認為一旦爆發危機，外界根本無從分辨一家銀行是否還有償債能力，這樣的理解一點也沒錯；不過，如果中央銀行能在有「優質擔保品」的條件下放款，有沒有能力判斷銀行的償債能力就不那麼重要了。在他那個時代一直到相對近代，銀行業者的資產負債表上都持有非常大量的政府證券和安全的民間商業本票，意即過去銀行業的優質擔保品非常充沛。但隨著銀行業者開始減少高變現性資產的持有數量，一切都改變了。當危機來臨，銀行沒有足夠的優質擔保品，中央銀行遂不得不以估值折扣（通常折扣比例很高，以避免納稅人承受過高風險）的方式承接一些「劣質」擔保品——也就是高風險且低變現性的非流動資產（譯注：作為借錢給銀行的交換條件）。到頭來，各國央行真正貸放給銀行的金額只夠滿足銀行一部分的流動資金需求。誠如第五章所討論的內容，中央銀行的放款反而會產生拖累的效果，因為銀行資產負債表上可用來提供其他債權人的擔保品將隨之減少，這等於是變相鼓勵那些債權人不要展延對銀行的放款。

傳統上最後放款人的根本問題在於，由於煉金術的存在，如果要在危機時刻提供充足的流動性，傳統的最後放款人唯一能使用方法就是接受不良擔保品，並以不夠低的估值折扣和低（甚至零）懲罰利率來放款。就算某一國的央行事先聲明將依循白芝浩的規則——以優質擔保品及懲罰性利率進行無限制放款——也沒用，因為當危機真正來襲時，那些聲明並不會有約束力，無法阻止央行偏離前述原則。而由於銀行業者早就預見到央行有可能在必要時放棄原則，它們當然有充分的誘因降低高變現性流動資產的持有數量，並且透過高額的債務來取得資金，事實顯示銀行業者的確這麼做。因此，在回應危機時，光是根據白芝浩的見解而大量灑錢到金融體系以求滅火是不夠的，還要確保為銀行業者提供誘因，使之「在正常時期做好萬全準備，以便在時機惡劣階段能順利取得充足流動性」，這兩者一樣重要。

此時此刻，我們應該以「四季當鋪老闆」（pawnbroker for all seasons，簡稱PFAS。譯注：指全年無休隨時營業）來取代「最後放款人」。以當鋪老闆的特質而言，只要你抵押的擔保品足以彌補貸款的價值（例如你今天亟需現金，很可能就會為了換取二十五美元而拿一只金錶去當鋪抵押），他隨時都準備借錢給你。二〇〇八年以來，各國央行在對銀行放款時，已能接受比以前廣泛很多的擔保品。事實上，如果央行不願接受那麼多元的擔保品，很難想像它們是否還能繼續放款給銀行。我認為，我們不該虛擲這次危機帶給我們的教訓——我們可以根據這場危機爆發後最重要的兩項中央銀行業務發展，為各國中央銀行建構一個類似當鋪老闆的新角色；這兩項發展是：接受更多元的擔保品來作為央行放款依據，以及經由量化寬鬆來創造貨幣。我強調這一點的原因在於，很多改革提案令銀行業者乃至政府戒慎恐懼，因為那些改革的過程與成效混沌不明。四季當鋪老闆的概念和那些改革提案正好相反，它只是將先前已採用過的幾種對策自然地加以延伸罷了。

當流動性的需求突然竄升，四季當鋪老闆將會接受以低變現性的高風險資產作為擔保，積極供應流動性——即緊急貨幣。唯有代表政府的中央銀行能扮演這個當鋪老闆的角色。不過，中央銀行將在一個能消除銀行擠兌誘因的架構中扮演這個角色。四季當鋪老闆的概念就是面臨極端不確定性時的應變策略之一。從美國新聞工作者威廉·李傑特（William Leggett）在一八三四年十二月《紐約晚間郵報》（*New York Evening Post*）的一篇文章，便可找到四季當鋪老闆原則的靈感，他寫道：

> 將（當前的）法律廢除；取而代之的新法律應規定，任何一個進入銀行業務的人必須在法律指定的某個官方機構寄存房地產或其他經認可之證券，其價值應等同於他意圖發行的鈔券金額……一旦發生恐慌，建立在這個基礎之上的銀行將不會面臨任何不幸的後果；因為每一位鈔券持有者在實際上都等於持有與其鈔券金額相當的一份財產所有權憑證。[23]

四季當鋪老闆的目標有三個。第一，確保所有存款都受到實際的現金或是一份對於央行準備的「保證或有請求權」（guaranteed contingent claim）所保障；第二，確保流動性保險的提供成為一種強制命令，同時投保人（譯注：銀行業者）必須事前支付保費；第三，設計一個實質上能對金融體系煉金術的程度課稅的體系——換言之，必須由民間金融中介機構承擔煉金術所衍生的社會成本。[24]

基本原則是要確保銀行隨時有辦法取得足夠現金來滿足存款人與其他短期無擔保債務之債權人的要求。欲達到這個目的，關鍵是觀察銀行資產負債表的兩端。先從資產開始。每一家銀行都必須決定事先要將多少資產放置在中央銀行，也就是說，它們允許中央銀行審查多少相關資產，而其中又有哪些資產可作為擔保品。[25]接著，央行在決定要針對特定資產貸放多少現金給銀行時，必須計算每一類銀行資產的估值折扣。將事先放置在中央銀行的所有資產加總後，就可以清楚算出銀行有權在緊急時刻向中央銀行借多少錢。由於這些協議理當要在危機爆發前許久就安排妥當，中央銀行應該能輕易地在銀行提出要求時便同意放款。自從這場危機爆發後，擔保品鑑價和估值折扣的計算已成為一種例行公事，未來這也將成為扮演四季當鋪老闆的中央銀行常態功能。銀行有權以事先放置的擔保品來舉借的金額，加上該銀行現有的中央銀行準備金，是衡量一家銀行的「有效流動資產」的指標之一。

第二步是檢視銀行資產負債表的負債端——它的活期存款與短期（例如一年內）無擔保債務總額——因為這些負債可能在債權人發出收回通知後不久大幅減少。那個總額是衡量銀行「有效流動負債」的指標之一。[26]監理規定的重點應該是要求銀行與其他金融中介機構的「有效流動資產必須高於有效流動負債」。目前所有基於審慎原則而訂定的資本與流動性監理規定，幾乎都能以這個簡單規則來取代，只有槓桿上限除外。這個規則能作為一種強制保險，讓中央銀行在危機爆發時根據先前達成共識的條件，自由地對銀行放款，而無須收取懲罰性利率。罰金——也就是這種保險的代價——將概括在中央銀行針對不同形式之擔保品所要求的估值折扣裡。一如汽車車主必須為保護其他用路人而強制投保第三方汽車保險，當局也應該強制銀行業者在正常時期投保某種金額的流動性保險，唯有投保的業者才能在危機時刻取得央行的準備金以滿足其流動性需求。

讓我們看一個簡單的例子：一家銀行的總資產與總負債各等於一億美元。假定它持有的資產中，有一千萬美元是存放在中央銀行的準備金，四千萬美元是相對高變現性的證券，五千萬是對企業的低變現性長期放款。如果中央銀行判定該銀行高變現性證券的估值折扣是10％，低變現性放款的估值折扣是50％，那就代表只要這家銀行事前將它的所有資產都設定為可用擔保品，那麼中央銀行就願意針對前者貸放三千六百萬，針對後者放款二千五百萬。因此，這家銀行的有效流動資產將是（1000+3600+2500）萬美元，總額為七千一百萬美元。換言之，它以存款與短期債務等形式的融資不能超過七千一百萬美元。

只要民間部門煉金術被消滅之後，銀行業者將可自由決定其資產與負債的組合，也可以進行各種類型的交易業務。四季當鋪老闆的概念為芝加哥計畫增添了某種程度上令人滿意的彈性。

我們有可能在十至二十年的期間逐步落實這個計畫。只要計算有效流動負債超出有效流動資產的金額約當資產負債表總額的比重，便可釐清現有的煉金術程度。假定上述銀行今天有五千萬美元的存款負債，三千五百萬美元的短期無擔保債務（期限不到一年），一千萬美元的長期債務，以及五百萬美元的權益資本。那麼它的有效流動負債將是八千五百萬美元，比七千一百萬美元的有效流動資產高出一千四百萬美元，因此，它目前的煉金術程度等於14％。如果給予二十年的轉型期，這家銀行依規定每年必須降低0.7％的煉金術程度，直到轉型期結束時，它就能徹底達到有效流動資產超過有效流動負債的規定，屆時它將完全沒有使用煉金術。在這段轉型期，保留現有的審慎監理規定和近年來立法通過的圍欄限制應屬合理，部分是為了觀察上述作為的成效，部分則是為了作為吸引金融部門堅持到底以渡過轉型難關的誘因。由於四季當鋪老闆的概念源於中央銀行資產負債表近幾年來某些不尋常的發展，此時正是開始改革的理想時機。要把煉金術徹底地從我們的經濟體系中剷除，可能需要花上大約二十年的時間，但我們沒有理由延遲展開這一段旅程。

如同其他所有這類型的改革，這個計畫應該適用於所有一年內無擔保債務發行額度超過資產負債表「某個最低比重」的金融中介機構、商業銀行和影子銀行。這個「最低比重」是個武斷的數字，未來還有討論的空間。關鍵挑戰之一在於確保煉金術不要只是移轉到未受監理的部門，而最終還能受惠於隱含的公共補貼。[27]無疑地，一定還有其他實務議題有待解決，但我們僱用那麼多優秀公務人員的目的，就是要解決如此問題並阻止遊說者利用這些問題來作為抗拒根本改革的藉口。

四季當鋪老闆概念是以最後放款人的傳統和二〇〇八年的危機經驗為基礎。這個概念有六項主要的優點：

首先，這個建議體認到，在實際的危機爆發時，唯一有能力提供流動性的是擁有主權政府支持的中央銀行，它能將低變現性的非流動資產轉化為流動性請求權。

第二，目前的貨幣與銀行體系存在明顯的煉金術，而這個概念能讓我們自然地轉型至煉金術遭消除的狀態。

第三，它讓我們無須選擇「維持現狀」，也無須選擇「極端激進的解決方案」，所謂極端激進方案就是採取100％準備的銀行體系，意即所有放款都必須有足額的權益資本可支應。四季當鋪老闆的概念讓銀行和其他金融中介機構得以自由選擇它們想要的資產負債表結構，並選擇如何配合負債結構來持有特定類型的資產。透過這些作為，這個概念提供了一種能促進金融部門競爭且限制煉金術程度的辦法。相較於芝加哥計畫，這個概念更能降低為了消除銀行擠兌而衍生的成本。

第四，它解決了和傳統的最終放款人有關的道德風險問題。若推行這個計畫，銀行依規定必須以事先放置擔保品的形式向中央銀行投保，未來一旦銀行提出要求，中央銀行就能快速提供便宜的流動性。屆時中央銀行將沒有必要在危機期間實施懲罰性放款利率，因為一旦危機來臨，央行會根據既定的擔保品估值折扣來提供流動性給銀行，而估值折扣的採用也能抑制銀行業者一味仰賴中央銀行提供流動性的誘因。此外，中央銀行也能趁著正常時期客觀評估擔保品的價值，不用如同這個危機爆發時的情況，等到風暴來臨時才急就章地判斷那些擔保品的價值。想當然爾，中央銀行在正常時期將承受壓力，為政治上較受歡迎的銀行放款類型設定有利的估值折扣，以及應付銀行業為降低估值折扣而進行的密集遊說。不過，相較於危機來襲後，中央銀行在平時也較有立場抗拒上述要求。此外，遭扭曲的估值折扣也無法改變以下事實：由於在四季當鋪老闆的架構下，銀行保證能取得中央銀行的流動性，債權人或存款人到銀行擠兌（也就是拒絕展延短期債務）的誘因也會隨之消失。因此，使用最後放款人援助而蒙受的汙名（見第五章）就會少得多。

第五，這個概念充分利用當今的不尋常情境，將其中兩種反常作為列入四季當鋪老闆的永久特徵中。其一：中央銀行因透過量化寬鬆創造貨幣而大幅擴張了它們的資產負債表。這種緊急貨幣的創造已提高了銀行資產負債表上的流動資產百分比。舉個例子，美國銀行業者存放在聯準會的準備金，從危機前占總資產的1％，上升到二〇一五年九月略高於20％的水平。[28]我們應該繼續維持這麼高的準備金比率，必要之時，央行還可以在目前持有的政府債券到期後，繼續購買政府債券；其二，在這場危機期間，中央銀行內部為評鑑與管理擔保品而建立的基礎結構應該要繼續維持，成為一項永久的特點。事實上，這項特點已成為英格蘭銀行與澳洲準備銀行的定期性操作之一。[29]

第六，監理規定會大幅簡化至僅包含兩項條款：四季當鋪老闆規定——也就是有效流動資產必須超過有效流動負債，以及法定槓桿比率的最大值。在這個轉型期結束時，多數其他資本與流動性監理規定都可以廢除。就簡化目的與揚棄大量複雜監理規定的角度來看，此舉會帶來莫大的利益。

每個國家都能選擇要以什麼方式走向這個終結煉金術的目標，國際之間無須針對銀行業的詳細監理規定簽訂任何協議。巴塞爾監理規定的原則是要對各國設定最低標準，但由於反煉金術是一件自然的事，各國應該被允許以自己的步調來實現目標。一個中央銀行從事最後放款人或四季當鋪老闆等操作的能力，取決於那個國家的主權。如果一個政府沒有償債能力或無法印製本國的通貨，它就不可能在危機時刻輕易地支持本國銀行體系。監理法規理當一步步交由民族國家自訂，原因在於流動性保險的提供不可避免會牽涉到財政風險，而那正是解決歐元區銀行業問題必須先成立財政與政治聯盟的理由之一。各國政府很可能會日益體察到一件事實的重要性：若想適當監管銀行業的活動，就必須要求所有在其境內營業的銀行維持獨立子公司的型態，而非受外國政府監管的海外銀行分行。

要成為成功的當鋪老闆，最根本的要素是要願意對幾乎所有提供極優質擔保品的人放款。反觀二〇〇八年，銀行業者只持有一大堆劣質資產，優質資產則非常稀少，以致各國中央銀行為了拯救整個銀行體系，不得不在擔保品不足的情況下放款給銀行。在下一場危機爆發前，我們必須確保銀行體系能在事前放置充足的擔保品——包括中央銀行準備金——唯有如此，才能滿足存款人（急著提領存款）或債權人（決定不繼續展延對銀行融資）的需要。各國中央銀行不同於只願意接受優質擔保品的傳統大街當鋪老闆之處在於，各國央行會願意接受比較難鑑價且鑑價時間較曠日廢時的擔保品。四季當鋪老闆規則是促使銀行在危機前將擔保品先放置在中央銀行的強烈誘因。

要求中央銀行扮演四季當鋪老闆時，最大的困難在於決定適當之估值折扣的挑戰。若是銀行資產的風險權值不容易計算，估值折扣的計算怎麼會比較簡單呢？重點是，這兩種計算的目的非常不同。以風險權值來說，它的目標是要計算由不同銀行資產組成之投資組合的整體風險，這需要了解所有可能的結果，以及不同資產的報酬相關性。至於計算估值折扣時，目標就比較不那麼漫無邊際，只要粗略計算一旦某銀行無力還錢給中央銀行，央行拍賣它當初抵押的擔保資產時可能必須接受多大的折價即可。在危機爆發時，中央銀行大可以暫時持有相關的擔保品，等到金融市場恢復正常時再予以拍賣。估值折扣一旦設定，一段期間內（例如三年）必須維持不變，不應該經常調整。一如所有當鋪老闆，中央銀行在設定估值折扣時應該以保守為重，如果有任何疑慮，寧可錯在折扣過高，而不要錯在過低。不同類型擔保品的估值折扣就像是保險費，若銀行想規避擠兌風險並妥善因應全然意外的衝擊，就必須繳納這些保費，以便能在需要時順利取得流動性。估值折扣就像是對煉金術的一種稅賦。而這項稅賦的規模必須能呼應納稅人因提供這種隱含保險（在銀行需要時提供流動性，但事先取得銀行放置的擔保品）而負擔的成本。

在一個隱含極端不確定性的世界裡，沒有任何數學方法可為那種保險訂價。除了銀行業者存在中央銀行的準備金，央行針對銀行業其他所有資產所採用的估值折扣都應該從高設定。在芝加哥計畫

（最極端的情況）架構下，折扣率是100%。而在四季當鋪老闆架構下，特定擔保品的估值折扣反映的是中央銀行在危機蔓延時繼續持有擔保品並等到較常態時期再予以出售的能力。折扣程度將取決於資產本身的波動性與不易變現性，而且一旦設定，就不能在危機期間調整，否則估值折扣就不是可靠的流動性來源了。所以中央銀行在設定不同資產的折扣程度時，必須確認它本身是否有能力吸收那些擔保品的潛在虧損——儘管中央銀行不需要在大規模恐慌時刻急著將銀行質押給它的資產賣掉。無論如何，中央銀行和亟需流動性的金融機構不同，中央銀行禁得起等待，它可以等到情勢回歸到近乎常態時再採取行動。

不過，央行還是必須考慮到不同資產的相對價格會牽涉到永久性變化，在設定估值折扣時，必須將那個風險列入考量。因此估值折扣所反映的成本有可能高於一般商業短期放款利率。某些資產的折扣率甚至有可能達到100%。近幾年，各國中央銀行放款時所採用的折扣率僅介於幾個百分點到60%上下（取決於擔保資產的類型）。在正常時期設定較大估值折扣的四季當鋪老闆，就像是在酒酣耳熱之際驟然搬走雞尾酒缸的那個人。另外也很重要的是，中央銀行不該將「支持特定資產的市場流動性」視為己任。中央銀行的任務並不是要補貼一旦失去它的補貼就無法生存的市場。面對屬性複雜或價值難以釐清的資產時，我們可以師法摩根大通的丹尼斯．威瑟史東（見第四章），他的作法可作為設定估值折扣的有用經驗法則——如果負責管理擔保品的中央銀行官員無法透過三場為時十五分鐘的會議搞懂某一項資產的本質，那就應該針對這項資產設定100%的估值折扣。

任何時刻都會有銀行破產，事實上，破產是繁榮興盛的市場經濟體系之固有情節。有了四季當鋪老闆後，有破產風險的銀行將會獲得一年的重整期，到時候就無須推行緊急性的恐慌拯救措施，也不會有戲劇性的故事可供後續大量的回憶錄說嘴。銀行清理機制（一種特殊的銀行破產機制）將會比當前的機制簡單很多，因為當局可以直接把破產銀行的存款（負債）和寄存在中央銀行的擔保品（資產）從該銀行抽走，再將存款連同（因抵押擔保品而取得的）流動準備金一起轉移給另一家銀行。那麼一來，負責清理該銀行的主管機關就能繼續清理該銀行的其他財務，而不會嚴重干擾到它的存款人。

實質上來說，那等於是在銀行破產時，將它切割成「狹義」與「廣義」兩個部分。複雜大型銀行的破產清理成本非常高，而且相關事務繁雜，由二〇〇八年雷曼兄弟的破產事件便可見一斑。無論是以前或現在，監督這個流程的事務都創造了很多職涯發展機會。監理機關必須敦促銀行業者及早體察到自家資產負債表的真實狀態，這一點事關重大。一九九〇年代初期芬蘭與瑞典的銀行危機，以及日本長達十年的銀行體系問題所帶給我們的一個教訓是：及早體察潛在虧損，並提升資產負債表的透明度，讓真實的狀況變得一目瞭然。缺乏透明度讓銀行業者得以拖延虧損的認列，那表示銀行的放款被綁在一些不太有投機獲利機會的事業，相對等於無法為有能力擴張的企業提供融資服務，而這也是導致經濟陷入停滯的因素之一。

關於銀行是否「重要到不容倒閉」的種種辯論，其實可歸結為一個簡單的疑問：銀行是國家的延伸嗎（就像中央計畫式經濟裡的銀行）？或者銀行只是市場經濟體系的一環？如果答案是後者——銀行只是市場經濟體系的一環——那麼，為了導正銀行在危機時所造成的社會成本，就應該要求銀行業者透過四季當鋪老闆來投保強制險，並在資產負債表的負債端維持足以「吸收虧損的能量」，以降低納稅人對銀行債權人的隱含擔保。唯有權益資本才能保證提供那種吸收虧損的能量。[30]四季當鋪老闆的導入將有助於引導民眾預期心理逐步朝向「不應紓困銀行」的方向演變，而最終目標就是要建立一個讓政府感覺不太有誘因介入與紓困的銀行與金融體系。

在這場危機爆發前，銀行使用的權益資本比率過低，持有的流動資產也太少。對於這個問題，正確的回應是要求銀行使用更多的權益型融資，並遵守四季當鋪老闆規則。將權益資本相對總資產的最低比率設定在10%（目前常見的水準介於3%～5%）應該是個好的開始。一個世紀以前，很多銀行的比率甚至高達25%。[31]如果權益融資金額太低，那麼任何負面消息都很有可能促使短期債權人拋棄這家銀行，股東也會為了「賭耶穌復活」而有了承擔風險的誘因，反正鉅額的虧損最終是由債權人或納稅人承擔。

四季當鋪老闆規則並不是白日夢，某些國家的央行已經開始朝那個方向邁進。舉例來說，英格蘭銀行自很久以前就鼓勵銀行業者以事先放置擔保品的方式取得流動性保險。二〇一五年春天，事先寄存在英格蘭銀行的擔保品共價值四千六百九十億英鎊，這些擔保品的平均估值折扣是33%。如果加計銀行業者存放在英格蘭銀行的三千一百七十億英鎊準備金，當時銀行體系的有效流動資產是六千三百二十億英鎊，相較之下，總存款金額為一萬八千二百億英鎊。[32]由這些數字看來，煉金術的程度還是很高，不過可見有大約三分之一的存款受到「有效」流動資產保障，四季當鋪老闆計畫確實有可能逐步消除煉金術，只要從兩方面著手施壓：一是提高股權資本金額規定，二是將中央銀行資產負債表

（乃至銀行業存放在央行的準備金）維持在接近目前的水準。以這場危機期間所採取的行動為基礎，並落實四季當鋪老闆規則，我們就能達到消除煉金術的目標，這並不是一個激進又不切實際的目標。概念雖新穎，落實的方法則否。我們可以將今日的「非常對策」自然轉化為一個面對煉金術問題的永久解答。

貨幣的未來

在一個隱含極端不確定性的世界裡，流動性的需求可能在毫無預期的情況下意外改變。我們在第二章說明過，貨幣可發揮三種功能，其中，它供應流動性的功能可以由四季當鋪老闆來實現。但我們真的因為貨幣的另外兩種功能——讓我們得以買東西，以及確保穩定的記帳單位或是衡量生產價值的標準——而需要貨幣嗎？資訊科技的創新是否會讓貨幣的這兩種功能變得多餘？

如今我們已不再需要用現金買東西，甚至以支票付款的情況也正快速減少，取而代之的是電子轉帳的形式。所以，我們應該停止發行紙製貨幣嗎？這麼做確實有一些好處。在過去，有非常大量的銀行鈔票——尤其是大面額鈔票——被用來從事非法交易，包括逃漏稅或其他犯罪活動。在美國，平均每人——包括小孩——的流通鈔券與硬幣金額超過四千美元。[33]在日本，這個數字甚至高出一倍。在這當中有超過75%是以大面額鈔券的方式流通，也就是面額一百美元與一萬日圓的鈔票。

顯然匿名付款的需求非常高。反恐管制與防治洗錢監理法規（政府要求必須揭露大額資金資訊）的實施使得電子付款增加，匿名付款的管道日益減少。在這種情況下，紙製貨幣的需求不可能快速減少，而且非法匿名交易和個人隱私權可謂一體兩面。

然而，電子收付終究是未來的趨勢。現在連傳統的銀行搶案都日益減少，舉個例子，在二〇〇四年至一四年間，美國的傳統銀行搶案減少幾乎一半，取而代之的是暴增的電子犯罪。[34]以目前的狀況來說，電子轉帳是把資金從某一個銀行帳戶轉移到另一個帳戶（非常方便，但稱不上革命），銀行再透過它們在中央銀行的帳戶，清算彼此的各項收付。原則上，參與交易的兩方可以直接透過電子帳戶之間的資金轉帳，即時結清交易相關的帳務。

和電子收付有關的發展之一是比特幣（bitcoin）的問世，比特幣是二〇〇九年推出的一種「虛擬」通貨，據說它是由某個或幾個使用中本聰（Satoshi Nakamoto）假名的人所發明。比特幣的所有權是透過雙邊交易轉移，不需要經過第三方驗證（所有其他現行電子付款系統都需要第三方驗證），交易則是經由所有用戶都能存取的軟體會計系統來核驗。[35]比特幣供給是由一個管理這個系統的運算法則所控制（最大供給量是二千一百萬）。如果你能說服某人接受以比特幣付款，那你就能使用這種貨幣來買「東西」。以商品及勞務衡量的比特幣（或諸如美元等通貨）價格是由市場決定。由於沒有任何公共實體能為作為記帳單位的比特幣設定標準，所以比特幣的價格波動性非常大，剛推出時，一比特幣價值不到一美元，最高在二〇一三年十二月達到一比特幣等於一千一百美元以上，但是二〇一五年年底又回跌到低於四百美元。[36]由於沒有人隨時準備以任何其他原物料商品或通貨的形式贖回比特幣，所以它是一種高度投機的投資標的。比特幣沒有根本價值，其價格只是反映人們對它的未來預估價值。

決定比特幣供給量的那個運算法則誠信度攸關重大。一旦世人對於它的演算過程有任何一點質疑而導致信心流失，這項貨幣就可能碰上致命麻煩，從另一個相關的冒險計畫便可見一斑：冰島的數位貨幣——極光幣（auroracoin）❹。極光幣曾被當作政府發行之紙製通貨的替代品。二〇一四年三月，一名冰島企業家透過「直升機灑錢」的方式，將這種貨幣發給每個擁有國民身分證明的人。幾個月內，這種貨幣的價值就比推出時下滑了96％以上。[37]此外，誠如第二章的說明，任何新推出的民間法幣都可能導致現有通貨貶值。有什麼理由阻止某些程式設計師新秀推出類似「數位元」之類的數位通貨？答案很簡單，因為我們不能讓任何一個發行人掌握控制數位通貨總供給量的力量，因此政府才會將紙製通貨的生產國有化。

數位通貨能吸引想以匿名方式收付款的人。[38]比特幣是一種收付系統的革新，因此也是一種收付工具，確實引起了某些人的興趣。然而，作為一種貨幣，比特幣較類似某種數位黃金——只能吸引不相信政府有能力控制貨幣供給的人，且這種貨幣的價值波動性非常大。[39]

如果我們真的有可能利用電腦來交易商品與勞務，並進而累積財富，為什麼還要使用貨幣呢？有了高速電子轉帳系統後，交易的買方將其股票、股份和其他形式的可轉售財富（而非貨幣）轉移給賣方的作法變得愈來愈可行，於是交易的買方與賣方就能避免持有低孳息或零孳息形式的財富。經事前同意且內建在電腦演算法的指令，將會判斷買方名下之金融資產的出售順序，並根據事前同意的順序，將這些金融資產轉入賣方的資產清單。被移轉的資產可以是任何具有「即時」市場清算價格的資產。具體來說，某個在餐廳用餐的人可能像現在一樣繼續用信用卡付款，但最後的帳款清算方式並不是把錢從用餐者的銀行帳戶轉移到餐廳的銀行帳戶；取而代之的是，用餐者的投資組合裡的某些股份會被賣掉，餐廳則會取得等值的不同股票或其他資產。但要達成那樣的發展，關鍵在於電腦必須具備「即時」驗證買方與賣方信用度的溝通能力。有了這樣的溝通能力，民間部門的結算作業便得以完成。到時候，用來「買東西」的所謂貨幣就不具備任何獨特的功能了。

的確，財富的「即時」電子轉帳聽起來很吸引人，因為這種轉帳方式可以省略貨幣的使用。在這個架構下，附加付款指示的電子訊息不僅即時傳遞，更是光速般地傳遞。一般公認它的速度非常快——大約每秒十八萬六千英里（即三十萬公里）——但即使是這麼快，還是不足以防止弊病發生。舉個例子，某些金融市場專家如高頻交易員（high-frequency traders）投資非常多資金到微波技術，這項技術的傳輸速度甚至比光纖更快，他們因此得以採用所謂超前交易（見第四章）的戰術。監理機關已開始對於這種行為表達疑慮；想像一下，如果所有收付款都是藉由賣出與買進金融資產的方式來完成，超前交易的問題會變得多嚴重？因為買賣交易永遠也不可能真正瞬間完成，我認為在可預見的未來裡，我們不可能改採一個完全與某種貨幣脫節的收付款系統。銀行帳戶將永遠與我們同在，包括用以進行預期發生之收付款交易的帳戶，以及用以持有象徵通用購買力的流動準備之帳戶。因此，我們也永遠都會需要一個四季當鋪老闆。

---

❹ 編按：冰島在二〇〇八年金融海嘯後，曾一度瀕臨破產，於是政府推行貨幣管制而導致資金難以流動。化名為奧丁松（Baldur Friggjar Odinsson）的極光幣創始人於是決定要向冰島國民提供冰島克朗以外的另一貨幣選擇，他以三階段向全國民眾投放每人三十一．八極光幣，使之一度成為全球第三大虛擬貨幣。

欲降低存款需求同時緩和四季當鋪老闆的運作規模，其方法之一就是讓中央銀行允許任何人基於對他人收付款和持有流動性的目的而在中央銀行開戶。目前各國央行無法應付非常大量的顧客，但是新技術將讓這件事變得較為可行，因為新技術將有能力處理無比多的帳戶。持平而論，在那樣的系統下，匿名收付款將不可能發生。那個發展將簡化與降低貨幣轉匯系統的風險，國際轉匯作業將因此能透過各國的中央銀行結算。不過，我們到現在還無法證明，由四季當鋪老闆獨家向一個競爭的銀行體系提供流動性的益處一定會超越允許銀行業者在顧客服務的提供上彼此競爭的優點。但不管未來哪一種收付款方式將成為主流，事實已清楚顯示，我們必須像守護諾斯克堡（Fort Knox）的黃金❺那樣，謹慎保護用於結算目的的電腦系統。

如果我們真的走向一個能藉由財富的移轉來買賣「東西」的世界，那麼，現存型式的貨幣和中央銀行都將沒有必要存在。[40]屆時控制貨幣供給的需求會被力保電腦結算系統完整性的關切所取代。然而，極端不確定性意味著我們未來還是會基於儲備未來購買力的需要而隨時產生流動性的需求。由於流動性的終極來源是中央銀行，所以它還是必須存在。此外有一項公共實體功能理當交給中央銀行來發揮：記帳單位的監管。即使貨幣因不再具備收付款功能而消失，我們依然永遠需要一個能評定商品與勞務價格的穩定記帳單位。[41]

一旦所有人都同意使用同一種由中央決定的記帳單位（而不是允許眾多不同貨幣作為記帳單位），就能形成一項重大利益。我們向來仰賴度量衡督察員來確保使用碼（或公尺）與磅（或公斤）來作為長度與重量單位的零售商，能確實地以此方式定義這些長度與重量單位。畢竟如果紐約和舊金山或倫敦對「碼」的定義不同，便會造成許多不便。我們當然可以藉由換算單位（碼算換為公尺，華氏換算為攝氏）來因應這些問題，但試想一下，如果世界上每個地方都有各自的長度或重量單位，那從世界各地訂購商品會有多麼困難？若能共用一個通用單位，將是一大福音，就像唯有大家都使用同一個網路，電話才有價值（這就是經濟學家所謂的「網路外部性」〔network externalities〕）。從美國憲法第一條第八款將有形的度量衡和通貨監管合併在一起，便可見這個議題有多麼重要：「國會應該擁有權力……鑄造貨幣，監管貨幣的價值……並確立度量衡標準。」誠如喬治・華盛頓（George Washington）傳達給國會的第一條年度總統訊息：「美國通貨與度量衡的統一，是極端重要的目標。」又如同英國《大憲章》（*Magna Carta*）在八百年前宣告的：「全國應有統一之度量衡。」[42]

我們或許能像諾貝爾講得主暨經濟學家弗里德里希・海耶克（Friedrich Hayek）所倡議的，允許任何人發行他們自己的貨幣，並相信競爭的力量最終能促使所有人決定採用「最佳」發行者（一般人最相信誰不會濫用其印鈔能力，這個供應者就是最佳發行者）的貨幣。[43]不過，眾多貨幣彼此競爭的情況鮮少出現，而且通常只有在政府沒有發行貨幣（例如戰爭集中營以香菸作為通貨）或政府貨幣管理不善（例如超級通貨膨脹期間）等情況下才會出現。儘管廢除外匯管制使得各國貨幣有了彼此競爭的機會，各國通貨在其本國經濟體內作為單一公共貨幣的支配力量並未因此而下降。當然，這當中或多或少有一些例外，但畢竟也只是極少數，例如巴拿馬和厄瓜多放棄本國通貨並採用美元（見第七

❺編按：諾克斯堡為美國國庫黃金的存放處。

章）。此外，德國的「緊急貨幣」（Notgeld，見第五章）則是百家爭鳴的例子之一。不過，隨著一種可行的本國貨幣被重建之後，這種緊急貨幣也逐漸淡出。網路外部性導致競爭通貨難以興起。[44] 單一記帳單位的定義與管理，都需要透過集體決策來完成。度量衡的物理定義是由度量衡的督察員決定與監控；不同的是，貨幣的價值需要某種程度的酌情管理，以避免因產出與就業過度波動而衍生的成本。這件任務顯然應該交給被授權實現長期通貨膨脹目標的中央銀行來執行，一如我們在第五章所探討的內容。

作為買「東西」用途的貨幣，不論其最終命運將是如何，它一定會擁有一個未來——因為它是唯一真實存在的流動性形式。外界對於中央銀行負債的需求不會消失，我們也永遠需要一項穩定的記帳單位。另一方面，中央銀行也將繼續保有設定利率與決定其資產負債表規模的能力。比爾．蓋茲（Bill Gates，微軟公司〔Microsoft〕的創辦人）和史帝夫．賈伯斯（Steve Jobs，蘋果公司〔Apple〕的創辦人）的接班人雖不會發行他們自己的貨幣，卻是提供一種以股票與股份來交換商品與勞務的方法，因此有些人可能會忍不住想像，科技創新的意義是他們將會讓伯南奇和葉倫[6]的接班人丟掉工作。但事情沒這麼簡單，貨幣與銀行體系的管理需要的是集體決策。

談到這裡，我希望讀者能被我說服，相信唯有從根本重新思考這整個社會應該如何組織貨幣與銀行體系，才能防止二〇〇八年那種危機和更早之前導致先人們蒙受苦難的危機再次發生。二〇〇七年以前，我們的主要失敗之一在於未能善加整合以下兩個框架：為因應時機良好階段而設計的貨幣政策框架，以及為因應時機惡劣階段而設計的最後放款人框架。在這場危機爆發時，我們祭出大規模援助手段的目的不僅是為了挽救金融體系，也為了拯救整個經濟體系免於因銀行的問題而崩潰。要扮演好四季當鋪老闆的角色，中央銀行必須付出相當多，但一如貨幣政策，扮演當鋪老闆角色的中央銀行將在一個為因應極端不確定性而設計的清晰框架下，執行它們的裁決權。

在這場危機爆發前，狂妄自大（導致無辜者受傷的傲慢態度）的風氣甚為猖獗，並改變了固有的金融服務業文化——原本這個行業理應善盡代客戶管理財務的責任，但逐漸地，從業人員竟利用管理他人財產的機會為自己牟利。[45]真正的財務管家永遠也不會忘記自己的身分——他們會謹記自己只是代委託人管理財產的管家。[46]多年來，「我說出的話代表我的契約」（my word is my bond）這句座右銘向來是倫敦金融城傳統的重要支柱，這句座右銘的真諦攸關重大。很多對於複雜金融商品之風險一知半解的金融從業人員將這些商品銷售給更不了解這些商品的顧客，這樣的行為絕對無法為金融服務產業帶來好名聲。沒有人會覺得在金錢方面被當個傻子耍是件榮耀的事。

我先前已解釋過幾個有助於成功改革這個體系的必要原則。這個計畫得花上很多年甚至幾十年才能完成。為了保護後代子孫，我們還有時間謹慎設想那個計畫。貨幣與銀行業務的改革絕不是個簡單的任務。多數現有的金融機構以及這些機構所支持的政治利害關係團體一定會強烈抗拒改革。二〇一四年年底，保羅．伏克爾❼就曾對華爾街「沒完沒了的遊說行為」提出批判。[47]誠如「激進者」為尋

❻編按：前任與現任的美國聯準會主席。
❼編按：卡特及雷根政權期間的美國聯準會主席，並曾任歐巴馬總統的經濟顧問。

找改革之城而離開掠奪之城時發現的：

> 長期享受掠奪鄰居財富之特權的那一群人是由兩種人所組成的，一種稱為「在野者」（outs），一種稱為「當政者」（ins）——前者主張世界上沒有所謂的「改革」之城，而後者認為或許有所謂的「改革」之城，但這個城市距離遙遠，而且路途錯綜複雜、布滿荊棘，因此在這個特殊時刻，任何展開這段旅程的人都會身陷險境。[48]

凱因斯曾樂觀地表示：「經濟學家與政治哲學家的概念無論對與錯，都比一般所知道的更有力量。」自從他道出這個觀點後，拙劣的學術作家就沾沾自喜。[49]不過，凱因斯這段形容經濟學家影響力大於實務派人士的著名格言，或許應該改為「相信自己能免於任何實務影響力左右的經濟學家，往往是某已故銀行家的奴隸」[50]會比較精確一點。如果要求我們放棄理性論述並將自己的未來交給那些金融主宰者，這樣的金融乏善可陳。

第8章　癒合與傲慢：今日的世界經濟

「現在的時間與過去的時間
或許都出現在未來的時間裡
而未來的時間則包含在過去的時間裡」
艾略特，《四重奏》，一九三五年

「既然人類不太願意聽信警告，又怎能期待他們會接納建議？」
強納生．史威夫特，〈對多種主題的想法〉，一七〇三年

生命中有比金融更重要的事，而金融領域有比二〇〇八年種種事件更重要的事。今日的世界經濟體系看起來還無法恢復我們在危機爆發前視為理所當然的榮景。如果經濟成長率能恢復危機爆發前看似正常的水準，很多看似即將壓垮我們的問題——貧窮、貧富不均惡化、破爛的基礎建設、國與國之間與各國境內的種族緊張氣氛等——應該都會獲得紓解，但偏偏目前已開發國家的經濟成長都普遍滑落。某些人將經濟成長率的滑落歸咎於創新與生產力成長趨緩，他們認定，事實證明資訊革命的改造效果比先前的技術革命小。但我看待這個議題有不同的角度。我認為，如今我們費盡千辛萬苦卻未能

促使世界經濟恢復原有成長率的根本原因，就是這場危機的始作俑者——失衡（disequilibrium）。

誠如第一章的討論內容，相對於危機爆發前的成長途徑，目前英國和美國的國民所得已折損了15％。更廣泛來說，若採用二〇〇八年至一四年的實際成長率與IMF對未來三年的經濟成長預估數字，從這場金融危機爆發起算的十年間，各先進經濟體的所得與產出都明顯折損。G7經濟體的整體GDP折損比例也大約在15％之譜。[1]「失落的十年」早已來臨。經濟似乎是因利率持續降低才得以維持成長，而且到目前為止，我們還不太知道應該如何彌補已流失的產出。

從二〇〇八年以來，各國實施了世界史上最大規模的貨幣政策振興措施，但即使各國政府與中央銀行費盡心機努力「救經濟」，最後的成績還是只能以慘澹來形容。各大工業國的官方利率已降到史上最低水準——最初是降到零，到二〇一五年時，很多歐洲國家甚至將利率降到負值——各國央行推出的資產收購計畫也將貨幣基數擴大了好幾倍，這樣的增幅不僅異常且前所未見。

儘管各國為刺激整體需求而推出大規模振興政策，各經濟體系的成長腳步依舊蹣跚。相較於非金融危機引起之經濟衰退後的復甦，金融危機爆發後的經濟復甦通常比較疲弱。[2]不過，經濟衰退與復甦的情節並沒有獨特的模式可言。以諸如「資產負債表衰退」、「逆風」與「長期停滯」等方式（這些字眼常見於各式各樣的辯論）來表達這次的經濟衰退，都只能算是症狀描述，而非導因的說明。[3]究竟需求長期低迷與經濟成長持續疲弱的根本導因是什麼？為何「危機」總會造成成長時間的經濟停滯？要回答這些疑問，我們必須更深入檢視總體經濟學——也就是研究經濟整體運作模式的學問。

凱因斯學派與新古典總體經濟學派（neoclassical macroeconomics）

我是在一九六五年申請到大學就讀，當時距二次大戰結束才二十年，不過感覺上已是一個全然不同的世界——在兩次世界大戰期間對世人造成了嚴酷經歷的那個資本主義體系（經濟蕭條、大規模失業與貧窮）已成為過去。箇中的祕密在於凱因斯透過他於一九三六年出版的巨著《就業、利率與貨幣通論》（*The General Theory of Employment, Interest and Money*）所啟動的那一場知識革命。生活在一九六〇年代的我們全都感覺凱因斯找到了解決失業的祕方——他主張，政府透過財政政策所進行的干預，能將經濟體系穩定在充分就業的狀態。凱因斯學派經濟學的問世，像是在戰前（資本主義經濟的舊世界與戰後（相信國家領導的經濟政策能成就一切）的新世界之間畫下一條分界線。透過政府干預，我們確實避免了另一場大蕭條。有鑑於此，我決定向劍橋國王學院申請入學，因為凱因斯一生多數時間都是在那裡度過。

但我一到劍橋後，凱因斯學派經濟學就開始退流行。原因在於龐大的政府支出導致經濟過熱，通貨膨脹上升。當時最迫切需要解決的政策問題變成如何降低通貨膨脹，而非如何提振就業。事實證明，穩定經濟體系在實務上遠比理論上所描述的困難很多。當時知識分子之間陷入激辯，凱因斯的門徒——包括他的某些朋友與同僚如理查．康恩（Richard Kahn）與瓊安．羅賓森（Joan Robinson）——試圖秉持原來的信念，繼續向我們傳授凱因斯信條。另外有一些人則希望這個主題能進一步發展，尤其希望能善加利用數學和統計學上的發展（當時數學和統計學已成為美國的時尚）來達成這個任務。他們的動機是可以理解的，畢竟《通論》的某些論述雖優美且極具說服力，卻也有某些論述曖昧不清且晦澀艱深，有些內容甚至令人完全無法理解。

到了這個世代，總體經濟學開始分裂成兩個思想學派：凱因斯學派與新古典學派。[4] 前者聚焦在政府如何帶領經濟體系走出蕭條並回歸充分就業的功能，後者則是研究市場經濟體系在暫時偏離正常均衡後，將在什麼樣的條件下靠著自身力量回歸充分就業。新古典學派經濟學家經常主張，凱因斯學派的分析只和某種特殊狀況有關——即就業暫時低於可達成水準（這通常是錯誤的政府政策造成）時的狀況。不過，凱因斯也非草率選擇這個書名的——他認為資本主義經濟體系的實際表現有可能永遠低於潛在需求與產出水準，而這本書正是解釋此一現象的通用理論。隨著二〇〇八年至〇九年的經濟衰退轉變為長期的疲弱成長（甚至停滯），多數先進經濟體的產出遠低於先前的趨勢途徑，凱因斯的論述遂再度成為焦點。

知識分子的激烈鬥爭——包括概念上的爭辯與個人的意氣之爭，模糊了凱因斯門徒提出的一個要點，這個要點無法轉譯為現代經濟學語言：對未來可能情況的預期心理，是決定當前支出的核心要素。凱因斯認為，「情感」和「預期心理」對投資型支出乃至經濟擺脫衰退的速度的影響攸關重大：

> 不論是道德、享樂或經濟活動，我們大部分的積極活動取決於自發的樂觀主義，而非取決於數學期望值。我們從事某些積極活動（這些活動的完整後果可能要很多天以後才顯現）的多數決策，或許只能視作動物本能——指一種自發性的行為（而非無為）衝動——的結果，而非量化利

益乘以量化機率後的加權平均結果。5

由此可見，凱因斯明顯認同極端不確定性的存在。經濟隨著天生反覆無常的動物本能起起落落而反覆進入榮景或蕭條；問題是，若無法解釋動物本能為何會起落，以及它何時會起落，就無法歸納出一個有條理又一貫的經濟盛衰理論。也因如此，世人斷然地將凱因斯信徒貶抑為一群保守、只顧著緬懷過去的知識叛徒，批評他們只忙著守護一個已熄滅的火焰，和經濟主題的發展狀況完全脫節。新古典經濟學派經濟學家一心想將理性的「最佳化」（optimising）行為視為經濟學的基礎，然而，這一群經濟學家對於極端不確定性的漠視，也導致他們未能理解《通論》的一些重要洞見。

凱因斯的基本論述是，資本主義可能無法實現充分就業，因為它無法協同經濟體系所有不同參與者的支出計畫。不過，這個概念和明顯被一般人當作常識的「如果每一個市場都能讓產品的供給等於需求，那麼把所有市場加總起來，代表整個經濟體系的總需求會等於總供給」觀點完全相反。要如何解釋這個明顯的矛盾？凱因斯並未對此詳加說明。很倒楣的是，他完成《通論》一書後大約二十年，才終於有經濟理論家提出一個可能可以理解他這個直覺的嚴謹框架。誠如第二章所解釋的，肯尼斯・亞洛和傑拉德・德布魯描述，唯有將未來的商品與勞務的市場都納入一個大型拍賣流程，才能利用這場大型拍賣會促使整體的供給等於需求。不用想也知道，那是一個虛構的世界——極端不確定性代表我們目前無從得知很多未來商品與勞務的市場。大型拍賣場的概念固然有其價值，但那單純是因為這個概念說明了為何凱因斯的直覺是正確的。由於企業未來計畫生產與消費者計畫購買的很多商品及勞務的市場目前並不存在，並沒有任何機制可保證未來所有經濟代理人（economic agents）的支出計畫能趨於協同。

原油市場是個好例子。世界原油產量大約是每天九千萬桶。[6]以每桶五十美元的價格來計算，石油的年度營業額超過一・六兆美元——那是極其龐大的一筆財富。理論上來說，較高的油價應該能刺激更多的石油生產與煉油投資活動。但是由於生產商可能對未來的油價不夠有信心，供應端對較高油價的反應便可能不會如想像中強烈。由於投資活動與後續的生產活動之間存在長時間的落差，除非原油期貨市場所設定的價格釋放出充足的正面訊號，才能創造適度的誘因，鼓勵有意者投入煉油與開發活動。雖然倫敦和紐約都有一些原油期貨交易活動，但各種合約的交割日期頂多或在五年或六年後，相較之下，一座油田的開發與探勘可能要花上三十年甚至更久。[7]為何到目前為止，我們尚未發展出一個能等到多年後才進行買賣交割且具高流動性的原油期貨市場？這個問題有一個非常好的經濟理由：對很多潛在原油生產商（例如開發加拿大油砂的生產者）來說，能夠在今天出售未來交割的原油確實很好，因為這樣就能排除價格的不確定性，投資決策也就變成單純的計算式，而不是創業家的判斷（entrepreneurial judgement）；相同地，如果能那麼做，考慮投資替代能源來源的人也會對未來比較有信心，因為這樣就能知道未來要應付的油價是多少。

問題是，除非同時有期貨的需求和供給，否則任誰都無法發展出一個期貨市場。乍看之下，大量使用石油的廠商如航空公司，應該會希望到期貨市場上購買石油，因為那麼做能降低與未來燃料成本有關的不確定性。只是對於任何審慎考慮這麼做的航空公司來說，最大的問題在於它們無法事先出售產出——也就是機票。所以，如果它們在今天的市場上購買未來要用的石油，一旦未來的油價遠低於今天的期貨價格，將會有新的市場競爭者進入航空業，屆時它們的購油成本更低，那麼今天在期貨市場上購油的航空公司將處於不利的競爭地位。除非航空公司與其他能源使用者能提前出售它們的投入與產出，否則很難吸引它們使用期貨市場。而航空公司機票沒有期貨市場的原因在於，旅客目前並不知道自己長久的未來想搭飛機去哪裡，也不知道自己願意為那一趟旅程花多少錢。航空公司對於未來特定期間內之航班需求的期望，是決定新飛機需求的關鍵因素。儘管航空公司的分析師費盡心力，該公司的期望還是不可避免地會流於主觀。如果航空公司能在今天出售未來相關日期的機票，那麼，市場就會協同航班的供給與需求，進而協同石油的供給與需求。然而，既然缺乏機票的期貨市場，上述種種協同作業當然也就不可能完成。

經濟體系的各個角落都存在這種協同問題。如果今天家戶與企業部門基於某個理由而趨於謹慎並降低其支出，生產者並無法透過任何市場訊號來了解，此時需求的降低是否將對應到未來的支出增加。就算能對應，生產者也難以得知將對應到哪些商品與勞務支出的增加。家庭與企業未能透過市場來協同自身的未來支出計畫，意味著總需求有可能會遠低於充分就業狀態下的潛在需求。如果信心下滑，一般人只會在他們相信別人也會增加支出的情況下，才提高自己的支出。[8] 未能協同支出計畫也可能會造成過高的需求，因為一般人可能對未來支出過於樂觀，結果導致企業進行不必要的投資活動，最後形成一個難以永續維繫的經濟榮景。各種協同問題的存在，導致我們難以得知是否該預期經濟將進入榮景，或是預期它將陷入蕭條，也不知道這兩者在什麼情況下的可能先後順序。以一九三〇年代的情境來說，那似乎並不重要，因為大規模失業潮明顯到所有人都能察覺，但作為一個理論，這個概念卻留下一個缺口。

凱因斯學派論述推斷，將經濟體系視為類似單一家庭的統一個體，會產生令人誤解的結果。如果一個家庭為了明天要增加支出而在今天多做一點儲蓄，它的所得並不會受影響。但如果很多家庭都試圖在今天多存一點錢，那麼今天的總支出就會降低，總所得和實際的儲蓄金額也會降低——這就是所謂「節儉悖論」（paradox of thrift）。除非能將家戶部門「今天儲蓄、明天支出」的意圖傳達給生產者，投資活動才可能上升，並抵銷消費的減少。但是在實際上因為缺乏完整的市場組合，世界上沒有任何一個生產者能接收到「未來市場對其產量的需求已經增加」的訊號。這個協同問題就是囚犯兩難的事例之一。要穩定經濟體系，就必須仰賴集體的行動——舉個例子，在景氣衰退時期增加政府支出，或在景氣榮景時期約束民間支出。

外界對於凱因斯的質疑主要有兩種形式。首先，為何無法藉由減薪來刺激勞動力需求，並進而矯正失業率？凱因斯強烈認定減薪不是解決需求萎靡的藥方，這個觀點和他的多數前輩與同儕的信念大異其趣。唯有透過拍賣模型的嚴密度才能看出為何他的直覺正確無誤。在那個巨大的拍賣場上，某個供過於求的商品一旦降低價格，就可能恢復供需的平衡，因為那個降價行為是發生在一個會徹底重設所有價格（以便確保每一種商品與勞務的市場供需都能達到平衡）的情境中。而凱因斯主張，在現實世界裡的工資降低將導致所得減少，並進而可能使得消費者支出降低，這又進而將改變企業與家戶部門對未來需求的預期心理，而預期心理的改變則可能導致整體支出發生自我強化的衰退——這是一種

「乘數」效應。當攸關未來所有支出決策的市場全都存在時，工資與物價彈性確實有助於協同眾人的計畫。但由於實務上這些市場並不存在，一旦遇到工資與物價下滑的情境，所得就可能降低，而且無法刺激當期的需求。

第二個問題和第一個問題有關：為何貨幣供給的增加無法刺激支出，並促使經濟體系回歸充分就業？凱因斯的答覆是，在經濟萎靡階段，流動性——緊急貨幣——的需求非常高，所以進一步的貨幣挹注將直接成為閒置現金餘額（這些現金餘額是對未來廣義購買力的某種請求權）的一部分，無法對當期的支出造成任何影響。這麼一來，經濟體系將被困在一個「流動性陷阱」（liquidity trap）裡。這個論述是在《通論》的第十三章與第十四章提出。這兩個章節是那本書最艱澀且最含糊的章節之一。直到英國第一位諾貝爾經濟科學獎得主約翰・希克斯（John Hicks）爵士在一九三七年發表一篇名為〈凱因斯先生與古典學派〉（Mr. Keynes and the Classics）的著名文章，那兩個章節的內容才有較詳細的解釋。即使過了將近八十年，這篇文章依舊堪稱精心傑作。它以精闢的解說手法，將凱因斯學派的框架解譯為較現代的語言。這篇文章以「利率不可能降到特定水準（『下限』）以下」的事實為基礎，主張貨幣政策確實有可能無法將利率降到足以刺激需求與實現充分就業的水準。

一般認為短期利率的下限是零——因為若妄想實施負利率，將導致家庭與金融機構把資產從提供負利率的存款或國庫券，轉向提供零利率的現金。到二〇一五年時，已有多個國家的央行針對商業銀行在央行開立的帳戶實行負利率。利率能維持在那種低水準多久，目前還不得而知，這樣的低利率水準是否會導致一般存款人的存款利率變成負值，也還有待觀察（似乎不可能）。所以，短期利率的下限雖略低於零，並未遠低於零。

長期利率下限的產生源自一個稍微不同的理由。政府債券會支付固定的金額（即票息，約當於股票所發放的股利）給債券持有人。但和股利不同的是，在債券初次發行時，票息金額就已設定，而且不會改變。當長期利率（也就是將未來票息折算為現值的利率）上升與下降，政府債券的價格就會反向波動。一旦長期利率接近零，債券價格就不可能繼續上漲很多，而是很可能會大幅下跌。在這種情況下，投資債券幾乎可說是單向賭注，所有風險都是下跌風險。而因為多數投資人都具備風險趨避傾向，以致債券價格一定會有一個上限，而這個價格上限可換算為長期利率的下限。至於這個下限高於零多少，則取決於投資人的風險趨避程度。

凱因斯主張，當短期與長期利率達到各自的下限，進一步增加的貨幣供給就會變成被囤積的貨幣，不會促使利率進一步降低，但支出也不會上升。一旦被困在這個流動性陷阱，經濟體系將恆久處於蕭條狀態。但因經濟體系自陷於那種情境的頻率並不高，希克斯遂將凱因斯的理論形容為一種特殊理論，而非通用理論，這個特殊理論只有在蕭條狀態下才有意義。從此以後，他的觀點就成為教科書對凱因斯的標準解讀。這個理論的主要結論是：被困在流動性陷阱時，貨幣政策無法發揮任何作用，而財政政策則威力強大，因為額外的政府支出會快速轉化為較高的產出。

然而，這個解譯凱因斯見解的「現代」觀點，並未以全然公平的立場來解說資本主義經濟的種種協同問題。畢竟即使經濟體系沒有被困在流動性陷阱裡，世人無力協同支出計畫的事實，還是可能會抑制總需求對貨幣與財政振興措施的回應。一切取決於預期心理。而預期心理當然一定會反映過去促使政府實施振興措施的那些歷史背景。

我認為，凱因斯學派未能將「降低工資可能無法降低失業率」的論述延伸到與利率有關的對應陳述，這一點著實令人訝異。過去幾年，經濟學家理所當然地認定，如果實質利率降到夠低的負水準，投資活動和消費支出自然就能提振，產出也會回歸正常水準。他們主張，各國央行未能有效提振經濟，應該歸咎於官方利率的0％下限。不過，在很多關鍵市場都付之闕如的這個現實世界裡，協同問題讓那個觀點顯得不是那麼有道理。

如果工資降低無法重振就業狀況，那麼調降利率又怎能重建支出水準？在「其他條件」都相同的情況下，實質利率的降低，預期將能提振消費支出與投資支出，但問題是，「其他條件」都不會相同。舉個例子，針對所有形式的金融財富實施負實質利率（說穿了是一種財富稅），等同於沒收儲蓄者的所得，這個作為有可能改變世人對未來的有效財富稅率的預期心理。舉個例子，如果有人告訴你，你以貨幣形式在帳戶中持有的資產將被課徵5％的財富稅，你就有可能會決定今天先把錢花掉（這是事實），但也可能因為不知道政府明年還會再實施什麼政策而擔憂，並未雨綢繆地減少支出。家戶和企業部門很有可能為了應對無法預測且不可知的未來而謹慎保存手上的資源。最終的結果將取決於預期心理。

「流動性陷阱」分析已成為近幾年經濟成長遲緩分析報告裡常用的理論基礎。而流動性陷阱分析是以傳統上僅分析「東西」的經濟學模型為基礎，而非以「意外總會發生」的極端不確定性經濟學模型為基礎。凱因斯學派和新古典學派探討整體經濟景氣波動的模型具備一個共同的錯誤，即是這兩種模型都只關乎「東西」的經濟學。我的意思是，它們都聚焦在總支出——即總合需求——而沒有嚴肅看待以下事實：家庭可購買的事物相當多元，以致經濟體系的支出計畫就出現了協同上的問題。如果家戶和企業部門的唯一選擇是買「東西」，那要協同各方的計畫就會容易許多，因為只需要調整一個價格（實質利率，即以明日物品而言的今日物品價格）就能將經濟體系所有部門想儲蓄的總金額和想投資的總金額調和一致。然而，市場經濟體系的目的是要為家戶與企業部門提供機會將金錢花費在五花八門的商品與勞務上，同時針對無法想像的事件或機會保留一些資金。極端不確定性（意外總會發生）的存在，代表能藉由價格波動來達到某種均衡的很多市場不可能存在，實際上也不存在。市場經濟體系無法協同各方的支出計畫，因為有太多市場是目前不存在的，於是市場經濟體系無法自我穩定，以致總支出偶發性地急遽上升或下降。傳統的總體經濟學是「東西」的經濟學，而我們需要的是極端不確定性總體經濟學。

即使利用貨幣政策把實質利率降到負值，也無法保證需求絕對會因此上升。在「東西」經濟學的世界裡，負實質利率或許能促使支出上升。但在一個隱含極端不確定性的世界裡，目前不得而知的未來商品與勞務市場，並不會提供任何價格訊號來鼓勵業者從事能滿足未來需求的投資活動，甚至當民眾預期的未來需求降低，投資活動也會下降。所以，我們有很充分的理由主張，將總體經濟問題歸咎於0％的利率下限有言過其實之嫌。

保羅．克魯曼（另一位諾貝爾獎得主）在他針對凱因斯學派模型所撰寫的一流解說文中，將凱因斯的仰慕者分成兩類：其中一群人認為凱因斯最重要的啟示是「不確定性的重要性」，而另一群人則相信凱因斯最重要議論是「總合需求有可能普遍不足」。[9]克魯曼認為自己屬於後者。不過，這種二分法是錯誤的，因為這兩個議題顯然彼此相關且糾纏不清——極端不確定性引發協同問題，而協同問題是導致經濟可能進入繁榮與陷入衰退的始作俑者。遺憾的是，由於眾人未能理解這一點，最後導致凱因斯和新古典學派理論的分歧愈來愈嚴重。劍橋大學那一群凱因斯的信徒否定希克斯將凱因斯大師的概念予以形式化的貢獻，因為他用一些枯燥而優雅的圖形，將協同問題的本質徹底地從他的分析中抽離。凱因斯的關鍵獨到見解是，極端不確定性代表一個資本主義經濟體系需要貨幣與信用，所以這樣的經濟體系和拍賣經濟體系的那種一般均衡（general equilibrium）❶是完全不同的，在現實世界，協同個別支出計畫與維持充分就業的囚犯兩難永遠都存在。新古典學派經濟學家則認為凱因斯學派的說詞缺乏嚴謹的基礎，於是他們著手根據「以一份詳盡的未來結果清單來定義一個可表現出未來之不確定性的已知機率分布」的假設，發展出各種理論。換言之，他們在這個過程中排除了極端不確定性。

不可否認地，我們確實能根據某種機率框架來理解很多經濟行為的重要面向，尤其是當我們試著了解為何一九七〇年代上升的通貨膨脹會和高失業率並存時，最後會發現預期心理在這當中扮演著極為重要的角色。「理性」預期（rational expectations）是解答這個難題的最重要概念，所謂理性預期就是和根本現實一致的預期心理，這個概念最先是卡內基梅隆大學（Carnegie Mello）的約翰．穆斯

❶編按：一般均衡意即每個單獨的市場都達到了總供給與總需求相等的均衡，而且此時的每位消費者都可以在各自的預算限制下達到自己的消費效用最大化，而每個生產者也都可以達到自己的利潤最大化。

（John Muth）提出，而芝加哥大學經濟學家暨諾貝爾獎得主羅伯・路卡斯（Robert Lucas）進一步將這個概念發揚光大。[10]經濟學家所謂的理性預期就像是一般人所知道的「有時候，你有可能愚弄所有人，也有些人可能永遠被你愚弄，但你絕對不可能永遠愚弄所有人」。這個概念有助於解釋為何放任通貨膨脹上升不會促成失業率永久性下降。想像一下，某個經濟體系目前的失業率處於「自然」水準❷，整個勞動市場處於平衡狀態，通貨膨脹也固定不變。如果這個經濟體的政府為了將失業率壓低到自然水準以下而提高支出，那麼，新增的勞動力需求將會推高工資。在這種情況下，為了恢復企業的利潤，價格也必須上漲，如此一來，實質工資自然又會回落到原始水準。如果一般人預期政府將繼續試著壓低失業率，那麼，工資和物價將亦步亦趨地連環上升。到最後，失業率又會回歸先前的自然水準，所以，增溫的通貨膨脹並不能達到順帶使失業率永久降低的目的。那就是英國政府的命運：歷經一九六〇年代至七〇年代通貨膨脹與失業率同步上升的經驗後，英國終於了解到這兩者之間沒有永久的權衡折衷。

以上所述的重要概念是，當人民搞懂政府與中央銀行等主管機關的行為模式後，民間部門就會對這些主管機關的系統行為模式產生預期。這一點對於貨幣政策發展與支持央行獨立的論述非常重要。利率變化對經濟體系的影響，取決於利率變化本身是意料外的變化，或是某個系統性「政策規則」的可預期結果。誠如我們在第五章討論的，這種思考模式對中央銀行採行貨幣政策的方式影響重大。因此，理性預期心理遂成為現代總體經濟學的核心。

儘管在分析政策干預的成效時，理性預期的概念非常重要，但它也非永遠有效。在一個隱含極端不確定性的世界裡，我們沒有任何方法可確認未來各種事件的發生機率，也沒有任何一組等式能描述一般人意圖如何應對（而非最適化）那種不確定性。經濟學家常說：「想打敗某個模型，就得靠另一個模型。」不過，這種說法輕忽了一個事實：儘管我們可用代表最適化行為的等式來描述一個隱含風險的世界，卻不能用這個方式來描述一個隱含極端不確定性的世界。在隱含極端不確定性的世界裡，貨幣、所得、儲蓄和利率之間的經濟關係根本不可預測——雖然這些關係都是理性人意圖應對不確定的世界而產生的結果。[11]世上沒有任何獨特的「最適化」行為可確立中央銀行及其他經濟學家預測模型裡的等式。那倒不是因為人類或市場不理性，而是因為我們不了解理性企業與家庭會如何應對極端不確定性，所以我們也無法預測到經濟的激烈波動。結果顯示，很多經濟關係的統計估計都不穩定，而且會在危機時期失準。

無論如何，在二〇〇八年那一場危機最嚴重之際，新古典學派的思考方式相較於較不嚴格的凱因斯學派已經占了上風。不過，前者某種程度上也接受了「市場不是永遠都運作順暢」的概念。所謂的「新凱因斯學派」模型（比凱因斯學派更新穎）假設，物價與工資雖不僵化，但這兩者因消息而波動的速度，並不像利率或其他金融市場價格的反應那麼快。[12]因此，貨幣供給與利率的變化並不會立即反映在物價上，只會導致實質利率出現暫時性的變化。因為支出決策受實質利率影響，中央銀行可以藉由提高或降低官方利率來影響短期的產出途徑。「大穩定期」的種種事實證明，那種模型能精確預

❷編按：在此意指經濟體系處於「自然失業」，也就是充分就業下的失業水準。

測到產出與通貨膨脹的相對微起伏（那是這場危機爆發前的特色）。不過，到了危機爆發後那段期間，這類模型的表現就很差了。

各國政府與中央銀行使用的多數大型經濟預測模型都是以精密版的「新凱因斯」模型為基礎。[13]但不管是就知識層面或實務上來說，這些模型都未賦予貨幣或銀行太大的角色，可說是有點尷尬的特性。問題在於，貨幣與銀行一向是造成困境的源頭。這些模型還有另一個令人遺憾的特質——長期而言，通貨膨脹並非受流通貨幣數量決定，而是取決於民間部門的預期心理。此外，這些模型也假設通貨膨脹目標是完全且徹底可靠的，意即是這些模型假設一般人會以促使通貨膨脹目標自我實現的方式來設定工資與物價。所以，中央銀行所做的通貨膨脹預測總是傾向於會在中期內復歸到通貨膨脹目標。[14]由於這些模型是針對長期通貨膨脹提出假設，而非旨在解釋長期通貨膨脹，它總會令人想起醫師、化學家和經濟學家被困在荒島上，討論著要如何打開唯一的食品罐頭的故事。其中，經濟學家的答案是：「**假設**我們有一個開罐器。」

毫不意外地，這場危機對傳統經濟思想構成嚴厲的挑戰。很多總體經濟變數——如生產力與實質工資、產出與通貨膨脹、移民與人口規模——的大幅變化，最終取決於無法觀測且無法預測的事件，例如一九七〇年代引發石油價格衝擊的政治變化；導致美國與其他國家在政治上決定接受高通貨膨脹水準的越戰；一九九九年決定實現歐洲貨幣聯盟的政治決定；以及促使中國經濟快速成長並融入世界經濟體系的政治改革等。這些事件都是不可能出現在中央銀行所使用之經濟預測模型裡的「政治經濟」變數。然而，這些重大意外發展才是驅動世界經濟重大發展的動力。這些意料外的發展並非對預測模型的隨機衝擊，而是極端不確定性的體現。[15]新古典經濟學模型的知識框架（一如在新凱因斯模型中以實證應用的那個框架）似乎是目前最好用的架構，但它終究不足以解釋導致這場危機爆發的失衡是如何累積而成。[16]

總而言之，不管是凱因斯學派或新古典學派理論，都未能針對經濟的繁榮與蕭條成因提出適當的解釋。在最近這場危機結束後，很多人開始對於旨在解釋為何經濟會從繁榮走向衰退的理論產生極大興趣。其中最重要的一項理論是由美國經濟學家海曼．明斯基（Hyman Minsky）所提出的，他試圖重新解讀凱因斯的概念：市場經濟體系不可避免地會顯露出金融不穩定。[17]他主張，長時間的穩定將導致世人對未來過度有信心，進而低估風險的代價，並高估資產的價格，導致支出和經濟活動十分熱絡，還有過度累積的債務，最後引爆金融崩潰，由於債務負擔非常重，經濟遂陷入深沉的蕭條狀態。不可避免地，在這場危機爆發後，這類概念儼然成為常識，而且看似非常可信。某種程度上確實是如此。不過，這類概念有兩個問題：

第一個問題是，明斯基認為景氣衰退之前必然會有一段繁榮期。但在最近這場危機爆發前，經濟並不特別繁榮——在此前的五年間，主要經濟體的經濟成長率都只接近其長期平均值——在危機過後，經濟的確是陷入衰退。不可否認地，資產價格在危機爆發前快速上漲，債務與銀行體系的槓桿也迅速竄升，但產出成長率、失業率和通貨膨脹卻相當穩定。事實上，每一場危機都有其獨特型態，所有危機都不相同，危機的導因也不同，只不過，多數危機都是伴隨著貨幣與債務水準激烈改變以及銀行部門的沉痾而發生。有時候，危機是對戲劇化且完全意料外之事件的一種反應，例如一九一四年的危機，當時最大的衝擊來自所有人終於體認到第一次世界大戰已在所難免；有時候，危機則是某個無法永續維繫的狀態逐漸累積的後果，通常那種狀態累積到最後，只要信用與債務總額溫和增加，就足以形成壓垮駱駝的最後一根稻草，一如二〇〇八年的情況；此外，政府或中央銀行的不良政策判斷（和貨幣與財政政策有關的判斷，或是對功能運作良好的市場進行干預的決定）也有可能引發危機，例如一九七〇年代的狀況，當時很多國家的政府訴諸直接的工資與物價管制來因應通貨膨脹，而二〇〇〇年代是另一個例子，當時美國政府大量供應融資給住宅市場，最後造成嚴重的後果。

明斯基所持理論的第二個問題在於，讓這個理論得以成立的根本要素是：家戶與企業部門不理性——穩定時期的特色是過度樂觀，接著當然不可避免地又會變得過度悲觀。最近很多關於金融危機心理的研究報告主張，當某些事件很久很久沒有發生，一般人的心理便會傾向於低估這種事件的發生機率，因此也容易低估危機的發生機率。[18] 萊茵哈特（Carmen Reinhart）與羅格夫（Kenneth Rogoff）在研究債務與危機之間的關聯性時，也沿用了相似的敘述，他們為彼此合著的書取了一個諷刺的書名《這次不一樣》（*This Time Is Different*），這個標題貼切反映了相關論述的意含。那類解釋的問題在於它們和所有行為經濟學有著共同的缺點，誠如第四章所討論的，那個缺點是：為了解釋觀測到的「異常現象」成因而添加了複雜性，但這麼做並不能改善人類的預測能力。在這場危機爆發**後**，世人對明斯基的興趣大增絕非偶然。相同的批評也適用於危機爆發後試圖將銀行與金融體系的特質融入傳統模型的行為。[19]

與其將「錯誤」或「錯誤知覺」視為特定不理性行為的結果，我相信將「錯誤」或「錯誤知覺」

視為經濟代理人企圖在一個隱含極端不確定性的世界表現出理性行為的結果，會更有幫助。這樣或許有可能了解為何經濟會在沒有先出現繁榮的情況下陷入衰退。我後續將進一步討論。但在討論之前，我們必須更仔細檢視家戶與企業部門如何分配目前與未來的支出。凱因斯學派的儲蓄分析很單純，甚至有點太過單純。凱因斯主張：「透過我們對人類本性的事前認識以及透過經驗而體會的詳盡事實，我們堅信以下基本心理學法則堅不可摧：平均來說，人類傾向於在所得增加時提高消費，這是一個定律，但消費增加程度不會比所得增加程度大。」[20]如果不是處於凱因斯寫下這段論述時的情境裡（以當時的情境來說，處理大規模失業的急迫性遠比建立理論框架重要非常多），硬要主張那是一個基本心理法則而非未經證實的實驗觀測結果，似乎有點站不住腳，且流於荒謬。

凱因斯可以回頭訴諸他先前的一句妙語：「長期而言，我們全都死了」[21]來為自己辯解，這是非常傑出的辯論花招，但這句話也是蓄意以詼諧言語來模糊現實論點的好例子。這句話不僅不誠實——畢竟未來的世代將取代今天活著的人，而且我們或多或少都關心下一代的福利——還嚴重貶低世人的未來期望對於他們眼前行為的影響。或許當時凱因斯一心一意只急於影響經濟政策吧？誠如希克斯頗為不友善地寫道：「他（凱因斯）堅決反對的事物通常都已經發生，所以，他幾乎無法改變事件的發展趨勢。」[22]

在解釋儲蓄與投資決策的成因方面，新古典學派的「最適化」模型就表現得比較好一點。它體察到當一個家庭有能力借錢與儲蓄，這個家庭的支出將受制於其一生的所得，而不是它的當期所得。換言之，這個家庭受制於「終生預算限制」。當然了，某些家庭可能沒有借錢的能力，所以它們的支出將受制於「無法取得信用」的事實。不過，多數的消費發生在有能力透過不動產抵押貸款或退休計畫儲蓄等管道取得資金的家庭。對於那類家庭來說，今天的支出是犧牲明天的支出而來。多數人並不希望過了一年的生活水準便大幅下降，所以他們會試著維持平穩的消費支出。因此，如果家庭所得出現永久性變化，它的支出也將因此增加大致相等的幅度；相較之下，暫時性的所得變化對於當期支出的影響就小得多。新古典學派的方法有一個問題——它假設家戶部門面臨到的意外狀況，都是一些具有穩定與已知統計分配的暫時性「衝擊」。以這種方式來描述不確定性的特質，絕對無法解釋危機為何會爆發，除了某些極罕見事件如聖經中的蝗蟲災難等例外。

換個方法：模糊的預算限制（fuzzy budget constraints）、敘事與失衡

這場危機導致一般人對世界各國央行所採用的經濟模型產生了深刻疑問，因為那些模型漠視極端不確定性，並假設每個人都會懷抱理性預期，所以那些模型假設協同問題（協同問題是衍生自極端不確定性）不存在。然而，在一個隱含極端不確定性的世界，「理性」預期的概念並沒有明確的意義可言。很多經濟學家將不會願意揚棄理性預期假設，因為這麼做似乎破壞了這門科學的基礎，並衍生「預期是活的」的推理——這是行為經濟學的無紀律。我贊同那些疑慮。由於當局利用很多對預期心理做出主觀假設的經濟模型來歸納出政策結論，結果造成極大的損害，但是我們實不宜斷然漠視本質上無法以一個正式的數學模型表達出來的諸多概念。我並不是建議揚棄「人類會試著表現出理性行為」的假設，只是誠如第四章所解釋的，家戶與企業部門面臨的問題是：面對極端不確定性，所謂的

保持理性是什麼意思？我建議若想更加了解儲蓄與投資決策，將這些策略視為一種「應變」的結果，而非「最適化」行為的結果，如此會比較好懂一點。

面臨不可知的未來，企業與家庭會編造出一套引導其支出與儲蓄決策的敘事。那個敘事體現在一個產生直觀推斷的應變策略上，有助於家庭與企業回應物價與所得資訊。不過，敘事與直觀推斷的選擇無法構成一套行為的普遍理論——這些選擇高度專屬於特定歷史情境。

在選擇應變策略時，最重要的考量是極端不確定性對終生預算限制的衝擊。你可以隨便找一個人，問他認為自己的終生所得將是多少；你一定能從對方的答案看出，答案本身有很高的不確定性。年歲較長的讀者可能會喜歡回溯至自己剛投入職場時的心態，你賺過多少是可以想像的，但你是否能夠明確地估算後續的終生所得呢？沒有人能誠實且清楚地說明自己的終生所得將會造成什麼樣的精確限制。終生預算限制會因極端不確定性而產生某種程度的「模糊」。但這並不是說家庭會表現得好像完全不受預算限制約束，而是指那樣一條途徑上的精確位置不可避免是含糊的，故無法以機率分布來描述。

造成問題的不僅是複雜性，還包括知識的僭妄（pretence of knowledge）。因為我們不可能確知未來達到特定所得水準、失業、不同投資機會之間的相關性，以及無數其他相關要素等的未來機率，試圖「最適化」（即使你有一台大電腦也一樣）的危險在於，知識的僭妄將導致你選擇一個以幾乎肯定錯誤的假設為基礎的「最適」解決方案，換言之，你會選擇一個牛頭不對馬嘴的答案。以很多例子來說，用一個錯誤的模型進行最適化，通常要比採用一個能在你實際面臨的環境裡有效發揮作用的應變策略更糟糕。與其試圖進行複雜的統計計算，不如利用一個能反映出合理敘事的精選經驗法則來制定投資決策。

模糊限制（fuzzy constraint）很重要的原因在於，如果家庭能借錢與放款，那麼，就短期來說，終生預算限制所隱含的箝制效果就會極其微弱。因此支出有可能長期偏離某種可永久維繫的水準。模糊限制的回饋可能要很多年以後才會對各項支出決策造成影響，這可能會使人對於未來所得所影射的限制產生漸進式的錯誤解讀或誤解，一開始是小小的誤解，爾後累積成很大的誤解，並最終導致支出與儲蓄失去均衡。

一般人用來估計終生所得的敘事和很多個別要素（例如當期盈餘、就業展望與健康因素）以及整體經濟觀（經濟的可能演變與穩定性）有關。那意味著支出決策會牽涉到一個包含兩部分的直觀推斷。第一部分是：如果經濟體系裡的總支出途徑看起來能永久維繫，那麼一個人應該會預期自己的終生期望所得會維持不變。換言之，一般人會從「當期支出可望永久延續」的知覺出發，推斷「模糊」終生所得的變化估計值，而不是像傳統經濟模型的作法，從模糊的終生所得回頭推斷當期支出；第二部分是：一個人應該只會在回應個別信息（例如個人的環境出現重大變化，如生病、突然升遷或結婚與離婚等）或是個人對經濟的信念大幅改變，以致「當前途徑可永久維繫」的觀點顯得不再有道理時，才會修正他的終生所得估計值。

根據新古典學派理論（如果利率很高，就會遞延支出，如果利率很低，就會提早支出）所建議的原則，那些終生所得估計值將被區分成當期支出與未來支出等用途。在正常的環境下，正實質利率會位於歷史平均水準，此時計畫中的支出將隨著時間穩定增加，那是因為將消費遞延到未來而產生的利益（透過隱含儲蓄而賺得的利息）將足以抵銷並超越我們「早買早享受」的天生急躁心態。但以當今的情況來說，由於實質利率接近零，所以未來的支出計畫將相對持平，或甚至可能降低。

對於整體消費支出來說，「未來將維持穩定」的直觀推斷（分成兩個部分）隱含雙重寓意。首先，如果認定經濟途徑可望永久延續的知覺沒有受到重大衝擊，消費就可能會相當穩定。個人環境的改變或許可能導致個別家庭的支出劇烈改變，但不可能對整體家戶部門產生重大衝擊——單一家庭對終生預算限制的信念雖然改變，那畢竟是非系統性的變化，對於總額幾乎絲毫沒有影響。即使對當事人來說，生病、誕生與死亡、結婚與離婚、升遷與職場失意等情況的發生，可能對他個人的支出造成極大的影響，但整體來說，每年這些情況的發生數量不會有太大改變。所以，這些事情並不會對整體支出造成顯著的影響。唯有在「經濟途徑可望延續」的知覺遭遇重大打擊時，整個家戶部門才會修正終生所得乃至當期支出的估計值。在「大穩定」期，這個直觀推斷意味一般人當時預期整體終生所得將會非常穩定。

第二個寓意是，家庭與企業部門有可能會誤以為它們目前所推斷的終生所得估計值與根本現實是一致的。明顯穩定的總支出趨勢（但最終無以為繼，如「大穩定」期的狀況）有可能導致家庭推測他們本身的支出與其終生預算限制一致。而由於所有家庭都是透過總支出來進行推測，所以，他們有可能犯下同方向的錯誤。對整體經濟體系來說，這些同向的錯誤並不會互相抵銷，於是到最後衍生失衡——因當期支出計畫緩慢但穩定地偏離根本現實所隱含的趨勢。那種失衡可能看似穩定，但不可能永久維繫。除非發生某些事件導致一般人修正其終生所得的敘事，否則這種失衡一定會延續下去。而一旦到了敘事修正的時點，過去累積的錯誤就必須進行一次性的修正。我認為那正是這場危機爆發時的情況，危機的爆發讓人終於體察到美國與英國等國家對於未來支出的預期心理過於樂觀。

模糊預算限制的存在，代表錯誤解讀和誤解幾乎不可避免，而且這些錯誤解讀和誤解也必然需要進行後續修正。在這場危機爆發前的十年間（我為那十年取了一個名字：體面的十年〔NICE，non-inflationary consistently expansionary decade〕，即零通膨且穩定擴張的十年）——經濟學家、中央銀行官員和政治人物的論述導向多半（甚至全然）是相信「大穩定」期將會永久延續。[23]不過，我將之取名為NICE的目的，就是為了點出這種狀況不可能延續，未來幾十年的狀況恐怕不會那麼體面，因為失衡的情況延續愈久，修正就會愈大。一旦相關的敘事被修正，經濟體系理所當然會快速朝向新的支出途徑移動。

理性預期的概念扮演一個重要的角色，它警告經濟學家必須正視「事實證明政策干預的效果可能不如凱因斯學派的假設」，不過，這個概念卻也忽略了以下事實：在一個高度不確定的世界裡，企業與家戶部門有可能會持續高估或低估自身真正的潛在支出或財富。那些誤解有可能衍生不正確甚至錯誤的財富信念，並影響到資產價格，說真的，金融市場的存在可能讓問題變得更糟糕。

舉一個非常簡單但有點極端的例子。兩個朋友見面，談到對於未來一年的股市展望。其中一個人堅信市場將會上漲，另一個則相信市場將會下跌。一番言談後，他們還是各持己見，正打算回家，鄰桌一個賭馬業者提議設個賭局，賭一年後的市場水準，賭資為一百萬美元。由於第一個人堅信市場將會上漲，所以他押了一百萬美元賭一年後的市場將比目前更高。由於他認定自己一年後絕對會比現在有錢很多，所以當下就開始慷慨消費。第二個人則賭一年後市場將低於目前水準，而且他也信心滿滿地認定自己一年後將遠比現在有錢，所以當下也開始花錢，而且他的賭資是那個賭馬業者幫他代墊。

金融市場因不同的意見而蓬勃發展，有不同的意見才足以構成賽馬之類的賭局。但是金融市場也會導致一般人對於自身的財富或支出能力產生誤解。上述兩人押注後，他們認知中的期望財富一共比以前多出二百萬美元，因為他們分別認為自己一年後將多出一百萬美元的財富。但事實上，到了那一年結束時，其中一個人將一如預期地贏得一百萬美元，另一個人則會輸掉一百萬美元，而且他的財富會比他原本預期的短少二百萬美元。押注的能力或在金融市場上從事交易的能力，會導致一般人對於自身支出能力的知覺變得起伏不定，實際的當期支出也會時高時低。在第二章所描述的那個巨大拍賣場的世界裡，市場會讓人變得更富裕；但在一個隱含極端不確定性的世界裡，市場卻可能導致我們犯下嚴重的錯誤，變得更窮。這就是金融市場影響實體經濟運作並導致資產價格波動的管道之一，而資產價格波動會進而影響到銀行體系的穩定。

目前亟待各國中央銀行釐清的重大疑問之一是：它們是否應該試圖修正目前導致經濟走向無以為繼的種種錯誤信念？我個人認為，這是未來貨幣政策的最重要挑戰；對通貨膨脹目標制來說，這尤其是個嚴厲的挑戰。要平順地達到目的，中央銀行不僅必須有信心找出已導致其他人誤入歧途的錯誤，還要找出一個能扭轉企業與家戶部門的錯誤知覺但又不致使經濟狀況變差的方法。那是非常艱難的任務，我們接下來將分析一個不同於「大穩定」時期貨幣政策的另一項貨幣政策替代方案，透過這些分析便可見這個任務有多麼艱難。

根據凱因斯學派對於經濟衰退的描述，由於各方無力協同未來支出計畫，故企業對其他人的支出意願不再那麼有把握。在這種情況下，企業將開始縮減投資與產量，最後造成總需求漸次萎縮——羅斯福總統在一九三三年說過的話——「我們唯一必須害怕的事是恐懼本身。」[24]——很適合用來描述那種情境。而如果我們能以應變策略看待家戶與企業部門面臨的問題，就能釐清造成需求疲弱的是另一個原因：敘事修正。有時候，家戶部門可能有很長一段時間無法透過其建構終生所得估計值的資訊（在此指總支出趨勢的穩定性），而體察到當期支出無法永久維繫的事實。但到了某個時點，一些新訊號總會浮現，促使所有家庭修正它們的支出。當一般人用以推估終生所得的敘事出現變化，大幅調整支出計畫的情況就會發生；修正後的新需求水準並非凱因斯學派所謂的暫時性總需求不足，而是眾人在意識到過去的支出是基於錯誤解讀的終生所得之後，所做出的理性回應。

這兩種解釋經濟衰退之成因的方法，都是由極端不確定性推演而來，也絕非不相容。不過，這兩種描述的關鍵差異在於回應疲弱需求的適當政策。根據凱因斯學派的觀點，當經濟衰退，透過貨幣或財政提振方案來刺激短期總體需求的政策，有助於消除恐懼，並驅使信心與支出回歸先前的途徑。然而，主張經濟衰退導因於敘事修正的那一派人士則認為，在景氣衰退時，忙著試圖回歸先前的支出途徑是錯誤的，振興短期需求的政策可能看似有益，卻不能改變失衡狀態需要修正的事實。

金融市場危機經常被解讀為出乎意料的低機率事件成真（根據定義，這種事件全然超出預期）。一般人會因這種事件的發生而感到極度意外，故而釀成危機。但誠如第一章的說明，金融危機其實很常發生，所以若是將金融危機視為某些極罕見事件所造成的後果，似乎有點怪異。關於金融市場危機為何會發生的另一個解釋是，一般人會低估極端結果（extreme outcome，這種結果存在於有「厚尾」〔fat tails〕的機率分配）的發生頻率，換言之，極端結果出現的可能性其實遠比一般人假設的更高。誠如葛林斯潘所言：「這種尾端勢必不僅是厚而已，還肥厚到令人毛骨悚然，唯有如此，才能解釋過去幾年間所發生的一切。」[25]而由於世人低估極端結果的發生機率，所以一旦那些結果發生，遂釀成危機。所有這類解讀的問題在於，他們將危機視為經濟上帝擲骰子的結果，凡人只不過是被上帝骰子的隨機性愚弄罷了。但是這些解讀忽略了一個可能性：經濟發展過程中本來就會衍生並累積很多錯誤解讀和誤解。信心的劇烈擺盪並非人類不理性使然（不理性是與環境無關的「動物本能」隨機變化所造成），而是人類意圖理性應對極端不確定性而產生的結果。當世人修正對於終生所得的判斷時（事實終於讓他們明白不得不修正），新的判斷就會導致資產價值突然且大幅變化，同時併發危機。

二〇〇八年危機之前因與後果

先進經濟體在一九五〇年至七〇年間交出的經濟成績堪稱卓越。各主要工業化經濟體（包括因第二次世界大戰的衝突而受傷最慘重的經濟體）從戰爭的蹂躪中逐漸復原後，經濟快速成長，生活水準也持續上升。促成這段成功歷程與戰後幾十年穩定狀態的關鍵原因在於，世人某種程度上相信凱因斯經濟學能保障經濟穩定性。由於企業部門相信「政府有可能、也一定會確保穩定經濟擴張」的直觀推斷，並進而認定投資風險似乎比兩次大戰期間的不穩定時期更低，於是投資活動穩定增加，進而促成了穩定的經濟成長。預期經濟將穩定成長的心理就這麼不斷自我強化。[26]

遺憾的是，事實證明，相信政府有能力消除商業週期的盛衰循環是一種錯覺。歷經戰後那段期間的成就之後，病灶漸漸浮現，就算世人對凱因斯學派政策振興方案的有效性依舊信心滿滿，也無法掩蓋那些日益惡化的問題。一九七三年與一九七九年的石油價格衝擊導致通貨膨脹上升，並使工業國家的產出潛力降低。唯有接受實質薪資降低，失業率才有可能維持在先前的低水準。不過，由於各國意圖漠視那些衝擊，繼續以低失業率但不降低實質工資的方式來管理經濟體系，最終導致通貨膨脹上升，而且是快速上升。很快地，眾人發現油價上漲導致實質薪資降低是無可避免的，而若意圖阻止實質薪資降低，將會造成失業，而若失業增加的情況持續下去，將會導致技術基礎遭到侵蝕，使得更多人徹底被就業市場淘汰。要降低日益上升的失業水準，唯一的方法就是導入重大改革，降低由勞動供給與需求決定的「自然」失業率，尤其是擁有彈性勞動市場的歐洲國家。相關的改革包括立法限制工會力量、降低失業福利相對平均薪資的比重，以及導入暫時勞動合約等縮減就業保障的對策。[27]如此一來，這些以穩定性為訴求的總體經濟政策就能確保通貨膨脹維持在穩定的低水平。果然，這個方法奏效了，而且成果斐然，各工業國的通貨膨脹率降低，並且進入了一段前所未見的穩定成長及低通膨時期，也就是所謂的「大穩定」期。

征服通貨膨脹確實是一項重大成就，這代表民主國家真的有可能善加管理紙製貨幣。不過，「大穩定」期存在一條被忽略的大裂縫——很多人把穩定性和永續性（sustainability）混為一談。以主要經濟體來說，「大穩定」期的產出成長率充其量只接近過往的歷史平均值。從傳統總體經濟學的觀點來說，當時的情況看起來確實是可永久延續的，只不過，從需求結構來看並非如此。我們已在第一章解釋過導致這個失衡持續惡化的始作俑者——諸如中國和德國等國家——基於不同理由，實施鼓勵出口的政策，同時設法將本國匯率維持在低估狀態，最後累積了龐大的貿易順差。[28]那些貿易順差的影響就是這兩個國家對世界上其他國家的鉅額放款。從一九九〇年代初期起，有愈來愈多儲蓄被投資到世界資本市場，促使長期實質利率開始降低（長期實質利率會隨著儲蓄與投資的適配狀況而波動）。到了二〇〇八年時，長期實質利率已從每年4％以上降到低於2％。實質利率大幅降低的立即性影響是，資產（股票、債券、住宅和多數其他資產）價格在這段干預期內大幅上漲，因為長期實質利率是用來折算未來盈餘與股利現值的折現率。受到實質長期利率降低的激勵，家庭與企業部門紛紛提前將未來的消費與投資支出轉移到當下來進行。而諸如美國和英國等面臨結構性貿易逆差的國家，更為了刺激國內需求而降低官方短期利率。

當時的主流敘事是「穩定性」。畢竟全球整體GDP一直沿著一條可永久延續的途徑發展，經濟成長接近歷史平均成長率，通貨膨脹低且穩定，貿易逆差與儲蓄率相對GDP也一直維持在穩定的水準。所以，家戶部門根據上述「未來將維持穩定」的直觀推斷，推斷其終生所得也將沿著一個穩定的途徑移動。整體層次的穩定性最後變質成了「整體經濟成長將會永續」的信念。當時似乎沒有什麼事足以使人質疑這個敘事。家戶和企業部門遂漸漸相信國內需求的水準將永久延續。

家戶部門怎麼可能會長期被誤導到那樣的地步？事實上，當時也有不少人主張需求水準已達到無法永久維繫的高水準，但為何家庭未能理解這樣的論述？在晚餐時刻會談到以下話題的家庭少之又少：「親愛的，我擔心我們經濟體系的國內支出過高，到了某個時間點，實質利率勢必會上升，而貿易逆差勢必得降低。到那時候，國內支出一定會降低，而我們就會成為那一波調整的受害者。所以，或許我們現在就應該將支出調整到較可永久維繫的新途徑。」此外，每每在那種體悟理當產生的時刻，金融市場和專業投資人似乎依舊故我地沾沾自喜，無視於失衡的惡化。由於一般人堅信實質利率將長期維持在極低水準，故市場也依據這樣的信念來為各類資產訂價。犯錯的不只有家戶部門。

有趣的是，為何企業與家庭、金融市場的投資人和政策制定者全都相信「實質利率長期停留在極低水準」和「持續成長的市場經濟體系」之間並不矛盾？這個問題的解釋是，當時支配著經濟思想（包括所有中央銀行的思維）的知識框架，從頭到尾都假設上述的失衡並不存在。

儘管如此，有關資產價格持續上漲的影響，各方意見倒是相當分歧。在這場危機來襲以前，聯準會和英格蘭銀行之間，就為了房價對消費支出的影響辯論不休。聯準會主張，家庭財富的增加將會刺激消費，因為住宅占個人總財富的比重非常高，因此，房價的上漲應該會促使消費支出增加。戰後那段期間的統計證據似乎可作為這個論點的後盾。相反地，英格蘭銀行則主張，住宅價格上漲本身並不會促使家戶支出增加，畢竟如果有人跟你說，你家的房價上個星期漲了25%，你或許會感覺自己變得比較有錢，但實際上並沒有多出所得可用來花費。唯一能取得更多資金的方法，就是搬到小一點的房子，或是以漲價後的住宅去貸款（對多數家庭來說，住宅是可用來抵押的最佳擔保品）。[29]不過，屋主不僅是地主，也是自有住宅裡的住戶。住宅價格上漲確實使得身為地主的屋主變得比較富裕，但也讓身為住戶的自住型屋主的隱含租金上漲了。當然，這是經濟學家對這類觀察現象的專業說法，若轉譯為白話文，就是「自有住宅價格上漲不見得代表你買得起新車或有能力參加豪華度假團」。[30]

似乎不是只有家庭相信「穩定性」的直觀推斷，政治制定者亦然，而這樣的現象使得支出穩定性一度獲得強化。美國、英國和某些其他歐洲國家的支出持續停留在難以永久維繫的高水準，但德國和中國的支出則停留在無以為繼的低水準。那種現象導致這些國家之間產生了某種不平衡，各國的支出相對當期與未來所得不是過高就是過低。而各國之間的失衡——鉅額貿易順差和逆差——也愈來愈嚴重。這些發展並非不理性，而是一般人奮力想在一個隱含極端不確定性（極端不確定性是市場經濟體系的固有環節）的世界裡從事理性行為所造成的結果。

這一切的一切最後演變成各主要經濟體內部與各經濟體之間的失衡，換言之，不管是內部或外部都不平衡。從一九九〇年代初期開始，各種國際會議漸漸形成一種老掉牙的模式：在會中，歐洲官員總是訓斥美國的儲蓄率過低，美國的官員則一貫撻伐歐洲未能了解到改變貿易餘額的必要性，日本官員繼續狡猾地保持沉默，中國官員則一如往常，沾沾自喜地高調宣告中國如何再次創下歷史新高的經濟成長率。所有官員似乎都不太了解這種種現象實際上環環相扣，息息相關。

後來，世界經濟體系的失衡加速惡化。實質利率遭到更嚴重地扭曲。以一個維持常態成長率的經濟體系來說，那樣的實質利率遠低於可能的資本投資預期報酬率，並因此鼓勵世人積極投資到高需求領域，問題是，事後證明那些強烈的需求根本無法永久維繫。遭到扭曲的實質利率也導致貿易逆差和順差一直累積到隨時可能崩解的狀態，資金則大量從高投資報酬率的國家流向低投資報酬率的國家。世界各地的劣質投資活動盛行——美國是住宅投資，歐洲某些國家則是商業不動產投資，其中，英國人特別熱中於購物中心投資，在中國，建設領域的劣質投資激增，而德國則是積極投資出口部門。若想鼓勵資源移轉到貿易逆差國的出口部門，就必須提高貿易商品／勞務相對非貿易商品／勞務的價格。然而，匯率僵化和追求低通貨膨脹率的心態導致各國難以採取必要的漲價行動。

當時「大穩定」的表象下潛藏著很多緊張狀態，英國的經驗就是其中一個貼切的例子。直到這場危機爆發後，英國才得以展開經濟重新平衡的流程，相關的手段包括英鎊匯率大幅貶值、數年允許通貨膨脹上升到2％目標以上，好讓進口及其他貿易品的較高價格得以被吸收等。但是到了二〇一四年至一五年間，歐洲央行為了提振法國與義大利（尤其是義大利）經濟而放任歐元匯價貶值（這樣的作法是可以理解的），導致英國的經濟重新平衡流程受到干擾，英鎊先前的貶值趨勢就此反轉。世界各國的政府政策都有意或無意地企圖阻礙匯率波動，而且一致將長期利率壓低到不可能長期維持的低水準。長期來說，這些關鍵價格——實質利率、實質匯率和貿易品相對非貿易品價格——必須調整到一個能長期維繫的新均衡。如果各國政府不允許那個新均衡發生，那麼在失衡期間所累積的債務與信用，最終將必須抵銷。資本流動屆時將由貸款的形式轉變成禮物，也就是「移轉」，但那樣的發展有可能引爆債權國家與債務國家之間的衝突。「未來將維持穩定」的直觀推斷說明了為何那種失衡時期會延續那麼久。這種情況延續愈久，一旦家戶部門對未來所得的預期心理被引導到和根本現實一致的水準時，需求將會變得愈疲弱。

我們勢必得付出某種代價。穩定性不盡然隱含自我毀滅的種子——就這個意義來說，明斯基的觀點是錯誤的。然而，如果穩定性伴隨著無法永續維繫的特性，那穩定性就只是假象，到了某個時點，它勢必有走到盡頭的一天。一如很多危機的狀況，銀行體系再次成為最大的弱點。誠如第一章所描述的，當時整個銀行體系的槓桿非常高，以致美國住宅市場到二〇〇六年才傳出一點點相對無關緊要的消息。二〇〇七年，歐洲某些銀行業者發生一點狀況，就引發了外界對這個部門的極大憂慮。雷曼兄弟在二〇〇八年九月破產後，銀行危機終於全面引爆，世界各地的信心也大受打擊。此時，認定經濟將繼續維持穩定的直觀推斷終於不再合適，敘事也就此修正。到了此刻，沒有人能篤定地說自己的終生所得估計值將會是多少，只知道支出模式必須改變。世界各地瀰漫著謹慎的氣氛，貸款人不願意貸款，放款人不願意放款。原本需求長期維持在無以為繼之高檔的國家，出現了資產負債表同步去槓桿化（de-leveraging）的現象，支出與產出大幅向下修正，對於一向仰賴貿易來支持經濟成長的國家造成了非常嚴重的後果。舉個例子，中國的出口劇烈下降，尤其是對歐洲的出口。從二〇〇〇年至〇七年間，中國平均年度商品出口成長率超過20％，但二〇〇九那年，它的出口衰退11％。雖然出口從二〇一〇年起的後續幾年間恢復成長，但都只能維持個位數的成長。[31]此刻世界各國終於恍然大悟，體認到較低的支出途徑可能是比較適當的，而由於無法確定那條需求途徑應該落在什麼位置，各地的消費與投資支出遂延續了漫長的弱勢狀態。

二〇〇八年以後，一般人普遍主張這場危機源自於金融部門，而以美國來說，很多人認為住宅市場可能是這場危機的禍首。這種說法是將症狀和導因混為一談。不可諱言，人類的銀行體系確實導致這場危機變得更劇烈、發展更快速，但世界各地原本就存在嚴重的總體經濟失衡，包括各主要經濟體內部的失衡，以及各經濟體之間的失衡。未能理解這個失衡的本質，不僅導致信用與債務持續累積到極端不穩定的狀態並終而釀成危機，還使得我們未能在事後（二〇〇九年銀行危機結束後）正確診斷出各先進經濟體經濟成長緩慢且不穩定的癥結。

國際清算銀行總經理傑米・卡魯安納（Jaime Caruana）在二〇一四年表示：「理由很簡單，如今世界各地的債務太多了。」[32]金融服務局前董事長阿戴爾・透納（Adair Turner）也強調：「二〇〇八年金融危機後，經濟陷入深沉且漫長衰退的最根本原因在於，過去半個世紀以來，各先進經濟體的實質經濟槓桿明顯成長。」[33]諸如此類說法的缺陷在於，雖然他們都正確點出了高債務水準導致經濟體系變得更脆弱，但債務終究只是一個結果，而非引發這場危機的導因之一。債務不是天上掉下來的，而是貸款人對自身處境的一種自覺回應。近幾年來，銀行對家戶與企業部門的放款多半以不動產相關的融資為主。[34]不過，銀行業者倒也沒有蓄意製造房價泡沫，只是熱情回應外界的強烈貸款需求罷了；誠如第一章證明的，當時的貸款需求那麼強烈的原因在於長期實質利率降低，不動產存貨的價值持續上升（這是理性呼應低實質利率的表現），而為了購買已經漲價的不動產，買方需要的融資金額也被迫提高。總之，債務水準上升的真正導因是「儲蓄過剩」以及西方國家中央銀行對儲蓄過剩現象的回應——這些回應促使實質利率持續降低。

不管是凱因斯學派或新古典學派，「東西的經濟學」之危險在於，它會導致世人產生如下的自滿觀點：世界各地的需求慢性不足都屬於凱因斯學派觀點中的需求不足，而那種需求慢性不足是導致當今世界經濟擴張速度緩慢的唯一理由。可是，一旦我們體察到需求可區分為今日的消費與明日的消費，或可區分為全然本國製商品消費與可在海外貿易之商品消費（也就是出口與進口），也知道總支出可以是消費或投資，就會清楚地意識到，我們不可能靠「總合需求」的輪廓來完整了解當前的局勢。由於經濟學家認為「總合需求短缺」是當前種種現象唯一解釋，所以歸納出一個錯誤的推論：只要透過手邊的所有工具——包括更寬鬆的貨幣、財政擴張，或是「最糟狀況已過」的官方激勵言語——來提振當期消費，就可糾正目前經濟復甦疲弱的問題。

這些凱因斯式補救措施在某種程度上的確能處理信心遭受重創的情境，一如二〇〇八年至〇九年的情況。然而，上述種種表面症狀之下還存在一個更嚴重的病灶：支出與儲蓄失衡，而這個失衡導因於持續降低的實質利率使世人對於「當期支出」與「未來支出」的抉擇長年遭到扭曲。結果，我們先是經歷了「大穩定」期的平靜，接著是這場危機的亂流，再來是「大衰退」。政策制定者先是放任失衡持續累積，才正確地採納凱因斯式回應來解決二〇〇八年至〇九年的經濟衰退，但最終仍舊未能出手解決最根本的失衡問題。各國政策制定者對節儉悖論有所疑慮是可以理解的，但他們最後卻採納了引發政策矛盾的政策——這些對策短期內的成效令人滿意，但和長期真正需要的對策恰恰相反。[35]

短期性的凱因斯景氣振興對策確實能促使消費增加、儲蓄降低，同時鼓勵家戶部門舉借更多債務。不過，美國與英國的政策必須能促成「國內支出降低且出口增加」的長期目標，才能降低貿易逆差、降低家庭與銀行部門資產負債表的槓桿程度，同時提高全國儲蓄與投資率。諷刺的是，最需要這種長期調整的國家——美國和英國——卻是推行上述短期景氣提振方案最力的國家。

回顧過去，也有一些例子顯示政策制定者未出手阻礙經濟調整至新均衡，因此未衍生政策矛盾問題，其中一個例子發生在一九二〇年至二一年。一九一九年時，聯準會為了打擊通貨膨脹而開始提高利率，到了一九二〇年，美國經濟陷入深沉的衰退，那年春天，世界各地的原物料商品價格遂開始下跌。在那段經濟衰退期，生產者物價下跌41％，工業生產降低超過30％，股票價格更是幾乎腰斬。[36]農夫和其他生產者陸續違約不還債。當時官方並沒有任何負責計算GDP數字的實體，不過，據後來的研究人員估計，那段期間的總產出降低3％至7％。[37]失業率竄升到20％以上，很多員工於是接受大幅減薪。直到了一九二一年秋天，經濟活動終於開始復原，經濟蕭條結束，經濟活動與物價也趨於穩定。令人訝異的是，在這段期間，政府或中央銀行都沒有採行任何積極的穩定政策，物價則激烈波動。若引用華爾街金融新聞工作者暨作家詹姆斯・葛蘭特（James Grant）的說法，當時的情況是「經濟蕭條治癒了經濟蕭條」。[38]

以這個案例來說，消費者、企業和銀行所犯的「錯誤」是，他們假設第一次世界大戰後的原物料商品（從棉花和糖，乃至汽車與鋼鐵）漲價將會是永久性的趨勢。這樣的假設導致他們過度投資到原料與成品的存貨，而由於超額供給的情況非常明顯，價格遂自然下滑。過高的存貨因後來的調整而出清，價格的下跌也刺激需求和就業復原。葛蘭特主張，那段期間的工資與物價彈性，是促使經濟得以在初期深沉衰退後快速復甦的關鍵。至少和一九三〇年代及戰後初期的經驗比較起來，一九二〇年代初期的工資與物價彈性較大，那確實可能有助於經濟更快速復原。不過，經濟快速復原的另一個原因是，物價下跌使得實質貨幣存量隨之增加——堪稱某種消極的貨幣穩定政策。

一九二〇年至二一年那次經驗的關鍵教誨是，認定所有經濟衰退的導因都相似且需要相似補救措施是錯誤的想法。存貨價格與存量的大幅擺盪有可能產生自我修正的效果；但要克服導因於信心不足的凱因斯式經濟衰退，必須先重建人民對未來總支出趨勢的信心，並採取重建這種信心的政策；如果經濟衰退是導因於中央銀行試圖壓制通貨膨脹的作為，就必須在通貨膨脹預期心理降到令人滿意的水準後，恢復常態貨幣政策以解決經濟衰退的問題；而要解決因敘事修正而引發的經濟衰退，唯一的方法就是將經濟引導到一個「支出與務實的終生預算限制觀點趨於一致」的新均衡。

因此，正確的政策回應取決於每一場經濟衰退的本質。有時候，經濟衰退的導因可能不只一個。以二〇〇八年的情況來說，銀行業崩潰後的信心受創，導致世界各地的經濟陷入凱因斯式的衰退，企業與家戶部門也開始調整先前因認定支出將永遠維持在高水準而犯下的錯誤。誠如前文所解釋的，多重導因使得必要的政策回應議題變得極為複雜，最後造成了政策矛盾。一九三〇年代的大蕭條期間，產出與就業劇烈擺盪，傅利曼與蕭瓦茲（Schwartz）在他們經典的美國貨幣史研究中主張，那些問題都是聯準會的錯，因為儘管當時貨幣數量劇烈下滑（導因於銀行破產與放款衰退），聯準會卻還是消極以對。這個經驗催生了一個新觀點：積極的貨幣與財政政策是必要的，從此，穩定性政策（stablization policy）成為教科書上常見的字眼。不過，政策也必須解決銀行部門的根本償債能力問題，因此催生出了聯邦存款保險公司。總之，沒有任何一個模型能掌握到一場危機的所有必要特質，而這就是「東西的經濟學」帶給我們心態上的危險之一。

危機爆發前的另一種可能發展

政策制定者是否能夠且應該更快回應在這場危機爆發前不斷累積的失衡呢？在危機爆發前，七大工業國或許可以採取什麼對策來因應當時的失衡？藉著事後諸葛之便，我們要問，所謂「大穩定」期的利率是否應該高一點？回顧危機爆發前那段期間的情況，並釐清是否有任何替代政策能創造出不同的結果，或許就能探討出上述幾個問題的答案。

以思考這場危機爆發前的替代貨幣政策的角度來說，作為中型開放經濟體的英國可以是一個好例子。在二〇〇七年至〇九年的危機形成階段，英國的平均GDP成長率僅略高於此前五十年的平均值2.75％。當時的產出成長並沒有呈現一片繁榮（而繁榮預告著「衰退」的不可避免）；通貨膨脹相當穩定，接近2％的目標值；失業率也很接近自然失業率的估計值。就整個經濟體系的角度來說，當時的英國表現不僅堪稱穩定，簡直可說是具永續成長的能力。然而，儘管產出成長率看起來可長期延續，其組成要素卻非如此。從一九九〇年代末期開始，英國和美國一樣，都累積了非常高額的貿易逆差，原因除了中國等國家的結構性順差，還包括英鎊匯率相對於其他貨幣大幅升值了25％左右。國內的消費需求上升，但代價是出口降低，投資活動被導向專為滿足消費需求的部門——包括商用不動產（不是住宅用不動產，住宅不動產易受強烈的計畫性發展限制影響）。而為了達到通貨膨脹目標，就必須提振國內需求（以補償疲弱的外部需求），但代價是內部與外部失衡惡化。

早在一九九〇年代末期，英格蘭銀行貨幣政策委員會（Monetary Policy Committee，MPC）內部就曾針對英格蘭銀行是否應該試著補救需求型態的失衡問題（因為這樣的失衡不可能永久維繫）。[39]當時要解決的問題是，如果國內需求長期成長過快，那麼，一旦它開始修正，修正的時間就會拖延愈久，最後的調整也會愈激烈，一如二〇〇八年至〇九年最終展開的那次調整。[40]當時的貨幣政策委員會面臨一個令人厭惡的選擇——一是明知道繼續維持穩定的成長和低膨脹率將會導致失衡惡化，事後的經濟衰退也可能更嚴重，但還是選擇按兵不動；二是蓄意製造經濟衰退，暫時忍受失業率上升與通貨膨脹低於官方目標等代價，以促使國內需求回歸到更能永續的成長途徑。（或許）不意外地，該委員會選擇第一個途徑。[41]我的央行總裁前輩艾迪・喬治（Eddie George）在二〇〇二年時針對當時的處境作了一個總評，他說：「所以，實質上我們認為目前這種失衡的成長總比零成長好——或者誠如某些評論家所言，雙速經濟（two-speed economy，譯注：國際間或國內不同部門的成長速度失衡）總比零速經濟好。」[42]

在選擇了「雙速成長總比零成長好」策略的同時，貨幣政策委員會等於是為持續惡化的失衡背書，也導致後續國內需求大幅向下調整的可能性上升。如果當時的政策選擇為了降低動盪修正的風險而接受較低成長及低於目標值的通貨膨脹率，結果會是如何？如果採取這個替代政策，利率水準應該會維持在較高水準，以促使國內需求趨緩，並進而改變驅動支出決策的敘事。在那個情況下，資產價格、債務和銀行槓桿有可能會增加得少一點。任何這類替代性經濟途徑理當意味著經濟將陷入衰退，失業率上升，通貨膨脹也會低於目標。不過，如果我們當時能接受較小幅度的衰退，或可讓十年後的大衰退變得緩和一點。

所以，如果在二〇〇八年以前，MPC選擇了上述較高利率的替代方案，事後的發展將會是如何呢？最後的結果實難論定，而且那個結果多半取決於家戶部門與投資人採取的應變策略。當時，該委員會的討論聚焦在兩種觀點。其中之一是，為了壓抑國內需求與產出成長而將利率設定在較高水準，人民預期的國內需求永續發展途徑就可能因此被「壓抑」到較低但較務實的水準。在「未來將維持穩定」的直觀推斷下，應該會促使人民預期長期匯率將貶值（符合可永續的國內需求途徑）、較低的實質薪資以及較低的國內支出。屆時，原本讓國內需求水準居高不下的敘事理當就會改變，新的敘事將以較務實且較低的潛在消費支出期望為基礎。匯率將會貶值，促使外部需求（出口減進口）上升，以彌補較弱的國內需求。這樣經過一段時間後，理當就能達到「單速」成長的目標，而無須面對「雙速」與「零速」成長之間這個令人厭惡的選擇。

另一個觀點是，光是靠英國調整貨幣政策（將利率調整到高於其他國家的水準），世界各地普遍秉持的「經濟將永續成長」的信念應該不會受到顯著影響，一般人對英鎊的長期預期均衡價值也不會因此而明顯改變。換言之，在「未來將維持穩定」的直觀推斷下，世界各地的人不會改變對未來長期匯率的信念。一旦英國調高利率，反而會導致英鎊匯率在短期內急升，因為持有英鎊的投資人將獲得高於其他貨幣的利息。然而，匯率愈高代表外部需求愈弱，經濟成長也將因此趨緩，而難以達到重新平衡經濟的目的。

這個兩難是世界經濟體系長期累積的失衡所造成的必然結果。「未來將維持穩定」的直觀推斷意味著，若想要重新平衡英國的經濟，前提就是要動搖消費者對「支出途徑將永續發展」的信心。不過，這個主張一直沒有機會獲得試驗，直到多年後，這場危機來襲，人們才終於開始調整對於未來實質所得的期望。

英國並非唯一面臨這個兩難的國家。如果所有國家都同時將利率設定在較高水準，那麼高利率所導致的經濟趨緩，理當能改變逆差國與順差國民眾的預期心理，並進而修正有關支出的敘事。然而，似乎沒有一個國家有能力實現那個目標，當時每個國家的中央銀行都面臨一個令人厭惡的選擇：將利率提高到足以緩和國內需求的水準，但這麼做有可能導致國內經濟陷入衰退；或者明知事實終將證明既有的途徑難以永久維繫，卻還是按兵不動，導致最後陷入更嚴重的衰退。更何況，即使選擇第一條途徑，也不見得能防範全球金融危機的爆發。過分的風險承擔行為與銀行槓桿的擴大，是世界各地長期利率偏低的結果，而非單純一國的短期官方利率水準所造成。從這場危機爆發後，治療各國經濟體質與克服傲慢的雙重挑戰，便因各國央行與其他多數經濟參與者所面臨的囚犯兩難而變得更加嚴峻。

在凱因斯式的經濟衰退中，各經濟代理人無法在今日協同各方的未來支出計畫，是導致需求可能遠低於充分就業狀態下之潛在需求水準的主要原因。然而，極端不確定性的存在使得經濟有可能因其他理由而衰退。在因敘事修正而引發的經濟衰退中，經濟的各項發展比較不是外部事件對信心造成衝擊所致，而主要是經濟代理人對未來錯誤解讀的累積與修正的結果。當人民長期對財富與未來所得抱持錯誤的認知——基於「未來將維持穩定」的直觀推斷——最後有可能衍生支出與儲蓄之間的失衡，以及資產價格水準的失真。而一旦敘事改變，支出與資產價格的修正有可能會非常激烈，這就是「意外總會發生」的極端不確定性經濟學，而非「東西」的經濟學。在支出與資產價格修正前與修正期間，金融市場只是扮演訊息傳遞者的角色，而非引發錯誤解讀的原因。

未能考慮到這類「錯誤」，可能會使人誤判經濟狀態，進而採取不適當的政策回應，這場危機的情境便是如此。在一個需要朝新均衡邁進的時刻，若純粹只依賴傳統的凱因斯貨幣與財政振興政策，將有再次製造前一場失衡（因支出途徑而起）的風險，而此時該做的是朝一個新均衡邁進。這類振興政策或許能讓邁向新均衡的道路變得平緩一點，但不能取代整個調整過程。到了某個時點，勢必得出手解決「政策矛盾」的問題。

診斷失衡（累積到最後會釀成危機）的問題還因一個現象而變得更加棘手：如果其他國家不進行類似的調整，則沒有任何國家能輕易憑著一己之力找到邁向新均衡的方法，當時所有主要經濟體都面臨囚犯兩難的情境。在這場危機結束後，重建世界經濟體質的責任幾乎是由各國央行一肩扛起，到目前為止，各國央行還在為了促進世界經濟復甦的責任而努力著。是否有其他政策工具（央行所無法使用的工具）可解決那些協同問題？這些工具是否能對當今的經濟治療流程有所貢獻？或者說我們正逐步邁向另一場危機？

第9章 無畏的悲觀主義：囚犯兩難與一步步逼近的危機

「面對困難時要懷抱希望；面對不確定性時也要懷抱希望，勇往直前。」

巴拉克．歐巴馬（Barack Obama），二〇〇四年七月二十七日民主黨全國大會演說，波士頓

「經驗與歷史告訴我們，人民與政府從來都無法透過歷史學到任何教誨，也未能根據從歷史推演出來的原則行事。」

喬爾格．威廉．弗里德里希．黑格爾（Georg Wilhelm Friedrich Hegel）《歷史哲學講演錄》（*Lectures on the Philosophy of History*），一八三二年

我在先前的章節詳細論述了過去的危機，那麼下一場危機呢？如果金融體系再不依照第七章所提議的方式進行改革，另一場危機絕對會發生；若未能著手解決世界經濟的失衡，危機將來得更快。不論如何，我們還有機會設法做點什麼以扭轉局勢，而不該悲觀放棄。

當前失衡最明顯的症狀是極端低的利率，而且自從這場危機爆發後，利率又進一步降低。相關後果就是資產價格進一步上漲，以及投資人——從一般散戶到保險公司——更迫切追尋收益的心態，因

為他們知道當前的投資報酬不足以滿足支出的需求。而由於一般人認定解決疲弱需求的方法是進一步的貨幣振興政策，各國央行因此被困在低利率的政策裡。目前各國央行正面臨一個囚犯兩難：如果任何一個國家的央行敢提高利率，就必須承擔經濟趨緩甚至再次衰退的風險。

在這場危機正熾之際，利率被調降到接近零的水準，當時沒有人料想得到，經過六年多後，利率竟然還繼續停留在那種緊急應變的水準。這種長期零利率的狀態可謂前所未見。在戰後的多數時間裡，一般人多半是擔憂利率過高，而非利率過低，而目前的憂慮是過低的利率正日益侵蝕著我們的儲蓄。這令人想起白芝浩對於典型英國人的格言：「約翰．布爾（John Bull，譯注：泛指英國人）能忍受很多事，就是無法忍受2%。」[1]如今，約翰．布爾已經超過六年忍受比2%更低的利率了。

英格蘭銀行自一六九四年創立至二〇〇九年的三百一十五年間，從未將銀行利率降到2%以下。而到了二〇一五年時，各主要國家央行的官方利率都已降到無異於零的水準，許多歐洲經濟體——包括歐元區、丹麥、瑞典和瑞士——甚至採用負利率，因此，某些浮動利率不動產抵押貸款的貸款人甚至還因借錢而「收到利息」。在漫長的歷史中，長期年利率平均介於3%至4%，但如今世界各地的十年期抗通貨膨脹公債實質利率，已有多年接近零，到二〇一五年也僅略高於0.5%。這個現象局部反映了一般人相信短期官方利率將多年維持在極低水準的想法。

市場認為未來的發展將會如何？根據多數央行的悲觀看法，且讓我們假定要花十年才能勉強回歸到接近正常的狀態。當今的市場預期十年後的十年期實質利率將是多少？我們可以說目前的二十年期證券利率是第一個十年（也就是當今十年期證券的利率）和第二個十年的利率（如今一般人普遍預期十年後的十年期證券利率）的平均值，而根據這樣的論點，我們就能估算出市場對於十年後的預估十年期實質利率數字的看法。因此，我們可以觀察目前十年與二十年指數連動公債的市場利率，再藉此推斷第二個十年的利率。根據上述方式計算的結果，近幾年一般人預期十年後的十年期實質利率平均僅略高於1％，到二〇一五年年底，一般人對這項利率的預期也只有1.5％，遠低於一般公認的「常態」水準。市場並不預期利率將在多年內回歸常態。

如果實質利率持續停留在接近零的水準，支出與儲蓄的失衡勢將延續，最終為了達到新均衡而必須進行的調整也將會更加痛苦；而如果實質利率從現在起開始回歸到較常態的水準，市場就會重新評估對未來的看法，屆時資產價格有可能激烈下跌。這兩個展望都意味著經濟無法平順且漸進地回歸一條穩定的途徑。因此，我預期世界經濟體系很可能陷入進一步動盪，甚至可能爆發另一場危機。下一場金融地震的震央就像真正的地震震央一樣難以預測，只是該震央不可能是紐約或倫敦的銀行業者，因為二〇〇八年以後，這些銀行業者紛紛致力於改善金融體系的復原能力。相對地，導致其他很多地方經濟體系失衡的力量都有可能引爆大地震，包括債臺高築的新興市場、斷層線顯而易見的歐元區、金融部門面臨鉅額虧損的中國，以及政治緊張氣氛升高的中東地區。

從二〇〇九年的銀行危機結束後迄今，經濟復甦腳步一直相當疲弱。到了二〇一五年年底，世界經濟復甦速度還是比政策制定者所預測的緩慢，各國央行暫停升息的時間也遠比一般預期的更久（但升息終究不可避免）。目前，需求和產出依舊不足，這兩項要素的成長率仍遠低於危機爆發前接近15％的成長軌跡。經濟停滯——指產出持續性地低於先前預測的途徑——再度成為資本主義的同義詞。產出與就業機會的大量折損，透露出這場危機的真實成本，也讓我們開始懷疑自己是否真的不了解經濟體系的行為。要如何恢復經濟成長？如果我們無法讓經濟恢復成長，又會出現怎樣的發展？

一步步逼近的危機：主權債務寬免——必要條件但非充分條件

先前各國將利率維持在異常低水準多年，導致資產價格上漲、債務增加。目前的債務已高到足以拖累支出意願，而且高築的債臺還可能成為未來危機的誘發因子。未來的主要風險來自「一旦利率回歸常態水準，資產價格有可能下跌」以及「銀行與企業開始將經濟現實——即提列投資價值減損——反映在其資產負債表上」等可能展望。不管是哪一個狀況，都可能引爆一波促使企業倒閉與家庭破產的債務違約潮。到二〇一五年時，工業化與新興市場經濟體的企業債務違約都已開始上升。[2]不過，雖然債務違約潮可能造成短期破壞，卻也可能發揮「重新啟動」經濟的效果，讓經濟能回復更永續且平衡的成長。較難處理的是外部債務——某一國國民對另一國國民欠下的債務——尤其是外幣計價的債務。

如果匯率是自由波動的，那麼各國匯率會隨著不同經濟體的實際狀況而波動。不過，由於目前某些國家限制匯率自由波動（例如中國相對美元的關係，以及德國相對其歐洲鄰國的關係），導致這些經濟體系不得不被動地隨著這個匯率政策來通權達變，而非任由匯率隨經濟體系的狀況而波動；問題是，由此衍生的貿易順差與逆差，卻使得債務及信用的累積變得更加嚴重，而過高的債務與信用已開始威脅各國在當前匯率下維持充分就業的能力。關於這個問題，最顯而易見的例子是歐元區，但新興經濟體也可能出狀況。未來幾年，新興市場與歐元區主權債務有可能成為這個世界最頭痛的問題之一。究竟這些債務是否應該獲得寬免？

希臘的情況具體而微地展現了一個貨幣聯盟可能發生的外部債務問題。到目前為止，希臘GDP的衰退幅度已比大蕭條時期的美國嚴重。儘管鉅額的財政緊縮計畫使得預算赤字從二〇一〇年約當GDP的12%降到二〇一四年的3%，希臘政府債務約當其GDP的比率還是繼續上升，目前接近200%。[3]更糟的是，這些債務都是以可能相對希臘人民所得升值的貨幣（譯注：即歐元）計價。目前希臘的市場利率極高，而且非常難以取得國際資本市場的資金。希臘的債務在二〇一二年重整時，民間部門的債權人獲得紓困，所以目前希臘的多數債務都是對公共部門機構的債務，例如歐洲央行、歐元區其他會員國，以及IMF。事後證明，財政撙節是個弄巧成拙的對策，根源在於希臘無法藉由匯率貶值來刺激貿易。以拉丁美洲為例，在一九八〇年代拉丁美洲債務危機期間，相關國家一直到擺脫沉重外債負擔的陰影後，才終於重拾經濟成長。換言之，目前希臘幾乎不太可能有能力償還它的主權債務，而撙節計畫延續愈久，希臘的償債能力就會更形低落。

阿根廷也曾發生過和希臘非常類似的狀況。一九九一年時，阿根廷採取固定的披索兌美元匯率政策。它在一九九〇年代推動許多改革，甚至常被尊崇為模範經濟體。但是到一九九〇年代末期，原物料商品價格大跌使得阿根廷的經濟陷入衰退。採用固定匯率機制形同自綁手腳，最終過度推高它的實質匯率。在這種情況下，改善競爭力的唯一管道就是利用一場能促使國內工資與物價降低的經濟蕭條來達到目的。當時阿根廷的債務狀況和當今的希臘很類似，失業率也差不多高。由於面臨深沉的經濟蕭條，阿根廷最後終於放棄固定匯率機制，並實施資本管制。銀行帳戶餘額改以新披索重新計價，以致帳戶持有人產生極大的損失。最初這一切混亂情勢導致該國的GDP在二〇〇二年衰退了10％，但是接下來原物料商品價格穩定上漲十年，阿根廷也終於得以恢復快速的GDP成長——連續五年的經濟成長都幾乎達到10％。

很顯然地，希臘未來唯一的出路就是和長久以來的類似例子一樣，違約不償還它的多數債務（或是設法取得寬免），同時讓匯率貶值，以便刺激出口、以國內產品取代進口品，如此才足以彌補到目前為止實施的財政緊縮政策所衍生的壓抑效果。結構性改革能讓這個轉型過程比較輕鬆一點，但除非是希臘人民自主決定推行這類改革，而非在IMF或歐盟執委會的強迫下實施，否則改革不會有成效。從希臘與債權人之間缺乏互信的狀況，便可見大眾認知和根本現實之間還是存在很大的落差。

希臘債務重整的必然性意味著德國與其他國家（譯注：債權國）的納稅人將必須吸收鉅額虧損。看著各國為了讓希臘有能力償還先前舉借的貸款而不斷爭辯著還要繼續貸放多少款項給它，著實令人感到抑鬱，因為那種週而復始的付款循環幾乎無助於改善希臘的經濟體質。尤其令人遺憾的是，德國似乎遺忘了它先前的歷史。

第一次世界大戰結束時，《凡爾賽和約》（Treaty of Versailles）以強取豪奪的姿態，設下戰敗國——主要是德國，但還包括奧地利、匈牙利、保加利亞和土耳其——的賠款金額。[4]其中某些賠款是以商品或勞務來支付（例如煤炭和牲畜），但以德國來說，多數賠款必須以黃金或外幣的形式支付。賠款委員會最初設定的賠款數字是一千三百二十億黃金馬克，然而德國的賠款腳步拖泥帶水，被激怒的法國和比利時憤而在一九二三年一月占領魯爾地區（Ruhr），以作為強制德國付款的手段。那個事件促使協約國在一九二四年達成一項以重整及降低賠款負擔為目的的協議，即道威斯計畫（Dawes Plan）。儘管如此，德國終究還是利用海外貸款來支應那些賠款，當然不可能支持得下去。於是，一九二九年春天，各國再度展開新的一輪協商，經過四個月的角力，最後終於在那一年六月於巴黎的喬治五世酒店（Hotel George V）簽訂了楊格計畫（Young Plan），這項計畫進一步將總賠款金額降到一千一百二十億馬克，同時把償還期限延長到一九八八年。當時的經濟現實面問題在於，除非德國能在出口上創造順差，否則取得賠款資金的唯一管道就是向海外借錢。一九三一年五月。奧地利信貸銀行（Creditanstalt）的破產引發奧地利與德國銀行體系危機，一個月後，胡佛延債宣言（Hoover Moratorium）暫時中止德國賠款的償付。到了一九三二年的洛桑會議❶，賠款幾乎全數被一筆勾消。整體來說，德國前前後後支付不到二百一十億馬克，其中多數是以海外貸款而來的資金支應，而且德國事後也違約未償還那些貸款。

《凡爾賽和約》簽訂後，凱因斯和某些人主張，要求德國支付那麼鉅額的賠款將會招致反效果，不僅會導致馬克與德國經濟崩盤，過程中也將危及更廣大的歐洲經濟。[5]不過，關於德國的困境，最具說服力的說法來自該國的中央銀行總裁亞爾瑪．沙赫特（Hjalmar Schacht）。[6]一九三四年時，沙赫

❶編按：為繼續討論德國的賠款問題，各有關國家在洛桑召開會議。最後達成的協議是七月九日簽訂的《洛桑協定》，規定德國最後賠款額為三十億馬克。停付三年後於三十七年內分數次付清。除此以外，德國還須償付楊格及道威斯借款的利息。後來德國連這筆賠款也沒有如數償付，及至希特勒上台後，索性全部取消賠款義務。

特在最受敬重且最具美系色彩的出版品《外交》（*Foreign Affairs*）雜誌上解釋：「一個債務國唯有在能創造貿易帳順差的情況下才有能力還款，而且…利用關稅、配額、杯葛等手段來攻擊德國的出口，只會得到反效果。」沒有人質疑他的判斷（沙赫特的英文版自傳標題是《我的第一個七十六年》〔*My First Seventy-six Years*〕，可惜這本自傳的英文譯本沒有再版），而且以這個案例來說，沙赫特的觀點絕對正確。誠如他在回憶錄中針對一九二四年一月巴黎之行所寫內容：

> 協約國的政治人物又花了另外八年，才終於理解這整個賠款政策是個經濟惡魔，這個惡魔不僅勢必會對德國造成最慘痛的創傷，也會對協約國造成巨大傷害。在德國理當償還的一千二百億中，有大約一百至一百二十億是在一九二四年至三二年間確實償還，這些還款的資金理當是要透過出口順差（出超）取得，但事實並非如此。在那八年間，德國從未實現任何出超，它是利用向其他國家貸款而取得的資金來支付賠款，這些債權國徹底誤解了德國的資源狀態，最後逼得它走投無路，以致到了一九三一年，德國終於透露它連利息都付不起。最終，乃至到一九三二年洛桑會議，賠款的承諾才終於實質地一筆勾消。[8]

二次世界大戰後，德國分裂為西德和東德。德國債務問題再次浮上檯面。一九五三年，針對德國外債而簽訂的《倫敦協議》（London Agreement）重新安排新德意志聯邦共和國的債務還款時程，並將它的債務加以重整。對於分裂前的德國所製造的某些債務，則設下了統一後再還款的條件。這個條件在一九九〇年啟動，最後一筆六千九百九十萬歐元的德國戰爭債務，終在二〇一〇年十月三日還清。從今日的觀點來說，這個協議裡較有意思的一段聲明是：除非西德開始有貿易順差，否則暫無須還款，而且還款金額最高不得超過出口盈餘的3%。歐元區實在應該從這個經驗吸收教誨。[9]目前緩解歐洲周邊國家財務問題的方法之一，就是允許它們暫停對歐元區其他會員國償還外債，等到債務國實現出口順差後再繼續償還，這樣才能創造出鼓勵債權國與債務國共同努力降低貿易失衡的誘因。

如今看來，這一切顯得極為諷刺，因為現在德國基於貨幣聯盟的約束條件，堅持要目前還沒有能力創造出口順差的國家必須即刻還款。問題是，要償還外債，終究需要出口順差。如果沙赫特還健在，勢必會對德國目前的行為感到極端訝異。隨著南歐周邊國家展開恢復充分就業的緩慢且漫長旅程，它們的外部逆差勢必會再度擴大，所以沒有人知道這些國家要怎麼償還現有的外債，更別說是新的海外借款。民間部門的資本流入讓歐元區得以在二〇一二年以後繼續苟延殘喘，但資金不可能永遠持續流入。值此時刻，凱因斯在兩次世界大戰期間的那一番分析，特別顯得發人深省，只要把內容中一九二二年的德國改為二〇一五年的希臘，把當時的法國改為目前的德國：「有人認為世界上其他國家將借錢給希臘，讓它得以把該國大約100%的流動儲蓄——確實是這麼多——還給德國，這樣的想法極端不合理。愈早回頭對我們愈有利。」[10]

歐元區多數國家要不是在製造「債權國絕對會獲得債務國還款」的錯覺，要不就是認同這個錯覺。當一個債務國遭遇還款上的困難，債權國常以展延還款期限和以面額評估貸款資產的方式來假裝沒事發生。銀行業者不願意面對呆帳虧損時，也常有這種鴕鳥行為，但目前連主權債務放款領域都開始採用這樣的作法。在此改編山謬爾・泰勒・柯勒里基（Samuel Taylor Coleridge）詩作《古舟子詠》（*The Rime of the Ancient Mariner*）裡的句子：「債務人，到處都是債務人，但眼前卻見不到任何虧損。」[11]

如果它們是一個政治聯盟，債務寬免會比較自然一點。由於政治歷史與傳統不同，各國實在難以透過大眾的普遍支持，快速實現政治聯盟的目標。坦白說，貨幣聯盟已經引發了集大權於一身的「中央」菁英分子和各國內部民主勢力之間的某種衝突。這樣的情況極端危險。二〇一五年時，歐盟執委會、歐元高峰會、歐元集團、歐洲央行與歐洲議會的首長（這五位首長的存在，證明了這群菁英的文官技巧）發表一篇報告，他們基於「各項決策愈來愈需要集體制定」的理由，主張組成財政聯盟，並暗示支持歐元區單一財政部長的概念。[12]這個悄悄將國家主權移轉給一個非民選中央當局的作法隱含嚴重的缺陷，而且勢必會遭遇大眾的強烈阻力。誠如歐洲央行第一任首席經濟學家暨ＥＣＢ早期智庫成員的歐特瑪・伊辛所主張的：「政治聯盟……不能以侵蝕成員國財政主權的方式走後門實現。企圖強迫性地進行移轉性支付，將會在接受者這一方造成道德風險，並在贊助者這一方引來阻力。」[13]雖然歐洲、美國和諸如ＩＭＦ等國際組織的菁英，力圖藉由推動紓困及移轉聯盟（transfer union）❷來解決當前的危機，進而達到和平的目標，但這些努力卻也種下了歐洲分裂的種子，並使得原本被視為極端分子的政治黨派與候選人獲得極高的民眾支持度。如此一來，不僅將導致經濟陷入危機，也會引來政治危機。

二〇一二年，就在幾個周邊國家的主權債務疑慮達到高峰之際，理當趁勢將歐元區分割為兩個區域，將某些成員暫時驅逐到第二區，同時明確提出以下展望：經過一段期間（十至十五年）在實質上趨近趨近他國水準後，那些成員國可升級回第一區。但是當初沒這麼做，等到此刻才開始，可能為時已晚。如今不同國家的根本差異及接受失敗的政治成本皆已過大。當前的發展對於相關國家乃至整個世界來說，都是非常令人遺憾的境況——對於那些國家來說，過早升級有可能反而是一種災難，讓它更沒有機會展開新生；而對整個世界而言，目前整個歐元區儼然已成為世界經濟成長的拖油瓶。

德國正面臨一個可怕的抉擇。它應該支持歐元區較弱的成員，漠視這種作法將帶給本國納稅人龐大且永無止盡的成本嗎？或者它應該暫時停止這個涵蓋全歐洲的貨幣聯盟計畫？企圖尋求折衷作法絕對不可能行得通。德國的選民很可能遲早會因為政府支持較弱的成員國而強迫他們吸收損失而群起反抗。無疑地，如果真的要切割歐元區，最簡單的方法就是德國自行退出。然而，南歐選民因大規模失業負擔的無情折磨而起的反彈，以及有才能的年輕人不斷外移等現象而起的無力感，將是最可能促使歐元區瓦解的導因。反退出歐元的論述——退出歐元區將造成混亂、生活水準降低以及貨幣聯盟存續與否的不確定性將揮之不去等——確實不容反駁。不過，如果退出歐元的替代方案是壓倒性的撙節措施、持續的大規模失業潮，以及永遠也還不完的債務，那麼離開歐元區或許是回歸經濟成長與充分就業的唯一管道，因為此舉的長期利益明顯超過短期的成本。局外人當然不能幫他們做選擇，但可以鼓

❷編按：「歐元區轉型成（財政）移轉聯盟」意謂著，歐洲必須像美國一樣，要求會員國制定平衡預算法，以及強制富國對窮國進行財政移轉，以保護陷入危機、瀕臨破產的國家。

勵德國和歐元區其他國家面對這個現實。

如果歐元區的成員國決定團結一致，因償還外債而生的負擔有可能會大到無法繼續維持政治穩定。誠如凱因斯在一九二二年寫道：「……假設一個現代國家能連續多年強制另一個國家每年朝貢是很愚蠢的……」[14]因此，若能創造一個允許國際主權債務重整的機制，並透過IMF的財金專業與中立地位來支持之，此舉未嘗不是一個解方，至少將能在某種程度上避免希臘與歐元區其他國家在二〇一五年簽訂最新協議後所產生的怨恨與屈辱感。第一次世界大戰後，第一個為嚴厲對待債務人的作法定調的是一名英國人──艾瑞克・坎貝爾・傑迪斯（Eric Campbell-Geddes）──他在凡爾賽和平會議❸召開前的一場演說中提到：「我們應該像擠檸檬那樣擠壓德國人，要擠到檸檬籽蹦出來為止！」他的說法讓同為英國人的我感到很遺憾。

早在二〇〇三年，IMF內部就曾針對建立「主權債務重整機制」一事展開辯論。相關的概念旨在協助債務人與債權人，期能確保債務問題的及時解決，並促使各方體察以下的囚犯兩難：儘管單一債權人有堅持取得完整還款的誘因，但為了全體債權人的利益，最好還是和債務人協商，結局才會比較圓滿。可惜在美國與德國的反對下，那類機制的建立遲遲未見進展。美國偏好採用紓困，不贊成違約，而德國也不想鼓勵債務國產生「主權債務也可能容許違約」的想法。然而，這兩國的的反對意見都沒有道理可言。二〇一二年時，IMF和幾個歐洲機構沒有放手讓歐元區周邊國家的民間債權人承受虧損，而由於這些機構接手民間債權人的債權，自行承擔相關的義務，事後遂被迫接受鉅額的損失。假裝繼續借給那些高負債國家更多錢就能解決立即性危機，這麼做當然是很容易，但只會使得主權債務重整機制變得更無可避免，而且是在可預見的未來就很可能有這個需要。如果沒有這樣的機制，或許就需要展開某種特別的國際債務協商，才能解決長期累積的外部主權債務。

不過，僅靠著債務寬免（這或許是不可避免的道路）也不足以解決眼前的所有問題。短期間，債務寬免甚至可能衍生整體經濟成長趨緩的惡性影響。原因在於，目前這些主權貸款人的還款期限早已獲得債權人的展延，所以它們的財務壓力已稍獲紓解，就算直接獲得債務寬免，這些國家的短期財務狀況也不會明顯改善。反之，原本或許誤以為還有希望收回完整放款金額的債權人，一旦意識到債務不可能收回的現實後，則有可能會減少支出。總之，現下根本的挑戰是達到一個新均衡，讓新債務不至於再和之前一樣規模地膨脹下去。

跳脫囚犯兩難：更廣泛的國際性改革

對於很多經濟體來說，解決眼前失衡的主要障礙之一是各方共同面臨的囚犯兩難：如果只有某一國採取行動，它本身的狀況就會更糟糕（見第八章）。當今最艱鉅的任務在於，雖然各國應該協同行動，各國人民卻迫切希望國家的命運能操之在己。未來各國當局要以什麼方式來調和上述之囚犯兩難？這個囚犯兩難是各國無法重新平衡其經濟體系的關鍵。對所有國家來說，最佳的結果就是採取一

❸ 編按：又稱作「巴黎和會」。為第一次大戰結束後，勝利的協約國集團為解決戰爭所造成的問題，並奠定戰後之和平而召開的會議。在這場會議上簽訂了《凡爾賽和約》，其中迫使德國承認發動戰爭的全部責任，也限制德國的軍事能力，使其割讓領土，並且要求他們支付巨額的賠款。

個能邁向新均衡的協同行動，我所謂的協同行動並不是指協同各國在貨幣與財政政策方面的努力，因為那樣的作法向來都沒有什麼好結果，例如聯準會在一九二〇年代實施的政策，以及一九八〇年代中期各主要經濟體企圖穩定匯率等努力。一九二〇年代時，聯準會為了協助其他國家重新加入金本位而降低利率，因此促成了一段經濟榮景，但最終導致股票市場在一九二九年崩盤，經濟陷入大蕭條；而一九八〇年代中期穩定匯率的作法，最後則導致股票市場在一九八七年崩盤。更何況貨幣政策與財政政策並非邁向新均衡的途徑。

目前很多國家都意識到貨幣政策的成效已達到極限。世界各地的需求依舊疲弱，想必很多（甚至多數）國家會因此推想，如果整個世界的經濟成長能正常一點，它們的情況也會比較正常。不過，既然前者並未恢復常態，各國的狀況當然也未能恢復正常。隨著利率已降到接近零，財政政策又因政府的高負債水準而受到限制，愈來愈多國家遂把匯率貶值列為經濟政策目標。[15]世界各地的國家如紐西蘭、澳洲、日本、法國和義大利的中央銀行和政府，都愈來愈積極地利用言論來壓抑本國匯率。然而，各國競相放任匯率貶值的作法是一種零和遊戲，那等於是每個國家都試圖「偷竊」其他國家的需求。一九三〇年代廢除金本位後，各國紛紛揚棄固定匯率制度，世界各地的中央銀行得以採行較寬鬆的貨幣政策。雖然各國匯率同步貶值的利益彼此抵銷，較寬鬆的貨幣政策確實協助經濟從大蕭條中復甦。然而，如今的貨幣政策已經寬鬆到無法再寬鬆，因此，「貨幣戰爭」（包括暗地裡或明目張膽的戰爭）的風險已無法排除。

這些問題都只是世界經濟體系一個更廣泛問題的症狀，哈佛大學的丹尼・羅德里克（Dani

Rodrik）將這個問題命名為「全球經濟體系的政治三難」（political trilemma）[16]——三難是指民主體制、國家主權，以及經濟整合的不相容。我們應該放棄哪一個選擇？如果在缺乏明顯大眾支持的情況下，放任國家主權遭到侵蝕，民主體制勢將承受壓力，一如我們現在所見的歐洲，其民主體制與國家主權緊密纏繞在一起。以當前的情況來說，籌組政治聯盟（代表真正的聯邦化歐洲）的種種進展已然停擺。若想調和民主體制與貨幣聯盟的步調，就需要一套定義明確的程序以退出貨幣聯盟，但目前並沒有這樣的程序。維繫歐洲貨幣聯盟所需要的政治整合程度，遠高於且全然不同於在歐洲打造一條永續經濟復甦途徑所需要的政治合作。即使歐元區國家能透過各自的中央政府強制達到政治整合（跡象顯示那將不是一個能普遍被人民接受的發展），若妄想將相同程度的整合延伸到歐元區以外的國家，勢必會粉碎整個聯盟。在可預見的未來裡，歐盟將由兩類成員國組成：歐元區成員與非歐元區成員。為發展歐盟而進行的各項安排都必須反映這個事實。

如此的議題具體而微地展現了全球秩序所面臨的更廣泛挑戰。一九九〇年代的亞洲金融危機（泰國、南韓和印尼透過ＩＭＦ向西方國家借了幾百億美元來支持它們的銀行與貨幣）顯示，因信心變化（對貨幣的信心或是對國家資產負債表——尤其是銀行體系的資產負債——期限錯置的信心）而突然爆發的資金流向逆轉有多麼難以應對。ＩＭＦ不太容易出面扮演最後放款人的角色，因為它並沒有任何貨幣，也沒有管理任何貨幣。因此，在亞洲危機爆發後，不可避免地要由美國設定來設定條件，因為那些國家需要的是美元。此一現實導致很多亞洲國家採納了「自助式最後放款人政策」，換言之，它們透過龐大的貿易順差來累積鉅額的美元外匯存底。鉅額的美元外匯存底和這些國家的出口導向成長策略，最後導致全球各地的實質利率在柏林圍牆倒塌後一路走低。由於當初亞洲國家為了換取IMF（或美國）的財務支持而被迫接受很多令人怨恨的條件，促使亞洲國家共同成立很多新機構——包括清邁協議（Chiang Mai initiative，這是中國、日本、韓國和東協國家之間的雙邊交換協議網絡，旨在作為地區性的安全網機制，目前總金額達到二千四百億美元）乃至中國在二〇一五年領導成立的亞洲基礎建設投資銀行等。未來，亞洲還可能發展出一個以催生亞洲IMF為目標的非正式協議。亞洲IMF的概念最早是在一九九七年於香港舉辦的IMF年會中被提出，但遭到美國封殺。經過二十年，美國阻止亞洲國家簽署共同保險協議的能力已較為有限。

目前全球貨幣秩序的治理正岌岌可危，隨時可能瓦解。在這個日益多極化的世界裡，隱含在布列敦森林協定裡的理想主義❹已幾近蕩然無存。在過去，穩定力量來自兩個要素的組合：自由貿易風潮與美國勢力。誠如金融家暨歷史學家詹姆斯・麥當諾（James Macdonald）所言：「由美國行使幾近獨占的軍事力量是一個默契。然而，它不會利用這個軍事力量來取得獨家經濟利益，而是利用這股力量來扮演西方利益的無私保護者。在美國的保護傘下，非共產主義的世界得以蓬勃發展。」[17]

屬於布列敦森林協定的那個世界早已逝去，為落實這項協議的精神而在戰後成立的機構——國際貨幣基金、世界銀行和經濟合作與發展組織（Organisation for Economic Cooperation and Development，以下簡稱OECD）——也漸漸失去其效力。如今這個世界的經濟與政治勢力都開始朝新的方向推移，在這種情況下，美國在IMF內部的否決權以及更廣泛的選舉權分配等，都日漸侵蝕了上述機構的合法性。當一個多邊機構創辦時所憑藉的基礎假設發生重大變化，要它順應那些變化主動調整其運作或結構本來就有難度，任何多邊機構皆然。而美國國會繼續拒絕同意針對ＩＭＦ的治理進行相對微小的改革，幾乎等同於宣告ＩＭＦ影響力的日益沒落。ＩＭＦ在亞洲危機期間所持的立場、在歐洲危機中身為所謂「三巨頭」之一的角色，以及它在拉丁美洲的聲望等，在在意謂著這個機構已有漸漸失去效力的危險。ＩＭＦ的關鍵功能之一是要誠實對當權者發聲，而不是對當權者唯命是從——它在一九九〇年代亞洲危機與近幾年歐洲危機期間的表現就未能善盡誠實發聲的責任。儘管美國仍是世界經濟體系的最大參與者，美元也是最主要的貨幣，但其他情勢多半已改變。亞洲和歐洲的新參與者正一步步崛起，以可比較價格（comparable prices）計算的產出而言，目前中國已是世界上第一大經濟體，它已奪回十九世紀時靠著人口規模而掙得的地位。[18]作為亞洲的兩大勢力，中國和美國的並存勢必造成緊張局面。直接到兩國之間發展出更均等的新關係之前，這個全球最生氣勃勃的區域將會被不確定性籠罩，以致整個亞洲地區的經濟展望蒙上一層陰影。[19]隨著整個世界日益多極化，相較於美式和平（*Pax Americana*）在戰後創造的穩定環境，一個多極化的世界在先天上便是較不穩定的體系。[20]

在管理一個整合性世界經濟體系的過程中壓迫國家主權是不明智的嘗試，如此將威脅到民主體制與世界秩序的合法性。然而，如果各國獨自採取行動，也不見得就能實現回歸充分就業的理想成果。如今世界上有太多國家，欲重現布列敦森林會議所形成的那種理想願景已不太可行。二〇〇八年至〇

❹編按：「布列敦森林協定」建立了兩大國際金融機構，即國際貨幣基金組織和世界銀行，前者負責向成員國提供短期資金借貸，目的為保障國際貨幣體系的穩定；後者提供中長期信貸來促進成員國經濟復甦。

九年間，各國確實曾戮力合作，並在二〇〇九年春天於倫敦舉辦的G20高峰會達到最高潮，但那是一次短命的合作。從那時迄今，這個世界就嚴重缺乏主要國家、國際金融機構與G7和G20等領導。它們為保全業的員工與新聞工作者創造更多就業機會，但從那些組織的定期公報便可看到，它們未能讓我們更加了解世界經濟。專題研討或許有幫助，但除非言之有物，否則辦再多研討會也是枉然。

隨著時間持續流轉，兩次世界大戰期間和目前的差異變得更加明顯，而且這個差異已大到令人困擾。二〇〇七年（金融危機爆發那一年）前的十年間情況似乎比我們所了解的更像一九二〇年代：這兩個時期的經濟成長都令人滿意，但並不突出，而且金融部門都明顯地擴張，這兩個時代的評論家也紛紛開始討論一個「新典範」。事實上，二〇〇八年以後的情況也愈來愈類似一九三〇年代。金本位的崩潰呼應了最近和固定匯率有關的種種問題。維繫歐元完整性的企圖造成了大蕭條以來未曾見過的撙節緊縮，並且使得歐洲各地的極端政黨陸續興起。

目前，囚犯兩難仍繼續拖累著經濟復甦的速度。解決這個問題的合理應變對策，並不是以人為的方式去協同本該屬於各國政府執掌的政策，而是要尋求各國的共識，以達到全球經濟的有序復甦與再平衡。每個國家要選擇什麼樣的再平衡方法，那是各國的家務事，但針對再平衡過程找出共同的時間表，絕對符合所有國家的利益。由IMF扮演協商的中間人再自然也不過了。解決這個囚犯兩難（同時保有國家主權）的最佳機會，就是善加利用價格機制，而非壓制它。固定或限制匯率波動的協議傾向於引發反效果，因為很多預料之外的事件將導致各國為了避免陷入經濟困境而不得不調整匯率。這個問題的本質與當年讓布列敦森林會議的談判者非常頭痛的疑問相同：如何要求貿易順差國與逆差國負起對稱的義務？二次世界大戰後建立的國際貨幣秩序未能完成這個使命，而且結果證明固定匯率會衍生通貨緊縮的問題。長期以來，各國央行約定成俗的見解是，如果每個國家都實施穩定的國內貨幣與財政政策，那麼各國之間自然能實現一個幾近合作的結果。[21]這個觀點有相當程度的真實性。但是當這個世界被困在一個失衡的狀態，囚犯兩難就會像惡夢般如影隨形，在那種情況下，合作就變成一種必要。在過去，要求順差國承擔義務的訴求從未成功，未來也不可能成功，因為我們沒有任何可靠的手段能強制要求順差國履行那樣的義務。唯一的希望是利用開明的自利心去尋找回歸強勁成長的途徑。未來的目標必須涵蓋四個面向：復興ＩＭＦ並藉由改革其選舉制度（包括廢除任何一個國家的否決權）來強化它的合法性；設立一個永久性的央行交換協定（swap agreements）系統，讓各國央行能為了解決短期的流動性短缺，彼此迅速貸放任何一種需要的貨幣；接受浮動匯率；針對主要經濟體的再平衡協商出一個共同的時間表；以及回歸正常的實質利率，並由ＩＭＦ擔任這個過程的管理人，而ＩＭＦ的領導團隊則必須努力改進原本的模式。

當今世界經濟體系所面臨的兩大威脅是：一、支出與儲蓄持續失衡（包括主要經濟體內部與各經濟體之間）；二、整個世界又回到和第一次世界大戰爆發前類似的那種多極化且不穩定的情勢。下一場危機是否會再次導致世界經濟與金融體系崩潰？危機是否將以政治或甚至武力衝突等形式爆發？這些問題的答案目前仍不得而知。不過，唯有全新的世界秩序能防止那樣的結果發生。我們只能期待各種事件所帶來的壓力會促使政治人物（包括那些「愚蠢到不可思議」的人）採取行動了。

無畏的悲觀主義

自從這場危機爆發後，世界各地的經濟成長便頑固地保持疲弱狀態，導致世人產生一種新的悲觀態度，認定當今的市場經濟體系難以再創盛況。愈來愈多人公認潛在的長期經濟成長率已然降低。[22]以美國來說，有非常多人針對那樣的變化提出看似有理的解釋——危機爆發後，可用勞動人口比率明顯降低、人口成長趨緩，以及雇主的監管負擔加重等。但我們不該過度著眼於短期的變化，這一點非常重要。美國勞動統計局（Bureau of Labor Statistics，以下簡稱BLS）估計了勞工供給增加（工作時數）、每名勞工使用的資金量以及投入勞工與資本效率等要素對於經濟成長的貢獻。最後發現，經濟成長的利益來自最後一項因素，即科學與技術進步的展現——BLS的統計學家稱之為「多因素生產力」（multifactor productivity）。從一九八〇年代中期到二〇〇七年危機展開之際，多因素生產力每年大約上升1%。[23]在二〇〇七年至一四年間，這項生產力每年成長0.5%。[24]因此，每工時產出（反映技術進步與每個工人所使用的資本量）的年度成長率，從一九八〇年代中期至〇七年間的略高於2%，降到了二〇〇七年至一四年間的大約1.5%。[25]如果這樣的下降趨勢延續下去，長期下來勢將影響生活水準。不過，短期生產力成長率波動性一向非常大，所以很難說目前的情況是否代表長遠未來的經濟潛力絕對會出現顯著變化。

我們有充分理由對未來的經濟成長率感到悲觀嗎？有三個理由顯示，抱持這種新悲觀主義時必須非常謹慎。首先，主張「偉大發現的世代已經結束」（諸如電力與飛機等重大發明都已問世）、「人類已實現了所有最輕易達成的目標」等論述並沒有說服力。在諸如資訊科技、基因與幹細胞生化研究等領域裡，人類還處於科學發現（scientific discovery）的黃金時代。很顯然地，促成突破性發展的概念可遇不可求，因此我們當然容易誤以為未來的創新將會比過去的創新少。阿爾文．漢森（Alvin Hansen）就是因為這樣的誤解而在一九三〇年代提出「長期停滯」的概念。事實上，一九三〇年代的種種創新意義深遠，只不過那些成就的光芒被大蕭條的總體經濟後果掩蓋罷了。美國經濟學家亞歷山德．菲爾德（Alexander Field）以文件紀錄了當時諸如化學、運輸和發電等工業的重大科技改良。[26]到一九五〇年時，美國的GDP就恢復到了大蕭條以前的演進趨勢，並在大蕭條結束後那十年間成長了90％。

第二個理由是，雖然多數國家在二〇〇八年至〇九年經濟衰退後的復甦異常遲緩，但各國內部影響勞動供給成長的因素卻顯現出非常不同的行為。舉個例子，英國和美國相反，英國的人口成長狀況非常振奮人心，勞動力參與率也顯著上升。即使是歐元區的某些周邊國家如西班牙，最近的平均生產力成長指標也見上升。雖然從這場危機爆發後，各國的經濟復甦腳步都相當遲緩，但造成這個現象的因素似乎各國皆有不同，如此意謂了經濟復甦遲緩的導因源自於總體經濟行為，而非創新速度的退化。

第三個原因是，經濟學家過去在預測人口變化方面的紀錄一向不準確。一九三〇年代就有很多以人口減少的經濟後果為主題的書籍問世，問題是，一九四〇年代乃至二次世界大戰結束後，整個世界卻爆發了嬰兒潮。[27]所以，對未來潛在成長抱持不可知論（Agnosticism）才是合理的立場，盲目的悲觀主義則沒有道理可言。歷史告訴我們，根本生產力成長的變化總是非常緩慢。過去有很多經濟學家也曾將短期的波動視為成長趨勢的改變，但事後證明他們都錯了。

支持悲觀主義的論述主要是擔憂未來的需求成長不足。在信心受到重創之後，二〇〇八年與〇九年實施貨幣與財政振興措施是正確的。不過，那種措施的成效正日益衰減中。近年來，非同尋常的貨幣振興措施只是把未來的消費提前到今日發生，而這種寅吃卯糧的行為等於是讓未來的需求變空虛。由於預估未來的需求將疲弱，預期投資報酬率自然也受到壓抑，所以即使利率處於前所未見的低檔，各國也慷慨印製鈔票，卻愈來愈難以提振國內消費與投資。長期下來，各國之間原本的失衡已漸漸演變成各經濟體內部嚴重的儲蓄／支出失衡。目前的疲弱支出導因於一套理性敘事，而非家戶與企業部門在這場危機的衝擊後變得謹慎到不理性所致。這個理性敘事是：在諸如美國與英國等國家，危機爆發前的消費支出高到難以持續，它有必要回落到比危機爆發前更低的趨勢軌道上；而在中國與德國等出口高得無以為繼的國家，目前也因海外市場需求遲緩而承受成長疲弱的代價。不論是個體或整體，這些國家都無法邁向一個新均衡，但是除非達到均衡，否則復甦遲緩的現象將不會改變。在被稱為「政策矛盾」的情境下——即短期的支出提振方案反而讓我們更遠離長期均衡——凱因斯式的提振方案能提振短期需求，但它的效果會隨著政策矛盾的發生而江河日下。唯有根據修正後的敘事，朝新均衡移動，才能真正終結經濟停滯。全球經濟體系低度成長的主要導因並非缺乏「動物本能」，而是在政府的制約下，市場沒有能力朝一組能促成新均衡的新實質利率與實質匯率邁進所致。

目前我們所面臨的挑戰在於如何描繪出一條通往新均衡的道路。所有國家都面臨了政策矛盾的問題，包括先前過度消費與過度借貸的國家，以及先前支出不足的國家。短期的經濟振興措施反而使得各經濟部門的錯誤投資配置變得更加嚴重，等到家戶與企業部門終於體察到這個支出型態將難以永久維繫，這類短期振興措施對支出的影響就會日益消退。中國和德國必須把投資活動導向能滿足國內消費者需求（而不是為了支持出口部門）的商品及勞務生產活動，而美國、英國和歐洲某些國家則應該朝相反方向前進。

和上述需求悲觀主義有關的多數討論可區分為兩個陣營。其中一個陣營的人主張，目前我們的經濟體系正遭遇異常強勁的暫時性「逆風」，等到時機成熟，這股逆風將會減弱並消散，屆時各國央行就能在不傷害經濟成長的情況下，把利率提高到較正常的水準。這個陣營的人主張，只要耐心等待，經濟自然就會復甦。誠如先前的解釋，根據我個人的判斷，這個觀點不夠完備，而且錯誤解讀了導致經濟長期疲弱成長的因素。家戶部門用以判斷未來所得的敘事修正，並不是會逐漸消散的「逆風」，而是理想支出水準的永久變化。我們無法期待美國繼續擔綱「最後消費者」角色，也無法期待中國繼續藉由投資無利可圖的營建案來維持它的經濟成長率。各國中央銀行則像是在日益高聳的陡坡努力向上騎車的自行車手，遲早有筋疲力盡的一天。如果經濟遲遲無法復甦，一般人就會認定中央銀行的作為失敗，這樣的想法將會傷害中央銀行的獨立超然地位，獨立超然是我們先前成功擊敗通貨膨脹的關鍵要素，它攸關重大。

另一個陣營的人則倡議應實施更多的貨幣與財政振興措施來啟動經濟復甦。當然了，我們很難說一個以政府借款支應且設計良善的公共基礎建設支出計畫會沒有效果——尤其如果你現在正透過紐約的機場出外旅行，就會明瞭我的意思。不過，要一邊快速且有條理地擬定一套積極擴大公共投資的計畫，又要一邊維持人民對於長期財政穩定性的信心，確實有其難度，所以這個倡議是值得我們謹慎準備的選項之一，卻是適用於未來而非目前的選項。然而，進一步的貨幣振興措施的幫助可能有限，甚至可能導致我們進一步往政策矛盾的死胡同前進。更極端的貨幣與財政擴張建議包括利用印鈔票的方式來擴大政府支出，以及以「直昇機灑錢」的方式把錢送給每一個國民。這些政策聽起來雖激進，但實質上和目前為止都未能促使產出回到危機前軌道的那些失敗政策沒什麼兩樣。以經濟用語來說，藉由印鈔票的方式取得更多政府支出的財源，就等於是以下兩個作為的組合：(a)發行更多政府債券以作為額外政府支出的財源，以及(b)透過中央銀行創造貨幣來購買政府債券（這個流程就是所謂的量化寬鬆）。相同的道理，直昇機灑錢就等於是「以債務來彌補減稅所造成的財務缺口」和量化寬鬆的組合，唯一的差異就是支出或減稅規模的決定權屬於政府，而貨幣的創造數量是由中央銀行決定。由於各國都已大規模試驗這個組合裡的兩個要素，且其成效江河日下，即使再增加這兩者的強度，也不盡然能解開政策矛盾。需求或許能短暫受到提振，但很快又會消退。所以，處理根本的失衡才是第一要務。

由這場危機誘發的敘事修正所導致的經濟衰退，已經為總支出留下一個有待填補的大坑洞。各國中央銀行藉由降低利率與印製電子鈔票的方式，鼓勵家戶與企業部門將未來的支出提前到當下，從而大致上填補了這個坑洞。不過，由於需求的根本失衡並未獲得修正，人們對於未來需求抱持悲觀態度也算是理性。此一現象已對今日的投資造成很大的壓抑效果，而未來支出結構的不確定性更加強化這個壓抑效果。傳統的總體經濟政策無法引導我們走向一個新均衡，再加上找不到輕鬆的替代方案，政策制定者只好硬著頭皮向前衝。他們應該做些什麼，才能跳脫這個理性悲觀的陷阱？更廣義地說，目標必須是雙面的——透過一個能提高未來生產力的大膽計畫來提振預期所得；以及鼓勵相對價格——尤其是匯率——朝向足以支持永續發展之支出與生產型態的方向前進。這兩個目標說起來容易，要實現卻很難。我們可以選擇的替代方案很有限，如果不積極行動，就只好坐等資產價格崩潰及債務違約潮爆發，以重新啟動經濟活力。在無畏的悲觀主義氛圍下，我們還是可以做得更好。改革方案應該包含三個要素：

首先，研擬提振生產的對策，並漸進式實施這些對策。自從這場危機爆發以來，生產力的成長並不顯著，且遠低於危機爆發前的成長率。生產力成長令人失望的主要理由之一是，經濟體系有效資本存量的成長率乃至資本存量水準都大幅下降。此一現象在某種程度上反映了一個事實：過去的某些投資活動是錯誤的——那些投資被引導到未來成長展望乏善可陳的部門——以致目前的生產力遠比期望來得低；目前某些資本存量的價值其實已低於公司帳面、官方統計數字或甚至經濟學家模型裡的資本存量估計值。此外，有效資本存量水準降低也局部反映了世人對於未來需求的悲觀，以及對於需求結構的不確定（由於無法確定未來的需求結構，世界各地的企業投資支出皆顯著下滑）。擴張的就業只能刺激當期的需求；企業為了避免重複先前的投資錯誤，不想把資本投入未來獲利展望有限的用途，畢竟如果未來的需求真的很疲弱，那麼藉由資遣員工來調整生產活動的成本會比較低。所以勞動力相對有效資本的比率較高，說明了為何生產力成長會那麼疲弱。為改善經濟效率乃至新投資案報酬率而設計的改革將有助於提振投資活動，並促使實質利率回歸到與新均衡較為一致的水準。長期下來，隨著投資活動一步步重建有效資本存量，生產力成長率就會回歸到能反映出動態資本主義經濟所隱含之創新的水準。

以提振生產力為目標的改革並不是一種「免費出獄卡」，這種改革想起來容易，實際上卻不容易落實，而且絕對會遭遇來自潛在輸家的政治阻礙——潛在輸家會比潛在贏家更大聲地表達自己的疑慮。修正和未來預期所得有關的敘事，是唯一能替代「放任相對價格大幅變化（這會造成高昂的代價）」的方案。可提振生產力的機會當然不少，包括以產品市場來說，降低壟斷程度並提高競爭力；以稅賦制度來說，降低儲蓄與支出之間的扭曲，消除複雜的扣除額，以及降低邊際稅率；在公共領域中，降低公共服務的供給成本；在監管領域中，降低對民間部門施加的負擔；以及更廣泛地改善公共基礎建設以支持經濟體系的其他環節等。各國所需要的個體經濟政策各有不同，每個國家都需要獨特性質的政策。在過去，每當各經濟體接近充分就業的階段，政治人物通常都不樂意耗用政治資本來推行結構性改革，因為那種改革的利益要等到長遠的未來才會顯現。然而，如今改革的吸引力在於，較高生產力的預期將能刺激當期的支出，協助各經濟體擺脫目前相對停滯的狀態。

改革的第二個要素是促進貿易。在整個戰後時期，貿易擴張是促使生產力加速成長的最成功途徑之一，因為貿易的擴張讓各國得以專業分工，並針對新產品與製程交換意見。世界貿易組織近來為了達成進一步降低關稅與其他貿易障礙等協議而付出的努力——即所謂的杜哈回合談判（從二〇〇一年起就展開）——功虧一簣。阻礙之一是較大型的新興市場經濟體想要保護它們的內需部門。目前最好的前進方式將是由先進經濟體進一步推動服務（服務部門目前是成熟經濟體的最主要環節，占整體貿易的比重也持續上升）貿易自由化，這不僅是為了透過貿易的增加以及貿易增加對生產力的影響而受益，也是為了向新興市場宣示，它們不能阻礙這個領域的所有進展。美國政府——甚至國會——一向很支持這類倡議，包括與太平洋地區和歐洲之間的倡議。二〇一五年十月，美國、日本和其他十個環太平洋國家簽署了以降低貿易障礙為目的的跨太平洋夥伴協定（Trans-Pacific Partnership，以下簡稱TPP）❺，目前只等立法機關通過這項協定。美國和歐洲之間的夥伴協定——跨大西洋貿易及投資夥伴協議（Transatlantic Trade and Investment Partnership，以下簡稱TTIP）——也正在進行協商。不管未來要以什麼樣的計畫來提高實質所得，都不能忽略這兩項作為重要環節的協議。

第三項要素是恢復浮動匯率。固定匯率實驗並沒有成功，所以應該讓匯率發揮它們的穩定力量，以修正目前的失衡。

這麼一個專案改革計畫的根本目標就是要提高未來的預期所得，但不是基於這場危機爆發前的錯誤信念來提高之，而是透過提高生產力來達到這個目標。首先看看目前過於仰賴出口來維持充分就業的國家：對一個大型新興市場來說，出口導向的成長策略不再可行，因為歐洲和北美無法維持原本強勁的國內需求（有了強勁的國內需求，才需要大量進口商品與勞務）。誠如二〇一三年十一月在北京

❺編按：二〇一七年一月二十四日，美國新任總統川普在上任第一天便簽署了行政命令，宣示退出跨太平洋夥伴協定。此外，跨大西洋夥伴協定也已遭到擱置。

舉行的三中全會所揭露的，中國決心逐漸轉型為內需導向成長。欲達到這個目標，儘管人口快速老化，中國的高儲蓄率還是必須降低。若中國能針對未來所得的損失提供更多社會保險，可能有助於提高當期的消費，也可重新平衡中國經濟的需要。目前中國官方公布的經濟成長率數字已從二〇一〇年的12％明顯地降到如今的7％以下，實質成長率有可能更低。一九九三年，中國就不再是能源自給自足的國家，目前更是世界最大的石油進口國。此外，中國進口非常大量的鐵礦砂、銅，甚至食物。在這場危機結束後，外界對於中國出口品的需求明顯降低，尤其是來自歐洲的需求，所以中國的主管機關放任信用擴張，以提高營建支出。然而，在這場危機爆發前，中國的商用不動產部門已有過度投資的現象，許多新興城市處處可見大量空置的公寓和辦公大樓。目前房價已開始下跌，經濟體系很多領域的新投資活動報酬率也都不高。

中國政策制定者的主要挑戰之一是降低國有企業的高儲蓄率。獲利能力的降低將使得這些企業的盈餘減少，促使中國的儲蓄率隨之降低。然而，要把投資活動從出口與營建部門轉移到以滿足消費者需求為目標的企業，這並不是一件簡單事，轉型過程也絕對不輕鬆。在房地產嚴重過度投資之後，中國營建活動勢必會趨緩，而這不僅會威脅到需求與產出，也會威脅到金融部門的體質，因為金融部門是擴張之營建活動的主要資金提供者——中國的地方政府為了克服中央政府對地方支出的限制，成立許多獨資的融資工具來向國有銀行借錢。許多這類融資工具的體質都非常糟，所以中國正面臨嚴重的金融部門風險。將半數國民所得以債務的形式投資到低報酬率的政策，已經形成債務相對國民所得的比率不斷上升的惡性循環。二〇一五年股票價格大幅下跌和經濟成長的進一步趨緩，說明了中國要順利地達成再平衡目標有多麼困難，而再平衡對中國和西方經濟體而言一樣重要。即使是長期試圖利用政策來壓抑匯率升值幅度的中國，未來都將發現它的匯率反而面臨貶值的壓力。

日本也是長期「過度」儲蓄的國家。一九八〇年代末期金融部門崩潰後，經過漸進的重組，日本已緩慢但穩定地從「失落的十年」復原。到了二〇一二年，首相安倍更啟動他的「三枝箭」——貨幣寬鬆、財政擴張和結構性改革——意圖提振經濟成長。遺憾的是，似乎只有一枝箭射中目標，那就是貨幣寬鬆。目前，日本正創造大量貨幣來購買愈來愈多的政府債券。但由於缺乏任何嚴肅的結構性改革，目前的日本正走在「以通貨膨脹來降低日益沉重的國債負擔」的道路上。

德國需要推動的政策變革則和前述兩國大不相同。憑藉著工資限制和勞動市場改革，德國在歐元區內部的競爭力變得非常高。它的實質匯率遭到低估，也累積了鉅額的貿易順差。相反地，諸如賽浦路斯、希臘、葡萄牙和西班牙（還有程度上較不明顯的法國和義大利）等周邊國家的實質匯率都遭到高估。如果德國不是歐元區成員，它的匯率應該會大幅升值，而匯率升值有助於再平衡它的經濟體系，並提振它的國內消費。因此，除非德國找到一個方法來允許其實質匯率升值——例如退出歐元區，或以某種方式啟動高於歐元區其他國家的工資通貨膨脹率——否則德國將發現，持續累積的貿易順差雖代表它對其他國家累積的請求權增加，但那些請求權變得一文不值的風險也將上升。這個風險在某種程度上已成為事實——德國對歐元區某些國家的請求權以及對希臘的全部請求權都有無法回收的風險。中國和德國正日益體察到，在這個難以永續維持先前成長軌跡的世界裡，順差國的處境也只是禍福參半。

對於需求結構必須重新平衡至偏重出口的國家來說，世界經濟的疲弱導致問題變得更為複雜，更難以找到解決方案。在這場危機結束後，這些國家的家戶部門下修對於未來終生所得的信念，消費支出於是下降到較低的軌道。為了彌補消費支出的降低，這些國家應該促使匯率貶值以刺激出口，同時鼓勵以國內替代品來取代進口品。然而，由於世界上其他地區經濟復甦腳步緩慢——尤其是歐元區——這些國家的匯率反而朝不利於再平衡的方向波動。舉例來說，美元和英鎊在二〇一五年雙雙升值，如果美國和英國希望能朝「即使實質利率恢復到較常態水準，經濟也能成長」的新均衡移動，提高生產力的政策會變得益加重要。

若有充足的投資活動支持，長期下來，上述邁向新均衡的行動將帶領各個經濟體回歸危機爆發前的生產力軌道。[28]自二〇〇七年至〇九年的金融危機後，世界經濟受到極大衝擊，若能重回原本的生產力軌道，已可說是非常大的成就了。卡爾·馬克思和弗里德里希·恩格爾在十九世紀就已看出資本主義的崩潰在所難免：「最重要的是，資本階級創造了它自己的掘墓人。」[29]根據他們的觀點，最後的結局只有兩個，一是資本報酬率一路下降，導致資本累積（capital accumulation）與經濟成長走到終點；二是資本占國民所得的比重持續上升，最終促使工人群起革命。由於資本家和工人各自獲得的國民所得比重不可能維持穩定，所以均衡不可能實現。那樣的悲觀分析後來變得聲名狼籍，不僅因為他們的預測並未成真，也因為二次大戰後，很多經濟學家發展出多項新的理論，說明足以帶動新投資活動的資本報酬率、穩定上升的實質工資報酬率，以及穩定的經濟成長等要素是彼此相容的。[30]何況那些新理論也確實和世人後來的實際經歷吻合。達成這個艱鉅任務的關鍵就是科技進展——包括新產品的概念或改善現有流程的新方法。直到如今，科技進步依舊是攸關人類經濟未來的關鍵，因為資本主義就是成長與改變，這是一個動態的系統，不是一成不變的桌遊（在玩桌遊時，我們只要擲一下骰子，就能看見自己的經濟命運）。

持平地說，資本主義的必然勝利並非註定。柏林圍牆倒塌後，世人對資本主義的信心因後續的許多事件而嚴重動搖——儘管這好像不太可能發生。我們有必要恢復世人對資本主義的信心，而且那是有可能的。資本主義絕不完美，它不是解決所有需要集體解答之問題的好解方，也無法促使所得或財富均等分配。儘管如此，資本主義終究是創造財富的最佳方法。它提供創新的誘因，而創新能驅動生產力成長。唯有當人們能自由追求、發展與行銷新概念，方能將這些概念轉化為新增的產出。

欲重建世人對資本主義的信心，就必須採取大膽的行動——提高生產力、重新平衡整體經濟體系，並改革貨幣與銀行體系。目前世界各國有一群立意良善且認真努力的財政部長及中央銀行官員，他們定期開會並發表公報，宣示將繼續為「強勁、永續且平衡經濟成長」的目標奉獻心力。[31] 這場危機過後，世界經濟復甦的狀況只能如此形容：復甦腳步不強、沒有永續能力，也不平衡。政治人物似乎沒有意願採取大膽的作為，所以或許我們應該擔心，遲早將來臨的那個調整只會更大，不會更小。不過，誠如邱吉爾在一九三二年說過的：「我們還有時間……找回被人類愚蠢行為的烏雲所遮蔽的陽光。」[32] 我們可以趕走不確定性的烏雲，讓供應端的陽光得以穿透而下，以回歸較平衡且永續的經濟成長途徑。

上述有關當前世界經濟失衡的解決方案多半不是什麼新點子，但是這些方案的發想卻相當有創意。過去半個世紀以來，主流總體經濟學發展出一套令人印象深刻的工具來分析總需求與產出的波動。然而，由於主流經濟學親密擁護「最適化行為」的概念，同時認定其他所有形式的分析皆不正統，導致它未能讓我們清楚理解很多重要經濟領域的情況。最適化行為只是在不確定性環境下，一個更一般化的行為理論中的特殊案例。而在極端不確定性的情況下（這是不可能最適化的情況），我們需要全新的應對方法。我已經以應變策略的概念建議了一個可能的出發點，未來其他人將能更深入地進一步研究極端不確定性環境下的總體經濟學。

為了解釋金融煉金術的本質，並說明當前世界經濟失衡的理由，我用四個概念來貫穿本書的內容：失衡、極端不確定性、囚犯兩難，以及信任。若不使用這些用語，便很難思考貨幣與銀行體系以及這兩者在經濟體系所扮演的角色。

在一個資本主義經濟體中，貨幣與銀行扮演關鍵的角色，因為這兩者是連結現在與未來的要素。然而，這兩者也都是人類創造出來的制度，各自反映出當代的技術。雖然貨幣與銀行提供了累積資本（累積資本對經濟成長攸關重大）的財力，卻是透過金融煉金術——也就是將低變現性實體資產轉化為高變現性金融資產——來達到這個目的。長期下來，這個煉金術的真相逐漸被拆穿。和隧機不同的是，金融危機的發生頻率變得比以前高，而非降低。正因貨幣與銀行是人類創造的制度，我們絕對能夠重新塑造與設計這些制度，已促成更成功且更穩定的資本主義形式。

為了因應危機的立即症狀而採取某些短期性對策來維持市場信心（通常是透過大量灑錢的方式），只會讓根本的失衡變得更亙久存在。幾乎每一場金融危機都源於「提供更多流動性能解決問題」

的信念，等到時間一久，世人才終於看清表象底下的真正問題——償債能力。不願意承認問題出在償債能力而非流動性（儘管提供流動性是走向正確解決方案的橋梁之一）的態度，正是導致一九八〇年代日本政府對於資產價格泡沫化後的反應極慢、各國對於二〇〇八年銀行業崩潰的回應分歧，以及歐元區遲遲無法解決目前苦難等的主要原因。過去二十年來，面對世界各地許多金融危機，連續幾屆的美國政府都假設提供流動性（而且是鉅額的流動性）是重建市場信心的最佳方法，也希望藉這個方式處理危機。

體察到市場對信心崩潰的回應有多麼快速與激烈後，每一任當政者都不知不覺地採納先前幾任領導人的作法。誠如洛伊德．喬治在他的回憶錄中，針對第一次世界大戰爆發時的那一場金融危機寫道：「戰爭前，我看到貨幣，在戰爭剛爆發時，我也看到貨幣。我每天都用它過活，並用盡全力穩定它的焦慮，因為我知道要花多少代價才能恢復它的信心，就算說貨幣是個驚魂未定的小東西也不為過。」[33]政治壓力使得當權者總是偏好以提供流動性來解決問題，但除非當局有解決償債能力議題的意願，否則難以孕育出真正長治久安的解決方案。相同的道理，為改革貨幣與金融業務而深思這場危機的教誨時，也應該以償債能力的改善為起點。銀行必須募集更多的權益型資本，如此才可能在不違約或不仰賴納稅人支持的情況下，自行吸收可能的虧損。我先前也建議過，為防範銀行擠兌，應該以四季當鋪老闆的概念來取代傳統的最後放款人作為。此時正是終結煉金術的好時機。

囚犯兩難意謂著任何一個國家都不容易獨力解決眼前的經濟問題或改革本國的貨幣與銀行體系。相較於承平時期，戰爭結束後反而比較有空間改變我們對這個世界的治理方式。因為唯有在戰爭結束後，原本在承平時期長久蟄伏的裂縫才會以經濟與政治地殼變動的形式被凸顯出來。戰後賠款設計者先驅之一——美國國務卿迪恩・阿奇森（Dean Acheson）——在他的回憶錄中，將設計戰後賠款的經驗形容為「創世親歷」（present at the creation）。[34]而對於親自參與處理二〇〇七年至〇九年金融危機的人來說，那次的經驗則比較像「毀世親歷」，因為金融體系在我們面前崩潰了。在有生以來最長久的穩定經濟擴張期之後，危機摧毀了經濟政策的信譽，更摧毀了先進經濟體的銀行業聲譽。

過去十年的經濟與金融危機造成了深遠的影響。誠如十八世紀文學家荷瑞斯・瓦爾波（Horace Walpole）所言：「對習於思考的人來說，這個世界是一場喜劇，對感覺用事的人來說，這個世界是一場悲劇。」資本主義的勝利在於它讓活在當今的多數人獲得難以衡量的巨大快樂，而我們有責任將那個快樂分享出去。財富分配不均是人類經濟體系最重要的挑戰之一，但它只是危機的症狀之一，而非導因。

我真心希望五十年後，我們的孫子不會質疑為何我們缺乏大刀闊斧推動改革以阻止危機再次發生的勇氣。事件催生了創意，而危機的經驗也驅使經濟學家發展出和經濟運轉有關的新概念。這些概念是我們未來克服既得利益與遊說團體之力量的必要元素。

唯有承認目前世界許多大型經濟體陷入多麼嚴重的失衡，並體認到貨幣與金融體系煉金術的本質，我們才有勇氣推動大膽的改革——無畏的悲觀主義。

為何幾乎每個工業化國家都感到二〇〇七年至〇九年金融危機後的經濟停滯挑戰那麼難以克服？這是個人、制度或概念的失敗嗎？這個問題就是本書想要探討的根本疑問。一個社會有賴個人、制度與概念來驅動經濟繁榮。不過，其中最重要的一項是概念。我在前言中提到我那位中國友人的真知灼見——他在談到西方世界的貨幣與銀行管理時說：「但我不認為你們真的已學會要怎麼搞好貨幣與銀行業務。」在本書中，我已試著解釋要如何管好貨幣與銀行體系。

幾個世紀以來，貨幣與銀行金融煉金術都被視為實力的泉源，但其實這兩者是資本主義經濟體系最脆弱的環節。唯有仰賴知識革命，才足以驅動改革貨幣與銀行體系以及全球經濟制度的長程計畫，而那多半將是下一個世代的任務。儘管如此，我們不能以之作為暫緩改革的藉口，畢竟未來將會因下一場危機而受苦的是當今的年輕人——如果未能推動改革，未來危機所造成的經濟與人類代價，絕對會比上一場危機更龐大。正因如此，我們比過去的任何一個時刻都更需要懷抱無畏的悲觀主義，它是我們唯一可憑藉的最佳希望。

附註

引言

1. 他無須補充中國也沒學會。
2. 太多愚蠢的經濟學評論家對經濟學領域的數學應用的批判太過嚴苛。但誠如偉大的英國經濟學家亞弗瑞德·馬歇爾（Alfred Marshall）曾寫的：⑴數學只是用來取代語言的速記表達方式，而非某種調查研究引擎；⑵用完便可擺在一邊；⑶將數學轉譯為語言；⑷接著用現實生活中的重要實例來加以闡述；⑸把數學燒掉；（6）如果做不到第4點，就放棄第3點。（馬歇爾，一九〇六年）
3. 漢斯·賓斯華格（Hans Binswanger）在評論歌德偉大的歌劇《浮士德》時，刻意引用克勞斯維茲（Clausewitz）的說法，他寫道：「現代經濟是煉金術的延續，只是利用的手段不同罷了。」（Binswanger, 1994, p. 33）。克勞斯維茲的名言是：「戰爭是政策的延續，只是利用的手段不同罷了。」
4. 這比經典的囚犯兩難簡單一點，經典的囚犯兩難包含四個取捨：宣告無罪、從輕量刑、從中量刑與從重量刑。在那種形式的「賽局」，歸罪另一個人的策略是最好的，而以我的例子來說，沉默還是有可能衍生最佳結果。
5. Waley (1938), xii, 7, p. 164.
6. James Carville, reported in the *Wall Street Journal* (25 February 1993, p. A1).

第1章　三項經濟實驗的結果：好、壞與醜惡

1. 這個表達方式是卡萊爾在一八四九年一篇有關奴隸買賣有關的短論文中首度提出。
2. Temin (2014) 將資本主義描述為幾個世紀以來持續演變的各種市場經濟體系當中的一個分支。
3. 見 Neal and Williamson (2014).
4. Smith (1776), pp. 4–5. 英國在二〇〇七年後發行的二十英鎊銀行鈔票上，有一面就印著這座大頭針工廠的圖畫。
5. Maddison (2004).
6. 關於英國交易管制的歷史，可搜尋英格蘭檔案館，http://www.bankofengland.co.uk/archive/Documents/historicpubs/qb/1967/qb67q3245260.pdf
7. 一九七三年十月，為回應西方國家在贖罪日戰爭（Yom Kippur War）中對以色列的弛援，石油輸出國組織中的阿拉伯成員國外加埃及、敘利亞和突尼西亞，宣布實施石油禁運。到禁運於一九七四年三月結束時，油價從每桶三美元上漲到接近十二美元。一九七九年時，伊朗革命後石油產出減少，導致油價從大約每桶十六美元左右上漲到近四十美元。
8. King (2007).
9. Federal reserve Bank of St Louis and Bank of England, http://www.bankofengland.co.uk/publications/Documents/quarterlybulletin/2013/qb130406.pdf.
10. 公平交易辦公室根據以限制為目的的《一九五六年慣例法案》（Practices Act of 1956），對倫敦證券交易所提起的反托拉斯訴訟案件，開啟了十月二十七日的「大爆炸」（Big Bang）。它的目的是要終結阻礙經紀商同時扮演客戶代理人與扮演造市的股票經紀人的禁令，同時允許結合這兩項功能的外國與國內企業得以成為倫敦證券交易所的會員。
11. 第四章的內容將會解釋那些新金融商品——如衍生性金融商品。
12. 在危機爆發前那段期間，銀行也藉由將一部分資產撥入帳外工具的方式來取得短期融資，但它們另一方面又

為這些帳外工具作擔保。那種或有負債是集資形式的一種。

13. D'Hulster (2009): Table 2; Kalemli-Ozcan, Sorensen and Yesiltas (2012).
14. 先前的陣營是Gorton (2012)，後來是Admati and Hellwig (2013) 與Taylor (2015)。後者提到：「二〇〇八年的全球金融危機，基本上是一場國際性的大規模信用危機。」
15. 顯著的例外有Dumas (2010) 和Wolf (2014).
16. 一九八九年，法蘭西斯．福山在國際事務期刊《國家利益》（*The National Interest*）上發表了一篇著名的論文〈歷史的結束？〉（The End of History?）。他事後寫道：「我們見證的可能不僅是冷戰的結束，也不是戰後特定時期歷史的消逝，而是歷史本身的結束；換言之，這是人類意識型態發展的終點，以及西方自由民主體制——人類政府的終極形式——的普及化。」(Fukuyama, 1992)
17. US Bureau of Labor Statistics website: Workforce Statistics on manufacturing Employment; Eurostat website: employment and unemployment database, tables on employment by sex, age and economic activity.
18. World Trade Organisation website: Statistics Database.
19. 這項政策在二〇一三年年底放寬，並在二〇一五年十月進一步放寬為兩胎化政策。
20. Bernanke (2005).
21. 導致實質利率降低的高儲蓄率與疲弱投資活動的根本驅動力量，目前仍是各界的重要研究議題。見Rachel and Smith (2015)
22. 一九八〇年代起，觀察政府以通貨膨脹連動證券（債券）形式借錢而付出的成本，就可相當精確地衡量出實質利率。過去三十年間，很多工業化國家發行這種證券(King and Low, 2014)。
23. 德國是個顯著的例外，它自己的目標是要促進出口部門。
24. Charles Dumas (2004, 2006 with Chovleva) 提供和這個問題有關的早期分析。
25. 資本流向的逆轉是後來被稱為布列敦森林二代（Bretton Woods II）國際貨幣體系的顯著特質之一。雖然某些外國直接投資確實是由先進經濟體系流向新興經濟體系，但反向的金融資金流量卻超過那部分金流。有關布列敦森林二代體系的這項分析，最早是Dooley, Folkerts-Landau and Garber (2003) 提出。接下來十年間，那些作者又進一步透過一系列研究報告修飾與延伸這項分析。他們的關鍵論述要點之一是，中國想要貸放非常龐大的資金給先進經濟體，所以，在遭遇重大經濟或政治動亂時，屬於中國的這些請求權將被那些經濟體當作它們本身對中國的外國直接投資的「擔保品」。這樣的思維讓中國有機會繼續取得它用以支持經濟發展所需的直接投資，但也不得不因此繼續維持龐大的貿易順差。無論如何，「出口導向的成長」意味中國必須將它經由貿易順差而取得的資金投資到海外。

某些經濟學家比較重視各國之間的資本流量毛額，尤其是先進國家之間的資本流量，較不重視新興經濟體流向先進經濟體的淨資金流量。最具說服力的論述是Borio and Disyatat (2011) 與 Shin (2012) 提出。歐洲銀行業者投資到美國的資金，確實比中國投資到美國的資金多。不過，歐洲銀行業者向美國貨幣市場及避險基金舉借的資金，也遠高於中國向美國舉借的資金。那些資本流量毛額是原本理當透過美國銀行體系導入但卻透過歐洲銀行業者中介的回收資金，因為歐洲銀行業者急切想藉由承作新貸款與購買資產（進而擴張其資產負債表）等手段來成長。當危機來襲，銀行太晚降低槓桿水準，結果歐洲與美國之間的資本流量毛額大幅降低——降低近75%。不過，促使實質利率降低（乃至債券、股票與住宅價格上漲）的真正驅動因子，是擁有高儲蓄傾向與鉅額貿易順差的經濟體挹注到世界資本市場的額外淨儲蓄，以及西方國家中央銀行維持低官方利率的決策（採用這些決策的目的是要維持穩定的經濟成長，以及接近目標值的通貨膨脹率）。

26. Shin (2012).

27. King (2006).

28. 當時其他亞洲國家的銀行業者時與以低利率借進美元，再用這些資金承作本國貨幣計價的貸款，因為本國貸款的利率較高。但到最後，這些國家的銀行體系產生了通貨錯配（currency mismatch）問題，並因而不得不緊急向西方國家借美元，但通常這種借款的條件都很嚴苛，最後導致那些國家深受「亞洲金融危機」所害。所以，這些國家囤積龐大美元準備的作法是一種保險政策，目的是為了在危機時刻能對本國銀行放款。

29. 我是透過MIT的Rudiger Dornbusch（已故）學會這一點。

30. BNP press release, 9 August 2007.

31. 二〇〇八年十月一日與二〇〇八年十月七日分別對HBoS與RBS提供最後放款人支援。前者在二〇〇九年一月十六日徹底還清這項信用工具，後者是在二〇〇八年十二月十六日還清。英格蘭銀行對這兩個機構的最高盤中放款金額是六百一十五億英鎊，那發生在二〇〇八年的十月十七日（review of the Bank of England's provision of emergency liquidity assistance in 2008–9, report by ian Plenderleith, Bank of England, October 2012）

32. Paulson (2010), p. 349.

33. 所謂巴塞爾銀行資本與流動性規定是由G20成員國的中央銀行與監理官員組成的團體決定。這件工作多半是在這個國際實體的金融穩定局中討論，該局的成員國與G20相同。

34. 世界銀行表格與作者自己的計算。

35. IMF World Economic Outlook Database, April 2015.

36. Summers (2014)對「長期停滯」的重啟討論貢獻良多。

37. King (2009).

第2章　美好與醜惡：我們相信貨幣

1. 英國官方為了紀念約翰．甘迺迪總統做了兩件事，其中一件是創辦這項獎學金，它讓年輕的英國研究生能到哈佛大學或麻省理工大學就讀。另一件事是贈送了位於朗尼米德（Runnymede）的一英畝土地來設立紀念碑等，目前那片土地屬於美國領土。

2. Maddison (2004).

3. 在描寫一九二〇年代中歐文明社會超級通貨膨脹的侵蝕效果的文獻中，最精采的當屬奧地利作家Stefan Zweig

的自傳《*The World of Yesterday*》。

4. 有關貨幣創造流程的卓越論述，請見Keynes (1930). Goodhart (2015)。
5. Domesday代表古代英文的「末日審判」的意思，國家檔案館網站可找到它的內容。
6. Smith (1766).
7. Smith (1776), p. 20.
8. Ibid., pp. 20-1.
9. Rae (1895), p. 49.
10. Ricardo (1816), p. 24.
11. Macgregor (2010), Ch. 72. 倫敦大英博物館傑出的Citi Money展覽館，展出了明朝末年（十四世紀）銀行鈔票範本。
12. 明朝初年的銀行鈔票上印有以下警語：「假造錢票或流通偽造錢票者一律抄斬。」(Kranister, 1989)
13. 一七二〇年《泡沫法案》（Bubble Act）於一七四一年在各殖民地實施後，合股公司（允許很多人共享一家企業的所有權，這讓企業的營運規模得以遠大於個人所有權企業的潛在規模）變得不合法，最終也使得銀行無法營業。所以，沒有任何貨幣是銀行所創造。
14. Johnson (1997), p.75.
15. 一七六四年時，英國議會通過《通貨法案》（Currency Act），這項法案宣布殖民地使用任何那種紙幣來做為法定貨幣是不合法的。不過，誠如內文提到的，法定貨幣的重要性遠遠比不上一項通貨的普遍接受性，所以，新鈔票成功在各殖民地流通了許多年。關於那時的情況，請見Grubb (2015), Celia and Grubb (2014) and Priest (2001)
16. Franklin (1767) in Labaree, vol. 14, pp. 34-5.
17. 麻薩諸塞州或許是個例外 (Priest, 2001)。

18. Harris (2008).
19. 這個比率到自由銀行時代結束時便遭到扭轉。
20. 鈔票轉換為黃金的作業分別在一八三九年與一八五九年遭到暫停。不過，能在銀行總部辦公室以面額交易的鈔票，到了距離總部辦公室遙遠之處還是會被打折扣。
21. Gorton (1989).
22. 二〇一四年的數據來自各中央銀行。
23. 關於這一點，古德哈特很有說服力（2015）。有太多例子顯示，銀行為了讓人對金融產業的行為懷抱希望，遂不負責任地鼓勵低所得民眾貸款。
24. Gibbon (1776), vol. 1, p. 282.
25. 不過，當英國銀行北岩銀行在二〇〇七年九月開始崩潰，到該銀行營業據點將資金提領一空的存款人在準備離開時，手上拿著的竟還是北岩銀行本身開立的支票。
26. 在二〇〇七年春天至二〇〇九年春天之間，面額五十英鎊的鈔票的需求上升28%，成長率是其他面額鈔票的兩倍。見英格蘭銀行統計數字http://www.bankofengland.co.uk/banknotes/Pages/ about/stats.aspx#1
27. Bernanke and James (1991).
28. 二〇一三年時，由一群無神論者組成的擺脫宗教基金會（Freedom From Religion Foundation）對美國財政部採取法律行動，指稱將這個傳統訓言印在鈔票上是違憲的，因為他們每使用貨幣一次，就「被迫改變信仰」一次，因為他們並不相信上帝。這項訴訟案被美國聯邦區域法院的法官哈洛德．包爾二世（Harold Bauer Jr）駁回，因為他主張這句訓言擁有一種存在已久的世俗目的，不會對無神論者構成「顯著的負擔」。
29. 二〇〇九年時，北韓人民圜的外部價值崩盤，國家給人民一個星期的時間拿舊圜去換新鈔票，但原來的價值被去掉兩個零（譯注：即剩百分之一）。
30. Roberts (2014), p. 771.

31. 關於超級通貨膨脹對德國社會與政治的衝擊的詳細研究，請見 Feldman (1993)。
32. 採用現代對一兆的定義，即 1,000,000,000,000。
33. 幾個世紀以來的權威通貨膨脹史，請見 Fischer (1996)。
34. 例如：Holzer (1981) 和 Cato institute (2014).
35. 在歷史上的某些時期——尤其是十九世紀——某些國家（包括美國）採用連結黃金與白銀的雙本位制。這兩項金屬的相對市場價格起伏導致這個制度很不穩定，較高價的金屬傾向於消失，不再流通。美國的雙本位制在南北戰爭期間告終。
36. 黃金價格的數據可在英格蘭銀行的網站 www.kitco.com 上找到。
37. 數據是由 Diggers and Dealers, Kalgoorlie, Western Australia 提供。
38. 紐約的某些黃金是代一些海外持有人保管，美國的其他官方部位存放在諾克斯堡。
39. 非常諷刺的是，距離那個月整整兩百年後，財政部長戈登．布朗（Gordon Brown）恢復了被皮特廢除的英格蘭銀行貨幣獨立地位。
40. Speech to the Democratic National Convention in Chicago, 9 July 1896.
41. Keynes (1923a), p. 172.
42. 例如，見 Greenspan (1966).
43. 黃金儲備的數字可在世界黃金協會（World Gold Council）的網站上找到。
44. Friedman and Schwartz (1963), Friedman (1960).
45. Sims (2013).
46. Hahn (1982), p. 1.
47. Arrow (1951), Arrow and Debreu (1954), Debreu (1951).
48. 如果預期一般人將毀約，那麼這個拍賣流程將駁回無法強制執行的出價。但那將大幅降低貿易的潛在利益。

最終來說，那可能意味人與人之間不可能貿易。如果要達到有效的結果，契約就必須獲得強制執行。

49. O'Neill (2002), reith Lectures, No. 1.
50. 偉大經濟學家保羅・薩謬森（Paul Samuelson）分析了經濟體系包含「交疊世代」的概念。
51. 最早詳述貨幣有助於克服「雙重慾望的巧合」的限制以及以物易物的隱含限制的是 Carl Menger (1892)，而 Nobuhiro Kiyotaki 與 Randall Wright (1989) 也以模型詳盡解說了相關的概念。
52. Kiyotaki and Moore (2002)。先有貨幣還是先有邪惡？根據《創世紀》（*Genesis*）一書，邪惡比貨幣更早出現在亞當的花園。但不久後，在《申命記》（*Deuteronomy*）中，上帝命令摩西「你們要用貨幣向他們買糧吃；你們要用貨幣向他們買水喝。」(Deuteronomy 2:6, King James Bible)
53. Hammond (1975) 指出，在那種世代交疊模型中，最佳結果就是某種跨世代賽局（intergenerational game）的合作均衡（cooperative equilibrium）。以現代賽局理論的用語來描述，對專家來說，每個世代由一個參賽者代表，均衡是子賽局完美（sub-game perfect）且防止重新談判（renegotiation proof）的均衡。
54. Willetts (2010).
55. Binswanger (1994).
56. 在辯論銀行法案重新發放執照與否的問題時。

第 3 章　失去清白：煉金術與銀行業務

1. Hastings (2013), p. xvi.
2. New York Times, 10 July 2007.
3. 我成為英格蘭銀行總裁時，便決定將自己長久以來對那類事務的興趣予以正規化，所以，我和查爾斯・奧爾丁頓（Charles Aldington，當時在德意志銀行工作）協力，組織一個餐會小組，我們定期聚餐，討論金融史上的重要事件。我們在二〇一五年發表一份簡短的「金融史餐會俱樂部」報告書。(Aldington et al., 2015)

4. 銀行假日是在三月六日當天發布。三月九日那天，國會通過緊急銀行法案。三月十三日當天，也就是緊急法案生效後短短四天，各城市的聯邦準備銀行就接到重新營業的許可。到三月十五日當天，控制了全國90％銀行業資源的銀行業者都已重新營業。不過，還是有四千家無力償債的銀行從此沒有再復業。
5. Source: https://www.fdic.gov/about/history/3-12-33transcript.html
6. 數據是來自Banker Database: www.thebankerdatabase.com，為二〇一四年底的數據。
7. 誠如銀行家資料庫（Banker Database）所列，全世界的銀行資產是世界排名前一千大銀行的總資產。www.thebankerdatabase.com
8. The Banker Database, www.thebankerdatabase.com.
9. 二〇〇八年至二〇一三年間擔任英國金融服務局局長的阿戴爾．透納在他所寫的「透納的英國金融危機報告」中，使用了「對社會無用」的形容詞。「做上帝認可的崇高事業」則是引用高盛執行長洛伊德．布蘭克芬在二〇〇九年十一月八日出版的《週日時報》（*Sunday Times*）一篇訪問中的說法。
10. 數據是來自Banker Database: www.thebankerdatabase.com，為二〇一四年底的數據。
11. 由於任何一家銀行的總資產必定等於總負債，所以，槓桿比率可以用資產相對權益資本來衡量，也可以用負債相對權益資本來衡量。
12. Brennan, Haldane and Madouros (2010).
13. 我偏好以「重要到不能倒」——而非「大到不能倒」——來形容這個問題，因為如果一家銀行和其他銀行之間的交互關聯性很高，或者它的倒閉有可能引發其他銀行的感染效應，那麼就算它是一家小銀行，也可能攸關重大。
14. Wolf (2010).
15. Bank of England (2009).
16. Bank for international Settlements (BiS), Derivative Statistics 2015.

17. Abbey National在1989年股份化，目前是Santander UK的業務單位之一。

18. Michael Lewis (1989)的《*Liar's Poker*》一書貼切地描述了那種態度。

19. CCP研究基金會（CCP Research Foundation）對二〇一〇年至二〇一四年的訴訟成本估計值，http://conductcosts.ccpresearchfoundation.com/conduct-costs-results。這項估計值包括銀行提列的約七百億美元準備金，這筆準備金是作為訴訟賠償金準備（因過往行為而起的訴訟案件）之用。

20. Moggridge (1992), p. 95.

21. Keynes in a 1934 letter quoted by Chambers et al. (2014).

22. 伯尼．馬多夫是那斯達克證券交易所前董事長，為民間投資人管理資金多年，他用新投資人投入的資金來付款給舊投資人，這就是所謂的龐氏騙局（Ponzi scheme）。據估計，他詐騙投資人大約一百八十億美元，二〇〇九年入獄，被判一百五十年的最高刑期。

23. Quoted in Alan Harrington, 'The Tyranny of Forms', Life in the Crystal Palace (Knopf, 1959).

24. 這並不是說會計標準保證能公平且精確描述一家銀行的體質。(Dowd, 2015, Kerr, 2011)

25. 造就波克夏海瑟威投資成就的原因之一是華倫．巴菲特的精準判斷，另一個原因是他沒有把這家公司當成避險基金來經營，避險基金的收費通常是每年收取約當資本的2%的年費，再收取20%的績效費。那種高收費會導致最終投資人的報酬大幅降低。

26. 美國銀行二〇一四年年報，表6。金融與其他資產包括股票、債券、透過賣回協議而購買的證券（擔保附買回證券，一方簽訂合約賣出一項資產，並承諾將在特定日期以事先同意的價格買回這項資產）以及其他資產。其他借款包括短期與長期借款，以及透過擔保附買回交易取得的借款。

27. 關於從事期限轉換的銀行業者的銀行擠兌標準分析，請見Douglas Diamond and Philip Dybvig (1983)的著名文章裡的解釋。

28. Macey, Jonathan R. and Miller, Geofferey P. (1992).

29. 關於格拉斯哥市銀行破產以及後續廢除無限負債的立法，有一份絕佳的記事可供參考，請詳愛丁堡大學湯瑪斯．華德（Thomas Ward）的碩士論文：'The regulatory response to the Collapse of the City of glasgow Bank, 1878 to 79', Masters thesis,
30. *The Economist*, 25 October 1879.
31. 最早提出這個強有力觀點的是Hellwig (1995)。
32. Bernanke (2015)生動描述了貨幣市場基金的命運以及聯準會的回應。
33. 這些工具也稱為「渠道」（conduits）或結構性投資工具（SIV）。它們的負債也稱為資產擔保商業本票（Asset Backes Commercial Paper，簡稱ABCP）。
34. Bagehot (1873), p. 49.
35. Calomiris and Haber (2014).
36. 這五家銀行分別是加拿大皇家銀行（Royal Bank of Canada）、多倫多道明銀行（Toronto Dominion Bank）、加拿大豐業銀行（Bank of Nova Scotia）、蒙特婁銀行（Bank of Montreal），以及加拿大帝國商業銀行（Canadian Imperial Bank of Commerce）。
37. 雖然存款保險計畫受到整個銀行體系名義上的支持，但在危機時期（如二〇〇八年），還是由政府提供融資來確保存款人能夠領到錢。
38. 見McLean and Elkind (2004)安隆的興起與衰落紀實。

第4章　極端不確定性：金融市場的目的

1. 保羅．蘭伯特在二〇一五年二月失業，儘管他提出這個建言，但失業一事還是出乎他的意料之外。
2. Gigerenzer (2002, 2015), Gigerenzer and Gray (2011).
3. 《金融時報》（*Financial Times*）二〇〇七年八月十三日，換言之，他觀察到的價格波動比25個標準差還要大，所謂標準差是衡量過往價格變動離差（dispersion）的指標。

4. Syed (2011).

5. Smith (2012).

6. 這個例子曾於 Gigerenzer (2014) 中探討。

7. 這是「火雞錯覺」（turkey illusion）的例子之一，最初是 Bertrand Russell (1912) 提出，後來因 Taleb and Blyth (2011) 而普遍為世人所知。所謂火雞錯覺是指火雞誤以為每天的餵食流程會永遠不變。到感恩節前，火雞一如往常地去餵食地點，渾然不知農夫不僅不會餵食，還會把它們抓起來宰殺。未能了解這個流程的脈絡或模型，導致火雞大大出乎意料之外，這個情況和很多屋主在房價停止上漲後感到訝異非常類似。

8. Letter to Frederick William, Prince of Prussia, 28 November 1770, in Tallentyre, S.G., (1919), p. 232.

9. Knight (1921).

10. Malthus (1798), Chapter IX. 7.

11. 保險統計專業協會（Actuarial Profession）是人壽保險公司與年金提供業者的組織之一，它在一九八〇年預測，那一年正好六十歲的男人預期還能再活二十年。在當時，一般人認為一九九九年年滿六十歲的人可以再活二十一年。不過，到一九九九年時，一般預測一個六十歲的男人可以再活二十六年。換言之，在二十年間，期望壽命上修了五歲。

12. 市場經濟體系其他無效率來源包括獨占、「外部性」（無法訂價的產出，如污染）或公共財（就公共財集資的方式而言，這製造一種囚犯兩難）等。

13. Samuelson (1937) and Houthakker (1950) 說明，從一個基本公理——顯示性偏好廣義公理（Generalised Axiom of Revealed Preference）——就可推演出「理性代理人將追求期望效用最大化」的假設。這個公理是：經濟代理人在A、B與C等結果之間作選擇時，如果他偏好B勝過C，而且偏好A勝過B，那他永遠不會偏好C勝過A。

14. 由Levitt和Dubner所著的暢銷書《蘋果橘子經濟學》（*Freakonomics*, 2005）是個好例子。

15. Friedman (1953).

16. Gigerenzer (2002).

17. 在這份文獻，這就是所謂的「凝視直觀推斷」（gaze heuristic）

18. Keynes (1937a).

19. 不過，在一個隱含極端不確定性的世界，也沒有必要保留這樣的假設。因為應變策略可用來適應新環境，而新環境可能會自然而然導致我們做出看起來每次都不一致的決策。

20. Kahneman (2011), Kahneman and Tversky (1979), Tversky and Kahneman (1974), Thaler (1991), Thaler and Sunstein (2008).

21. 早期取代最佳化理論的替代理論是「滿意度」的概念。它主張逐一搜尋一組替代方案，一旦找到其中一個能滿足某種接受性門檻的方案，就可停止，而不是執著地在整組方案中找出一個最佳的方案（如果一家餐廳的菜單很冗長，那麼對於寧可和夥伴聊天的人來說，滿意度概念是一個合理的方法），這是赫伯特．賽門（Herbert Simon，1956)提出。「滿意度」對「相對容易透過過往經驗來定義接受性門檻」的那類問題來說，是可能的首要原則之一。「滿意度」概念在貨幣政策上有一個有趣的應用，請見，Krawczyk and Kim (2009)——利用可行性理論（viability theory）的嚴謹工具。至於其他難以靠過往經驗來引導的問題，這個概念就比較沒有用。

22. Kahneman (2011).

23. Gigerenzer and Brighton (2009).

24. Tuckett (2011), p.13.

25. 有關直觀推斷應用到跨期決策（intertemporal decisions，也就是會在不同時間點產生影響的決策）的最新研究實例之一，請見Ericson, White, Laibson and Cohen (2015)

26. Knight (1921), p. 227.
27. Gigerenzer and Brighton (2009); Gigerenzer (2014).
28. 納辛姆．塔雷伯在他精采的長篇著作《反脆弱》（*Antifragile*）中，提議採用一個通用方法來接納非預期的情況。他主張，脆弱的相反並非堅強，而是「反脆弱」，那個系統能從衝擊中學習。誠如塔雷伯所言：「一個錯綜複雜的系統並不需要複雜的制度、監理法規和錯綜的政策，這和一般人所想的相反，愈單純反而愈好。複雜性會導致非預期效果連環增生。」
29. 這些標準是所謂巴塞爾委員會所設定，這個委員會是由G20中央銀行總裁與監理官員小組組成。
30. Aikman et al. (2014)。「破產」的定義包含根據外界判斷，若缺乏政府針對全體銀行業大手筆干預之類的援助就會違約的銀行。
31. Shin (2009).
32. Tuckman (2015).
33. 關於這個例子，我要直接對Michael Pescod表達感謝。
34. 華倫．巴菲特在二〇〇二年寫給波克夏海瑟威公司股東的年度信函中提起。
35. 例如我自己在二〇〇七年六月二十號於Mansion House的演講：http://www.bankofengland.co.uk/archive/Documents/historicpubs/speeches/2007/speech313.pdf
36. 見Tuckman (2013).
37. Knight (1921), p. 232. 亞洛與德布魯本身都心知肚明，他們的理論架構雖然非常精美，但他們的成就僅在於說明一個有效率的競爭市場體系的狀態真的嚴重受局限，所以完全不足採信。
38. Grossman and Miller (1988).
39. 這個小組包含八至十六家銀行，成員數取決於利率的期限與貨幣，而LIBOR是排除兩端的極端觀測值後的平均利率報價。

40. Wheatley (2012), p. 30.

41. 外匯市場也查出相似的不當與非法行為，而且二〇一五年時，有很多家全球銀行因從事市場操縱行為而被罰了數十億美元。

42. 唯一的合理解決方案就是放棄以LIBOR來作為連續性標竿利率，並以某個不可能因流動性偶爾枯竭而受創的工具的利率取代之，例如官方隔夜利率。由於有那麼高比例的現有金融工具存量採用LIBOR來作為參考利率，所以，若改採另一個標竿利率，難免會衍生另一個囚犯兩難：沒有一家企業會主動改變自家的衍生性金融商品合約標竿利率。這個刻不容緩的變革必須在監理機關與中央銀行敦促下，透過市場參與者的協同行動才能實現。

43. 這三個人是尤金・法瑪（Eugene Fama）、羅伯・莫頓（Robert Merton）與羅伯・席勒。

44. Schumpeter (1942).

45. Keynes (1936), p. 156.

46. 見Tuckett (2012)，他主張：「基於金融資產價格不可能經由基本面——基本面不可知——設定，故價格是由和基本面有關的敘述設定——具體而言，就是指在任何一個時刻被市場共識判定為真的敘述。」而由於最受歡迎且被判定為真的敘述有可能比基本面更快發生變化，所以，資產評價也可能極快速變動。

47. 一微秒是指百萬分之一秒。高頻交易的故事是Lewis (2014)提出。

48. 目前高頻交易員可以透過下買單、接收報價以及幾乎即刻（在幾毫秒的時間內）反向下單或抽掉買單的方式，來了解一檔股票的訂單流。若採拍賣系統，他們就不能在下買單時接收到回饋訊息，要等到拍賣開始進行後才能得知相關的訊息。

49. Admati and Pfleiderer (1988)在很久以前就分析過股票市場交易結構的這個面向。

第5章　英雄與惡棍：中央銀行的角色

1. Jarvie (1934).
2. Keynes (1931).
3. Goodhart (1988), pp. 122-3.
4. 聯準會法案是在一九一三年十二月二十三日當天獲國會通過，並在伍德洛．威爾遜總統（Woodrow Wilson）簽署下，成為正式法律。
5. 前者是約瑟夫．班克斯爵士（Sir Joseph Banks）的描述，他是英國植物學家，擔任皇家協會（Royal Societ）主席長達四十年以上。後者引用自一八一九年三月三十一日《*The Black Dwarf*》雜誌。
6. Veto Message regarding the Bank of the United States, 10 July 1832 (empha- sis added).
7. Goodhart (1988), chapter 5.
8. 這句口號也被榮恩．保羅（Ron Paul）議員用來作為一本書的書名，那本書在二〇〇九年出版。
9. 威勒法官的意見（ruling 11-779C, 15 June 2015）是，他認為FED的行動「構成美國憲法第五修正案中所指的非法勒索」，所以，FED「沒有合法權利成為AIG的所有權人」。不過，他也裁定，「不可避免的結論是，AIG必須（在沒有紓困的情況下）聲請破產」，「股東普通股的價值將降為零」。他拒絕對任何損失裁定賠償。該裁決可提出上訴。
10. 和貨幣直接交易（Outright Monetary Transactions）有關的疑慮，這項機制的設計是為了引導周邊國家主權債務利率降低。二〇一五年時，歐洲法院（European Court of Justice，簡稱ECJ）判定這些交易是合法的，但德國聯邦憲法法庭（German Federal Constitutional Court，簡稱GFCC）尚未提出回應。不管結果是什麼，GFCC和ECJ各自的權力範圍本來就不清不楚，這製造了和ECB法律權力有關的不確定性。
11. Hume (1752). 也見Smith (1776).
12. 一九九二年時，英國採用一個需要由財政部與英格蘭銀行共同達成的通貨膨脹目標。英格蘭銀行直到一九九七年才獲得貨幣政策方面的獨立權。

13. Greenspan (2002).

14. Blinder (1995).

15. Gibbon (1776) vol. 1, p. 346.

16. 關於各中央銀行獨立運動的更廣泛調查，請見Crowe and Meade (2007)。

17. 「Just do it（放手去做）」是耐吉公司（Nike）著名的廣告詞。

18. 就深刻的意義而言，只有完整了解摩擦的本質，才有可能決定貨幣政策的目標。Woodford (2003) 與其他人討論了基本面分析與「貨幣政策應以穩定的通貨膨脹與產出為目標」的主張之間的關連性。

19. 雙重法定任務是在一九七七年的聯準會改革法案中設定。

20. 絕佳的實例是Michael Woodford (2003) 的《*Interest and Prices*》，這本書是以瑞典經濟學家納特．威克謝爾（Knut Wicksell）在一百年前提出的概念為基礎，他主張價格穩定的關鍵取決於有關「未來名目利率之適當途徑」的想法。

21. 這項法案是在二〇一四年七月八日在眾議院提出。

22. 有關通貨膨脹目標制降低通貨膨脹水準與波動性等成就的相關討論，請見King (2012)。

23. 《公禱書》（*Book of Common Prayer*）裡的公共懺悔：「我們沒有完成我們早該完成的事，還做了我們不該做的事，這不利於我們的健康。」

24. 保羅．伏克爾是一九七九年至一九八七年間的聯準會主席，也是引導那段期間美國通貨膨脹降低的操盤手。

25. 不過，二〇一三年馬克．卡爾尼和珍娜．葉倫的任命案增添了某種程度的迷惑感，原本在前幾任主席時代，那種迷惑感已經消失。

26. 一九九三年十月，葛林斯潘主席在國會明確揭露了保存迄今的委員會會議謄本。一九九四年開始，該會便開始揭露會議謄本，但是在會議結束後五年揭露。

27. Friedman (1956) 貨幣經濟體系的某些最重要且最具想像力的分析收錄在 Patinkin (1956)。

28. 我所謂的「民間部門」是指任何一個民間部門的人或機構，銀行除外。如果一家銀行出售債券給中央銀行，非銀行民間部門的存款（對應到所謂貨幣）並不會增加。

29. 這個命名原則反映出一個事實：創造貨幣來購買政府債券，實質上就代表政府無須出售那麼多債券給民間部門，所以「政府讓它本身的資金不足」，而相反的情況是指為了限制貨幣成長率而出售額外的債券。

30. 挹注貨幣到經濟體系會促使一般人把債券賣給中央銀行，而他們會把因此收到的部分資金用來購買其他金融工具，進而推升這些工具的價格，並使得這些工具的收益率相對政府債券收益率降低。政府債券收益率與其他金融工具收益率之間的差異就稱為風險溢酬或信用利差。某些經濟學家因此稱 QE 是一種信用寬鬆政策。

31. Bernanke (2014).

32. Woodford (2013).

33. 為紀念成功的法式蒙帝格納克節食法，我喜歡把通貨膨脹目標制比為蒙帝格納克貨幣主義。

34. Evidence by Sir Ernest Harvey to the Macmillan Committee in 1930.

35. Bernanke (2014).

36. Thornton (1802), p. 145 in the 1807 US edition published in Philadelphia by James Humphreys.

37. Cowen, Sylla and Wright (2009).

38. 傑瑞米亞．哈爾曼（Jeremiah Harman）在一八三二年時針對英格蘭銀行的章程向機密委員會提出的證詞。Minutes of Evidence, p. 154, response to Question 2217. 哈爾曼是一八一六年至一八一八年間的總裁，但代表英格蘭銀行提出證詞。

39. *The Bankers' Magazine*, June 1866, p. 646.

40. Bagehot (1873), p. 51.

41. 也見 Mehrling (2011).

42. Hankey (1867), p. 24 of 1887 edn.

43. Ibid, p. 29.

44. Friedman and Schwartz (1963).

45. 我在二〇〇六年十二月十五日與Niall Ferguson的一場早餐會報中，針對當時與一九一四年之間的雷同表達我的疑慮。他事後在二〇〇七年為Drobny Associates撰寫的一篇傳單上寫道：「他（總裁）認為，一場大到貨幣主管機關無力獨立應付的流動性危機很有可能會發生。一如一九一四年，各國政府將必須介入。」關於一九一四年金融危機，寫得最好的兩篇記事是Roberts (2013)與Silber (2007)，分別是記載倫敦與紐約發生的事件。

46. Clark (1974).

47. Keynes (1914a), p.4.

48. 摘錄於Fildes (2013).

49. Keynes (1914b), p. 473.

50. Grant (2014) and Silber (2007)對於麥卡杜關閉交易所的角色有不同的紀錄。

51. 摘錄於Roberts (2013), p. 109.

52. Lloyd George (1933), p. 62.

53. Ibid, p. 62.

54. Keynes (1914a), p. 484.

55. Hargrave (1939).

56. Lloyd George (1933), p. 66.

57. 「銀行需要調整資本結構」一事是二〇〇八年一整年英格蘭銀行與英國政府之間的政策討論重點。相關的討論在二〇〇八年十月八日星期三的公告達到高潮，這項公告提到，將要求英國銀行業者進行大規模的資本結構調整（以及宣布主要中央銀行將同步降低利率）。另外，這場危機的轉折點是：美國人追隨英國人的腳步，宣布將利用國會不甘不願撥付的資金來進行所謂的問題資產紓困計畫（Troubled Asset Relief Program，簡稱TARP），以重新調整美國銀行業者的資本結構。到這個計畫在二〇〇九年春天付諸實施，配合接下來的美國銀行業壓力測試，銀行危機終告實質結束。

58. MacGregor (2014).

59. R oberts (2013), p. 165.

60. Comptroller of the Currency, Annual Report 1907, p. 74, quoted in Silber (2007), p. 77.

61. Silber (2007), p. 81.

62. Daily Gazetteer, 7 April 1737.

第6章　結婚與離婚：貨幣與國家的關係

1. Mundell (1961).

2. 最適貨幣區域除了考量貿易與競爭力的變化，還有其他非常多因素要考量。貨幣政策目標的共識——尤其是對價格穩定重要性的認同——是和諧貨幣聯盟的必要元素。Chari et al. (2013) 將貨幣聯盟的經濟算計進一步延伸，涵蓋了「與志趣相投的國家保障彼此免於受市場『信用度』非系統衝擊」有關的利益。

3. Colley (2014), pp. 9–10.

4. Mill, John Stuart (1848), p. 153.

5. http://www.nytimes.com/2014/11/15/world/middleeast/islamic-state-says- it-plans-to-issue-its-own-currency-.html

6. 國際標準化組織（International Organisation for Standardisation，簡稱ISO）列出了一百五十二種官方貨幣的貨幣代碼；IMF成員調整過世界上的貨幣聯盟成員後，共有一百四十六種貨幣（加上古巴）—— Table 2 of the 2014 iMF Annual report on Exchange Arrangements and Exchange restrictions。

7. 威爾斯在一五四二年正式合併到英格蘭。一七〇七年的聯邦法案（Acts of Union）創建了大不列顛王國。一八〇〇年的聯邦法案將愛爾蘭納入大不列顛與愛爾蘭聯合王國。接下來是一九二一年愛爾蘭自由邦的創立，最終達到愛爾蘭獨立。大不列顛與北愛爾蘭王國在一九二七年誕生。

8. 在與歐洲同儕的很多討論過程中，我震驚地發現不只一人認為歐洲貨幣聯盟是重建神聖羅馬帝國的好機會。

9. 那七個國家是波西尼亞、克羅埃西亞、科索沃、馬其頓共和國、蒙特內哥羅、塞爾維亞，以及斯洛伐尼亞。

10. 在實務上，ＬＭＵ於一九一四年告終，不過，它的正式結構的某些元素還是苟延殘喘到一九二七年。見 Flandreau (2000)。

11. 直到一九四六年國有化後，英格蘭銀行才得以印製有描繪主權的鈔票。第一批印有女王頭像的鈔票是在一九六〇年發行。硬幣不是英格蘭銀行製造，而是財政部所屬的皇家鑄幣廠製造，它負責鑄造有描繪主權的硬幣已有幾個世紀。

12. Mohr (2014).

13. 奧地利、比利時、芬蘭、德國、愛爾蘭、義大利、盧森堡、荷蘭、葡萄牙和西班牙是一九九九年的創立成員國。後續加入的是二〇〇一年的希臘、二〇〇七年的斯洛伐尼亞、二〇〇八年的賽浦路斯與馬爾他、二〇〇九年的斯洛伐克、二〇一一年的愛沙尼亞、二〇一四年的拉脫維亞，以及二〇一五年的立陶宛。

14. Bagehot (1869), p. 9.

15. Jackson (2001).

16. 這個觀點和歐洲議會主席傑克斯·戴勒斯（Jacques Delors）的主要顧問之一 Tommaso Padoa-Schioppa 特別有關。戴勒斯後來擔任義大利中央銀行與政府高官，並短暫擔任義大利財政部長。

17. 引用於 Alexander Woollcott, 'The First Mrs. Tanqueray', *While Rome Burns*(1934).

18. 關於歐元的誕生，最卓越的記事之一是 Issing (2008)。

19. 世界銀行資料庫。

20. Archbishop Hieronymos致首相帕帕季莫斯（Papademos）的信件翻譯，翻譯者為英格蘭銀行職員。這封信在二〇一二年二月二日被張貼在Archdiocese of Athens網站。
21. https://www.ecb.europa.eu/press/key/date/2012/html/sp120726.en.html
22. 二〇一五年一月，歐洲法院的佐審官表示，這個專案基本上和歐盟的運作方式條約（Treaty on the Functioning）相容，因為該專案是為貨幣政策的目的而實施。但很難理解為何他能將只購買某些國家的債務（而不購買其他國家的債務）解讀為全然的貨幣政策行動。佐審官的說法也令人質疑，ECB一方面有權設定一個國家加入該專案之資格條件，一方面又掌握主權債券購買決策，難免有潛在衝突的疑慮。
23. 數據來自於Eurostat。
24. http://www.theguardian.com/news/datablog/2014/oct/02/crowdsourcing- youth-migration-from-southern-europe-to-the-uk. See also data from the respective national statistical organisations.
25. http://www.bbc.co.uk/news/world-europe-33535205
26. IMF Country report No. 15/186, International Monetary Fund, Washington DC, 14 July 2015.
27. Connolly (1997).
28. 如果完全就業經常帳逆差（貿易逆差加上償還外債的淨成本）約當GDP的比重回歸到二〇〇七年的水準，那麼光是希臘、葡萄牙和西班牙（還不算義大利和法國）的外部融資需求，就會高達德國與荷蘭GDP的4.2％。（IMF WEO database, April 2015）
29. John Maynard Keynes, *New Statesman and Nation*, 10 July 1937.
30. Bergsten (2014).
31. Issing (2015).
32. 德國企業創造的德國外銷成就也幫了歐洲的其他人…整個歐元區擁有某個水準的外部餘額。若沒有我們的貢獻，我們相對世界其他地區的境況將很嚴重。德國財政部長Wolfgang Schäuble, *Financial Times*, 30 June 2014.

33. The essay by Brendan Simms (http://www.newstatesman.com/ politics/2015/07/why-we-need-british-europe-not-european-britain) 主張政治聯盟是「結果」，不是漸進式的流程，這個說法很有說服力，因為邁向貨幣聯盟的作法，已經使歐元區漸進式聚合與最終成立政治聯盟的選項遭到撤除。

34. 不管是哪個階段，庫德族人民從未宣稱瑞士第納爾是它們的通貨。這項通貨的控制權並不屬於他們，從二〇〇三年一月三十日庫德族地區政府總理巴札尼（Barzani）接受半島新聞訪問時所稱，便可清楚見到這一點，當時他說：「我們沒有我們自己的通貨。」

35. 這項數據的來源包括聯合國（取自以油換糧計畫）與伊拉克中央銀行。

36. 伊拉克中央銀行彙編，根據聯合國世界糧食計畫收集的資訊。

37. 見 Bank of England Museum (2010).

38. 雖然目前已有蘇格蘭銀行業者發行的銀行鈔票，但根據法律，這些鈔票必須以英格蘭的銀行鈔票作擔保，所謂英格蘭鈔票是指英格蘭銀行專為這個目的而發行的百萬英鎊面額特殊鈔票。

39. Bogetic (2000) 詳細討論了美元化組織的經驗。一個美元化的國家因缺乏本國通貨，所以無法印製貨幣來支應政府支出。一個揮霍無度的政府有可能抵抗不了放棄美元化的誘惑，改印本國的鈔票。二〇一四年時，厄瓜多的柯瑞亞總統（President Correa）宣布將開始發行本國的電子通貨。巴拿馬也從二〇一一年起開始鑄造本國硬幣 balboa，目前還不清楚這些硬幣是否受到足額的美元以及硬幣本身的金屬價值所擔保。有幾個國家已採納歐元，包括蒙特內哥羅，它並不是歐盟的成員。

40. 蘇格蘭政府並不會有稅收折損問題。目前蘇格蘭並沒有收到設籍該地的大型銀行的利潤相關稅收，因為蘇格蘭身為大英國協的一分子，並沒有收取獨立的企業稅。

第7章　恢復清白：改革貨幣與銀行業務

1. Bagehot (1873), p. 158–9.
2. Blakey (1839), p. 4.
3. 外界分別認為這本書是以下三人所寫。Robert Blakey（大英圖書館與Bodleian如此認定）、Thomas Doubleday（Goldsmiths Catalogue與Ashton, Fryson & Roberts, 1999如此認定）以及Thomas Ainge Devyr（我收藏了這本書的一本初版，上面有手寫的字跡）。Robert Blakey是十九世紀在英格蘭東北部的一名激進政治人物，他是激進的《*Northern Liberator*》報老闆。Thomas Doubleday是Blakey的密友，也是這份報紙的主要貢獻者。Devyr是愛爾蘭人，是這份報紙的副編輯。他後來因涉嫌密謀促進暴力憲章主義者運動，為了逃避被起訴而移民到紐約。有一個美國友人形容Devyr的職涯是：「愛爾蘭的民族主義者，英格蘭的憲章主義者，即使在美國也是某種革命主義者。無論如何，他對美國政治人物只有不屑和輕蔑。」(Adams, 1903)。Blakey因涉及搧動判變的毀謗而遭到起訴，最終被判刑，並簽保以保證遵守法紀三年。他在一八四〇年結束《*Northern Liberator*》的營運。
4. Blakey (1839), pp. 58–9.
5. 以當今的貨幣計算，大約等於五千英鎊。
6. 在英國，圍欄政策是採納獨立的銀行委員會在二〇一一年提出的建議，該會主席是約翰．維克斯爵士。而在美國，二〇一〇年的《達德–法蘭克華爾街改革與消費者保護法案》納入了所謂的伏克爾條款，這項條款禁止銀行業從事自營帳戶交易。
7. Basel Committee on Banking Supervision, *Regulatory Consistency Assessment Program Analysis of Risk-weighted Assets for Credit Risk in the Banking Book*, July 2013.
8. Bingham (2010) 講述了英國某個案件的報導，這個案例中的律師和法官都不知道被告犯下被控罪刑的日期至出庭日期的那段期間，適用該案件的攸關監理法規已經修訂，因為實在很難找到釐清的方法。
9. Mansfield (1761).

10. Haldane (2013).
11. 此資訊由the Bank of England提供。
12. 關於終結銀行業部分準備制的提案的詳盡調查，請見Lainà (2015)。
13. 一九三三年時，Henry Simons將描述這個計畫的六頁備忘錄以密件方式交給大約四十個人傳閱。
14. Fisher (1936a, 1936b), Friedman (1960), Minsky (1994), Tobin (1985).
15. 然而，凱因斯對銀行家很嚴厲。一九四九年，G. Wansborough在劍橋國王學院為凱因斯發行的回憶錄中寫道：「我們在《*Nation*》中拜讀過他對銀行業董事長演說的年度評論，如果我沒記錯的話，他在評論中說那些演說『吱吱喳喳預告冬天結束的燕子』，我們很多人將永遠記得我們閱讀到這些評論時那種幾近褻瀆的愉悅感」。他還說，「某種程度上來說，他那文采煥發的解說可能傷害了他對政策形成所作的貢獻；而如果他能更體貼那些位高權重者的感受，或許他的智慧能更早為這個國家帶來很多年的實質利益。」
16. Cochrane (2014), Benes and Kumhof (2012), Jackson and Dyson (2013), Kay (2009, 2015), Kotlikoff (2010), Wolf (2014).
17. As proposed by Kareken (1986) and Litan (1987).
18. 雖然芝加哥計畫並未設想到一家銀行會分成兩個部分，但100%準備的實施，代表銀行不能藉由放款來創造存款。因此就經濟的角度來說，銀行實質上就等於狹義銀行與廣義銀行的綜合體，沒有能力混合安全與風險資產的融資。
19. Benes and Kumhof (2012)所宣稱的利益——政府債務與利息將大幅降低——主要是根據鑄幣稅收入（因印製貨幣而獲得的利潤）將因中央銀行無須支付準備金利息而增加的假設而來。但如果要維持與目前民間貨幣相同規模的公共貨幣，那就不可能永久維繫，而且已有愈來愈多中央銀行為達貨幣管理的目的而支付準備金利息。
20. Fisher (1936b), p. 15.

21. 見 Holmstrom (2015) 中的討論。

22. Geithner (2014), p. 508.

23. Sedgwick (1840), pp. 104–5.

24. Bulow and Klemperer (2013, 2015) 一直在思考在改革銀行業資本監理規定與銀行倒閉時之損失分配的情境下的擔保品使用。

25. 那種資產不能也用來作為對其他債權人的擔保品。

26. 較精密但較複雜的有效流動負債衡量指標是根據負債的剩餘存續期間來衡量負債。短期擔保借款——如附買回市場的借款——不納入，因為如果放款人不對貸款展期，銀行將會取回擔保品，屆時銀行可將擔保品賣掉以取得流動資金，也可以用它來向另一個債權人借錢，或是將它抵押給中央銀行。

27. 看起來願意以固定價格贖回低變現性資產的機構（例如貨幣市場基金與某些其他金基金經理人）應該詳細說明將會以實際交易價格贖回，或者贖回價取決於ＰＦＡＳ的監理規定——見 Cochrane (2014)。

28. Federal reserve Board, Banking Statistics Table 5, return H.4.1.

29. reserve Bank of Australia, Domestic Market Operations August 2015, http://www.rba.gov.au/mkt-operations/dom-mkt-oper.html#tiotb3ls

30. 見 Admati and Hellwig (2013) 頗具說服力的論述。近幾年，很多人對創造新型態的「可自救」（bail-inable）債務的概念很有興趣，所謂可自救債務是指可在銀行跨過監理機關決定的某個門檻或超過資本比率的特定水準後轉換為股權的債券。在這些新工具中，最有趣的是 Jeremy Bulow 與 Paul Klemperer (2015) 提出的權益追索債券（equity recourse notes），這種債券的設計是要製造一種敦促銀行發行股權的誘因。一旦市場了解到那種型態的債務可轉為股權，而且也相信主管機關會果斷強制執行那個選項，那麼除了這種債券有降低銀行稅賦負債的潛力以外，實在看不出市場有什麼理由以不同於股價的價格來為這種債券訂價。不過，二〇一五年十一月金融穩定局決定將其他銀行發行的可自救債券列為銀行有效虧損吸收能力的一部分，卻是一種倒退的作法，會導致這個體系變得更羸弱。權益資本的吸引力在於它能在缺乏監理者的干預或啟動以債轉股等情況下直接吸收虧損。銀行處置方式自然會朝「更仰賴諸如可自救債券或應急資本」的方向前進。但如果那種債券是其他也使用槓桿的企業持有，就會有問題。因為為了保護A公司而採取的以債轉股行動，有可能對B公司等等造成問題。最終投資人持有的權益資本是吸收虧損的唯一安全緩衝。此外，所有處置機制——合法工具——生來都具備國有特質；換言之，銀行生的時候是全球的，死的時候變成國家的。另外，處置全球銀行時也將面臨巨大的挑戰，因為這些銀行橫跨了不同法律管轄權。我擔心未來當大型跨境銀行倒閉，將促使各國政治領袖展開熱線對話，最後藐視監理機關並阻止知名機構關門大吉。但要防止倒閉情事發生，唯一令人滿意的解決方案就是以權益資本來集資。

31. Admati and Hellwig (2013) 建議採20%以上的比率，那可列為長期目標。
32. Bank of England, http://www.bankofengland.co.uk/markets/Documents/smf/annualreport15.pdf
33. Rogoff (2014).
34. 美國銀行搶案從二〇〇四年的7556件降到二〇一四年的3961件（聯邦調查局銀行犯罪統計，二〇〇四年與二〇一四年）。美國電腦犯罪調查分析了電腦犯罪的增加。www.pwc.com/cybersecurity
35. 這個系統實質上是所有當期與過往交易的公開分類帳——就是一般所知道的區塊鏈技術。
36. 相關的電子通貨也可見相似的價格大幅波動，例如蘇格蘭的蘇格蘭幣。
37. http://auroracoin.org
38. 雖然以比特幣進行的交易不像現金交易，卻會在軟體會計系統留下永久紀錄，因此，Brito and Castillo (2013) 等評論家並未將之稱為匿名，而是稱之為假名。以比特幣形式儲存的貨幣也可能被駭客竊取或不慎遺失，一如現金容易被偷或遺失。
39. Yermack (2013) 提供了比特幣、黃金與主要貨幣價格的相對波動性數據。比特幣的波動性比其他貨幣大很多。
40. Fama (1980), Hall (1983) and Issing (1999) 都討論過這類經濟體系。

41. 貨幣作為記帳單位的議題，請見Doepke and Schneider (2013)。
42. Magna Carta, chapter 35, translation of the original Latin of 1215.
43. Hayek (1976)。一則理論上的討論，參考King (1983) 及 Summers (1983) 的回應。
44. 採用紙製貨幣式自由市場的第二個可能的問題是，即使有共通的記帳單位，新貨幣有可能導致一般人對現有貨幣的信心降低。假定我們一開始只使用一種稱為「元」的紙製貨幣，印製一張「元」銀行鈔票的成本最多是幾分錢。所以，貨幣印製權可說是價值不斐，當然，只要這些鈔票無須提供同等價值的實體資產擔保。現在，假定其他發行者獲准進入這個市場。如果他們能以面額印製一元，就有可能抵擋不了誘惑，發行以較少實體資產（可能是黃金，也可能是貸款）擔保的新鈔票。如果市場能正確評估這些新鈔票的價值，這些鈔票的價值就會被打折扣，一如第二章討論的自由銀行時代。不過，如果消費者不太有能力評估不同銀行發行的鈔票的價值，或者法律規定這些鈔票必須以面額交易，那麼，新鈔票就會被用來進行收付款，先前那種鈔票就會被囤積起來。新的鈔票發行者將獲得極可觀的利潤。在限額範圍內，通貨的供給有可能持續擴大，直到鈔票的價值降到鈔票的印製成本時為止。到時候，劣幣就會驅逐良幣。這個現象就是所謂的格雷斯罕定律（Gresham's Law），那是以托馬斯．格雷斯罕爵士的名字取的名，他是十六世紀的英國皇家顧問之一，他在解釋為何亨利八世發行的劣質硬幣會廣泛流通，而較好的硬幣卻消失不再流通時，提到這個觀點。當然，那就是當今仿造官方銀行鈔票的假鈔想要達到的目的，也是凡柯爾特先生在他的銀行鈔票清單納入有助於辨識假鈔的資訊的原因。
45. 可參考由Kay (2015) 所著的那本傑出當代著作。
46. 一九五五年五月，令人崇敬的J. d'E. Firth在巴克萊銀行年度服務上佈道所言。一九一八年身為小學生的他，在曼徹斯特對伊頓之戰，連續讓十個人出局。(reprinted in *The Trusty Servant*, Winchester College, May 2010)
47. *Financial Times*, 19 December 2014.
48. Blakey (1839), p. 6.

49. Keynes (1936), p. 383.
50. Ibid, p. 383：「相信自己非常不容易受任何理智影響力影響的實務界人士，通常是某些已故經濟學家的奴隸。」

第8章　癒合與傲慢：今日的經濟世界

1. IMF World Economic Outlook Database, Spring 2015.
2. Reinhart and Rogoff (2009).
3. 二〇〇八年以後，各國中央銀行經常會提到「逆風」；國際清算銀行多年來提倡「因債務水準上升而衍生的風險會威脅到穩定性」的概念，並表示因此而爆發的危機是一種「資產負債表衰退（見該行各年度的年報）」。哈佛大學經濟學家暨美國前財政部長勞倫斯．桑默斯在二〇一三年十一月十六日一場國際貨幣基金研討會中主張，或許可以用長期停滯世代（此時均衡利率為負）來解釋為何二〇〇八年危機爆發前缺乏通貨膨脹壓力，危機爆發後又缺乏成長力量。
4. 凱因斯本身形容他的著作是「古典」經濟學理論的相反。反革命被形容為「新古典」經濟學，不過，它和瓦爾拉斯（Walras）、李嘉圖、馬歇爾和庇古的「古典」方法都有著相同傳統。近幾年，有人意圖將這兩者整合為所謂的新凱因斯模型，我稍後會討論到這個模型。
5. Keynes (1936), chapter 12, p. 161.
6. US Energy information Administration.
7. 原油分成很多等級，不過，有兩個標竿，一個是布蘭特原油，一個是西德州中級原油，分別在位於倫敦的洲際交易所（前身是國際原油交易所）與紐約商品交易所交易。此外，它也有一個相當熱絡的多邊交易櫃檯市場。
8. 幾份理論研究報告嘗試以抽象的賽局理論性說明，來表達一個經濟體系的協同失敗，例如 Cooper and John (1988) 以及近來的 Angeletos et al. (2014)。即使那種抽象描述雖然具備根本影響力，但若想要了解協同問題，那種抽象描述是沒有必要的。

9. Krugman (2011).

10. 其他開創性貢獻來自美國經濟學家Tom Sargent與Neil Wallace等人。

11. 根據新古典經濟學模型，分配的隨機變動會衍生衝擊，Hendry and Mizon (2014)稱之為「外來不確定性」（extrinsic uncertainty），與極端不確定性類似。

12. 這種模型被形容為「新凱因斯」模型，不過，凱因斯有關經濟衰退的觀點並非取決於工資及物價對外部衝擊的調整過於緩慢，而凱因斯觀點的精髓——即極端不確定性與隨之而起的囚犯兩難——並沒有在這種模型裡出現。

13. 那些模型有時被形容為「動態隨機一般均衡」（dynamic stochastic general equilibrium，簡稱DSGE）模型，目前已成為很多現代總體經濟學的基礎。尤其世界各國中央銀行分析貨幣政策時所使用的預測模型，就是新凱因斯學派的DSGE模型。

14. 在實務上，各國央行在進行預測時，也會謹慎觀察通貨膨脹預期心理的調查估計值，以及指數連動政府證券收益率的行為，不過，那些預測值會基於內文中解釋的理由而復歸到目標值。

15. 關於這裡提到的政治事件中，有多少是先前就有人預見到的、可納入模型預測的，以及有多少事件代表極端不確定性等，確實有辯論空間，但一般論點還是站得住腳。

16. 多數經濟學家覺得不具說服力的觀點之一是，有時候一般人會想花少一點，並留多一點休閒時間，另外，有時候則會想多花一點錢，少一點休閒時間。前者是就業狀況低迷的時期，後者則是高就業時期。商業週期是理性的現象，那種模型被商為「實際商業週期」模型。

17. Minsky (1975, 1986)，他在一九九六年過世，大約在他的概念再度蔚為主流前十二年。

18. 見Gennaioli, Shleifer and Vishny (2015)及Eggertsson and Krugman (2012)。

19. 那種特質有時也被形容為「金融摩擦」，它有時會「穿幫」，因為這些特質被視為對某個基本真實模型的小障礙，不會對模型本身構成挑戰。

20. Keynes (1936), p. 96.
21. Keynes (1923a), p. 80.
22. Hicks (1974), p. 1.
23.「體面的十年」一詞最初是在King (2003)提出。
24. 羅斯福總統的就職演說，一九三三年三月四日，星期六。關於較現代人士對整體經濟活動缺乏信心的影響的討論，可見George-Marios Angeletos (Angeletos et al., 2014)與Roger Farmer (Farmer, 2012)的著作。
25. Greenspan (2014), p. 44.
26. 關於為何戰後期間的投資成長比早期穩定，可見Matthews (1960)，當中的論述非常有道理。
27. Davidsson (2011)。英國的改革是在一九八〇年代開始，歐洲則是更晚以後才導入。舉個例子，德國直到二〇〇三年才在施羅德總理（Chancellor Schröder）的領導下，開始實施旨在創造新就業機會的所謂赫茲計畫（Hartz plan）。
28. 德國於一九九〇年統一後一段期間，都還是呈現貿易逆差，不過，長久下來，漸漸變成累積了鉅額貿易順差。
29. 拿增值的住宅去貸款，並利用因此取得的資金來支應消費，這被稱為「增值抵押」（equity withdrawal）
30. 聯準會這項統計證據的解釋之一是，它擷取自房價經常隨經濟起伏而漲跌的那段期間。那些經濟起伏有可能導致消費支出產生對應的變化，換言之，消費支出的變化雖和房價變動相關，但非房價變動所致。
31. IMF World Economic Outlook Database, April 2015.
32. Caruana (2014).
33. Turner (2014).
34. Taylor (2015).
35. King (2009).
36. Grant (2014).

37. Ibid.
38. Ibid.
39. 見貨幣政策委員會的會議記錄，尤其是二〇〇一年的記錄。所有相關會議記錄都可在www.bankofengland.co.uk/publications/ minutes/Pages/mpc/取得。
40. As anticipated in King (2000).
41. See in particular the minutes of the MPC for January 2002.
42. http://www.bankofengland.co.uk/publications/Documents/speeches/2002/speech156.pdf
43. 相同地，MPC當中最擔心匯率過高的委員倡議較低——而非較高——利率，他們認為低利率能引導匯率貶值，但這樣卻有導致失衡惡化的風險。

第9章　無畏的悲觀主義：囚犯兩難與一步步逼近的危機

1. Bagehot (1873), pp. 138-9.
2. Standard and Poor's and *Financial Times*, 23 November 2015.
3. IMF World Economic Database, October 2015.
4. 對德國以外那幾個戰敗國要求的賠款很快就被撤銷，因為它們的經濟狀況很糟。
5. Keynes (1919).
6. 沙赫特(1877–1970)不是一個韜光養晦的人。他在一九二三年至一九三〇年間擔任德意志帝國銀行總裁，又在一九三三年至一九三九年回鍋，後來還擔任希特勒的經濟部長。他被監禁了很多年，在一九五〇年被一個去納粹化法院免刑。沙赫特後來因Liaquat Ahamed的《金融主宰》一書而永垂不朽，這本書是描述四個在一九二〇年代共同合作並在那段期間叱吒國際金融圈的中央銀行總裁（沙赫特、蒙塔格．諾曼、班傑明．史特龍以及伊麥爾．摩里歐）。

7. Schacht (1934).
8. Schacht (1955), p. 211。誠如他所寫：「我在這場戰鬥裡的對手（有關外國債務）非常多且極端短視。」
9. Benjamin Friedman (2014) 強力主張這個論點。
10. John Maynard Keynes (1923b), *Collected Writings*, vol. 18, p. 14.
11. Samuel Taylor Coleridge's poem *The Rime of the Ancient Mariner*, published in 1798, contained the line 'Water, water, everywhere, nor any drop to drink'.
12. The Five Presidents' report, 'Completing Europe's Economic and Monetary Union', European Commission, 22 June 2015, Brussels.
13. Issing (2015).
14. Keynes (1923b), p. 41.
15. 以經濟學家的語言來說，一個國家的均衡充分就業匯率低於它的長期均衡水準，至少暫時低於。
16. Rodrik (2011).
17. Macdonald (2015), p. 217.
18. 如果GDP是以購買力平價衡量，而不是以市場匯率衡量，那麼中國已在二〇一四年成為世界最大經濟體。
19. Paul Keating (2014) 詳列了非常有道理的分析。
20. Macdonald (2015).
21. Taylor (2014).
22. 可見如 Gordon (2016).
23. http://www.bls.gov/news.release/pdf/prod3.pdf
24. Weale (2015) 報導了OECD國家的整體類似數據。英國的實驗數據是國家統計辦公室提出。(http://www.ons.gov.uk/ons/publications/re-reference-tables.html?edition=tcm%3A77-386314)，這份數據顯示，在同一段期間，年

度多因素生產力成長率從大約0.75%降到負數。負成長率的估計值顯示那是測量誤差，而非技術進展。

25. http://www.bls.gov/news.release/pdf/prod3.pdf
26. Field (2012).
27. 例如 Keynes (1937b) 和 Reddaway (1939).
28. 未來的產出途徑是否將達到危機爆發前的總產出（GDP）途徑，取決於人口成長和勞動力參與，而這兩者都是出了名的難預測。(Goodhart et al. 2015)。
29. Marx and Engels (1848).
30. 可見如 Solow (1956).
31. 舉例來說，二〇一五年二月九至十日在伊斯坦堡舉行的G20財政部長與中央銀行總裁會議公報。
32. Winston Churchill, Speech to the Economic Club of New York, 9 February 1932.
33. Lloyd george (1933), vol. i, p. 74.
34. Acheson (1969).

參考書目

Acheson, Dean (1969), *Present at the Creation: My Years in the State Department*, W.W. Norton, New York.

Adams, W.E. (1903), *Memoirs of a Social Atom*, Dodo Press, London.

Admati, Anat and Martin Hellwig (2013), *The Bankers' New Clothes: What's Wrong with Banking and What to Do About It*, Princeton University Press, Princeton, New Jersey.

Admati, Anat and Pauld Pfleiderer (1988), 'A Theory of Intraday Patterns: Volume and Price Variability', *The Review of Financial Studies*, Vol. 1, No. 1, pp. 3–40.

Ahamed, Liaquat (2009), *Lords of Finance: The Bankers Who Broke the World*, Penguin, New York.

Aikman, David, Mirta Galesic, Gerd Gigerenzer, Sujit Kapadia, Konstantinos Katsikopoulos, Amit Kothiyal, Emma Murphy and Tobias Neumann (2014), 'Taking Uncertainty Seriously: Simplicity Versus Complexity in Financial Regulation', Financial Stability Paper No. 28, Bank of England, London.

Aldington, Charles, Peter Garber, James Macdonald and Richard Roberts (2014), *Financial History Dinners 2003–2013: A Memoir*, Printed by Blissetts, London.

Angeletos, George- Marios, Fabrice Collard and Harris Dellas (2014) 'Quantifying Confidence', mimeo, Massachusetts Institute of Technology, Cambridge, Massachusetts.

Arrow, K.J. (1951), 'An Extension of the Basic Theorems of Classical Welfare Economics', in *Proceedings of the Second Berkeley Symposium on Mathematical Statistics and Probability*, J. Neyman (ed.), Berkeley: University of

California Press, pp. 507–32.

Arrow, K.J. and Debreu, G. (1954) 'Existence of an Equilibrium for a Competitive Economy', *Econometrica*, Vol. 22, pp. 265–90.

Ashton, Owen, Robert Fyson and Stephen Roberts (1999), *The Chartist Legacy*, Merlin Press, Suffolk.

Bagehot, Walter (1869), *A Universal Money*, reprinted in 'The Collected Works of Walter Bagehot', *The Economist*, 1965.

—— (1873), *Lombard Street: A Description of the Money Market*, Henry S. King and Co., London.

Bank of England (2009), 'Financial Stability Report', June 2009, available at http://www.bankofengland.co.uk/publications/fsr/2009/fsrfull0906.pdf

Bank of England Museum (2010), *La Caisse Centrale de la France Libre: De Gaulle's Bank in London*, Governor and Company of the Bank of England, London.

Benes, Jaromir and Michael Kumhof (2012), 'The Chicago Plan Revisited', IMF Working Paper 12/202, mimeo, Washington.

Bergsten, C. Fred (2014) 'Germany and the Euro: The Revenge of Helmut Schmidt', Kurt Viermetz Lecture, American Academy of Berlin, 5 June 2014.

Bernanke, Ben (2005), 'The Global Savings Glut and the US Current Account Deficit', Sandbridge Lecture, Virginia Association of Economists, 10 March.

—— (2014), 'Central Banking After the Great Recession: Lessons Learned and Challenges Ahead', Discussion at the Brookings Institution, 16 January 2014.

—— (2015), *The Courage to Act: A Memoir of a Crisis and Its Aftermath*, W.W. Norton, New York.

Bernanke, Ben and Harold James (1991), 'The Gold Standard, Deflation, and Financial Crisis in the Great Depression: An

International Comparison', pp. 33–68 in R. Glenn Hubbard (ed.), *Financial Markets and Financial Crises*, University of Chicago Press, Chicago.

Bingham, Tom (2010), *The Rule of Law*, Penguin, London.

Binswanger, Hans (1994), *Money and Magic*, University of Chicago Press, Chicago.

Blakey, Robert (1839), *The Political Pilgrim's Progress*, John Bell, Newcastle- upon- Tyne.

Blinder, Alan (1995), 'The Strategy of Monetary Policy', *The Region*, Federal Reserve Bank of Minneapolis, 1 September 1995.

—— (1998), *Central Banking in Theory and Practice*, MIT Press, Cambridge, Massachusetts.

Bogetic, Zeljko (2000), 'Official Dollarization: Current Experiences and Issues', *Cato Journal,* Vol. 20, No. 2, pp. 179–213.

Borio, Claudio and Piti Disyatat (2011), 'Global Imbalances and the Financial Crisis: Link or No Link?', BIS Working Paper No. 346, Basel, Switzerland.

Brennan, Simon, Andrew Haldane and Vasileios Madouros (2010), 'The Contribution of the Financial Sector Miracle or Mirage?', London School of Economics Report on the Future of Finance, London.

Brito, Jerry and Andrea Castillo (2013), 'Bitcoin: A Primer for Policymakers', Mercatus Center, George Mason University, Arlington, Virginia.

Bulow, Jeremy and Paul Klemperer (2013), 'Market- Based Bank Capital Regulation', mimeo, University of Oxford, Oxford.

—— (2015), 'Equity Recourse Notes: Creating Countercyclical Bank Capital', mimeo, University of Oxford, Oxford.

Calomiris, Charles and Stephen Haber (2014), *Fragile By Design: The Political Origins of Banking Crises and Scarce Credit*, Princeton University Press, Princeton, New Jersey.

Carlyle, Thomas (1849), 'Occasional Discourse on the Negro Question', *Fraser's Magazine for Town and Country*, Vol. X, p. 672.

Caruana, Jaime (2014), 'Debt: The View from Basel', *BIS Papers* No. 80, Bank for International Settlements, Basel.

Cato Institute (2014), http://object.cato.org/sites/cato.org/files/serials/files/cato- journal/2014/5/cato- journal- v34n2-14.pdf

Celia, Jim and Farley Grubb (2014), 'Non- Legal- Tender Paper Money: The Structure and Performance of Maryland's Bills of Credit, 1767–1775', National Bureau of Economic Research Working Paper 20524, mimeo, Cambridge, Massachusetts.

Chambers, David, Elroy Dimson and Justin Foo (2014), 'Keynes, King's and Endowment Asset Management', National Bureau of Economic Research Working Paper 20421, mimeo, Cambridge, Massachussetts.

Chari, V.V., Alessandro Dovis and Patrick J. Kehoe (2013), 'Rethinking Optimal Currency Areas', Federal Reserve Bank of Minneapolis Research Department Staff Report, mimeo.

Clark, Kenneth (1974), *Another Part of the Wood: A Self Portrait*, Harper and Row, London and New York.

Cobbett, William (1828), *Paper Against Gold*, W. Cobbett, London.

Cochrane, John H. (2014), 'Toward a Run- Free Financial System', in (eds.) Baily, Martin and John Taylor, *Across the Great Divide: New Perspectives on the Financial Crisis*, Hoover Press, Stanford.

Colley, Linda (2014), *Acts of Union and Disunion*, Profile Books, London.

Connolly, Bernard (1997), 'Kohl's Compromise Won't Satisfy French Demands', *Wall Street Journal*, 5 June.

Cooper, Russell and Andrew John (1988), 'Coordinating Coordination Failures in Keynesian Models', *Quarterly Journal of Economics*, Vol. 103, No. 3, pp. 441–63.

Cowen, David, Richard Sylla and Robert Wright (2006), 'Alexander Hamilton, Central Banker: Crisis Management

During the U.S. Financial Panic of 1972', *Business History Review*, Vol. 83, No. 1, pp. 61–86.

Cowen, Tyler (2011), 'The Great Stagnation: How America Ate All the Low- Hanging Fruit of Modern History,
Got Sick, and Will (Eventually) Feel Better', Penguin eSpecial.

Crowe, Christopher and Ellen Meade (2007), 'The Evolution of Central Bank Governance around the World', *Journal of Economic Perspectives*, Vol. 21, No. 4, pp. 69–90.

Davidsson, Johan Bo (2011), 'An Analytical Overview of Labour Market Reforms Across the EU: Making Sense of the Variation', European University Institute, mimeo.

Debreu, G. (1951), 'The Coefficient of Resource Utilization', *Econometrica*, Vol. 19, pp. 273–92.

D'Hulster, Katia (2009), 'The Leverage Ratio', Crisis Report Note: number 11, World Bank, Washington DC.

Diamond, D.W. and P.H. Dybvig (1983), 'Bank Runs, Deposit Insurance, and Liquidity', *The Journal of Political Economy*, Vol. 91, No. 3, pp. 401–19.

Doepke, Matthias and Martin Schneider (2013), 'Money as a Unit of Account', mimeo, http://faculty.wcas.northwestern.edu/~mdo738/research/Doepke_Schneider_1013.pdf

Dooley, Michael, David Folkerts- Landau and Peter Garber (2003), 'An Essay on the Revived Bretton- Woods System', National Bureau of Economic Research Working Paper 9971, Cambridge, Massachusetts.

Dowd, Kevin (2015), 'Central Bank Stress Tests: Mad, Bad, and Dangerous', *Cato Journal*, Vol. 35, No. 3, pp. 507–24.

—— (2015), *No Stress: The Flaws in the Bank of England's Stress Testing Programme*, Adam Smith Research Trust, London.

Dumas, Charles (2004), 'US Balance Sheets Serially Trashed by Eurasian Surplus', Lombard Street Research *Monthly International Review*, No. 143, London.

—— (2010), *Globalization Fractures: How Major Nations' Interests Are Now In Conflict*, Profile Books, London.

Dumas, Charles and Diana Choyleva (2006), *The Bill from the China Shop*, Profile Books, London.

Eggertsson, Gauti and Paul Krugman (2012), 'Debt, Deleveraging, and the Liquidity Trap: A Fisher- Minsky-Koo Approach', *Quarterly Journal of Economics*, Vol. 127, No. 3, pp. 1469–1513.

Ericson, Keith, John White, David Laibson and Jonathan Cohen (2015), 'Money Early or Later? Simple Heuristics Explain Intertemporal Choices Better Than Delay Discounting', National Bureau of Economic Research Working Paper 20948, mimeo, Cambridge, Massachusetts.

Fama, Eugene (1980), 'Banking in the Theory of Finance', *Journal of Monetary Economics*, Vol. 6, No. 2, pp. 39–57.

Farmer, Roger (2012), 'Confidence Crashes and Animal Spirits', *Economic Journal*, Vol. 122, pp. 155–172.

Feldman, Gerald (1993), *The Great Disorder: Politics, Economics, and Society in the German Inflation 1914–1924*, Oxford Books, New York.

Field, Alexander J. (2012), *A Great Leap Forward: 1930s Depression and U.S. Economic Growth*, Yale University Press, New Haven.

Fildes, Christopher (2013), 'Review of *Saving the City* by Richard Roberts', mimeo.

Fischer, David H. (1996), *The Great Wave: Price Revolution and the Rhythm of History*, Oxford University Press, New York.

Fischer, Stanley (2014), 'The Great Recession: Moving Ahead', speech in Stockholm, Board of Governors of the Federal Reserve System, 11 August 2014.

—— (2014), 'The Federal Reserve and the Global Economy', Per Jacobsson Foundation Lecture, Annual Meetings of the International Monetary Fund and the World Bank Group, 11 October 2014.

Fisher, Irving (1936a), *100% Money*, second edition, Adelphi Company, New York.

—— (1936b), '100% Money and the Public Debt', *Economic Forum*, April- June, pp. 406–20.

Flandreau, Marc (2000), 'The Economics and Politics of Monetary Unions: A Reassessment of the Latin Monetary Union, 1865–1871', *Financial History Review*, Vol. 7, No. 1, pp. 25–44.

Franklin, Benjamin (1767), *The Papers of Benjamin Franklin, Volume 14*, ed. Leonard Labaree, Yale University Press, New Haven, 1970.

Friedman, Benjamin (2014), 'A Predictable Pathology', Keynote Address at the BIS Annual Conference, Lucerne, Switzerland, 27 June 2014.

Friedman, Milton (1953), *Essays in Positive Economics, I – The Methodology of Positive Economics,* University of Chicago Press, Chicago.

—— (1956), 'The Quantity Theory of Money – A Restatement', in M. Friedman (ed.), *Studies in the Quantity Theory of Money*, University of Chicago Press, Chicago, pp. 3–21.

—— (1960), *A Program for Monetary Stability*, Fordham University Press, New York.

Friedman, Milton and Anna Schwartz (1963), *A Monetary History of the United States, 1867–1960*, Princeton University Press, Princeton, New Jersey.

Fukuyama, Francis (1992), *The End of History and the Last Man*, Free Press, New York.

Geithner, Timothy (2014), *Stress Tests: Reflections on Financial Crises*, Crown Publishers, New York.

Gennaioli, Nicola, Andrei Shleifer and Robert Vishny (2015), 'Neglected Risks: The Psychology of Financial Crises', National Bureau of Economic Research Working Paper 20875, mimeo, Cambridge, Massachusetts.

Gibbon, Edward (1776), *The History of the Decline and Fall of the Roman Empire*, page number references to the Everyman edition of 1993, Random House, London.

Gigerenzer, Gerd (2002), *Calculated Risks: How to Know When Numbers Deceive You,* Simon and Schuster, New York.

—— (2007), *Gut Feelings: The Intelligence of the Unconscious*, Viking Books, New York.

—— (2014), *Risk Savvy: How to Make Good Decisions*, Allen Lane, London.

—— (2015), *Simply Rational*, Oxford University Press, Oxford. Gigerenzer, Gerd and Henry Brighton (2009), 'Homo Heuristicus: Why Biased Minds Make Better Inferences', *Topics in Cognative Science*, Vol. 1, pp. 107–143.

Gigerenzer, Gerd and Muir Gray eds. (2011), *Better Doctors, Better Patients, Better Decisions*, MIT Press, Cambridge, Massachusetts.

Goodhart, Charles (1988), *The Evolution of Central Banks*, MIT Press, Cambridge, Massachusetts.

—— (2015), 'The Determination of the Quantity of Bank Deposits', London School of Economics, mimeo.

Goodhart, Charles, Manoj Pradhan and Pratyancha Pardeshi (2015), 'Could Demographics Reverse Three Multi-Decade Trends?', Morgan Stanley Research Global Economics, mimeo.

Gordon, Robert J. (2012), 'Is US Economic Growth Over? Faltering Innovation Confronts the Six Headwinds',

National Bureau of Economic Research Working Paper 18315, Cambridge, Massachusetts.

—— (2016) *The Rise and Fall of American Growth: The U.S. Standard of Living since the Civil War*, Princeton University Press, Princeton, New Jersey.

Gorton, Gary B. (1989), 'Public Policy and the Evolution of Banking Markets', in *Bank System Risk: Charting a New Course*, Proceedings of a Conference on Bank Structure and Competition, Federal Reserve Bank of Chicago, pp. 233–52.

—— (2012), *Misunderstanding Financial Crises*, Oxford University Press, Oxford.

Grant, James (2014), *The Forgotten Depression: 1921: The Crash That Cured Itself*, Simon and Schuster, New York.

Greenspan, Alan (1966), 'Gold and Economic Freedom', *The Objectivist*.

—— (2002), 'Transparency in Monetary Policy,' *Federal Reserve of St Louis Review*, Vol. 84, No. 4, July/August,pp. 5–6.

—— (2014), *The Map and the Territory 2.0: Risk, Human Nature and the Future of Forecasting*, Penguin Press, New York.

Grossman, Sanford and Merton Miller (1988), 'Liquidity and Market Structure', *Journal of Finance*, Vol. 43, No. 3, pp. 617–33.

Grubb, Farley (2015), 'Is Paper Money Just Paper Money? Experimentation and Local Variation in the Fiat Paper Monies Issued by the Colonial Governments of British North America, 1690–1775: Part I', Working Paper Series 2015- 07, Department of Economics, University of Delaware, mimeo.

Hahn, Frank (1982), *Money and Inflation*, MIT Press, Cambridge, Massachusetts.

Haldane, Andrew G. (2013), 'Turning the Red Tape Tide', Speech at the International Financial Law Review Dinner, Bank of England, London.

Hall, Robert (1983), 'Optimal Fiduciary Monetary Systems', *Journal of Monetary Economics*, Vol. 12, No. 1, pp. 33–50.

Hammond, Peter J. (1975), 'Charity: Altruism or Cooperative Egoism?' in E.S. Phelps (ed.), *Altruism, Morality, and Economic Theory*, Russell Sage Foundation, New York, pp. 115–131.

Hankey, Thomson (1867), *The Principles of Banking*, Effingham Wilson, London (page references to the 1887 fourth edition reprinted in 2006 by Elibron Classics).

Hargrave, John (1939), *Professor Skinner alias Montagu Norman*, Wells Gardner, Darton & Co Ltd, London.

Harris, William (ed.) (2008), *Monetary Systems of the Greeks and Romans*, Oxford University Press, New York.

Hastings, Max (2013), *Catastrophe*, William Collins, London.

Hayek, Friedrich (1976), *The Denationalization of Money*, Institute of Economic Affairs, London.

Hayward, Ian (ed.) (1999), *Chartist Fiction: Thomas Doubleday, 'The Pilgrim's Progress' and Thomas Martin Wheeler, 'Sunshine And Shadow'*, Ashgate Publishing, London.

Hellwig, Martin (1995), 'Systemic Aspects of Risk Management in Banking and Finance', *Swiss Journal of Economics and Statistics*, Vol. 131, Issue IV , pp. 723–37.

Hendry, David and Grayham Mizon (2014a), 'Unpredictability in Economic Analysis, Econometric Modeling and Forecasting', *Journal of Econometrics*, Vol. 182, No. 1, pp. 186–95.

—— (2014b), 'Why DSGEs Crash During Crises', http://www.voxeu.org/article/why-standard-macro-models-fail-crises

Hicks, John R. (1937), 'Mr. Keynes and the "Classics" : A Suggested Interpretation', *Econometrica*, Vol. 5, No.2, pp. 147–59.

—— (1974), *The Crisis in Keynesian Economics*, Basil Blackwell, Oxford.

Holmstrom, Bengt (2015), 'Understanding the Role of Debt in the Financial System', BIS Working Paper No. 479, mimeo, Basel, Switzerland.

Holzer, Henry (1981), *Government's Money Monopoly*, Books in Focus, New York.

Houthakker, Hendrik (1950), 'Revealed Preference and the Utility Function', *Economica*, New Series, Vol. 17, No. 66, pp. 159–74.

Hume, David (1752), 'Of Money' in *Political Discourses*, A. Kincaid, Edinburgh.

Hunter, William W. (1868), *The Annals of Rural Bengal*, second edition, Smith, Elder and Co., London.

Issing, Otmar (1999), 'Hayek – Currency Competition and European Monetary Union', Speech at the Annual Memorial Lecture hosted by the Institute of Economics Affairs, London, 27 May 1999.

—— (2008), *The Birth of the Euro,* Cambridge University Press, Cambridge.

—— (2015), 'Completing the Unfinished House: Towards a Genuine Economic and Monetary Union?', Center for Financial Studies Working Paper 521, Frankfurt, forthcoming in *International Finance*.

Jackson, Andrew and Ben Dyson (2013), *Modernizing Money: Why Our Monetary System is Broken and How it Can be*

Fixed, Positive Money, London.

Jackson, Julian (2001), *France: The Dark Years 1940–44*, Oxford University Press.

Jarvie, J.R. (1934), *The Old Lady Unveiled: A Criticism and Explanation of the Bank of England*, Wishart & Company, London.

Johnson, Paul (1997), *A History of the American People*, Weidenfeld and Nicolson, London.

Kahneman, Daniel (2011), *Thinking, Fast and Slow*, Farrar, Straus and Giroux, New York.

Kahneman, Daniel and Amos Tversky (1979), 'Prospect Theory: An Analysis of Decision under Risk', *Econometrica*, Vol. 47, pp. 263–91.

Kalemli- Ozcan, Sebnem, Bent E. Sorensen and Sevcan Yesiltas (2012), 'Leverage Across Firms, Banks and Countries', Federal Reserve Bank of Dallas Conference on Financial Frictions and Monetary Policy in an Open Economy, mimeo.

Kareken, John (1986), 'Federal Bank Regulatory Policy: A Description and Some Observations', *Journal of Business*, 59, pp. 3–48.

Kay, John (2009), 'Narrow Banking: The Reform of Banking Regulation', Center for the Study of Financial Innovation Report, 15 September 2009.

—— (2015), *Other People's Money: The Real Business of Finance*, PublicAffairs, New York.

Keating, Paul (2014), 'Avoiding the Thucydides Trap in Asia', mimeo, Sydney.

Kerr, Gordon (2011), *The Law of Opposites: Illusory Profits in the Financial Sector*, Adam Smith Research Trust, London.

Keynes (1914a), *The Collected Writings of John Maynard Keynes, Volume 18, Activities: 1914–1919*, Macmillan, London, 1971, p. 4.

—— (1914b), 'War and the Financial System', *Economic Journal*, 24, 1971, p. 473.

—— (1919), *The Economic Consequences of the Peace*, Macmillan & Co., London.

—— (1922), *The Collected Writings of John Maynard Keynes, Volume 17, Activities: 1920–1922: Treaty Revision and Reconstruction*, ed. Elizabeth Johnson, Macmillan, London, 1977.

—— (1923a), *A Tract on Monetary Reform*, Macmillan, London.

—— (1923b), *The Collected Writings of John Maynard Keynes, Volume 18, Activities: 1922–1932: The End of Reparations*, ed. Elizabeth Johnson, Macmillan, London, 1978.

—— (1930), *A Treatise on Money*, Macmillan, London.

—— (1931), 'Economic Possibilities for our Grandchildren', in *Essays in Persuasion*, Macmillan, London.

—— (1936), *The General Theory of Employment, Interest and Money*, Macmillan, London.

—— (1937a), 'The General Theory of Employment', *Quarterly Journal of Economics*, Vol. 51, pp. 209–23.

—— (1937b), 'Some Economic Consequences of a Declining Population', The Galton Lecture published in *Eugenics Review*, XXIX, pp. 13–17.

King, Mervyn (2000), 'Balancing the Economic See- Saw', Speech at the Plymouth Chamber of Commerce and Industry 187th Anniversary Banquet, 14 April 2000, Bank of England website.

—— (2003), Speech in Leicester, 14 October, Bank of England website.

—— (2006), Speech in Ashford, Kent, 16 January, Bank of England website.

—— (2007), 'The MPC Ten Years On', Lecture to the Society of Business Economists, 2 May, Bank of England website.

—— (2009), Speech to the CBI Dinner, Nottingham, at the East Midlands Conference Centre, 20 January, Bank of England website.

—— (2012), 'Twenty Years of Inflation Targeting', Stamp Memorial Lecture, London School of Economics, 9 October,

Bank of England website.

King, Mervyn and David Low (2014), 'Measuring the "World" Real Interest Rate', National Bureau of Economic Research Working Paper 19887, Cambridge, Massachusetts.

King, Robert (1983), 'On the Economics of Private Money', *Journal of Monetary Economics*, Vol. 12, No. 1, pp. 127–58.

Kiyotaki, Nobuhiro and John Moore (2002), 'Evil is the Root of All Money', *American Economic Review*, Vol. 92, No. 2, pp. 62–6.

Kiyotaki, Nobuhiro and Randall Wright (1989), 'On Money as a Medium of Exchange', *Journal of Political Economy*, Vol. 97, pp. 927–54.

Knight, Frank (1921), *Risk, Uncertainty and Profit*, Houghton Mifflin, Boston and New York.

Kotlikoff, Laurence J. (2010), *Jimmy Stewart is Dead: Ending the World's Ongoing Financial Plague with Limited Purpose Banking*, John Wiley and Sons, Hoboken, New Jersey.

Kranister, W. (1989), *The Moneymakers International*, Black Bear Publishing, Cambridge.

Krawczyk, Jacek and Kunhong Kim (2009), 'Satisficing Solutions to a Monetary Policy Problem', *Macroeconomic Dynamics*, Vol. 13, pp. 46–80.

Krugman, Paul (2011), 'Mr. Keynes and the Moderns', *Vox*, 21 June 2011.

Kynaston, David (1994), *The City of London*: *Vol 1: A World of Its Own, 1815–90*, Chatto and Windus, London.

Laina, Patrizio (2015), 'Proposals for Full- R eserve Banking: A Historical Survey from David Ricardo to Martin Wolf ', University of Helsinki, mimeo.

Levitt, Steven and Stephen Dubner (2005), *Freakonomics: A Rogue Economist Explores the Hidden Side of Everything*, William Morrow/Harper Collins, New York.

Lewis, Michael (1989), *Liar's Poker*, W.W. Norton, New York.

—— (2014), *Flash Boys: A Wall Street Revolt*, W.W. Norton, New York.

Litan, Robert (1987), *What Should Banks Do?* Brookings Institution, Washington, DC.

Lloyd George, David (1933) *War Memoirs of David Lloyd George, Volume I*, Odhams Press Limited, London.

Lowenstein, Roger (2015), *America's Bank: The Epic Struggle to Create the Federal Reserve*, Penguin Press, New York.

Macdonald, James (2015), *When Globalization Fails: The Rise and Fall of Pax Americana*, Farrar, Strauss and Giroux, New York.

Macey, Jonathan and Geoffrey Miller (1992), 'Double Liability of Bank Shareholders: History and Implications', *Wake Forest Law Review*, Vol. 27, pp. 31–62.

MacGregor, Neil (2010), *A History of the World in 100 Objects*, Allen Lane, London.

—— (2014), *Germany: Memories of a Nation*, Allen Lane, London.

McLean, Bethany and Peter Elkind (2003), *The Smartest Guys in the Room: The Amazing Rise and Scandalous Fall of Enron*, Portfolio, New York.

Maddison, Angus (2004), *The World Economy: Historical Statistics*, OECD, Paris.

Malthus, Thomas (1798), *An Essay on the Principle of Population*, J. Johnson in St Paul's Church- yard, London.

Mansfield, William (1761), *Hamilton v. Mendes*, 2 Burr 1198.

Marshall, Alfred (1906), Letter to A.L. Bowley in A.C. Pigou (ed.) (1925) *Memorials of Alfred Marshall*, Macmillan, London.

Marx, Karl (1867), *Das Kapital*, Otto Meissner, Hamburg.

Marx, Karl and Friedrich Engels (1848), *The Communist Manifesto*, Section 1, para 53, lines 11–13.

Matthews, Robin (1960), *The Trade Cycle*, Cambridge University Press, Cambridge.

Mehrling, Perry (2011), *The New Lombard Street: How the Fed Became the Dealer of Last Resort*, Princeton University

Press, Princeton, New Jersey.

Menger, Carl (1892), 'On the Origins of Money', *Economic Journal*, Vol. 2, pp. 239–55.

Mill, John Stuart (1848), *Principles of Political Economy*, John W. Parker, London.

Minsky, Hyman (1975), *John Maynard Keynes*, Columbia University Press, New York.

—— (1986), *Stabilizing an Unstable Economy*, Yale University Press, New Haven.

—— (1994), 'Financial Instability and the Decline (?) of Banking: Public Policy Implications', *Hyman P. Minsky Archive*, Paper 88. http://digitalcommons.bard.edu/hm_archive/88.

Moggridge, Donald E. (1992), *Maynard Keynes: An Economist's Biography*, Routledge, London.

Mohr, Thomas (2014), 'The Political Significant of the Coinage of the Irish Free State', University College of Dublin Working Papers in Law, Criminology and Socio- Legal Studies Research Paper No. 11, 25 September 2014.

Mundell, Robert (1961), 'Theory of Optimum Currency Areas', *American Economic Review*, Vol. 51, No. 4, pp. 657–65.

Neal, Larry and Geoffrey G. Williamson (eds.) (2014), *The Cambridge History of Capitalism*, Cambridge University Press, Cambridge.

O'Neill, Onora (2002), 'A Question of Trust', *BBC Reith Lectures 2000*, Cambridge University Press, Cambridge.

Patinkin, Don (1956), *Money, Interest, and Prices: An Integration of Monetary and Value Theory*, Row, Peterson and Co., Evanston, Illinois.

Paulson, Hank (2010), *On the Brink: Inside the Race to Stop the Collapse of the Global Financial System*, Business Plus, New York.

Priest, Claire (2001), 'Currency Policies and Legal Development in Colonial New England', 110 *Yale Law Journal*, 1303.

Rachel, Lukasz and Thomas Smith (2015), 'Drivers of Long- Term Global Interest Rates – Can Weaker Growth Explain the Fall?' Bank Underground, Bank of England website.

Rae, John (1895), *The Life of Adam Smith*, Macmillan and Co., London.

Reddaway, W. Brian (1939), *The Economic Consequences of a Declining Population*, Allen and Unwin, London.

Reinhart, Carmen M. and Kenneth S. Rogoff (2009), *This Time is Different: Eight Centuries of Financial Folly*, Princeton University Press, Princeton, New Jersey.

Reinhart, Carmen, Vincent Reinhart and Kenneth Rogoff (2015), 'Dealing with Debt', *Journal of International Economics*, forthcoming.

Ricardo, David (1816), *Proposals for an Economical and Secure Currency*, T. Davison, London.

Roberts, Andrew (2014), *Napoleon the Great*, Allen Lane, London.

Roberts, Richard (2013), *Saving the City*, Oxford University Press, Oxford.

Robertson, James (2012), *Future Money: Breakdown or Breakthrough?* Green Books, Totnes, Devon.

Rodrik, Dani (2011), *The Globalization Paradox*, second edition, Oxford University Press, Oxford.

Rogoff, Kenneth (2014), 'The Costs and Benefits of Phasing Out Paper Currency', National Bureau of Economic Research Macroeconomics Annual, Vol. 29.

Russell, Bertrand (1912), *The Problems of Philosophy*, Williams and Norgate, London.

Samuelson, Paul (1937), 'Some Aspects of the Pure Theory of Capital', *Quarterly Journal of Economics*, Vol. 51, pp. 469–96.

—— (1958), 'An Exact Consumption- Loan Model of Interest With or Without the Social Contrivance of Money', *Journal of Political Economy*, Vol. 68, pp. 467–82.

Schacht, Hjalmar (1934), 'German Trade and German Debt', *Foreign Affairs*, October 1934.

—— (1955), *My First Seventy- Six Years*, Allan Wingate, London.

Schumpeter, Joseph (1942), *Capitalism, Socialism and Democracy*, Harper and Row, New York.

Sedgwick, Theodore Jr. (ed.), (1840), *A Collection of the Political Writings of William Leggett*, Vol. I, Taylor and Dodd, New York.

Shin, Hyun Song, (2009), 'Reflections on Northern Rock: The Bank Run that Heralded the Global Financial Crisis', *Journal of Economic Perspectives*, Vol. 23, No. 1, pp. 101–19.

—— (2012), 'Global Banking Glut and Loan Risk Premium', *IMF Economic Review*, Vol. 60, No. 2, pp. 152–92.

Silber, William (2007), *When Washington Shut Down Wall Street*, Princeton University Press, Princeton, New Jersey.

Simon, Herbert (1956), 'Rational Choice and the Structure of the Environment', *Psychological Review*, Vol. 63, No. 2, pp. 129–38.

Sims, Christopher (2013), 'Paper Money', *American Economic Review*, Vol. 103, No. 2, pp. 563–84.

Smith, Adam (1759), *Theory of Moral Sentiments*, A. Millar, London.

—— (1766), *Lectures on Jurisprudence*, B, Report dated 1766, p. 493.

—— (1776), *Wealth of Nations*, W. Strahan and T. Cadell, London.

Smith, Ed (2012), *Luck: What it Means and Why it Matters*, Bloomsbury Publishing, London.

Solow, Robert M. (1956), 'A Contribution to the Theory of Economic Growth', *Quarterly Journal of Economics*, 70(1), pp. 65–94.

Stiglitz, Joseph (2014), 'Reconstructing Macroeconomic Theory to Manage Economic Policy', National Bureau of Economic Research Working Paper 20517, mimeo, Cambridge, Massachusetts.

Summers, Lawrence H. (1983), ' "On the Economics of Private Money" by Robert G. King', *Journal of Monetary Economics*, Vol. 12, No. 1, pp. 159–62.

—— (2014), 'U.S. Economic Prospects: Secular Stagnation, Hysteresis, and the Zero Lower Bound', *Business Economics*, Vol. 49, pp. 65–73.

—— (2015), 'Reflections on Secular Stagnation', Speech at the Julius- R abinowitz Center, Princeton University, 19 February 2015.

Syed, Matthew (2011), *Bounce: The Myth of Talent and the Power of Practice*, Fourth Estate, London.

Taleb, Nassim (2012), *Antifragile: How to Live in a World We Don't Understand*, Allen Lane, London.

Taleb, Nassim and M. Blyth (2011), 'The Black Swan of Cairo', *Foreign Affairs*, Vol. 90, No. 3.

Tallentyre, S.G. (ed.) (1919), *Voltaire in His Letters*, G.P. Putnam's Sons, New York.

Taylor, Alan (2015), 'Credit, Financial Stability, and the Macroeconomy', *Annual Review of Economics*, Vol. 7, pp. 309–39.

Taylor, John B. (2014), 'The Federal Reserve in a Globalized World Economy', Federal Reserve Bank of Dallas Conference, September 2014, mimeo.

Temin, Peter (2014), 'The Cambridge History of "Capitalism" ', National Bureau of Economic Research Working Paper 20658, Cambridge, Massachusetts.

Thaler, Richard (1991), *Quasi Rational Economics*, Russell Sage Foundation, New York.

Thaler, Richard and Cass Sunstein (2008), *Nudge: Improving Decisions about Health, Wealth and Happiness*, Yale University Press, New Haven.

Thornton, Henry (1802), *An Enquiry into the Nature and Effects of the Paper Credit of Great Britain*, J. Hatchard, London.

Tobin, James (1985), 'Financial Innovation and Deregulation in Perspective', *Bank of Japan Monetary and Economic Studies*, Vol. 3, No. 2, pp. 19–29.

Tuckett, David (2011), *Minding the Markets: An Emotional Finance View of Financial Instability*, Palgrave Macmillan, London.

—— (2012), 'The Role of Emotions in Financial Decisions', The Barbon Lecture, 24 May 2012.

Tuckman, Bruce (2013), 'Embedded Financing: The Unsung Virtue of Derivatives', *The Journal of Derivatives*, Vol. 21, No. 1, pp. 73–82.

—— (2015), 'In Defense of Derivatives: From Beer to the Financial Crisis', *Policy Analysis*, Number 781, Cato Institute.

Turner, Adair (2014), 'Central Banking and Monetary Policy after the Crisis', City Lecture at the Official Monetary and Financial Institutions Forum (OMFIF), London, 9 December 2014.

—— (2015), *Between Debt and the Devil,* Princeton University Press, Princeton, New Jersey.

Tversky, Amos and Daniel Kahneman (1974), 'Judgment under Uncertainty: Heuristics and Biases', *Science*, Vol. 185, No. 4157, pp. 1124–31.

Waley, Arthur (1938), *The Analects of Confucius*, Allen and Unwin, London.

Weale, Martin (2015), 'Prospects for Supply Growth in Western Europe', Speech at the Rijksuniversiteit, Groningen, 12 October, Bank of England website.

Wheatley, Martin (2012), *The Wheatley Review of LIBOR – Final Report*, HM Treasury, London.

Willetts, David (2010), *The Pinch: How the Baby Boomers Took Their Children's Future – And How They Can Give it Back*, Atlantic Books, London.

Wolf, Martin (2010), 'The Challenge of Halting the Financial Doomsday Machine', *Financial Times*, 20 April 2010.

—— (2014), *The Shifts and the Shocks*, Penguin, London. Woodford, Michael (2003), *Interest and Prices*, Princeton University Press, Princeton, New Jersey.

—— (2013), 'Forward Guidance by Inflation- Targeting Central Banks', mimeo, Columbia University.

Woollcott, Alexander (1934), *While Rome Burns*, Viking Press, New York.

Yermack, David (2013), 'Is Bitcoin a Real Currency?', National Bureau of Economic Research Working Paper 19747, Cambridge, Massachusetts.

Zweig, Stefan (1943) *The World of Yesterday*, Viking Press, New York.